ERP
业财一体信息化应用教程

（用友ERP-U8⁺版·第2版）

主　编◎王伯平　陈自洪　陈聪

副主编◎周　瑞　张　卉　黄文富　张　汇

清华大学出版社

北京

内 容 简 介

本书以制造企业成都东华电子有限公司为背景，模拟该企业使用用友 ERP-U8+系统的操作。其中，存货销售适用 13%的增值税税率，交通运输业适用 9%的增值税税率，个人所得税采用国家最新个税标准执行。本书共包含 17 个项目，分别是 ERP 软件安装、会计信息账套管理、基础数据信息化设置、业务子系统初始设置、总账管理系统日常业务信息化处理、固定资产管理系统业务信息化处理、薪资管理系统业务信息化处理、合同管理系统业务信息化处理、采购管理系统业务信息化处理、销售管理系统业务信息化处理、应收应付款管理系统业务信息化处理、网上银行系统业务信息化处理、库存管理系统业务信息化处理、存货核算系统业务信息化处理、网上报销系统业务信息化处理、期末数据信息化处理、报表管理系统业务信息化处理，全面系统地介绍了用友 ERP-U8+（兼容 U8V10.1）的基本功能与使用方法。本书结合了高等教育中的项目导向、任务驱动教学模式，以及基于工作过程系统化的课程开发理念和业财一体化信息化应用研究成果，将不同课程模式的优点融为一体，最终形成了一本集学科知识与实验操作于一体的教材。本书旨在为学习者提供一个先进、实用且具有充分操作空间的学习体系，从而在多个层面支持学习者对整体流程的掌控和实践能力的提升。

本书可用作应用型本科院校、高职（本科、专科）院校会计类专业开设的会计信息系统课程的主教材或实验教材，也可作为"1+X 业财一体化应用"职业技能等级证书的认证培训教材，还可作为会计技能大赛的参考用书，同时可供希望了解、学习最新会计信息化知识的企业财务人员参考使用。

图书在版编目（CIP）数据

ERP 业财一体信息化应用教程：用友 ERP-U8+版 / 王伯平，陈自洪，陈聪主编. -- 2 版.
北京：清华大学出版社，2025.9. -- ISBN 978-7-302-70322-8

Ⅰ.F232

中国国家版本馆 CIP 数据核字第 2025MW9489 号

责任编辑：邓　艳
封面设计：刘　超
版式设计：楠竹文化
责任校对：范文芳
责任印制：刘海龙

出版发行：清华大学出版社
　　　　　网　　　址：https://www.tup.com.cn, https://www.wqxuetang.com
　　　　　地　　　址：北京清华大学学研大厦 A 座　　　　邮　　编：100084
　　　　　社 总 机：010-83470000　　　　　　　　　　邮　　购：010-62786544
　　　　　投稿与读者服务：010-62776969，c-service@tup.tsinghua.edu.cn
　　　　　质量反馈：010-62772015，zhiliang@tup.tsinghua.edu.cn
印 装 者：北京同文印刷有限责任公司
经　　销：全国新华书店
开　　本：185mm×260mm　　　印　张：16.5　　　字　　数：380 千字
版　　次：2022 年 1 月第 1 版　2025 年 9 月第 2 版　　　印　　次：2025 年 9 月第 1 次印刷
定　　价：79.80 元

产品编号：113900-01

前 言

在数字经济与实体经济深度融合背景下，新版教材响应《会计信息化发展规划（2023—2025 年）》的要求，以用友 ERP-U8$^+$为平台，融合大数据等新一代信息技术，构建数字技术、思政教育、产教融合"三维一体"教学体系，成功入选四川省教育厅第二批"十四五"职业教育国家规划教材拟推荐名单。

本书以成都东华电子等企业真实业务为案例，构建"理论认知—软件操作—业务实践"三维学习体系，覆盖 ERP 演进历程，详细讲解用友 U8$^+$系统的安装、账套管理等核心模块操作。本书通过 17 个项目化任务，将业财融合理念贯穿始终，使读者掌握软件操作的同时，深入理解财务数据的流转逻辑。

本版教材在继承第一版"全真案例驱动、校企协同编写、课证融通设计"三大核心优势的基础上，紧密贴合"数字中国"战略对企业数字化管理的要求，深度融合理论知识与实践操作，重点实现以下几方面的突破：

（1）体系升级。紧密对接财政部《会计信息化工作规范》的最新要求，依托用友 U8$^+$平台，基于企业信息管理应用能力训练，本书通过项目化形式系统讲解业财一体信息化应用的基本知识、财务系统和业务系统的应用。财务系统涵盖总账、报表、固定资产、出纳管理、应收款管理、应付款管理、薪资管理等模块的应用；业务系统涵盖销售管理、采购管理、库存管理、存货核算等模块的应用，旨在帮助学生掌握业务与财务一体化信息化的实现路径，实现业务流与财务流的全链条贯通。

（2）思政教育深化。构建"专业课程+思政元素+实践载体"融合模式，每个项目均包含学习目标、案例导入、项目准备及要求、项目资料、项目操作指导、项目拓展等环节，并采用图文结合的方式，模拟真实用户操作流程，通过案例教学、虚实结合实训及多元评价实现价值渗透。

（3）产教融合创新。打造"教学—认证—就业"三位一体的应用场景，既可作为本科院校、高职院校的理实一体化教材，又可作为会计信息化技能大赛的实训指南、业财一体化应用认证的标准教程。本版教材特别增设企业真实项目案例场景和智能学习支持，为企业员工和社会学习者提供全周期学习解决方案。

（4）教学资源丰富。本书提供了丰富的二维码教学资源（备份账套、操作录屏、项目拓展和报表以及网上报销业务操作指导）。读者可以通过扫码书中相应位置的二维码来获取这些资源。

（5）学习进度灵活。读者可依进度自主选学内容，如同拆解活页般重构知识体系，既契合"按需取用"理念，又能通过账套实操实现理论与实践的动态组合。

本书由四川商务职业学院王伯平、新道科技股份有限公司陈自洪、四川商务职业学院陈聪担任主编；四川商务职业学院周瑞、张卉，成都农业科技职业学院黄文富、张汇担任副主编；四川商务职业学院彭炯参与编写。具体编写分工如下：王伯平编写绪论、项目一、项目二、项目三；陈自洪编写项目四、项目五；陈聪编写项目六、项目七；周瑞编写项目八、项目九；张卉编写项目十、项目十一；黄文富编写项目十二、项目十三；彭炯编写项目十四、项目十五；张汇编写项目十六、项目十七。王伯平负责全书初稿的审核、修改及最终定稿；陈自洪负责提供软件技术支持与应用体系指导；周瑞负责视频录制及教学资源包的制作与整理。

期待本书能帮助读者在数字化财务领域夯实基础、提升技能，成长为适应企业发展的复合型人才。由于编者水平有限，书中难免存在疏漏之处，恳请广大读者批评指正。

编　者

2025 年 7 月

目 录

绪论　ERP 业财一体信息化应用概述

学习目标

知识目标

了解 ERP 从 MRP 阶段的演进历程、核心概念，以及现代 ERP 系统五大核心模块（财务、供应链、生产、人力资源、商业智能）的功能；熟悉用友 U8⁺ 系统的 B/S 与 C/S 混合架构特点，以及云原生与微服务技术的应用趋势；掌握数字化转型的政策要求、业财融合的实施路径、信息化建设中的责任伦理要点；熟悉项目企业的核算方法及相关规定。

能力目标

能运用 ERP 系统核心模块功能解决企业实际管理问题，如利用财务模块进行账务处理、成本核算；基于业财融合策略，具备优化企业业务流程、集成系统、运用数据辅助决策的能力；能够识别并防范会计信息系统风险，合理进行系统管理员权限管理；熟练按照项目企业核算规定进行账务处理。

素养目标

培养严谨科学精神与全局意识，例如在处理 ERP 系统数据时保证准确性；树立创新意识与时代责任感，关注信息技术的发展，助力企业数字化转型；强化诚信、公正、环保等核心价值观，在信息化建设中遵守职业道德、履行社会责任；提升数字化素养，以适应企业信息化发展的需求。

案例导入

在企业数字化转型浪潮下，成都东华电子于 3 月启动 ERP 系统业财一体化建设。项目以物料需求计划（MRP）精准计算物料需求，借助闭环 MRP 实现生产计划的动态调控，并进一步升级至制造资源计划（MRPII），实现财务与业务流程的深度融合。最终，企业达成了财务、供应链等模块的数据共享与协同运作，构建起完整的 ERP 系统。此次实践不仅彰显了企业科学严谨的管理思维与创新精神，也为行业业财一体化建设提供了典型范例。

ERP 概述与信息化战略

一、ERP 发展历程及核心概念

1. ERP 演进路径

ERP（enterprise resource planning，企业资源计划）系统的发展是企业管理理念与信息技术深度融合的产物，历经四个关键阶段逐步完善。

1）从 MRP 到 ERP 的四个发展阶段

第一阶段：基本 MRP（物料需求计划）

20 世纪 60 年代，基本 MRP 基于主生产计划（MPS）和物料清单（BOM），通过计算产成品所需物料的数量与时间，实现按需采购。然而，该阶段的 MRP 仅关注物料需求，未考虑库存水平与生产能力的限制，导致计划的可执行性受到制约。例如，某电子企业利用 MRP 系统计算元件采购量，保障了生产需求，但由于产能不足，常常造成生产计划的延误。

第二阶段：闭环 MRP

20 世纪 70 年代，闭环 MRP 引入了产能约束与反馈机制，将生产能力需求计划、车间作业计划纳入系统，构建了动态平衡体系。当某道工序的产能不足时，系统可自动调整生产计划或启动外包方案，从而显著提升计划的可行性。

第三阶段：MRPII（制造资源计划）

20 世纪 80 年代，MRPII 突破了生产管理的范畴，集成了销售、财务、成本等模块，实现了物流、信息流、资金流的统一。系统可依据销售订单自动生成生产、采购及财务预算，帮助管理层实时监控企业经营状况。

第四阶段：ERP（企业资源计划）

20 世纪 90 年代后，ERP 系统进一步整合了供应链管理（SCM）、客户关系管理（CRM）等模块，支持电子商务与大数据分析，强调企业内外部资源的全球协同。例如，通过 CRM 模块分析客户需求，可指导供应链优化采购与生产策略。

2）现代 ERP 系统的五大核心模块

财务模块：涵盖总账、应收应付、固定资产、薪资和成本管理。例如，用友 U8⁺的总账模块可与供应链数据联动，自动生成凭证；应收应付管理模块通过账款跟踪，有效降低坏账风险。

供应链模块：整合采购、库存、销售与配送流程。采购管理支持多种业务模式的处理，库存管理通过设置库存上下限预警，避免库存积压或缺货。

生产模块：包含计划、执行与控制管理。MRP 运算结合订单与库存数据生成排程，生产执行通过采集设备数据，实现实时监控。

人力资源模块：覆盖员工全生命周期管理。薪资模块与财务系统直连，可自动完成工资计提与个税申报；绩效管理通过量化指标，驱动员工绩效提升与职业成长。

商业智能模块：提供数据整合、分析与预测功能。例如，用友 U8⁺的报表工具可自定义经营看板，支持管理层基于数据洞察做出战略决策。

2. 技术架构解析

1）用友 U8⁺系统的 B/S 与 C/S 混合架构特点

用友 U8⁺系统采用 B/S（浏览器/服务器）与 C/S（客户/服务器）混合架构，兼顾系统的灵活性与性能优势。B/S 架构支持通过浏览器访问系统，便于远程办公和系统维护；C/S 架构则在处理复杂运算和保障数据安全方面表现突出。例如，财务管理模块采用 C/S 架构以确保数据安全性，而供应链模块则通过 B/S 架构实现与供应商的协同作业。

2）云原生与微服务技术在企业信息化中的应用趋势

云原生技术通过容器化与分布式架构，实现了资源的弹性扩展和快速迭代部署；微服务架构则将 ERP 系统拆分为多个独立运行的单元，提升了系统的容错性与可扩展性，增强了企业的创新能力和响应速度。云原生与微服务的融合，使企业能够更加敏捷地应对市场变化。例如，用友 U8⁺ 通过容器化部署加快了服务的上线速度，并利用微服务架构实现了模块的独立升级与维护。

二、党的二十大精神指引下的数字化转型

1. 政策导向

1）"数字中国"战略对企业的三大要求

在数据要素层面，企业需构建科学完善的数据管理体系，以驱动精准决策；在产业升级方面，企业应积极利用数字技术推动智能化转型；在安全可控方面，企业要着力构建网络安全防护体系，切实保障数据安全与供应链安全。

2）国有企业数字化转型典型案例分析

天津海河乳品通过投资建设新厂，集成 EMS、ERP 等系统，实现了生产标准化与质量追溯，生产效率提升了 30%；义乌建投集团打造"数字大脑"系统，实现全业务流程的在线化管理，荣获"数字化转型优秀案例"奖项。

2. 实施路径

1）业财融合的"三步走"策略

第一步，通过流程再造实现业务与财务的协同管理；第二步，依托用友 ERP-U8⁺ 集成系统，统一基础数据标准；第三步，利用大数据与 AI 构建智能决策体系，例如通过 UFO 报表实时监控经营风险。

2）AI 技术在库存预测中的应用场景

AI 通过分析销售数据预测库存需求，优化仓库布局与拣货路径，动态计算安全库存与经济订货量，显著降低库存成本与管理风险。

三、信息化建设中的责任伦理

1. 职业道德规范

1）会计信息系统的数据篡改风险与防范措施

采用区块链、操作日志审计与数字签名技术防范数据篡改，同时强化人员职业道德教育，明确相关法律责任。

2）系统管理员权限管理的"最小授权原则"

依据岗位职责分配权限，并定期审核调整，避免权限集中导致的数据泄露风险。

2. 社会责任案例

某制造企业通过 ERP 核算环境成本，推动绿色生产；某零售企业利用 AI 识别供应链舞弊行为，建立黑名单与举报机制，维护市场秩序。

项目企业背景资料

一、企业基本情况

成都东华电子有限公司（以下简称"东华电子"）坐落于成都市武侯区信息路 666 号，

在计算机及相关产品生产与销售领域成绩斐然。公司法定代表人为艾中国，纳税登记号为51028 028 200 842 316，邮编为 610016，联系电话及传真为 028-12345678，邮箱为azg@163.com。在金融结算方面，公司开户银行及账号情况如下：人民币账户开设于工商银行成都分行人民南路分理处，账号为 828658791234；美元账户开设于中国银行一环路支行，账号为 62602806654321。

凭借在生产、销售、核算等多方面的综合实力与精细管理，东华电子在计算机行业稳步发展，不断开拓进取，为市场提供优质产品与服务，致力于成为行业内的领军企业。

二、企业财务核算制度

1. 科目设置及辅助核算要求

日记账：涵盖库存现金、银行存款科目。

银行存款明细账：按工行存款、中行存款进行明细核算。

客户往来：涉及应收票据、应收账款、预收账款科目。

供应商往来：包含应付票据、应付账款（分为一般应付账款和暂估应付账款，其中一般应付账款受应付系统控制，暂估应付账款不受应付系统控制）、预付账款。

个人往来：通过其他应收款科目下的个人往来明细核算。

2. 会计凭证的基本规定

为确保财务与业务数据一致，业务系统生成的记账凭证不得在总账系统中直接手工输入；除特定业务外，收到发票并立即付款的，应使用"现付"功能，开具发票并立即收款的，应使用"现结"功能；涉及库存现金或银行存款科目的凭证，需经出纳人员签字确认。

3. 结算方式

公司结算方式多样，包括现金、支票、委托收款、银行汇票、商业汇票、电汇、网银转账等。当系统无对应结算方式时，应记为"其他"。

4. 外币业务

外币业务按业务发生当日即期汇率记账。期末，按月计算并结转汇兑损益。

5. 存货核算

仓库采用实际成本法进行存货核算。采购过程中产生的运费、委托代销手续费，应使用"采购专用发票"进行账务处理。对于同一批次的出入库业务，应合并生成一张记账凭证。

6. 固定资产折旧方法

固定资产折旧采用平均年限法（直线法）计提，折旧按月计算。

7. 薪酬业务的处理

社保及公积金比例：公司承担养老保险 20%、医疗保险 10%、失业保险 1%、工伤保险 1%、生育保险 0.8%、住房公积金 12%；职工个人承担养老保险 8%、医疗保险 2%、失业保险 0.8%、住房公积金 12%。各项社保及公积金均实行当月计提当月缴纳。

费用计提：按工资总额的 2%计提工会经费，按 2.5%计提职工教育经费，按 14%计提职工福利费。

个税处理：公司代扣代缴个人所得税，费用扣除标准 60 000 元/年，计税基数按"计税基数"工资项目计算，工资分摊制单时，应选中"合并科目相同、辅助项相同的分录"选项，支付上月工资时，不考虑期初余额。

8. 税费的处理

公司为增值税一般纳税人，适用增值税税率为 13%，消费税按规定计算；以当期应交增值税和消费税为基数，按 7% 计算城市维护建设税，按 3% 计算教育费附加，按 2% 计算地方教育费附加；企业所得税采用资产负债表债务法进行核算，其计税依据为应纳税所得额，适用税率为 25%。

9. 坏账损失的处理

除应收账款外，其他应收款项不计提坏账准备。应收账款按月采用余额百分比法，按 0.5% 的比例计提坏账准备。

10. 损益结转

采用账结法。结转时，按收入和支出分别生成记账凭证。

项目拓展 ERP 业财一体信息化应用概述

TZ00

项目一 ERP 软件安装

学习目标

知识目标

了解用友新道 U8+ 系统安装所需的软硬件环境要求，熟悉 IIS 应用、SQL Server 2008 R2 数据库软件、新道 ERP-U8+管理软件的功能及相互关系，掌握各类软件安装、配置以及服务器角色分类的相关知识。

能力目标

能够按照要求准备安装环境，熟练完成 IIS 应用、SQL Server 2008 R2 数据库服务器、SQL Server 2005 向后兼容包以及新道 ERP-U8+软件的安装与配置操作，准确选择服务器角色和安装模式。

素养目标

在安装过程中养成严谨细致的工作习惯，严格遵循安装步骤和规范；增强信息安全意识，重视安装前关闭杀毒软件、设置密码等操作；培养自主学习和解决问题的能力，能够应对安装中出现的各种情况。

案例导入

在企业数字化转型背景下，成都东华电子有序推进 ERP 系统安装工作。实施团队遵循标准化流程，先行关闭非必要安全软件，规范计算机设备命名，消除潜在干扰因素。继而按序完成 IIS 服务配置、SQL Server 数据库部署及 U8+软件安装，各环节严格遵循技术规范。面对安装过程中出现的端口冲突等技术问题，团队运用专业知识开展系统性排查，高效完成故障处理。此次实践充分展现了企业严谨的技术实施能力与创新精神，为同类企业 ERP 系统安装提供了可借鉴的典型范例。

项目准备及要求

准备好 SQL Server 2008 R2 数据库和用友 ERP-U8+版的安装包。安装和使用用友 ERP-U8+系统对软硬件环境均有一定要求，注意以下事项：

（1）操作系统推荐使用 Windows 7 旗舰版（64 位）或 Windows 10 专业版（64 位）。

（2）安装权限需为管理员权限。

（3）用户账户控制（UAC）设置应调整为最低，即对安装过程不做限制。

（4）安装前必须停止运行安全卫士、杀毒软件等安全管理类软件。建议先卸载这些软件，待用友 ERP-U8⁺管理软件安装成功后再重新安装。

（5）计算机名中不能包含"-"等特殊字符。

项目资料

（1）安装 IIS 应用。

（2）安装 SQL Server 2008 R2 数据库软件。

（3）安装用友 ERP-U8⁺管理软件。

项目操作指导

任务一　安装 IIS 应用

Internet Information Services（IIS，互联网信息服务）是由微软公司提供的、运行于 Windows 操作系统上的互联网基本服务。IIS 的默认安装配置并不完整，需要用户手动添加组件才能完成安装。

一、控制面板

进入控制面板后，依次选择"程序"→"程序和功能"→"打开或关闭 Windows 功能"命令。

二、选择 Internet 信息服务进行设置

在"打开或关闭 Windows 功能"对话框中，选择"Internet 信息服务"，进入后单击加号"+"图标，简单的做法是选中可选的全部项目，如图 1-1 所示。

进行相关设置后，单击"确定"按钮，系统会自动完成 IIS 的安装，然后重新启动计算机。

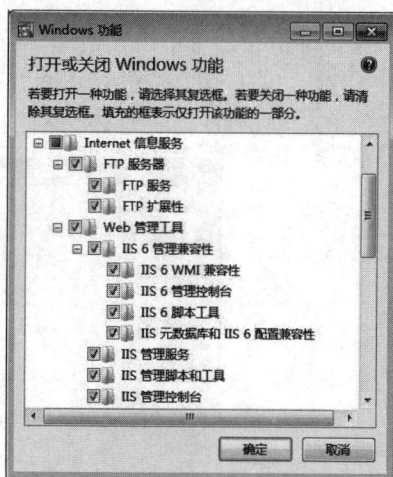

图 1-1　选择 Internet 信息服务

任务二　安装 SQL Server 2008 R2 数据库软件

一、准备安装环境

准备好 SQL Server 2008 R2（32 位或 64 位）安装程序。

二、安装数据库

运行安装包中的 setup.exe 文件，在弹出的窗口左侧选择"安装"选项，然后在安装界面

的右侧选择"全新安装或向现有安装添加功能。"选项。

弹出"安装程序支持规则"页面，检测安装是否能顺利进行。如果检测通过，则单击"确定"按钮；否则单击"重新运行检查"。

在弹出的"产品密钥"页面中选中"输入产品密钥"单选按钮，并输入 SQL Server 2008 R2 安装光盘的产品密钥，然后单击"下一步"按钮。

在弹出的"许可条款"页面中，选中"我接受许可条款"复选框，单击"下一步"按钮。

弹出"安装程序支持文件"页面，单击"安装"按钮以安装程序支持文件。这些文件对于安装或更新 SQL Server 2008 R2 是必需的。

单击"下一步"按钮会弹出"安装程序支持规则"页面。安装程序支持规则用于检测在安装 SQL Server 2008 R2 安装程序文件时可能出现的问题。在安装程序继续之前，所有检测到的问题都必须得到更正。如果操作系统未安装.NET Framework 3.5 SP1，系统将自动安装。如果出现 Windows 防火墙警告，应直接关闭防火墙。

必备环境全部检查通过后，单击"下一步"按钮。在"设置角色"页面中，选择"SQL Server 功能安装"，然后单击"下一步"按钮。

在弹出的"功能选择"页面中，选择要安装的功能（一般默认即可）后，然后单击"下一步"按钮。

弹出"安装规则"页面，安装程序正在运行规则以检查是否存在会阻止安装过程的问题。有关详细信息，可单击"帮助"按钮进行查询。

单击"下一步"按钮，出现"实例配置"页面。在此页面中，指定 SQL Server 实例的名称和实例 ID。实例 ID 将成为安装路径的一部分。这里选中"默认实例"单选按钮，如图 1-2 所示。

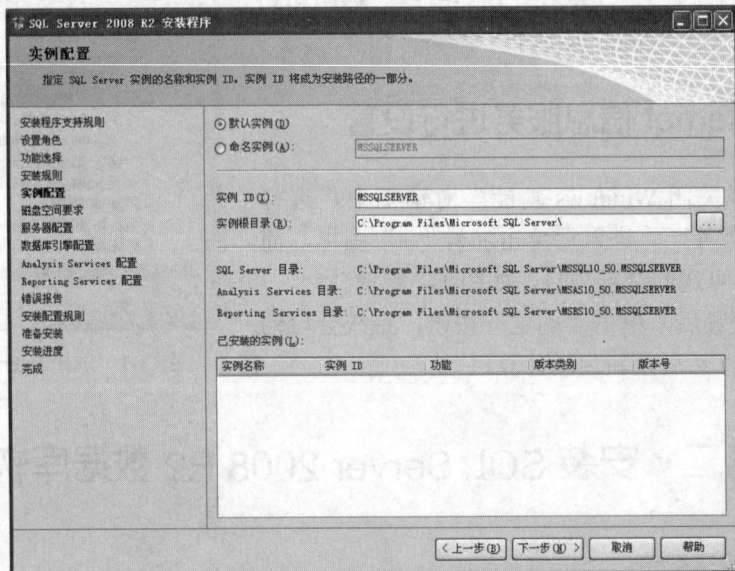

图 1-2   "实例配置"页面

单击"下一步"按钮，弹出"磁盘空间要求"页面，在此页面中可以查看所选 SQL Server 功能所需的磁盘摘要。

单击"下一步"按钮，弹出"服务器配置"页面。在此页面中，需要指定服务账户和排序规则配置。在"服务器配置"页面中，单击"对所有 SQL Server 服务使用相同的账户"按钮。

注意：SQL Server 2008 R2 允许为不同服务指定不同的账户。通常，用户会单击"对所有 SQL Server 服务使用相同的账户"选项，并选择 Windows 系统中的 Administrator 管理员账户，输入其密码。建议在安装 SQL Server 2008 R2 之前设置好 Windows 管理员账户的密码。安装完成后，请勿修改管理员密码，否则可能会导致 SQL Server 2008 R2 服务无法正常启动。

单击"下一步"按钮，弹出"数据库引擎配置"页面，选中"混合模式"单选按钮，输入密码，如图 1-3 所示。

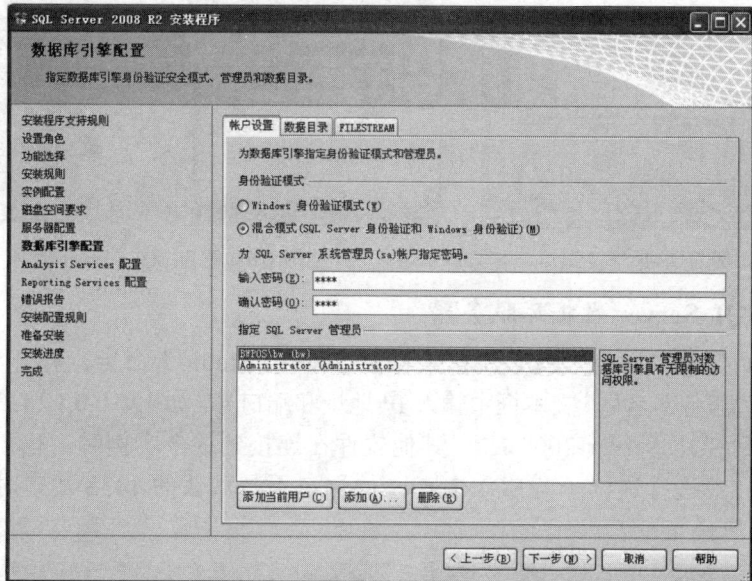

图 1-3 "数据库引擎配置"页面①

单击"下一步"按钮，在随后弹出的所有页面中都直接单击"下一步"按钮，直到弹出"准备安装"页面。

单击"安装"按钮，弹出"安装进度"页面，待安装完成后再单击"确定"按钮返回"完成"页面，单击"关闭"按钮完成整个安装。

三、完成配置

1. 配置 SQL Server 2008 R2 数据库服务器地址

执行"开始"菜单中的"SQL Server 配置管理器"命令。然后在"TCP/IP"上右击，在弹出的快捷菜单中选择"属性"命令，如图 1-4 所示。

在弹出的"TCP/IP 属性"对话框中设置 IP 地址及端口。端口不要与原有 SQL Server（如果安装有其他版本 SQL Server）和其他应用程序的端

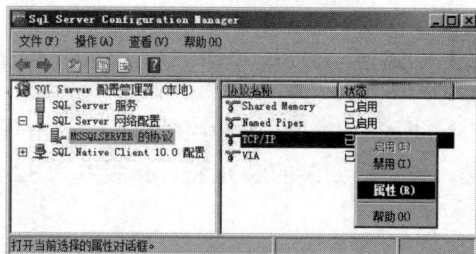

图 1-4 选择"属性"命令

---

① 图中的"帐户"与文中的"账户"为同一内容，后文不再一一标注。

口相同，以免发生冲突，如图 1-5 所示。

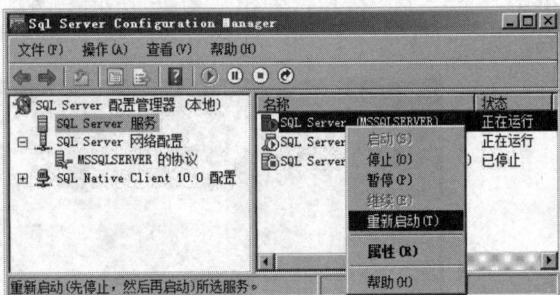

配置完成后，需要重启 SQL Server 服务才能使设置生效，如图 1-6 所示。

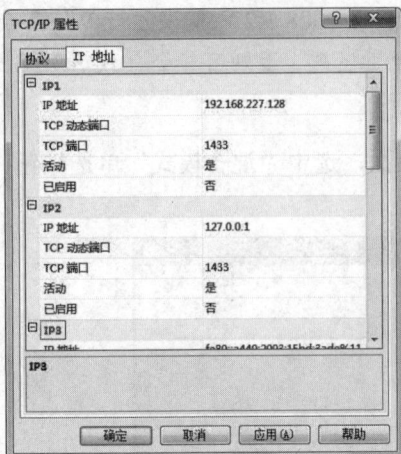

图 1-5　设置 IP 地址及端口　　　　　　　　图 1-6　重启 SQL Server 服务

2. 连接 SQL Server 数据库服务器

执行"开始"菜单中的"SQL Server Management Studio"命令。打开"连接到服务器"对话框，在"服务器名称"文本框中输入 IP 地址和端口号，如 127.0.0.1,1433（见图 1-7），即可正常连接到 SQL Server 2008 R2。其他软件在连接到这个实例时，也需要使用 IP 地址和端口号的方式进行连接（当 SQL Server 的端口不是默认的 1433 端口时），如图 1-8 所示。

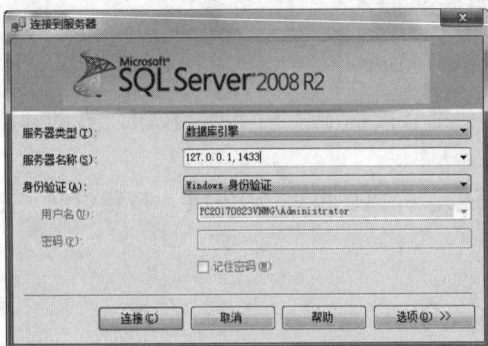

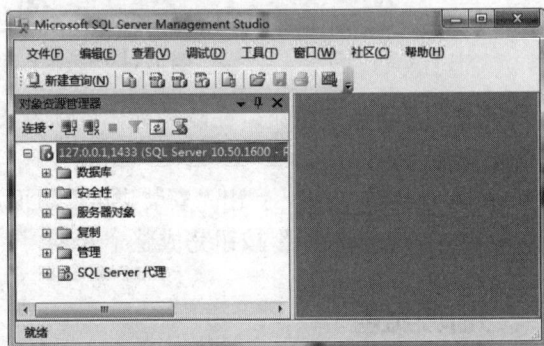

图 1-7　IP 地址和端口号　　　　　　　　图 1-8　连接到 SQL Server 2008 R2

四、安装 SQL Server 2005 向后兼容包

进入 U8⁺安装目录中的 3rdprogram 子目录，执行 SQL Server 2005_BC_X64 程序进行安装。如果已安装的 SQL Server 版本为 32 位，则选择 SQL Server 2005_BC 程序进行安装。

任务三　安装用友 ERP-U8⁺管理软件

本书以用友 ERP-U8⁺软件的 U8V15.1 版本为例讲解其安装过程。

一、各种服务器角色分类

用友 ERP-U8⁺通过安装程序可以将计算机配置为不同的角色，以实现如图 1-6 所示的从重启 SQL Server 服务到分布部署的目的。各个组件在不同的服务器上进行安装，这使得软件的部署更加灵活，使用起来也更加方便。合理部署各个服务器可以达到负载均衡的目的，从而提高整体的运行效率。为适应多语言环境，安装程序会自动测试所要安装的操作系统默认语言，并在安装页面和提示信息中使用对应的语言。例如，如果操作系统是英文版的，那么所有的提示信息和页面均显示为英文，此时安装程序不提供多语言选择。为方便起见，本文将以简体中文版操作系统为例说明用友 ERP-U8⁺软件的安装过程。

二、安装过程

（1）进入 U8⁺V15.1 SETUP 安装文件夹，双击 setup.exe 程序启动安装。

（2）选择 U8⁺进入下一环节，进行产品安装、卸载和清除。支持语言选择，选择本机安装所需的语言环境。

单击"安装用友 U8V15.1"，如图 1-9 所示，自动根据当前环境的操作系统选择对应语言的安装页面。如果当前操作系统为中文简体、中文繁体、英文三种环境

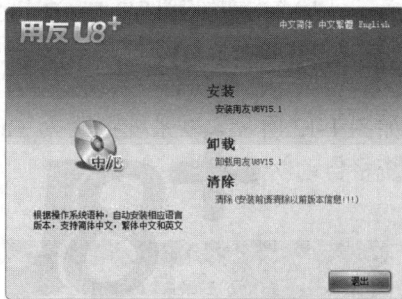

图 1-9　功能选择

之一，自动选择对应语言"中英繁"的安装页面；如果当前操作系统是其他语言，自动选择英文安装页面。正式安装前需要退出杀毒软件，确保用友 ERP-U8⁺软件安装的正确性。

（3）在"准备安装"页面单击"确定"按钮后进入安装欢迎页面，继续单击"下一步"按钮，弹出"许可协议及隐私权政策"页面，选中"我接受许可协议和隐私政策（A）"复选框。

（4）检测是否存在 U8 历史版本。如果存在历史版本，需根据提示清理历史版本残留内容（清理 MSI 安装包时间较长，请耐心等待）。如果因为安装、卸载过程异常中断导致失败，有可能在清理完毕后按照提示重新启动。

（5）在弹出的"客户信息"页面输入客户信息。

（6）选择安装路径，默认路径为系统盘下的 U8SOFT 文件夹，并且系统会限制安装位置，不允许直接安装在系统的根目录下。

（7）系统提供三个安装选项：经典应用模式、全产品集中应用模式（U8 远程）、客户端集中应用模式（U8 远程）。默认选择"经典应用模式"。

（8）选择"经典应用模式"后，可以通过单击"下一步"按钮继续细化安装选项：全产品、服务器、客户端、自定义。选择"全产品"安装类型。

（9）环境检测：系统将根据上一步所选择的安装类型及其子项检测环境的适配性。当"基础环境"和"缺省组件"的检测结果均显示满足要求后，单击"确定"按钮进入下一步，如图 1-10 所示。

检测报告以记事本的形式自动打开并显示检测

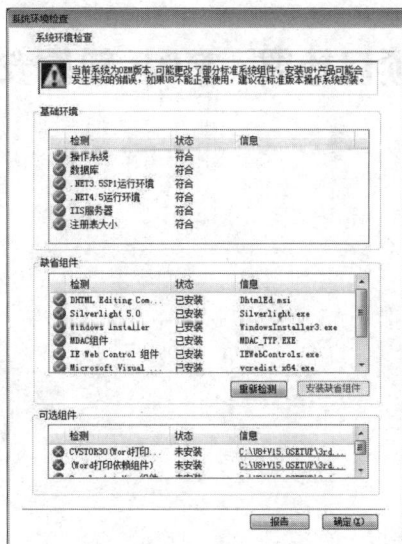

图 1-10　系统环境检查

结果，可以保存；单击"安装缺省组件"按钮，系统将自动进行"缺省组件"安装（"基础环境"需要手动安装；"缺省组件"可以通过"安装缺省组件"进行自动安装，也可以选择手动安装；"可选组件"可选择安装或不安装）。

（10）记录日志：可以选择是否记录安装每一个 MSI 包的详细日志。默认情况下，该选项不选中（选中将延长一定的安装时间并占用部分磁盘空间，正常情况下不推荐使用）。

（11）在"可以安装该程序了"页面单击"安装"按钮开始安装。

（12）安装完成后，系统需要重新启动。

（13）应用服务器重新启动后，系统弹出 U8 注册引导提示，请按照提示页面中所列的步骤进行产品注册。

（14）关闭引导提示后，系统自动弹出数据源配置页面。该页面用于对 U8 数据库进行初始化配置：输入"SA 口令"，单击"测试连接"按钮进行测试，如图 1-11 所示。

测试连接成功后，系统立即开始初始化数据库。初始化成功后，弹出系统管理登录页面，如图 1-12 所示。以系统管理员（admin）身份登录系统（无密码）。如果还未创建账套，系统将自动创建。

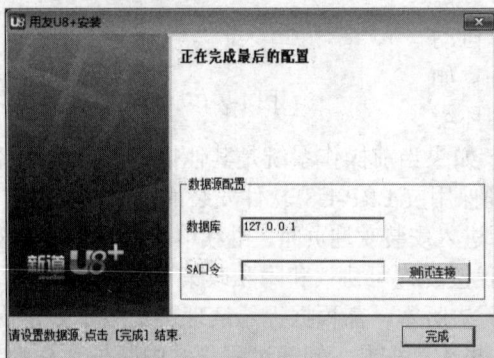

图 1-11　数据源配置

图 1-12　系统管理登录页面

项目拓展　ERP 软件安装与调试

TZ01

项目二　会计信息账套管理

学习目标

知识目标

理解用友 ERP-U8$^+$V15.0 系统管理模块功能，掌握账套基础数据设置、财务分工体系、权限管理知识，并熟悉账套维护操作与企业应用平台使用原理。

能力目标

能以系统管理员和账套主管身份，完成账套的创建、修改、备份、引入；熟练进行财务分工和权限设置；准确处理系统出错问题，并在企业应用平台进行信息检查、子系统启用和权限控制操作。

素养目标

培养严谨细致的职业态度，确保操作准确规范；增强数据安全意识，重视账套备份；树立团队协作意识，理解不同财务岗位协作关系，提升职业素养。

案例导入

3 月，成都东华电子新任会计人员有序开展 ERP 系统账套维护工作。操作人员严格遵循标准化流程，先以系统管理员身份完成账套导入，再凭借账套主管权限规范修改信息，确保数据的准确性与完整性。同时，企业明确内部财务职责分工，如指定钱出纳专职现金账管理、孙会计负责日常财务业务处理等，实现权责清晰、分工明确。该实践不仅展现了严谨规范的工作作风，更体现了企业对财务管理制度的严格执行，彰显了会计人员良好的职业素养与责任意识。

项目准备及要求

（1）在控制面板"区域和语言设置"中，将系统日期格式设置为"yyyy-mm-dd"。

（2）将系统日期设置为 2026 年 3 月 1 日。以系统管理员 admin 的身份进行操作员、账套、财务分工等管理操作；以账套主管身份进行账套修改、数据权限控制设置等操作。

（3）账套输出。

ZT02

项目资料

🔔 **提示**：预置账套基本信息、财务分工信息以及操作参考指导详见项目拓展。

任务一 登录系统管理

（1）下载初建账套。

（2）正确启动"系统管理"模块，并以系统管理员（admin）身份完成注册。

任务二 账套维护

（1）账套引入、修改、备份和删除。修改账套名称：以学生本人姓名作为账套名称；修改分类编码方案：将区域结构编码级次设置为12；删除已备份过的账套。

（2）修改用户信息。将操作员"赵主管"修改为学生本人姓名。

（3）系统出错处理。对系统提示的错误信息进行正确处理。

（4）联机帮助。合理使用在线帮助系统。

（5）取消所有记录级数据权限控制。本教学演示账套不进行记录级数据权限控制。

项目操作指导

用友 ERP-U8⁺软件产品由多个模块组成，各个模块之间相互关联，实现数据共享，为企业的资金流、物流、信息流的统一管理和实时反映提供了有效的方法与工具。对于多个模块的操作，系统需要对账套的建立、修改、删除和备份，操作员的建立、角色的划分和权限的分配等功能进行集中管理。系统管理模块的功能正是提供这样一个操作平台。其优点在于，企业的信息化管理人员可以进行方便的管理、及时的监控，随时掌握企业的信息系统状态。系统管理的使用对象为企业的信息管理人员（即系统管理员 admin）、安全管理人员（即安全管理员 sadmin）、管理员用户或账套主管。

系统管理模块主要实现如下功能。

（1）对账套进行统一管理，包括建立、修改、引入和输出（恢复备份和备份）。

（2）对操作员及其功能权限实行统一管理，设立统一的安全机制，包括用户、角色和权限设置。

（3）允许设置自动备份计划，系统根据这些设置定期进行自动备份处理，实现账套的自动备份。

（4）对账套库进行管理，包括建立、引入、输出账套库，账套库初始化，清空账套库数据。

（5）对系统任务进行管理，包括查看当前运行任务、清除指定任务、清退站点等。

由于用友 ERP-U8⁺软件所包含的各个模块是为同一个主体的不同层面服务的，并且模块与模块之间相互关联、数据共享，因此，这些模块需要具备如下特点。

（1）公用的基础信息。

（2）相同的账套和账套库。

（3）对操作员和操作权限进行集中管理，并实施基于角色的权限管理。

（4）业务数据共用一个数据库。

本书的 ERP-U8⁺软件操作指导以新道 U8⁺版本为例进行讲解。

任务一 登录系统管理

登录系统管理

重新设置 Windows 10 的日期：首先单击任务栏右下角的时间显示，然后选择"调整日期

/时间（A）"以打开"日期和时间"设置界面。在设置页面，确保"自动设置时间"选项是关闭的，以保证可以手动更改日期。接着，单击"更改"按钮，输入新的日期：2026年3月1日。再单击"更改"按钮以确认。新的日期设置立即生效。

一、下载初始账套

首先，使用手机扫描初建账套二维码，将初始账套文件下载到计算机硬盘的根目录。下载完成后，找到该压缩包文件。接着，右击该压缩包文件，在弹出的菜单中找到并选择"解压到当前文件夹（X）"命令，压缩包内的所有文件将会被解压到当前所在的硬盘根目录下，如图2-1所示。解压过程中，请确保硬盘有足够的存储空间，以避免解压失败。解压完成后，可以检查解压的文件是否完整，确保后续工作顺利进行。

ZT01

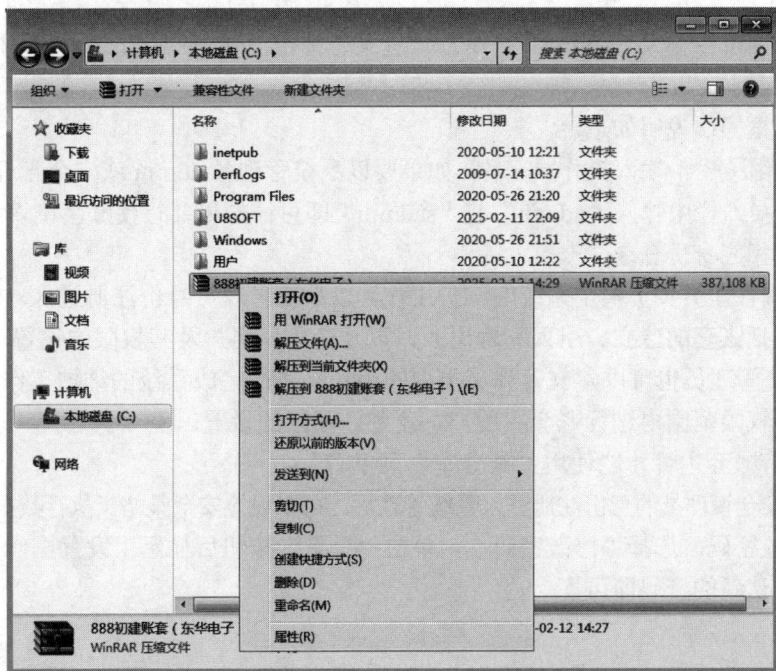

图2-1　下载并解压初始账套

二、启动系统管理

依次执行"开始"→"新道 U8$^+$"→"系统服务"→"系统管理"命令，以启动"系统管理"模块。为方便使用，可以将"系统管理"和"企业应用平台"发送到桌面快捷方式，或将其固定到任务栏。

三、以系统管理员身份注册登录系统管理

在"新道 U8$^+$［系统管理］"窗口，依次执行"系统"→"注册"命令，系统将弹出登录对话框，如图2-2所示。

图 2-2　登录对话框

在登录对话框中输入"admin"，单击"登录"按钮，弹出"新道 U8+[系统管理]"的登录状态页面。

登录对话框操作说明如下。

（1）选择服务器，输入操作员名称。如果要以系统管理员 admin 或安全管理员身份登录，直接在"操作员"栏中输入"admin"或"sadmin"即可；如果要行使账套主管或其他管理员权限，则需以相应身份登录。

（2）系统管理员负责整个系统的维护工作。以系统管理员身份注册进入，便可以进行账套的管理（包括账套的建立、引入和输出），以及角色、用户及其权限的设置。

（3）系统管理员也可以建立管理员类型的用户来协助完成系统的维护工作，管理员类型的用户可以在权限范围内进行账套、用户、角色、权限的设置。

（4）只有账套主管才能使用"账套库"菜单。

（5）以安全管理员的身份注册进入系统管理后，可以设置安全策略、执行数据清除和还原。

（6）修改密码。选择"修改密码"，单击"登录"按钮后显示"设置操作员密码"对话框，输入并确认新的密码即可。

任务二　账 套 维 护

账套是由一个或多个账套库组成，一个账套库包含一年或多年的业务数据。一个账套对应一个会计主体，账套中的某个账套库对应这个会计主体某年度区间内的业务数据。账套库由账套主管建立和维护。

本书假设一种情境：新入职的会计接手原离任会计的工作，其工作内容仅限于对原账套进行适当的维护。

一、账套引入、修改、备份和删除

1. 账套引入

账套引入功能是指将系统外某账套的数据引入本系统中。以系统管理员身份

账套维护 1

注册登录，依次执行"账套"→"引入"命令，打开"账套引入"页面。单击"选择备份文件"按钮，选择要引入的账套数据备份文件路径，即进入文件"UfErpAct.Lst"所在位置，选择该文件，如图 2-3 所示。然后，选择引入路径（尽量选择运行文件夹U8SOFT，切勿选择备份文件夹作为引入路径），系统自动显示该备份文件对应账套的基本信息（如账套号、账套名称）。最后，单击"确定"按钮开始引入。

图 2-3　选择账套备份文件

2. 账套修改

当系统管理员建完账套、账套主管建完账套库后，在未使用相关信息的基础上，需要对某些信息进行调整，以便使信息更真实、准确地反映企业的相关内容。只有账套主管才可以修改其具有权限的账套库中的信息，系统管理员无权修改。

在"新道 U8+[系统管理]"窗口，以账套主管的身份选择相应的账套登录，依次执行"账套"→"修改"命令，打开"修改账套"页面，将账套名称修改为学生本人姓名，如图 2-4 所示。

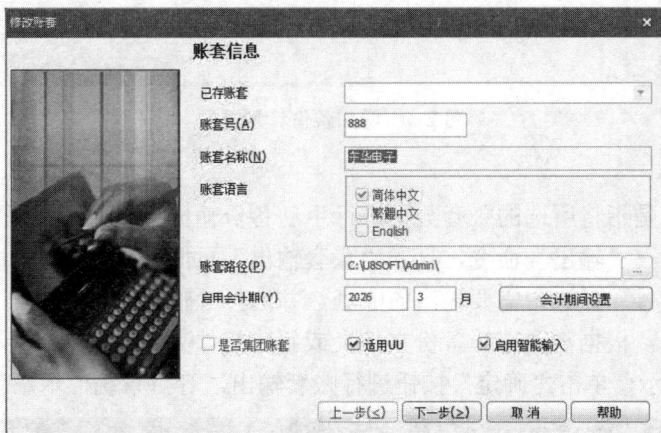

图 2-4　修改账套

在每个页面根据需要对相关信息进行修改后，单击"下一步"按钮进入下一页面，或者单击"上一步"按钮返回上一页面，当到"基础信息"页面时，单击"完成"按钮，表示确认修改内容；如想放弃修改，则在任一页面单击"取消"按钮即可。

3. 账套备份

可使用系统管理中提供的备份功能（设置备份计划）或输出功能，对用友 ERP-U8+账套进行备份。当需要恢复账套时，可使用引入功能将备份的账套恢复到用友 ERP-U8+系统中。

1）设置备份计划

可以通过系统管理中的"设置备份计划"功能，由客户设置自动备份计划，系统管理根据这些设置定期进行自动备份处理，以增强系统数据的安全性。其作用是自动定时对设置的账套/账套库进行输出（备份）。此种方式的好处是可以同时对多个账套/账套库进行输出，并且可以进行定时设置，实现无人干预自动输出，从而减轻系统管理员的工作负担，使其可以更好地对系统进行管理。

首先以系统管理员 admin 或账套主管身份或有权限的管理员用户身份注册进入系统管理，依次执行"系统"→"设置备份计划"命令，打开"备份计划设置"页面，单击"增加"按钮，弹出"备份计划详细情况"页面，输入计划编号、计划名称，选择输入备份类型和发生频率，选择系统数据的备份路径和要备份的账套或账套库。单击"增加"按钮，保存设置，如图 2-5 所示。

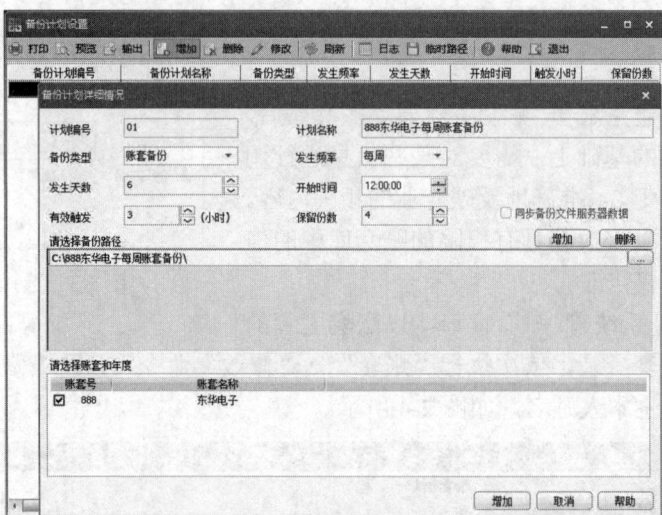

图 2-5　增加备份计划页面

2）账套输出

账套输出功能是指将所选的账套数据进行手动备份输出。以系统管理员身份注册登录，依次执行"账套"→"输出"命令，打开"账套输出"页面，系统自动列出当前服务器中所有账套；在"账套号"处选中需要输出的账套，并选择"输出文件位置"，弹出"请选择账套备份路径"页面，根据需要选择备份文件夹或新建文件夹（建议选择硬盘根目录新建文件夹），如图 2-6 所示，单击"确定"按钮进行账套输出，等待系统提示账套输出是否成功。

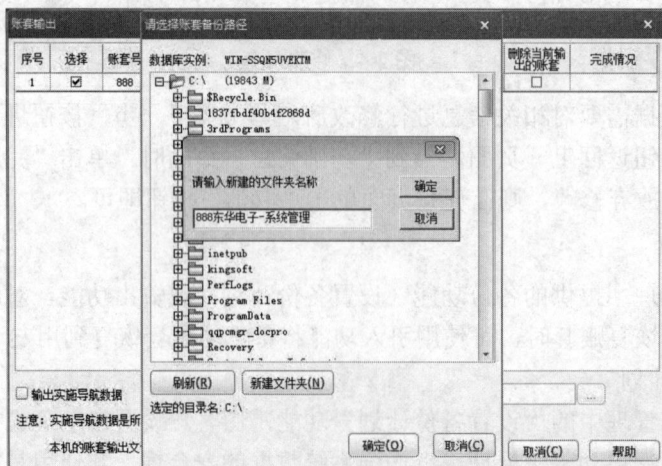

图 2-6　账套输出

4. 账套删除

账套删除功能允许用户根据需求，在系统中选择性地删除指定的账套。此功能可以一次将该账套下的所有数据彻底删除。账套删除与账套输出备份的操作基本一样，区别在于：在输出选择页面选中"删除当前输出的账套"复选框并且在完成操作后进行删除确认（见图2-7）。

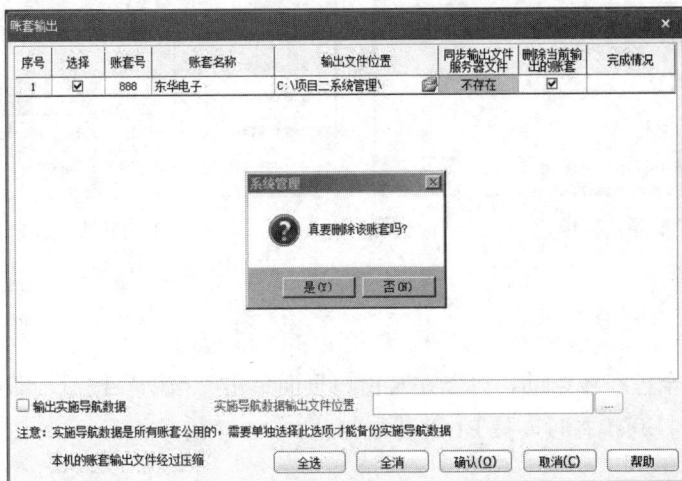

图 2-7 删除账套

二、修改用户信息

选中要修改的用户信息，单击"修改"按钮，即可进入修改状态。其中，编号信息不允许修改。此时，系统会在"姓名"文本框后出现"注销当前用户"按钮，如图2-8所示。如果需要暂时停止使用该用户，则单击此按钮；单击后，该按钮会变为"启用当前用户"，此时可以单击此按钮来启用该用户。例如，将操作员"赵主管"修改为学生本人姓名。

三、系统出错处理

账套维护 2

当系统提示出错后，保持错误提示状态，以系统管理员登录"新道 U8+［系统管理］"窗口。依次执行"视图"→"清除单据锁定"命令，清除单据锁定；再依次执行"视图"→"清除异常任务"命令或"清除所有任务"命令，清除异常任务，具体可根据出错情况选择，如图2-9所示。

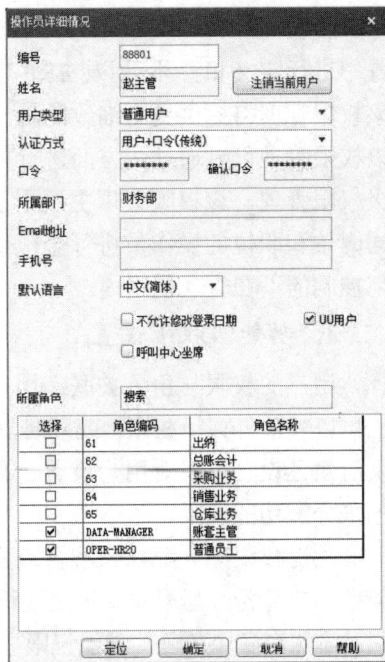

图 2-8 修改用户信息

还有一种处理方法是在企业应用平台里依次执行"财务会计"→"总账"→"期末"→"对账"命令，打开"对账"页面后，按 Ctrl+F6 快捷键，当系统提示"是否清除所有站点的锁定记录？"时，单击"是"按钮即可完成错误的清除（见图2-10）。

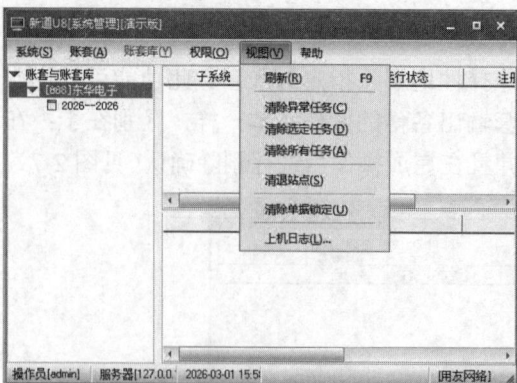

图 2-9　清除单据锁定

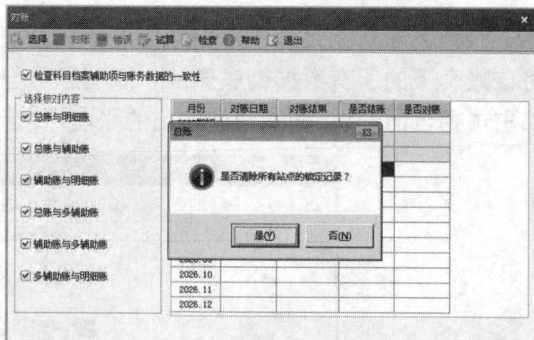

图 2-10　清除锁定记录

四、联机帮助

用友 U8+支持全程在线帮助，可以在某窗口页面单击"帮助"按钮，即可弹出帮助界面；或者当某窗口处于打开状态时，按 F1 键获取帮助。

五、取消所有记录级数据权限控制

用友 ERP-U8+产品提供集中权限管理，所有子系统的权限全部归集到系统管理和基础设置中进行定义和管理。用友 ERP-U8+产品可以实现三个层次的权限管理：① 功能级权限管理，该权限管理将提供更为细致的功能划分，包括功能权限的查看和分配；② 数据级权限管理，该权限管理可以通过两方面进行控制，一是字段级权限控制，二是记录级权限控制；③ 金额级权限管理，该权限管理主要用于完善内部金额控制，实现对具体金额数量划分级别，对不同岗位和职位的操作员进行金额级别控制，限制他们制单时可以使用的金额数量，不涉及内部控制的不在管理范围内。

1. 功能级权限设置

用户的权限与角色关联：用户如果属于某一角色，则自动拥有该角色的功能权限。用户也可以被额外授予权限，或同时属于多个角色以获得多重权限。功能权限的设置有三种方式：仅对角色设置、仅对用户设置、角色与用户同时设置。本案例采用第一种方式，即仅通过角色来分配功能权限。

功能权限的分配在系统管理中的"权限"功能中进行。以系统管理员或有权限的管理员类型用户身份注册登录，才能进行功能权限分配。用户功能权限分配的方法与角色权限设置相同。本账套各个角色的功能权限参见项目拓展中的表 2-1。

以系统管理员 admin 身份或有权限的管理员用户身份登录系统管理，依次执行"权限"→"权限"命令，弹出"操作员权限"页面。首先选定需要修改的账套及账套库（对应年度区间），并从操作员列表中选择操作员或角色。如果选中"账套主管"选项，则该操作员具有所有该账套库所有子系统的全部权限；如果选中非账套主管的操作员或角色，单击"修改"按钮后，选中对应的详细功能，如图 2-11 所示。每个操作员或角色的权限设置完成后，均需单击"保存"按钮。

图 2-11 操作员权限-出纳

2. 取消所有记录级数据权限控制

依次执行"开始"→"新道 U8⁺"→"企业应用平台"（注：企业应用平台即企业门户，可通过各类导航执行具体的功能；桌面提供常用功能的快捷方式，边框区可提供辅助功能）命令，运行企业门户模块；或者，双击桌面上的"企业应用平台"快捷方式运行企业门户模块。首次登录企业门户时，需以账套主管身份选择对应账套，登录时间为建账日，其登录界面与"系统管理"窗口的登录界面相同。系统管理员不能登录企业门户。

3 月 1 日，以账套主管身份登录企业应用平台，依次执行"系统服务"→"权限"→"数据权限控制设置"命令，打开"数据权限控制设置"页面，依次单击"全消"→"确定"按钮，以取消对"仓库""工资权限""科目""用户"等业务对象的数据权限控制，如图 2-12 所示。

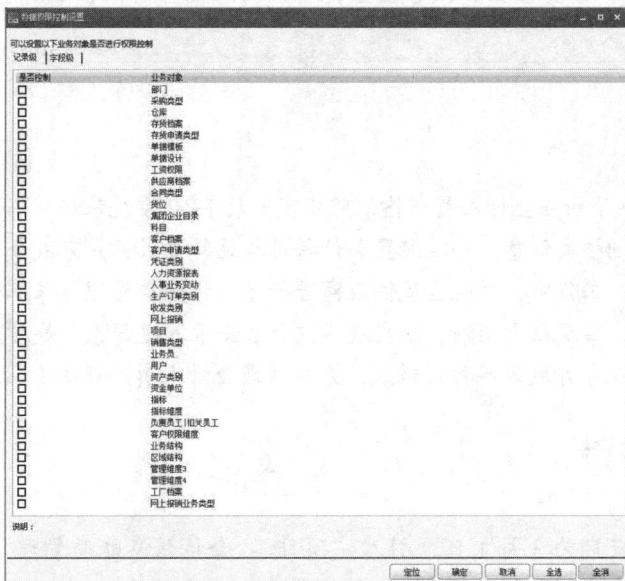

图 2-12 数据权限控制设置

项目拓展 会计信息账套管理

TZ02

项目三　基础数据信息化设置

学习目标

知识目标

了解用友 U8⁺系统基础设置的重要性和内容构成，掌握基础档案、单据设置、预警与通知等功能模块的基本概念和相关知识，理解各模块间的数据关联及其作用原理。

能力目标

能够以账套主管身份熟练进行基础档案的设置，包括机构人员、客商、存货等各类档案；掌握单据格式和编号的设置方法；学会配置预警与通知任务，确保系统运行和业务处理的顺畅。

素养目标

培养严谨细致的工作态度，在基础设置过程中确保数据准确、完整；提升信息管理和风险防控意识，重视数据分类管理和预警设置；增强团队协作意识，理解基础设置为多部门协同工作提供支持的意义。

案例导入

3月，成都东华电子新任会计人员严格依照规范开展 ERP 系统基础数据设置工作。通过精准录入部门、客商等基础档案信息，科学配置会计科目与结算方式，并完成合同预警功能部署，构建系统运行基础框架。工作中，对地区及供应商进行精细化分类管理，保障数据准确性；同时明确系统操作人员权限，实现权责明晰。该实践不仅是数据录入过程，更是对企业内部管理流程的系统性优化，为后续业务开展筑牢数据根基，充分展现会计人员严谨的专业态度与职业素养。

项目准备及要求

（1）设置系统日期为 3 月 1 日，引入"项目二　会计信息账套管理"备份账套。

（2）以账套主管身份进行基础档案设置操作。

（3）账套输出。

ZT03

项目资料

🔔 提示：预置账套基础数据以及操作参考指导详见项目拓展。

任务一 补充基础档案信息

一、机构人员

补充输入人员档案信息如表3-1所示。

表3-1 人员档案

人员编码	人员姓名	性别	人员类别	行政部门	是否业务员	是否操作员	对应操作员编码	雇佣状态
121	学生姓名	男	企业管理人员	财务部	是	是	88801	在职
421	李忠	男	经营人员	运输部	是			在职

二、客商信息

补充输入客户档案信息如表3-2所示。

表3-2 客户档案

客户编号	客户名称简称	所地区属	所属分类码	税号	开户银行（默认值）	银行账号	地址	邮编	扣率	分管部门	分管业务员
004	和平公司	01	03	1083698560 03251	中行平房分行	43810548	哈尔滨平房区和平路16号	150008	10	销售部	张健

三、存货

补充输入存货档案信息如表3-3所示。

表3-3 存货档案

存货编码	存货名称	所属类别	计量单位	税率/%	存货属性	参考成本/元	参考售价/元
902	代销手续费	其他	次	6	内销、采购、应税劳务		

四、财务

（1）补充输入外币信息：币名：美元；固定汇率1:6.725（此汇率仅供该账套实验使用）。

（2）补充输入会计科目信息如表3-4所示。

表3-4 会计科目

科目编码	科目名称	币种核算	计量单位	辅助账类型	账页格式	余额方向	受控系统	银行账	日记账	备注
122101	应收单位款			客户往来	金额式	借	不受控			增加
660302	汇兑损益				金额式	借				增加
660303	现金折扣				金额式	借				增加

五、收付结算

补充输入付款条件信息如表3-5所示。

表3-5 付款条件

付款条件编码	付款条件名称	信用天数	优惠天数1	优惠率1	优惠天数2	优惠率2	优惠天数3	优惠率3
01	2/10，1/20，n/30	30	10	2	20	1	30	0

任务二 单据设置

单据格式设置：材料出库单表体栏目中增加"对应入库单号"；组装单表体栏目中增加

"对应入库单号"；销售订单表头增加"必有定金""定金比例""定金原币金额""定金累计实收原币金额"；委托代销结算单表头增加"发票号"。

项目操作指导

基础设置是对系统日常业务处理必需的基础信息资料进行设置，是系统运行的基石。一个账套由若干个子系统构成，这些子系统共享公用的基础档案信息。可以账套主管的身份在企业应用平台主界面的"基础设置"功能菜单中设置各系统运行所需要的基础档案信息。

任务一　补充基础档案信息

设置基础档案，是指将手工资料经过加工整理后，根据本单位建立信息化管理的需要，构建软件系统的应用平台。这一过程既是手工业务的延续，也可提升其效率与水平。

输入基础档案信息时，应遵循"增加→录入信息→保存"的操作步骤。如果输入的档案定义了类别，则要先输入类别，再输入档案；在输入档案时，档案编码要遵循制定的"编码规则"。

一、机构人员

人员档案设置主要用于设置企业各职能部门中需要进行核算和业务管理的职员信息，必须先设置好部门档案才能在这些部门下设置相应的职员档案。除固定资产和成本管理模块外，其他模块均需使用职员档案。

补充基础档案
信息 1

3 月 1 日，以账套主管身份在企业应用平台依次执行"业务导航"→"经典树形"→"基础设置"→"基础档案"→"机构人员"→"人员"→"人员档案"命令，打开"人员列表"界面，单击"增加"按钮，打开"人员档案"界面，输入人员的相关信息，如图 3-1 所示。

图 3-1　人员档案

对于操作员，要先选中"操作员"，然后单击"操作员名称"后的浏览按钮，在弹出的

"操作员档案"页面中选择对应的用户，单击"确定"按钮确认操作员编码后，才能正常保存档案。

关闭"人员档案"界面，返回"人员列表"界面，可看到企业人员档案列表，如图 3-2 所示。

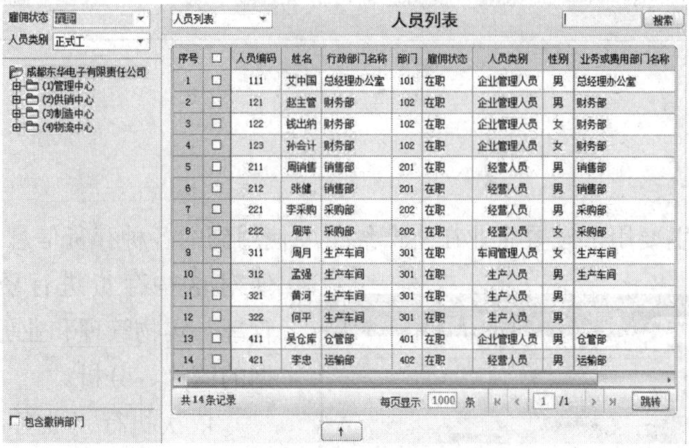

图 3-2　人员列表

二、客商信息

客户档案设置主要用于设置往来客户的档案信息，以便对客户资料管理和业务数据进行输入、统计、分析。如果在建立账套时选择了客户分类，则必须在设置完成客户分类档案的情况下才能编辑客户档案。

依次执行"业务导航"→"经典树形"→"基础设置"→"基础档案"→"客商信息"→"客户档案"命令，打开"客户档案"界面，单击"增加"按钮，打开"增加客户档案"界面，输入客户档案信息，如图 3-3 所示。

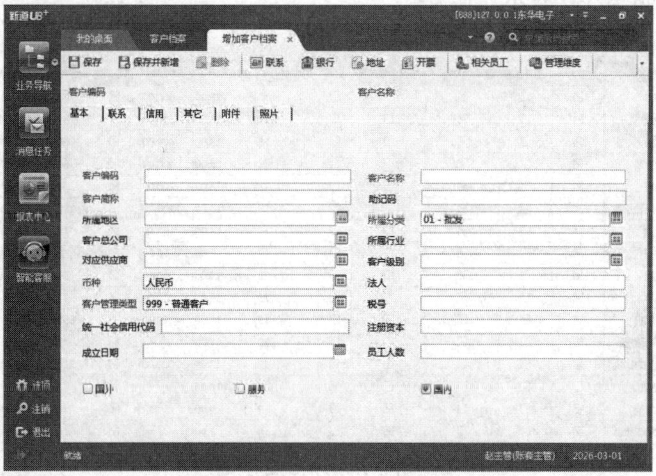

图 3-3　增加客户档案

增加客户银行档案，单击"银行"按钮，弹出"客户银行档案"页面，单击"增加"按钮，输入银行相关信息，依次单击"保存"→"退出"按钮返回"增加客户档案"界面。

关闭"增加客户档案"界面后，可看到企业客户档案列表，如图 3-4 所示。

客户档案

序号	客户简称	客户分类编码	地区编码	地址	邮政编码	纳税人登记号	开户银行	银行账号	专营业务员名称	扣率	分管部门名称
1	红光公司	01	06	成都市金...	610077	1200009884...	工行红光分行	73853654	周销售	5.00	销售部
2	华苑公司	01	02	天津市南...	300310	1200008456...	工行华苑分行	69325581	周销售	0.00	销售部
3	天平公司	04	03	上海市徐...	200032	310106548...	工行徐汇分行	36542234	张健	0.00	销售部
4	和平公司	03	01	哈尔滨平...	150008	108369856...	中行平房分行	43810548	张健	10.00	销售部
5	个人	02								0.00	

图 3-4 客户档案

三、存货

存货档案设置主要用于设置企业在生产经营中使用到的各种存货信息，以便对这些存货进行资料管理、实物管理和业务数据的统计、分析。

补充基础档案
信息 2

图 3-5 增加存货档案

依次执行"业务导航"→"经典树形"→"基础设置"→"基础档案"→"存货"→"存货档案"命令，打开"存货档案"界面，单击"增加"按钮，打开"增加存货档案"界面。根据项目资料，在"基本"页面输入存货档案；在"价格成本"页面将税率改为"6%"，然后单击"保存"按钮以完成该条存货档案的输入，如图 3-5 所示。

关闭"增加存货档案"界面后，可看到存货档案列表，如图 3-6 所示。

存货档案

序号	选择	存货编码	存货名称	是否内销	是否自制	是否生产耗用	是否应税劳务	资产	进项税率%	销项税率%	参考成本	是否采购	参考售价	计量单位组名称	主计量单位名称
1	☐	001	CPU	☑	☐	☑	☐	☐	13	13.00	600.00	☑	800.00	自然单位组	盒
2	☐	002	硬盘	☑	☐	☑	☐	☐	13	13.00	600.00	☑	800.00	自然单位组	盒
3	☐	003	主板	☑	☐	☑	☐	☐	13	13.00	400.00	☑	600.00	自然单位组	个
4	☐	004	内存条	☑	☐	☑	☐	☐	13	13.00	400.00	☑	600.00	自然单位组	根
5	☐	005	电源	☑	☐	☑	☐	☐	13	13.00	200.00	☑	300.00	自然单位组	个
6	☐	006	液晶显示器	☑	☐	☑	☐	☐	13	13.00	1200.00	☑	1500.00	自然单位组	台
7	☐	007	键盘	☑	☐	☑	☐	☐	13	13.00	100.00	☑	140.00	自然单位组	个
8	☐	008	鼠标	☑	☐	☑	☐	☐	13	13.00	50.00	☑	60.00	自然单位组	个
9	☐	009	光驱	☑	☐	☑	☐	☐	13	13.00	260.00	☑	380.00	自然单位组	个
10	☐	010	机箱	☑	☐	☑	☐	☐	13	13.00	200.00	☑	300.00	自然单位组	个
11	☐	021	计算机	☑	☑	☐	☐	☐	13	13.00	4800.00	☐	6500.00	自然单位组	台
12	☐	022	HP服务器	☑	☐	☐	☐	☐	13	13.00		☑		自然单位组	台
13	☐	031	激光打印机	☑	☐	☐	☐	☐	13	13.00	2000.00	☑	2300.00	自然单位组	台
14	☐	041	扫描仪	☑	☐	☐	☑	☐	13	13.00		☑		自然单位组	台
15	☐	901	运输费	☑	☐	☐	☑	☐	9	9.00		☑		自然单位组	千米
16	☐	902	代销手续费	☑	☐	☐	☑	☐	6	6.00		☑		自然单位组	次

图 3-6 存货档案

四、财务

1. 补充输入外币信息

汇率管理是专为外币核算服务的。

依次执行"业务导航"→"经典树形"→"基础设置"→"基础档案"→"财务"→"外币设置"命令，弹出"外币设置"页面，输入币符和币名，单击"确认"按钮，选中"固定汇率"单选按钮，在 3 月份栏中输入记账汇率"6.725"，单击"退出"按钮，关闭"外币设置"页面，如图 3-7 所示。

2. 补充录入会计科目

会计科目是填制会计凭证、登记会计账簿、编制会计报表的基础。会计科目是对会计对象具体内容进行分类核算所规定的项目。会计科目是一个完整的体系，它是区别于流水账的标志，是复式记账和分类核算的基础。会计科目设置的完整性影响着会计过程的顺利实施，会计科目设置的层次深度直接影响会计核算的详细、准确程度。

图 3-7 外币设置

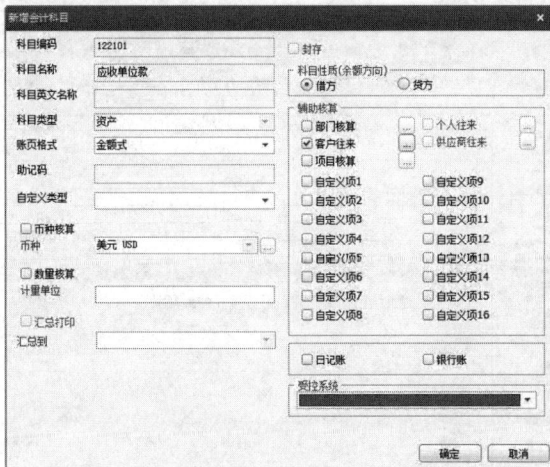

在企业应用平台中，依次执行"业务导航"→"经典树形"→"基础设置"→"基础档案"→"财务"→"会计科目"命令，弹出"会计科目"页面。

（1）增加会计科目：在"会计科目"页面，单击"增加"按钮进入"新增会计科目"页面，根据项目资料输入"122101 应收单位款"相关信息，注意在"受控系统"处选择空白，如图 3-8 所示。然后依次单击"确定"→"增加"按钮继续输入"660302 汇兑损益"相关信息，再单击"确定"按钮完成两条会计科目的补充输入工作。以同样方法输入"660303 现金折扣"科目。

（2）设置会计科目辅助项：包括设置客户（供应商）往来辅助项、受控应收（应付）系统、数量核算辅助项、项目核算辅助项等，如图 3-8 所示。

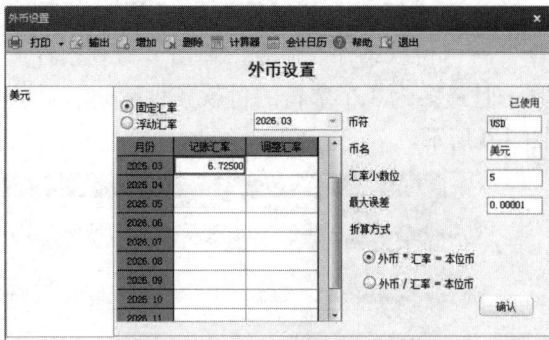

图 3-8 新增会计科目

五、收付结算

付款条件也叫现金折扣，是指为促使客户尽早付清货款而提供的一种价格优惠。系统最多同时支持 4 个时间段的折扣。

依次执行"业务导航"→"经典树形"→"基础设置"→"基础档案"→"收付结算"→"付款条件"命令，弹出"付款条件"页面。单击"增加"按钮，增加一空行，输入唯一且最多为 3 个字符的付款条件编码、付款条件名称、信用天数、优惠天数和优惠率，如图 3-9 所示。

图 3-9　付款条件

任务二　单据设置

单据设置

单据格式设置主要是根据系统预置的单据模板，定义本企业所需要的单据格式。用友 ERP-U8+单据格式设计可对用友 ERP-U8+系列产品中的采购、存货、库存、项目管理、销售、应收、应付等模块中的各种单据进行格式设计。每一种单据格式设置分为显示单据格式设置和打印单据格式设置。

3 月 1 日，以账套主管身份在企业应用平台依次执行"业务导航"→"经典树形"→"基础设置"→"单据设置"→"单据格式设置"命令，打开"单据格式设置"界面，在左边目录中依次选择"供应链"→"库存管理"→"材料出库单"→"显示"→"材料出库单"，选择设置"材料出库单显示模板"，如图 3-10 所示。

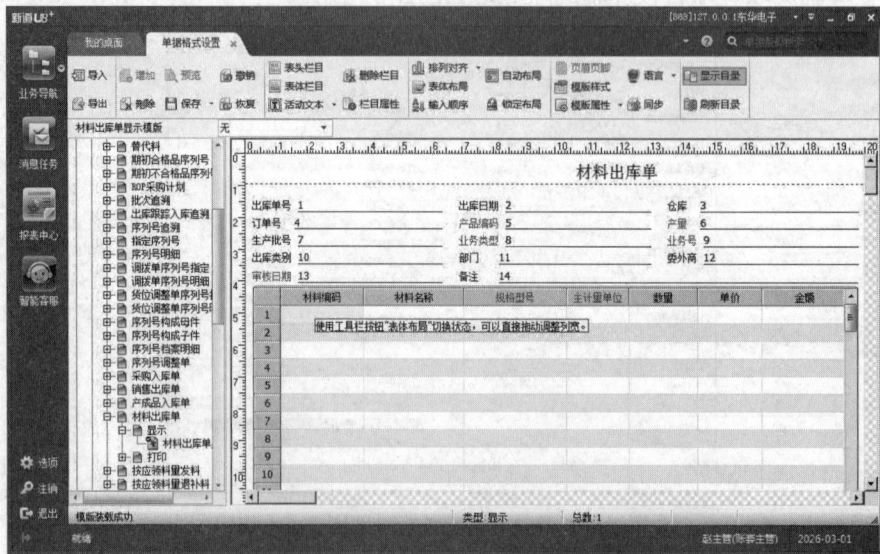

图 3-10　单据格式设置

单击"表体栏目"按钮，可按任务资料选中或取消对应项目后，单击"确定"按钮完成此项操作，如图 3-11 所示。

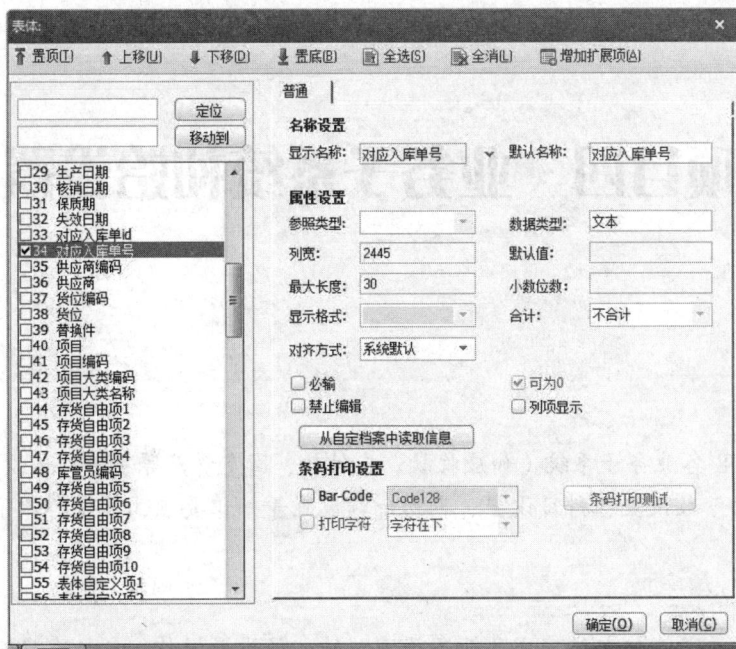

图 3-11 表体

根据任务资料，按上述方法分别对"组装单"表体、"销售订单"表头、"委托代销结算单"表头进行设置。

项目拓展 基础档案设置

TZ03

项目四　业务子系统初始设置

学习目标

知识目标

熟悉用友 U8+ 各业务子系统（如应收款、应付款、固定资产等）的初始设置内容与原理，掌握不同系统的参数设置、科目设置、期初余额设置等知识要点，并理解各子系统间数据流转与关联关系。

能力目标

能够以账套主管身份熟练完成各业务子系统的初始设置操作，包括准确输入各类数据、合理设置参数，学会利用系统功能进行期初数据核对与试算平衡，确保系统初始数据的准确性与完整性。

素养目标

在业务子系统初始设置过程中，培养严谨细致、耐心专注的职业素养，提升数据安全与风险防范意识；通过理解各系统关联，树立全局观念与团队协作意识，为后续企业财务业务处理筑牢基础。

案例导入

3月，成都东华电子新任会计人员遵循严格规范开展 ERP 系统初始化工作。通过精准设置应收、应付等子系统参数，完整输入固定资产、薪资等期初数据，并确保各子系统与总账数据核对一致，构建系统运行的初始框架。操作过程中，对数据的精细化处理保障了信息的准确性，明确的权限分工强化了责任意识，各子系统的协同配置彰显了团队协作的效能。该实践不仅是系统启用的关键环节，更是优化企业内控管理的重要步骤，为企业高效运营提供坚实的数据支撑与制度保障。

项目准备及要求

（1）设置系统日期为3月1日，引入"项目三 基础数据信息化设置"备份账套。

（2）以账套主管的身份进行业务子系统初始设置。

（3）账套输出。

ZT04

项目资料

🔔 **提示：** *预置账套各子系统初始数据以及操作参考指导详见项目拓展。*

任务一 补充应收款管理初始设置

输入结算科目信息：现金结算对应科目 1001，现金支票、转账支票、网银转账、其他对应科目 100201。

任务二 补充应付款管理初始设置

应付账款/一般应付款（220201）期初余额如表 4-1 所示。

表 4-1 应付账款/一般应付款期初余额

日期	凭证号	供应商	业务员	存货	数量	方向	金额/元	票号	票据日期
01-20	转-45	锦江公司	李采购	硬盘	293	贷	198 654.00	Z312	2026-01-20

任务三 补充固定资产初始设置

补充输入固定资产期初原始卡片信息如表 4-2 所示。

表 4-2 固定资产期初原始卡片

固定资产名称	类别编号	所在部门	增加方式	可使用年限/月	开始使用日期	原值/元	折旧累计/元	对应折旧科目名称
计算机	021	生产车间	直接购入	60	上年-09-01	6 490.00	1 246.08	制造费用/折旧费

注：净残值率均为 4%，使用状况均为"在用"，折旧方法均采用平均年限法（一）。

任务四 补充销售管理初始设置

期初发货单输入

2 月 28 日，销售部向华苑公司出售计算机 10 台，无税报价为 6 500.00 元，由成品仓库发货。该发货单尚未开票。

任务五 补充采购管理初始设置

一、期初采购入库单输入

2 月 25 日，收到锦江公司提供的硬盘 130 盒，单价为 600.00 元，商品已验收入原料仓库，至今尚未收到发票。

二、采购期初记账

将期初采购入库单数据记入有关采购账。

任务六 补充存货核算初始设置

一、期初数据输入

（1）期初余额信息：分仓库从库存管理子系统中取数并对账。

（2）期初分期收款发出商品、期初委托代销发出商品信息：均从销售系统中取数。

（3）对期初数据记账。

二、期初暂估科目输入

期初暂估科目信息如表 4-3 所示。

表 4-3　期初暂估科目

日期	供应商	入库类别	仓库	存货名称	计量单位	数量	单价/元	金额/元	暂估科目
02-25	锦江公司	采购入库	原料库	硬盘	盒	130	600.00	78 000.00	220202

任务七　补充薪资管理初始设置

补充输入正式人员档案信息如表 4-4 所示。

表 4-4　正式人员档案

人员编号	人员姓名	部门名称	人员类别	账号	中方人员	是否计税	计件工资
121	学生姓名	财务部	企业管理人员	20180080002	是	是	否
421	李忠	运输部	经营人员	20180080012	是	是	否

任务八　补充总账初始设置

一、期初余额

补充输入 3 月总账期初余额信息如表 4-5 所示。

表 4-5　总账期初余额

科目	方向	币别计量	年初余额	借方累计金额/元	贷方累计金额/元	期初余额/元
库存现金（1001）	借		7150.70	18 889.65	18 860.65	7 179.70
应付账款（2202）	贷		211 211.26	72 557.26	60 000.00	198 654.00
一般应付款（220201）	贷		211 211.26	72 557.26	60 000.00	198 654.00
财务费用（6603）	借			8 000.00		8 000.00
利息支出（660301）	借			8 000.00		8 000.00

应付账款/一般应付款（220201）辅助账期初余额如表 4-1 所示，应付账款/一般应付款借方累计、贷方累计如表 4-6 所示。

表 4-6　应付账款/一般应付款累计

期初借方累计/元	期初贷方累计/元
72 557.26	60 000.00

二、其他子系统与总账期初对账

本环节主要包括应收款管理、应付款管理、固定资产管理、存货管理等子系统的期初余额，与总账系统中对应会计科目的期初余额进行核对。

项目操作指导

任务一　补充应收款管理初始设置

补充应收款管理初始设置

3 月 1 日，以账套主管的身份登录企业应用平台，依次执行"业务导航"→"经典树形"→

"业务工作"→"财务会计"→"应收款管理"→"设置"→"科目设置"→"结算科目"命令，打开"应收结算科目"界面，单击"增行"按钮，按任务资料输入相关信息，如图4-1所示。

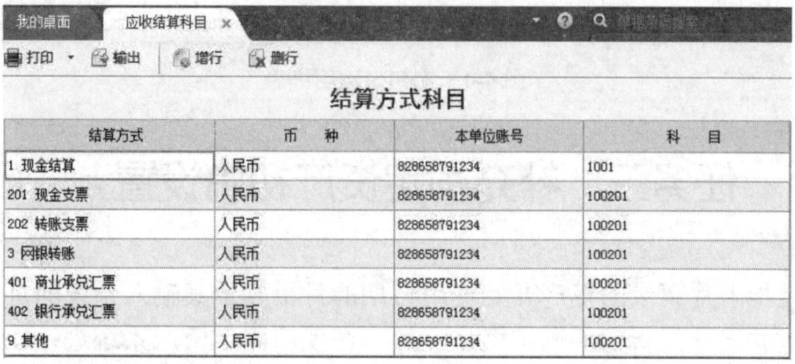

图4-1 应收结算科目

任务二 补充应付款管理初始设置

初次使用应付款管理系统时，要将上期未处理完全的单据都输入应付款管理系统中，以便于以后的处理。当进入第二年度处理时，系统自动将上年度未处理完全的单据转换为下一年度的期初余额，在下一年度的第一个会计期间，可以进行期初余额的调整。

3月1日，以账套主管身份登录企业应用平台，依次执行"业务导航"→"经典树形"→"业务工作"→"财务会计"→"应付款管理"→"期初余额"→"期初余额"命令，弹出"期初余额—查询"页面，单击"确定"按钮，打开"期初余额"界面，单击"增加"按钮，弹出"单据类别"页面，如图4-2所示。

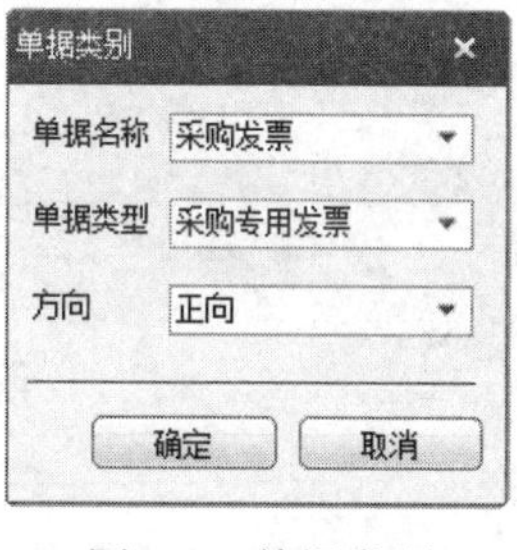

关于单据名称：采购发票是指未核销的应付账款；应付单是指未结算的其他应付单；预付款是指提前支付的供应商款项；应付票据是指还未结算的票据。这些期初数据必须是账套启用会计期间前的数据。

补充应付款管理初始设置

图4-2 单据类别

选择完单据的名称、类型和方向后，单击"确定"按钮，打开该类型单据界面，根据任务资料输入有关栏目，单击"保存"按钮完成当前操作，如图4-3所示。

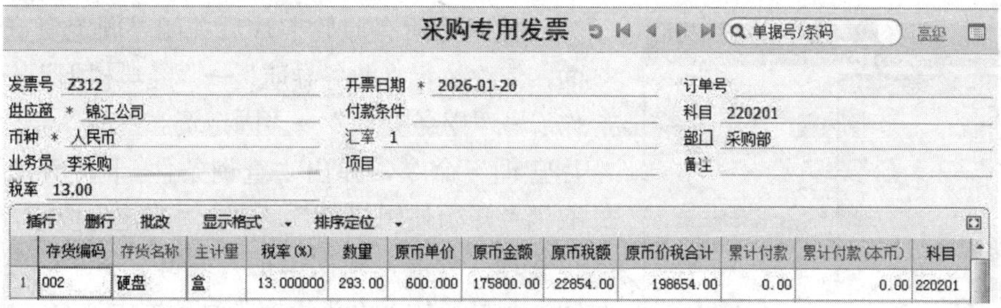

图4-3 采购发票

输入完所有单据后，关闭输入界面返回"期初余额"界面，单击"刷新"按钮，"期初余额明细表"将列示所增加的各类型单据，如图4-4所示。

本币合计：	贷 198,654.00					期初余额明细表						
单据类型	单据编号	单据日期	供应商	部门	业务员	币种	科目	方向	原币金额	原币余额	本币金额	本币余额
采购专用发票	Z312	2026-01-20	锦江公司	采购部	李采购	人民币	220201	贷	198,654.00	198,654.00	198,654.00	198,654.00

图 4-4 期初余额明细表

任务三 补充固定资产初始设置

补充固定资产
初始设置

原始卡片是指卡片记录的资产开始使用日期的月份先于其输入系统的月份，即已使用过并已计提折旧的固定资产卡片。在使用固定资产系统进行核算前，必须将原始卡片资料输入系统，保持历史资料的连续性。原始卡片的输入不限制必须在第一个期间结账前，任何时候都可以输入原始卡片。

3月1日，以账套主管身份登录企业应用平台，依次执行"业务导航"→"经典树形"→"业务工作"→"财务会计"→"固定资产"→"卡片"→"输入原始卡片"命令，弹出"资产类别参照"页面，从中选择要输入的卡片所属的资产类别，双击选中的资产类别或单击"确定"按钮，打开"固定资产卡片"界面，如图 4-5 所示，可按预置资料输入或参照选择各项目的内容，单击"保存"按钮保存输入的内容。

□ 新增资产当月计提折旧						附单据数：	
固定资产卡片	附属设备	大修理记录	资产转移记录	停启用记录	原值变动	拆分/减少信息	2026-03-01

固定资产卡片

卡片编号	00005		日期	2026-03-01
固定资产编号	021301002	固定资产名称		计算机
类别编号	021	类别名称 经营用设备	资产组名称	
规格型号		使用部门		生产车间
增加方式	直接购入	存放地点		
使用状况	在用	使用年限(月) 60	折旧方法	平均年限法(一)
开始使用日期	2025-09-01	已计提月份 5	币种	人民币
原值	6490.00	净残值率 4%	净残值	259.60
累计折旧	1246.08	月折旧率 0.016	本月计提折旧额	103.84
净值	5243.92	对应折旧科目 510102,折旧费	项目	
增值税	0.00	价税合计 6490.00		

录入人	赵主管		录入日期	2026-03-01

图 4-5 固定资产卡片-增加

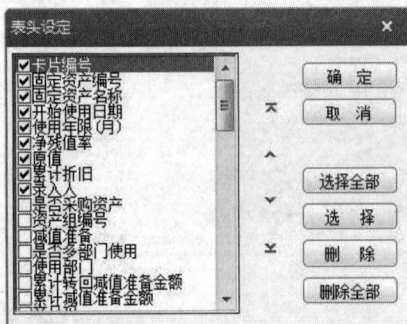

表头设定	×
☑卡片编号	确 定
☑固定资产编号	
☑固定资产名称	取 消
☑开始使用日期	
☑使用年限(月)	
☑净残值率	
☑原值	选择全部
☑累计折旧	
☑录入人	选 择
□是否采购资产	
□资产组编号	删 除
□减值准备	
□是否多部门使用	
□使用部门编码	删除全部
□减值转回减值准备金额	
□累计减值准备金额	

图 4-6 表头设定

输入完所有原始卡片后关闭"固定资产卡片"界面，依次执行"业务导航"→"经典树形"→"业务工作"→"财务会计"→"固定资产"→"卡片"→"卡片管理"命令，弹出"查询条件-卡片管理"页面，取消"开始使用日期"，单击"确定"按钮，打开"卡片管理"界面，依次单击"编辑"→"列头编辑"按钮，在显示的"表头设定"对话框中选择、排序表头，如图 4-6 所示。

单击"确定"按钮，返回"卡片管理"界面，即按表头设定显示卡片信息，如图 4-7 所示。

卡片编号	固定资产编号	固定资产名称	开始使用日期	使用年限(月)	净残值率	原值	累计折旧	录入人
00001	012101001	轿车	2025.08.01	72	0.04	215,470.00	37,254.75	赵主管
00002	022101001	笔记本电脑	2025.09.01	60	0.04	28,900.00	5,548.80	赵主管
00003	022101002	传真机	2023.12.15	60	0.04	3,510.00	1,825.20	赵主管
00004	021301001	计算机	2025.09.01	60	0.04	6,490.00	1,246.08	赵主管
00005	021301002	计算机	2025.09.01	60	0.04	6,490.00	1,246.08	赵主管
合计(…						260,860.00	47,120.91	

图 4-7　卡片管理

任务四　补充销售管理初始设置

补充销售管理初始设置

3月1日，以账套主管身份登录企业应用平台，依次执行"业务导航"→"经典树形"→"业务工作"→"供应链"→"销售管理"→"设置"→"期初发货单"命令，打开"期初发货单"界面，单击"增加"按钮，可按预置资料输入数据，依次单击"保存"→"审核"按钮完成此项操作，如图 4-8 所示。

图 4-8　期初发货单

任务五　补充采购管理初始设置

补充采购管理设置

一、补充录入期初采购入库单

期初数据包括以下几个方面。

（1）期初暂估入库：在启用采购管理系统时，将因尚未取得供货单位的采购发票而无法进行采购结算的入库单输入系统，以便取得发票后进行采购结算。

（2）期初在途存货：在启用采购管理系统时，将已取得供货单位的采购发票但货物尚未入库，导致无法进行采购结算的发票输入系统，以便货物入库并填制入库单后进行采购结算。

（3）期初受托代销商品：在启用采购管理系统时，将尚未与供货单位结算完的受托代销入库记录输入系统，以便在受托代销商品销售后，能够进行受托代销结算。

（4）期初代管挂账确认单：在启用采购管理系统时，将已与代管供应商进行了耗用挂账，但尚未取得供应商的采购发票而无法进行采购结算的代管挂账确认单输入系统，以便在取得发票后进行结算。

3月1日，以账套主管身份登录企业应用平台，依次执行"业务导航"→"经典树形"→"业务工作"→"供应链"→"采购管理"→"采购入库"→"采购入库单"命令，打开"期初采购入库单"界面，单击"增加"按钮，可按预置资料进行输入并保存，如图 4-9 所示。

图 4-9　期初采购入库单

二、采购期初记账

期初记账是将采购期初数据记入有关采购账；期初记账后，期初数据不能增加或修改，除非取消期初记账。期初记账后输入的入库单、发票都是启用月份及以后月份的单据，在"月末结账"功能中记入有关采购账。

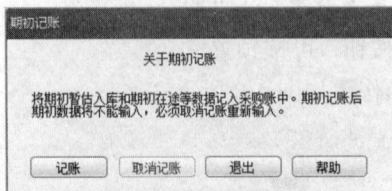

图 4-10　采购期初记账

在企业应用平台依次执行"业务导航"→"经典树形"→"业务工作"→"供应链"→"采购管理"→"设置"→"采购期初记账"命令，弹出"期初记账"对话框，单击"记账"按钮完成采购期初记账，如图 4-10 所示。

任务六　补充存货核算初始设置

补充存货核算
初始设置

一、补充输入期初数据

首次使用存货核算系统时，必须输入全部末级存货的期初数据。

（1）输入期初余额。此步骤主要用于输入使用系统前各存货的期初结存情况。库存管理和存货核算可分别先后启用，即允许先启用存货核算再启用库存管理，或先启用库存核算再启用存货管理，但系统提供两者互相取数和对账的功能。

图 4-11　期初余额-取数

3 月 1 日，以账套主管身份在企业应用平台依次执行"业务导航"→"经典树形"→"业务工作"→"供应链"→"存货核算"→"设置"→"期初余额"命令，打开"期初余额"界面，分别选择仓库，单击"取数"按钮，即可从库存管理系统中提取对应仓库的期初数据，如图 4-11 所示。

完成所有仓库的数据提取后，单击"对账"按钮，将存货核算系统期初数据与库存管理系统期初数据进行对账，如图 4-12 所示。

图 4-12　期初余额-对账

（2）输入期初分期收款发出商品、期初委托代销发出商品。如果企业存在分期收款发出商品业务或委托代销发出商品业务，并且这些业务在启用系统时存在期初余额，则应输入相应的发出商品期初余额。该数据来源于销售系统。

依次执行"业务导航"→"经典树形"→"业务工作"→"供应链"→"存货核算"→"设置"→"期初分期收款发出商品"（或"期初委托代销发出商品"）命令，打开"期初分期收款发出商品"（或"期初委托代销发出商品"）界面。在该界面中，只能通过"取数"按钮从销售系统中提取期初数据，并且不能手动增加或删除记录。除单价、发货金额、已结算金额和未结算金额外，其他项目均不允许修改。以同样的方法完成"期初委托代销发出商品"的取数操作。

（3）期初记账操作。完成期初数据输入后，执行期初记账操作，系统将把期初单据的数据记入存货总账、存货明细账、差异账以及委托代销/分期收款发出商品明细账。期初记账完成后，才能进行日常业务、账簿查询、统计分析等操作。

在"期初余额"界面，对账成功后，单击"记账"按钮，完成存货数据的期初记账，如图 4-13 所示。

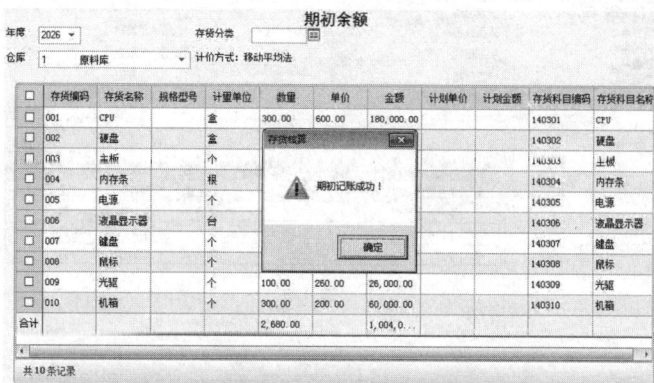

图 4-13　期初余额-记账

🔔 **注意**："存货核算"子系统中应先输入各仓库的期初数据（或从"库存管理"子系统中取数），然后分别对期初分期发出商品和期初委托代销发出商品进行取数操作（即使这些项目当前无数据，此步骤也必须执行，否则存货核算将无法完成期初记账）。存货核算进行期初记账后才能输入期初暂估科目数据。

二、补充输入期初暂估科目

期初暂估科目输入主要用于在初始使用时，设置存货核算系统中期初暂估入库单的暂估科目，以便进行暂估科目与总账的对账。

依次执行"业务导航"→"经典树形"→"业务工作"→"供应链"→"存货核算"→"设置"→"期初暂估科目录入"命令，打开"期初暂估科目录入"界面。单击"查询"按钮，系统将自动带入期初采购入库单的内容。输入暂估科目后，单击"保存"按钮以保存数据，如图 4-14 所示。

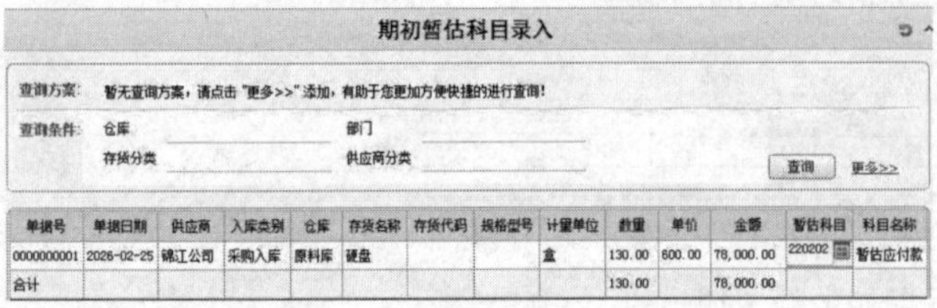

图 4-14　期初暂估科目录入

任务七　补充薪资管理初始设置

补充薪资管理
初始设置

人员档案用于登记工资发放人员的姓名、职工编号、所在部门、人员类别等信息，并记录员工的增减变动情况。

3 月 1 日，以账套主管身份在企业应用平台依次执行"业务导航"→"经典树形"→"业务工作"→"人力资源"→"薪资管理"→"工资类别"→"打开工资类别"命令，打开"正式人员工资"类别。然后，依次执行"设置"→"人员档案"命令，打开"人员档案"界面。单击"批增"按钮，弹出"人员批量增加"页面。该页面左侧显示当前工资类别的部门树。若不输入任何条件直接单击"查询"按钮，系统将筛选并显示所有未进入本工资类别的人员。此时，人员列表中的"选择"栏全部默认为选中状态。根据任务资料表 4-4，在不需要增加人员的"选择"栏内双击以取消其选中状态，如图 4-15 所示。

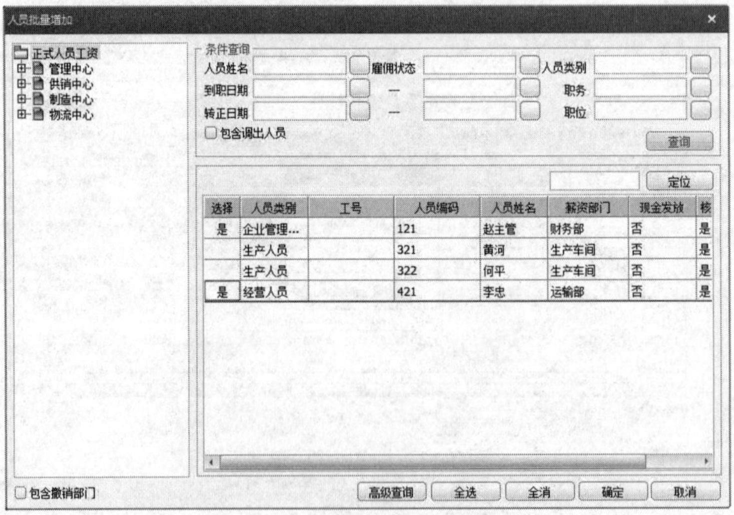

图 4-15　人员批量增加

筛选完毕后，单击"确定"按钮，即可将本次选中的人员批量增加至当前工资类别中，如图 4-16 所示。

选择某条记录，单击"修改"按钮，或直接双击该记录，即可对人员档案信息进行修改（如银行名称、银行账号等），如图4-17所示。

图4-16　正式人员档案

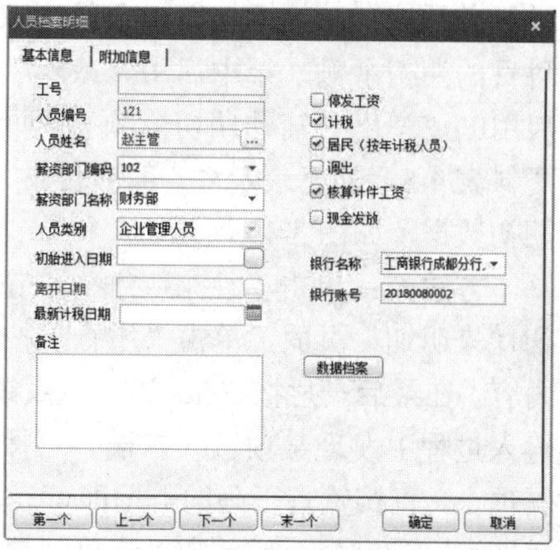

图4-17　人员档案明细

任务八　补充总账初始设置

一、补充输入期初余额

补充总账初始设置

总账系统在建立新账套后，为了保持业务连续性，需要将启用日期之前的余额输入系统，主要包括输入科目期初余额（用于年初输入余额或调整余额）、核对期初余额和进行试算平衡。

如果是年初启用账套，仅允许维护期初余额（年初余额）；如果不是年初启用账套，则需要维护年初至建账时的累计借贷发生额和期初余额，自动根据记账规则推算年初余额。

3月1日，以账套主管身份在企业应用平台依次执行"业务导航"→"经典树形"→"业务工作"→"财务会计"→"总账"→"期初"→"期初余额"命令，弹出"期初余额录入"页面。

（1）一般科目余额输入：输入无辅助核算的一般科目余额时，只需在末级科目（白色背景）对应栏目直接输入余额，非末级会计科目（灰色背景）的余额无须输入，由系统根据科目总分平衡原理自动计算得出。根据任务资料表4-5，补充输入"库存现金（1001）"和"利息支出（660301）"的期初数据，如图4-18所示。每个科目的余额方向由其科目性质决定：占用类科目的余额方向为借，来源类科目的余额方向为贷。单击"方向"按钮可修改科目的余额方向（即科目性质）。

图4-18　期初余额输入——一般科目余额输入

当调整某一级科目的余额方向时，该科目及其下级科目必须尚未输入期初余额。一旦某一级科目的方向被调整，其下级科目的方向就会随之相应调整。

（2）数量或外币核算科目输入：必须先输入本币余额，再输入数量余额或外币余额。

（3）辅助核算科目期初余额输入：辅助核算科目必须按辅助项输入期初余额。双击辅助核算科目的期初余额（年中启用）或年初余额（年初启用），弹出"辅助期初余额"页面。根据任务资料表 4-5，补充录入"一般应付款（220201）"期初数据，如图 4-19 所示。

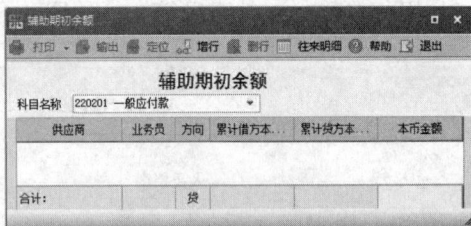

图 4-19　辅助期初余额

方法一：单击"往来明细"按钮，弹出"期初往来明细"页面，单击"增行"按钮，屏幕将增加一条新的期初明细，可按顺序输入各项内容。在最后一栏按 Enter 键后，系统将自动新增一行记录，以便继续输入下一条数据。如果输入过程中发现某项输入错误，可按 Esc 键取消当前项输入，然后将光标移到需要修改的编辑项上，直接输入正确的数据即可。如果想放弃整行增加的数据，在取消当前输入后，按 Esc 键即可。录完资料后单击"汇总到辅助明细"按钮，如图 4-20 所示。

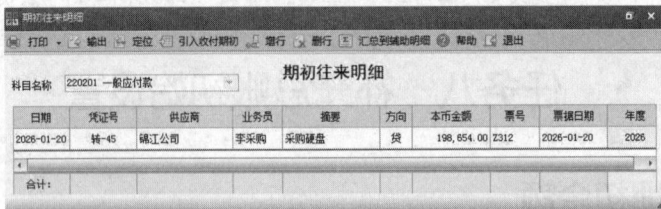

图 4-20　输入期初往来明细结果

方法二：如果应收、应付系统与总账系统的启用日期相同，并且这些系统在总账期初余额输入之前已输入了期初数据，则双击"应收账款"科目。在"辅助期初余额"窗口中，单击"往来明细"按钮。在弹出的"期初往来明细"页面中，单击"引入收付期初"按钮，即可从应收、应付系统中引入所选科目的期初往来明细，如图 4-21 和图 4-22 所示。

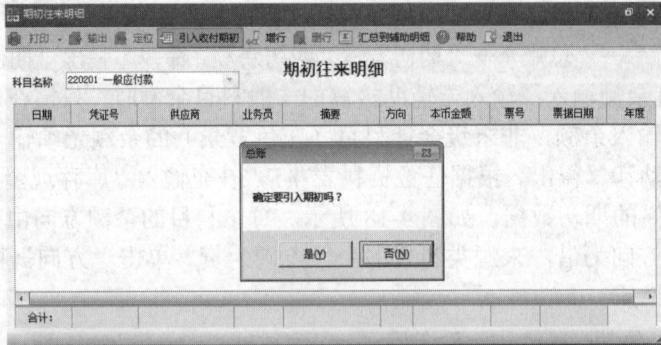

图 4-21　引入期初往来明细

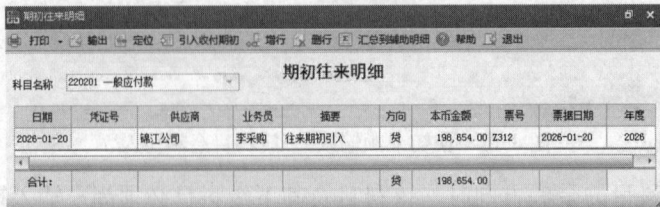

图 4-22　引入期初往来明细结果

输入或引入期初往来明细后，单击"汇总到辅助明细"按钮，当弹出对话框时单击"是"按钮，系统将自动汇总并显示当前客户（或供应商）的辅助期初余额。然后，在"辅助期初余额"页面中输入累计借贷方发生额，如图 4-23 所示。

方法三：如果科目是项目核算科目，则在"辅助期初余额"页面中直接单击"增行"按钮，即可按预置资料选择项目并输入期初数据，如图 4-24 所示。

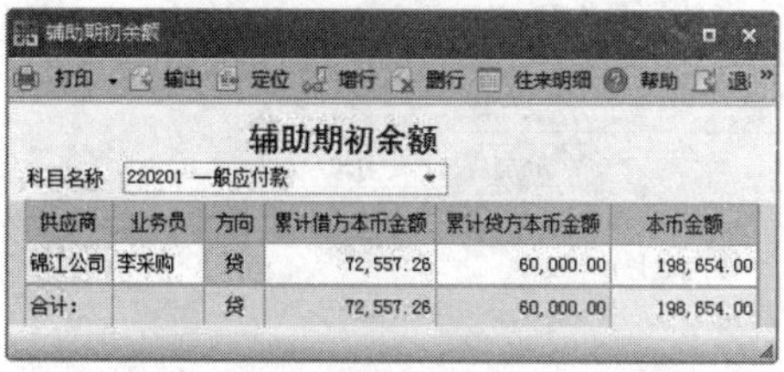

图 4-23　输入累计借贷方发生额

图 4-24　项目核算科目期初余额输入

在"辅助期初余额"页面中完成期初数据输入后，单击"退出"按钮，返回"期初余额录入"页面，系统会自动将明细数据的合计金额列示在相应栏中，如图 4-25 所示。

图 4-25　应收账款科目期初余额

（4）对账：初次使用该系统时，用户可能对其不太熟悉，在进行期初设置时的一些不经意的修改，可能会导致总账与辅助账、总账与明细账的核对出现错误。为此，系统提供了对期初余额进行对账的功能，以帮助用户及时进行账账核对，并能快速修正错误的账务数据。在"期初余额录入"页面，单击"对账"按钮对当前期初余额进行对账，如图 4-26 所示。如果对账后发现有错误，可单击"显示对账错误"按钮，系统将把对账中发现的错误列出来。

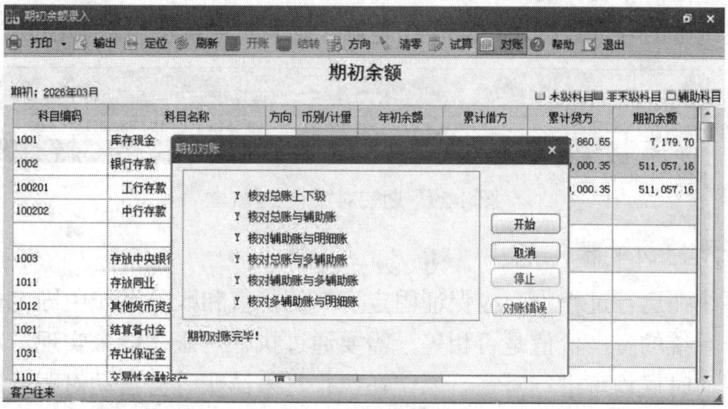

图 4-26　对账

（5）试算：在"期初余额录入"页面单击"试算"按钮，可查看期初余额试算平衡表，检查余额是否平衡，如图 4-27 所示。

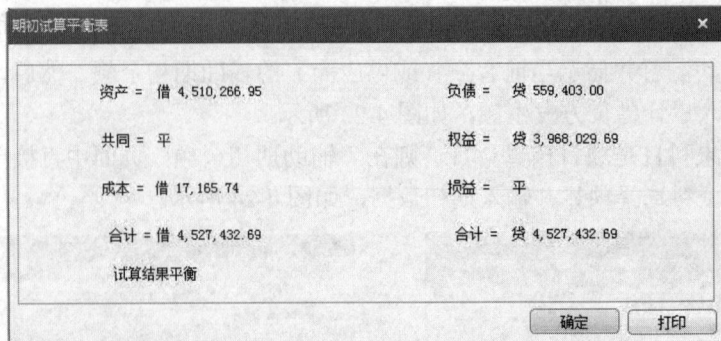

图 4-27　期初试算平衡表

二、其他子系统与总账期初对账

1. 应收款管理期初对账

应收款期初余额与总账对账是根据受控科目进行一一对账。

依次执行"业务导航"→"经典树形"→"业务工作"→"财务会计"→"应收款管理"→"期初余额"→"期初余额"命令，弹出"期初余额—查询"页面，单击"确定"按钮，打开"期初余额"界面，单击"对账"按钮，打开"期初对账"界面，结果显示对应科目在应收系统与总账系统中的各项数据，如果存在差额，则表示对账不平，如图 4-28 所示。

科目		币种	应收期初		总账期初		差额	
编号	名称		原币	本币	原币	本币	原币	本币
1122	应收账款	人民币	157,100.00	157,100.00	157,100.00	157,100.00	0.00	0.00
	合计			157,100.00		157,100.00		0.00

图 4-28　期初对账-应收款

2. 应付款管理期初对账

依次执行"业务导航"→"经典树形"→"业务工作"→"财务会计"→"应付款管理"→"期初余额"→"期初余额"命令，弹出"期初余额—查询"页面，单击"确定"按钮，打开"期初余额"界面，单击"对账"按钮，打开"期初对账"界面，结果显示对应科目在应付系统与总账系统中的各项数据，如果存在差额，则表示对账不平，如图 4-29 所示。

科目		币种	应付期初		总账期初		差额	
编号	名称		原币	本币	原币	本币	原币	本币
220201	一般应付款	人民币	198,654.00	198,654.00	198,654.00	198,654.00	0.00	0.00
	合计			198,654.00		198,654.00		0.00

图 4-29　期初对账-应付款

3. 固定资产期初对账

固定资产系统在运行过程中，应保证固定资产的价值和账务系统中固定资产科目的价值相等。判断两个系统的资产价值是否相等，需要通过执行对账功能来实现，对账操作不限制执行的时间，任何时候均可进行对账。系统在执行月末结账时会自动对账一次，给出对账结果，并根据初始化或选项中的判断确定对账不平情况下是否允许结账。

只有系统初始化或选项中选择了与账务对账，对账功能才可操作。

依次执行"业务导航"→"经典树形"→"业务工作"→"财务会计"→"固定资产"→"资产对账"→"对账"命令，打开"对账条件"页面，选中对账"科目"，如图 4-30 所示。

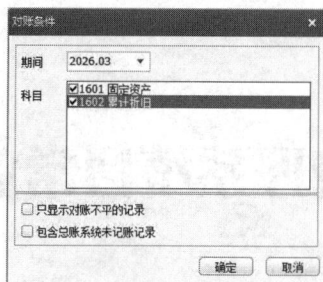

图 4-30　对账条件

单击"确定"按钮，打开"对账"界面，结果显示对应科目在固定资产系统与总账系统中的各项数据，如果存在差额，则表示对账不平，如图 4-31 所示。

☐ 对账不平

科目		固定资产				总账				对账差异			
编码	名称	期初余额	借方金额	贷方金额	期末余额	期初余额	借方金额	贷方金额	期末余额	期初余额	借方金额	贷方金额	期末余额
1601	固定资产	260860.00	0.00	0.00	260860.00	260860.00	0.00	0.00	260860.00	0.00	0.00	0.00	0.00
1602	累计折旧	47120.91	0.00	0.00	47120.91	47120.91	0.00	0.00	47120.91	0.00	0.00	0.00	0.00

图 4-31　与总账对账结果

4. 存货期初对账

依次执行"业务导航"→"经典树形"→"业务工作"→"供应链"→"存货核算"→"对账"→"存货与总账对账"命令，弹出"查询条件"页面，在"科目"中选中全部存货科目，在"核对方式"中选择"核对金额数量"，在"只显示对账不平记录"中选择"否"，单击"确定"按钮，打开"存货核算与总账对账"界面，结果显示对应科目在存货核算系统与总账系统中的各项数据，如果存在差额，则表示对账不平，如图 4-32 所示。

图 4-32　存货核算与总账对账

项目拓展　业务子系统初始设置

TZ04

项目五　总账管理系统日常业务信息化处理

学习目标

知识目标

熟悉总账管理系统日常业务流程，掌握各类经济业务凭证填制方法；理解出纳签字、审核凭证、记账的作用及操作流程；了解记账凭证修改、冲销、删除的条件和方法；掌握余额表、多栏账等总账查询方法。

能力目标

能够熟练运用财务软件，准确填制不同业务类型的记账凭证；能以出纳、会计、账套主管身份完成相应操作，如出纳签字、审核记账、凭证修改等；能利用财务软件进行总账查询，获取和分析财务数据。

素养目标

培养严谨细致的工作态度，确保财务数据录入准确无误；增强遵守财务制度和职业道德的意识，严格执行凭证审核等流程；提升财务数据处理的信息化素养，适应数字化财务管理工作要求。

案例导入

3月，成都东华电子有序开展总账系统日常业务处理工作。会计人员严格依据业务事实，规范填制包含税费缴纳等在内的五笔会计凭证。凭证依次经出纳签字、主管审核等内控环节后完成记账，确保账务处理合规性。针对提现金额有误的凭证，及时进行修正处理，并完成余额表、多栏账等账务数据的查询核对。整个业务处理过程严守财务规范，以精确的凭证填制、严谨的审核流程，充分展现财务人员的专业素养，为企业总账业务处理提供示范参考。

项目准备及要求

（1）设置系统日期为当年3月31日，引入"项目四　业务子系统初始设置"备份账套。
（2）以会计人员的身份进行填制凭证、查询凭证、记账操作。
（3）以出纳人员的身份进行出纳签字操作。
（4）以账套主管的身份进行审核、账簿查询操作。
（5）账套输出。

项目资料

任务一　记账凭证填制、查询业务处理

当年3月企业发生的经济业务如下。

业务一

3月2日，缴纳上月应交个人所得税169.00元、应交城市维护建设税630.00元、应交教育费附加270.00元、应交地方教育费附加180.00元（工行转账支票号：ZZ3032）。

借：应交税费/应交个人所得税（222104）	169.00
应交税费/应交城市维护建设税（222105）	630.00
应交税费/应交教育费附加（222106）	270.00
应交税费/应交地方教育费附加（222107）	180.00
贷：银行存款/工行存款（100201）	1249.00

业务二

3月5日，购买锦江投资（600650）股票1100股，每股10.00元，佣金及印花税共计300.00元。

借：交易性金融资产（1101）	11 000.00
贷：投资收益（6111）	−300.00
其他货币资金（1012）	11 300.00

业务三

3月9日，财务部钱出纳从工行提取现金10 000.00元，作为备用金，现金支票号为XJ3021。

借：库存现金（1001）	1000.00
贷：银行存款/工行存款（100201）	1000.00

业务四

3月14日，收到锦江集团投资资金10 000.00美元，汇率为1∶6.725，转账支票号为ZZ3051。

借：银行存款/中行存款（100202）	67 250.00
贷：实收资本（4001）	67 250.00

业务五

3月17日，用现金支付职工培训费1800.00元。

借：应付职工薪酬/职工教育经费（221106）	1800.00
贷：库存现金（1001）	1800.00

任务二　记账凭证签审、记账处理

将出纳凭证签字，所有记账凭证审核后记账。

任务三　记账凭证修改、冲销、删除处理

3月17日，发现3月9日财务部钱出纳从工行提取现金应为10 000.00元，误填为1000.00元。

任务四　总账查询

完成对余额表、应交税费多栏账的查询操作。

项目操作指导

完成账套基础档案和各子系统初始化后，就可以在各个子系统中进行相关业务处理了。企业按照精细化核算和管理要求，需要对发生的不同类型的经济业务在不同的子系统中进行处理，而所有的业务处理结果最终都以生成的记账凭证形式传递到总账系统中。总账管理系统日常业务信息化处理主要通过填制和处理各种记账凭证来完成记账工作，并包括查询和打印输出各种日记账、明细账和总分类账，以及管理辅助核算。具体包括：常用摘要和常用凭证的设置，凭证的填制、冲销、修改和删除，出纳签字和会计凭证审核、主管签字和记账，凭证和账簿的查询等。首次使用总账系统时，其操作流程如图 5-1 所示。

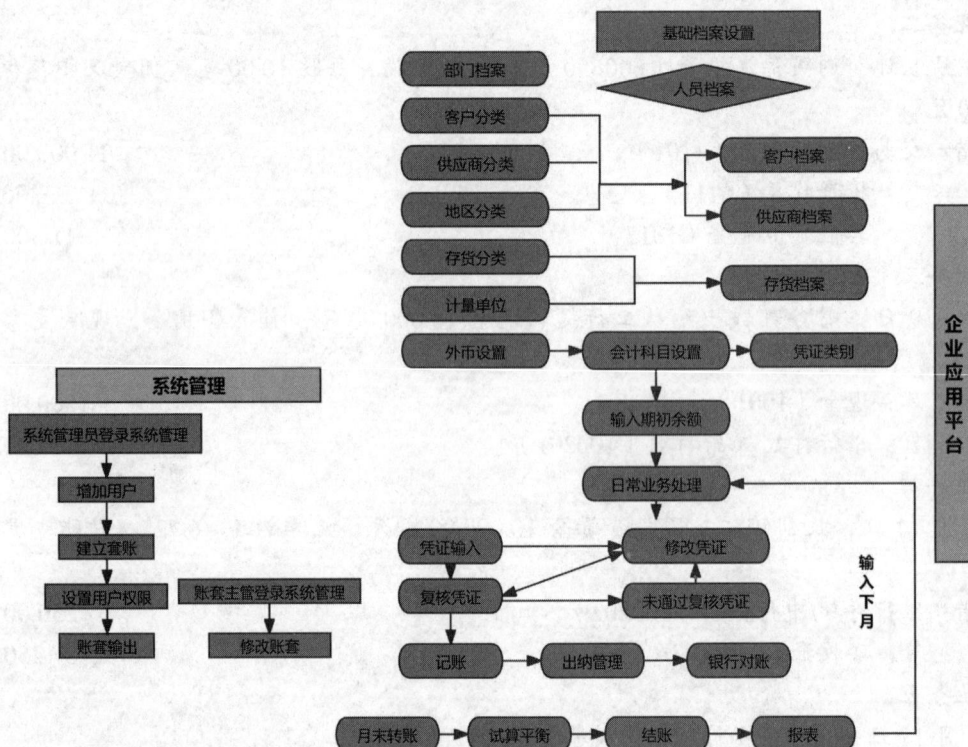

图 5-1　总账工作流程

在完成财务软件用友 ERP-U8⁺所有初始化后，进行日常业务处理之前，为防止出现系统时间滞后业务发生，将系统时间修改为当年 3 月 31 日。根据会计制度规定，为了避免出现超前做账的情况，登录时间可以以业务发生时间为准，也可以统一为月末最后一天。

任务一　记账凭证填制、查询业务处理

记账凭证是总账系统处理的起点，也是所有账务数据的主要来源。日常业务处理首先从

填制凭证开始。

一、记账凭证填制

凭证输入数据的总原则是"先上后下、从左至右"，即以表头最左边的凭证字号为填制起点，依次输入数据。输入数据过程中尽量多使用快捷键而少用鼠标切换输入项，这样既可以提高凭证的输入速度，又可以降低输入数据时漏项的概率。

凭证输入数据时常用的快捷键：F2 键，参照；F5 键，增加；F6 键，保存；Enter 键，每完成一项数据输入后按 Enter 键会自动跳转到下一项数据的输入状态；"-"键，在金额栏输入红色数字；空格键，切换金额的方向；"="键，根据"有借必有贷、借贷必相等"的记账规则自动计算最后一条分录的金额。

3 月 2 日，以会计人员的身份登录企业应用平台，依次执行"业务导航"→"经典树形"→"业务工作"→"财务会计"→"总账"→"凭证"→"填制凭证"命令，打开"填制凭证"界面，单击"增加"按钮（或按 F5 键），增加一张新凭证，光标定位在凭证类别上，如图 5-2 所示。

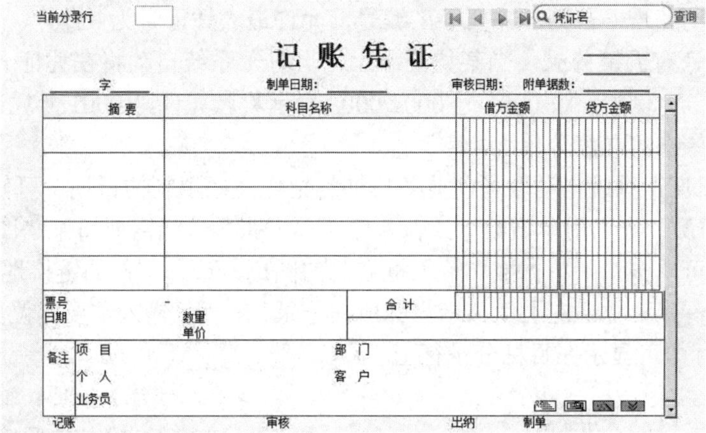

图 5-2 填制凭证

在"填制凭证"界面，单击"选项"按钮，弹出"凭证选项设置"页面，可以按实际需要进行选项设置，如图 5-3 所示。

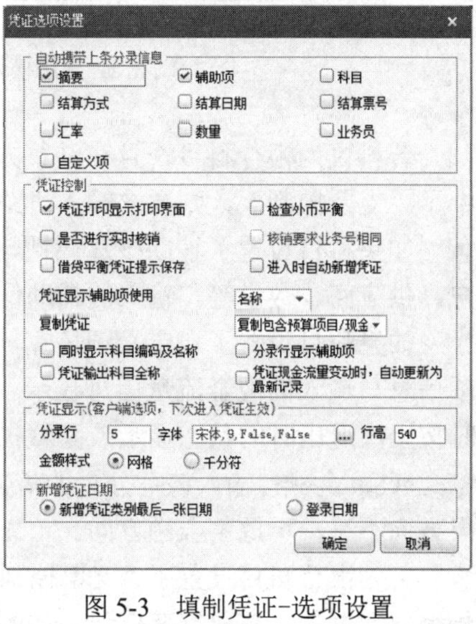

主要凭证选项设置说明如下。

（1）复制凭证：系统支持两种复制模式。选择"仅复制凭证分录"时，不复制当前凭证的现金流量以及预算信息。选择"复制包含预算项目/现金流量"时，复制凭证时同时复制当前凭证的现金流量以及预算项目信息。

（2）同时显示科目编码及名称：选中此复选框时，凭证输入科目编码后将同时显示科目编码以及科目名称，有利于后续参照。默认不选中此复选框，科目显示编码或者名称。

（3）分录行显示辅助项：选中此复选框时，分

图 5-3 填制凭证-选项设置

录行存在辅助核算时，科目名称栏中在科目后同时显示辅助项信息。默认不选中此复选框，科目名称栏仅显示科目信息。

（4）凭证输出科目全称：选中此复选框时，凭证输出科目信息为科目全称。默认不选中此复选框，凭证输出科目信息为科目末级名称。

（5）凭证现金流量变动时，自动更新为最新记录：选中此复选框时，系统将按照分录行输入现金流量模式，自动新增载入所有未输入现金流量分录信息。默认不选中此复选框，系统采用整单输入现金流量模式，仅在首次进入现金流量页面时加载一次现金流量分录行信息，再继续增加现金流量分录行时，不进行增量数据加载，仅支持对现金流量进行全部重取操作。

（6）金额样式：系统默认金额显示区域带有网格线。用户可以在凭证选项页面将显示格式修改为千分位符格式，输入页面将自动取消网格线，金额以千分位符格式显示。

业务一

在"填制凭证"界面，根据项目资料完成凭证的数据输入工作。

（1）凭证类别：输入或参照（或按 F2 键）选择一个凭证类别字。

（2）凭证编号：因在"选项"设置中选择了"系统编号"，所以由系统按时间顺序自动编号；否则，需要手工编号，允许最大凭证号为 32767。系统默认每页凭证有五笔分录，当某凭证不止一页时，系统自动将在凭证号后标上几分之一。例如：收 0001 号 0002/0003 表示收款凭证第 0001 号凭证共有三张分单，当前光标所在分录在第二张分单上。

凭证填制-业务一

（3）制单日期：系统自动取当前业务日期为记账凭证填制的日期，可修改。

（4）附单据数：在"附单据数"处输入原始单据张数。当需要将某些图片、文件作为附件链接凭证时，可单击"附单据数"输入框右侧的图标，选择文件的链接地址即可。

（5）当前分录：凭证左上角显示光标所在分录行行号，输入需要定位凭证分录行行号，按 Enter 键后光标即可显示在目标分录行上。

常用摘要		
摘要编码	摘要内容	相关科目
01	期初余额	
02	缴纳上月税费	

5-4　填制凭证-常用摘要

（6）摘要：输入或参照（或按 F2 键）输入常用摘要，但常用摘要的选入不会清除原来输入的内容，如图 5-4 所示。

（7）科目名称：输入或参照（或按 F2 键）输入末级科目。

若科目为银行科目，且在结算方式设置中确定要进行票据管理，因在"选项"设置中选中了"支票控制"，则要求输入"结算方式""票号""发生日期"，如图 5-5 所示。

如果科目设置了辅助核算属性，则在这里还要输入辅助信息，如部门、个人、项目、客户、供应商、数量等。输入的辅助信息将在凭证下方的备注中显示。

如果科目设置了自定义项核算，则单击凭证右下角的扩展界面 图标，系统将自定义项信息与输入的现金流量信息显示。系统可跟踪最后一次退出时扩展界面的状态，下次进入时按上次退出时的状态显示或隐藏扩展界面。

（8）金额：输入该笔分录的借方或贷方本币发生额，金额不能为零，但可以是红字，如果方向不符，可调整金额方向。

若为银行科目设置了"支票控制"，录完金额后会弹出对话框，单击"是"按钮进入"票号登记"页面，完成支票登记，如图 5-6 所示。

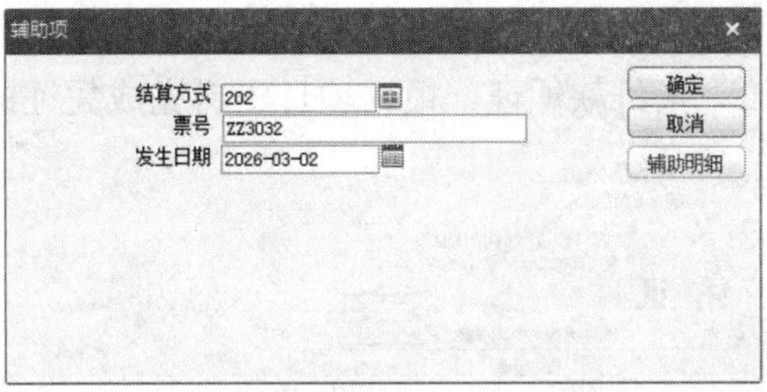

图 5-5　填制凭证-结算方式辅助项

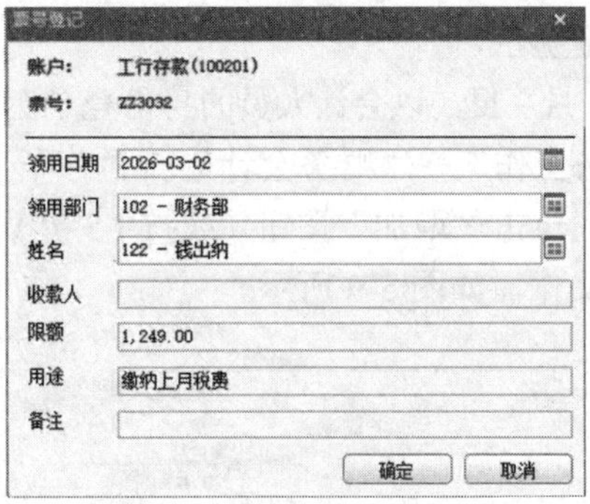

图 5-6　填制凭证-票号登记

（9）删除分录：可单击"删行"按钮或按 Ctrl+D 快捷键删除光标所在的当前分录。

（10）当凭证数据全部输入完毕后，单击"保存"按钮（或按 F6 键），在弹出的对话框中单击"确定"按钮保存凭证，如图 5-7 所示。

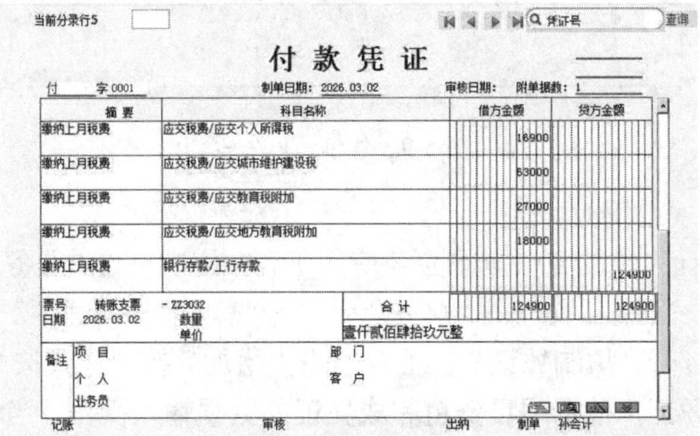

图 5-7　凭证-业务一

如果填制凭证使用的科目为现金流量科目，那么在凭证保存之前要求指定凭证分录的现金流量项目。

业务二

3 月 5 日，以会计人员的身份登录企业应用平台，依次执行"业务导航"→"经典树形"→"业务工作"→"财务会计"→"总账"→"凭证"→"填制凭证"命令，打开"填制凭证"界面，单击"增加"按钮（或按 F5 键），增加一张转账凭证，根据项目资料完成凭证的数据输入操作，如图 5-8 所示。

凭证填制-业务二和业务三

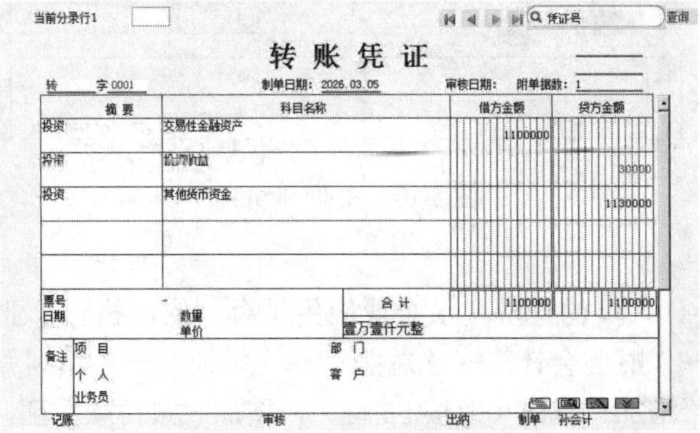

图 5-8　凭证-业务二

业务三

3 月 9 日，以会计人员的身份登录企业应用平台，依次执行"业务导航"→"经典树形"→"业务工作"→"财务会计"→"总账"→"凭证"→"填制凭证"命令，打开"填制凭证"界面，单击"增加"按钮（或按 F5 键），增加一张付款凭证，根据项目资料完成凭证的数据输入操作，如图 5-9 所示。

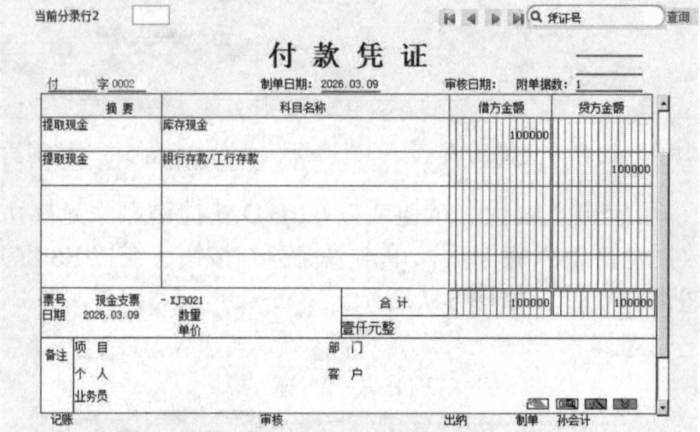

图 5-9　凭证-业务三

业务四

3 月 14 日，以会计人员的身份登录企业应用平台，依次执行"业务导航"→"经典树形"→"业务工作"→"财务会计"→"总账"→"凭证"→"填制凭证"命令，打开"填制凭证"界面，单击"增加"按钮（或按 F5 键），增加一张收款凭证，根据项目资料完成凭证的数据输入操作，当输入涉及外币核算的"100202 银行存款/中行存款"科目时，凭证自动转变为外币凭证格式，输入外币的数量和汇率后自动计算并填入本币金额，如图 5-10 所示。

凭证填制-业务四和业务五

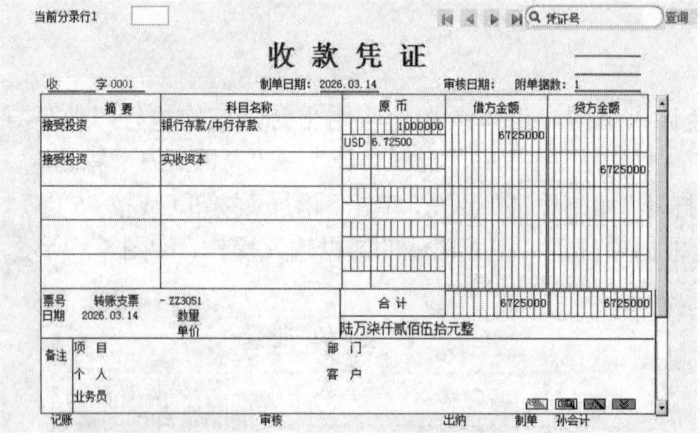

图 5-10　凭证-业务四

业务五

3 月 17 日，以会计人员的身份登录企业应用平台，依次执行"业务导航"→"经典树形"→"业务工作"→"财务会计"→"总账"→"凭证"→"填制凭证"命令，打开"填制凭证"界面，单击"增加"按钮（或按 F5 键），增加一张付款凭证，根据项目资料完成凭证的数据输入操作，如图 5-11 所示。

图 5-11 凭证-业务五

二、记账凭证查询

方法一：3 月 17 日，以会计人员的身份登录企业应用平台，依次执行"业务导航"→"经典树形"→"业务工作"→"财务会计"→"总账"→"凭证"→"查询凭证"命令，弹出"凭证查询"页面，可以根据需要设置一定的筛选条件，单击"确定"按钮，打开"查询凭证列表"界面，如图 5-12 所示。

记账凭证查询

查询凭证列表

制单日期	凭证编号	摘要	借方金额合计	贷方金额合计	制单人	审核人	审核日期	记账人	出纳签字人	主管签字人	系统名	备注	年度
2026-03-14	收-0001	接受投资	67,250.00	67,250.00	补会计								2026
2026-03-02	付-0001	缴纳上月税费	1,249.00	1,249.00	补会计								2026
2026-03-09	付-0002	提取现金	1,000.00	1,000.00	补会计								2026
2026-03-17	付-0003	支付职工培	1,800.00	1,800.00	补会计								2026
2026-03-05	转-0001	投资	11,000.00	11,000.00	补会计								2026
合计			82,299.00	82,299.00									

图 5-12 查询凭证列表

方法二：在企业应用平台中，依次执行"业务导航"→"经典树形"→"业务工作"→"财务会计"→"总账"→"账表"→"科目账"→"序时账"命令，弹出"序时账"页面，选中"包含未记账凭证"，单击"确定"按钮，打开"序时账"界面，如图 5-13 所示。

序时账

日期：2026-03-01 - 2026-03-31　　币种：全部

日期	凭证号数	科目编码	科目名称	摘要	币种	方向	数量	原币	金额
2026-03-02	付-0001	222104	应交个人所得税	*缴纳上月税费		借			169.00
2026-03-02	付-0001	222105	应交城市维护建设税	*缴纳上月税费		借			630.00
2026-03-02	付-0001	222106	应交教育税附加	*缴纳上月税费		借			270.00
2026-03-02	付-0001	222107	应交地方教育税附加	*缴纳上月税费		借			180.00
2026-03-02	付-0001	100201	工行存款	*缴纳上月税费_202_ZZ3032_2026.03.02		贷			1,249.00
2026-03-05	转-0001	1101	交易性金融资产	*投资		借			11,000.00
2026-03-05	转-0001	6111	投资收益	*投资		贷			-300.00
2026-03-05	转-0001	1012	其他货币货金	*投资		贷			11,300.00
2026-03-09	付-0002	1001	库存现金	*提取现金		借			1,000.00
2026-03-09	付-0002	100201	工行存款	*提取现金_201_XJ3031_2026.03.09		贷			1,000.00
2026-03-14	收-0001	100202	中行存款	*接受投资_202_ZZ3051_2026.03.14	美元	借		10,000.00	67,250.00
2026-03-14	收-0001	4001	实收资本	*接受投资		贷			67,250.00
2026-03-17	付-0003	221106	职工教育经费	*支付职工培训费		借			1,800.00
2026-03-17	付-0003	1001	库存现金	*支付职工培训费		贷			1,800.00
				合计		借			82,299.00
						贷			82,299.00

图 5-13 序时账

在序时账中，可以双击某一条记录查询对应的凭证，直接看到凭证的每一笔分录情况。

任务二　记账凭证签审、记账处理

一、出纳签字

出纳凭证由于涉及企业现金的收入与支出，应加强对出纳凭证的管理。出纳人员可通过出纳签字功能对制单员填制的带有库存现金、银行存款科目的凭证进行检查核对，主要核对出纳凭证的出纳科目的金额是否正确，审查认为错误或有异议的凭证，应交予填制人员修改后再核对。

记账凭证签审、记账处理

3 月 17 日，以出纳人员的身份登录企业应用平台，依次执行"业务导航"→"经典树形"→"业务工作"→"财务会计"→"总账"→"凭证"→"出纳签字"命令，弹出"出纳签字"页面，设置一定的筛选条件，单击"确定"按钮，打开"出纳签字列表"界面，完成出纳签字操作，如图 5-14 所示。

出纳签字列表

	制单日期	凭证编号	摘要	借方金额合计	贷方金额合计	制单人	审核人	审核日期	记账人	出纳签字人	主管签字人	系统名	备注	年度
☑	2026-03-14	收－0001	接受投资	67,250.00	67,250.00	孙会计								2026
☑	2026-03-02	付－0001	缴纳上月税费	1,249.00	1,249.00	孙会计								2026
☑	2026-03-09	付－0002	提取现金	1,000.00	1,000.00	孙会计								2026
☑	2026-03-17	付－0003	支付职工培训费	1,800.00	1,800.00	孙会计								2026
合计				71,299.00	71,299.00									

凭证
本次共选择有[4]张凭证进行签字
原已签字凭证有[0]张
本次签字成功的凭证有[4]张

确定

共 4 条记录　已选择行数:4　　　　　　　　　　凭证共 4 张　已签字 0 张　未签字 4 张

图 5-14　出纳签字列表-成批出纳签字

系统提供两种方式进行出纳签字：选中某张凭证前面的选择框，单击"签字"或"取消签字"按钮可对一张凭证进行签字或取消签字；双击某张凭证，进入"出纳签字"界面，单击"签字"按钮，凭证下方出纳处显示当前操作员姓名，表示这张凭证出纳员已签字。若想对已签字的凭证取消签字，单击"取消签字"按钮即可。

为了提高工作效率，系统提供对已审核的凭证进行成批签字的功能，有两种签字批量处理方式可选择：选中多张凭证前面的选项框，单击"签字"或"取消签字"按钮可对多张凭证进行签字或取消签字；双击某张凭证，进入单张凭证，单击"签字"下拉框的"成批出纳签字"按钮或"取消签字"下拉框的"成批取消签字"按钮，可进行签字的成批操作。

补结算方式和票号功能：如果在输入凭证时没有输入结算方式和票据号，系统允许在出纳签字时进行补充输入。已签字凭证，不能填写票据，只有在取消签字后才能进行。在"出纳签字"界面单击"票据结算"按钮，列示所有需要进行填充结算方式、票据号、票据日期的分录，包括已填写的分录；填制结算方式和票号时，针对票据的结算方式进行相应支票登记判断，如图 5-15 所示。

结算内容录入

分录	摘要	科目	金额	结算方式	票据号	票据日期
1	接受投资	100202(美元)	67,250.00	202	ZZ3051	2026-03-14

☐ 仅显示未录入结算内容的分录　　　确定　　取消

图 5-15　结算内容输入

二、审核凭证

审核凭证是审核员按照财会制度，对制单员填制的记账凭证进行检查核对，主要审核记账凭证是否与原始凭证相符，会计分录是否正确等，审查认为错误或有异议的凭证，应打上出错标记，同时可写入出错原因并交予填制人员修改后，再进行审核。只有具有审核凭证权限的人才能使用本功能，审核人和制单人不能是同一个人。

3月17日，以账套主管的身份登录企业应用平台，依次执行"业务导航"→"经典树形"→"业务工作"→"财务会计"→"总账"→"凭证"→"审核凭证"命令，弹出"凭证审核"页面，设置一定的筛选条件，单击"确定"按钮，打开"凭证审核列表"界面，参照出纳签字的两种方法完成对所有凭证的审核操作，如图5-16所示。

凭证审核列表

	制单日期	凭证编号	摘要	借方金额合计	贷方金额合计	制单人	审核人	审核日期	记账人	出纳签字人	主管签字人	系统名	备注	年度
☑	2026-03-14	收-0001	接受投资	67,250.00	67,250.00	孙会计				钱出纳				2026
☑	2026-03-02	付-0001	缴纳上月税费	1,249.00	1,249.00	孙会计				钱出纳				2026
☑	2026-03-09	付-0002	提取现金	1,000.00	1,000.00	孙会计				钱出纳				2026
☑	2026-03-17	付-0003	支付职工培训费	1,800.00	1,800.00	孙会计				钱出纳				2026
☑	2026-03-05	转-0001	投资	11,000.00	11,000.00	孙会计				钱出纳				2026
合计				82,299.00	82,299.00									

凭证 ✕
本次共选择[5]张凭证进行审核
原已审核凭证有 [0]张
本次审核成功的凭证有[5]张
确定

共5条记录 已选择行数:5 　　　　　　　凭证共5张　已审核 0 张　未审核 5 张

图5-16 凭证审核列表-成批审核凭证

三、记账

记账凭证经审核签字后，即可用来登记总账、明细账、日记账、部门账、往来账、项目账以及备查账等。总账系统记账采用向导方式，使记账过程更加明确。

3月17日，以会计人员的身份登录企业应用平台，依次执行"业务导航"→"经典树形"→"业务工作"→"财务会计"→"总账"→"凭证"→"记账"命令，弹出"记账"页面，如图5-17所示。该页面会列示各期间的未记账凭证清单，以及其中的空号和已审核凭证编号。若凭证编号不连续，则用逗号分隔；若列宽不足，可用鼠标拖动表头调整列宽以查看完整内容。选择记账范围时，可输入连续编号范围，如1-4，

记账 ✕

记账选择
◉ 2026.03月份凭证 　　　　　　○ 其他月份调整期凭证

期间	类别	未记账凭证	已审核凭证	记账范围
2026.03	收	1-1	1-1	
2026.03	付	1-3	1-3	
2026.03	转	1-1	1-1	

全选　全消　记账　记账报告　　　　　　　　　退出

图5-17 记账范围选择

表示第 1 号至第 4 号凭证；也可输入不连续编号，如"5,6,9"，表示第 5 号、第 6 号、第 9 号凭证；若不做选择，则默认全选。当以上工作都确认无误后，单击"记账"按钮，建账后首次记账会显示"期初试算平衡表"对话框，如图 4-27 所示。

单击"确定"按钮，系统开始登记总账、明细账、辅助账和多辅助账等有关账簿，并提示"记账完毕！"信息，如图 5-18 所示。

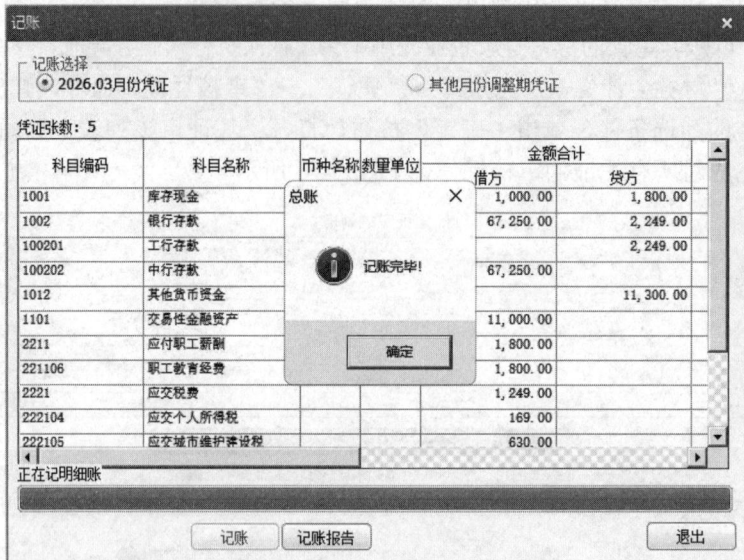

图 5-18　记账报告

单击"确定"按钮将显示记账报告，该报告是经过合法性检验后给出的提示信息。如果本次需要记账的凭证中，有部分凭证未经审核或出纳签字，系统会提示这些凭证属于不能记账的类型，用户可根据提示修改后再进行记账。

任务三　记账凭证修改、冲销、删除处理

对于已经记账的记账凭证，必须依次取消记账、审核、出纳签字后才能直接进行修改、删除。

一、有痕迹修改凭证

对于已经记账的记账凭证，不对其进行直接修改，而是采用红字冲销法：先做冲销凭证，再做更正凭证。

有痕迹修改凭证

3 月 17 日，以会计人员的身份登录企业应用平台，依次执行"业务导航"→"经典树形"→"业务工作"→"财务会计"→"总账"→"凭证"→"查询凭证"命令，打开"查询凭证列表"界面，如图 5-12 所示，找到所需修改凭证的编号后，再执行"填制凭证"命令，打开"填制凭证"界面，单击"冲销"按钮，弹出"冲销凭证"页面，选择需要修改的凭证编号"付 0002"，单击"确定"按钮，生成一张冲销凭证并保存，如图 5-19 所示。

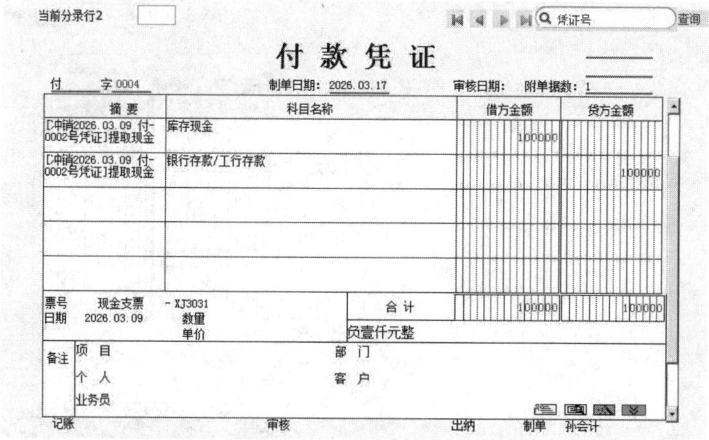

图 5-19　冲销凭证

单击"复制"按钮，生成一张新凭证进行修改并保存，如图 5-20 所示。

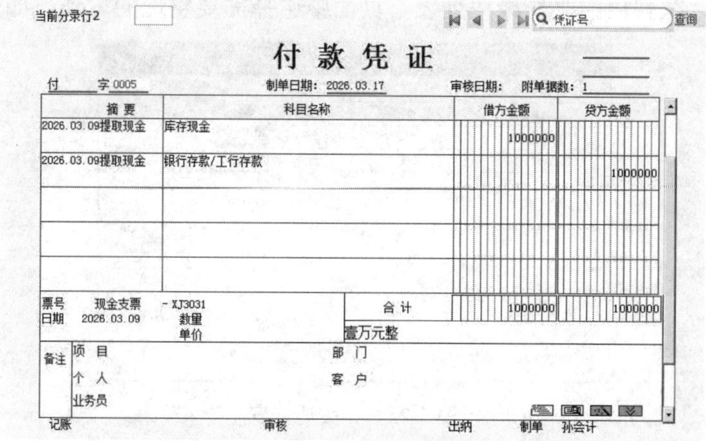

图 5-20　修改凭证

除凭证字号外，凭证上的其余数据均可进行修改。若需要对所输入的辅助项进行修改，可选中科目，然后移动鼠标至辅助项显示区，当鼠标指针变为一支笔头时双击（或直接双击所要修改的辅助项），系统将显示辅助信息输入窗，便可对辅助项进行修改。

二、无痕迹修改凭证

对于已经记账的记账凭证，依次采取取消记账、审核、出纳签字后，再对其进行直接修改。

第一步，删除凭证。

为了演示无痕迹修改凭证，先将方法一生成的两张记账凭证删除（先作废后整理）。

3 月 17 日，以会计人员的身份登录企业应用平台，依次执行"业务导航"→"经典树形"→"业务工作"→"财务会计"→"总账"→"凭证"→"填制凭证"命令，打开"填制凭证"界面，单击浏览键依次找到方法一中生成的两张凭证，分别单击"作废"按钮，将其打上"作废"标记，如图 5-21 所示。

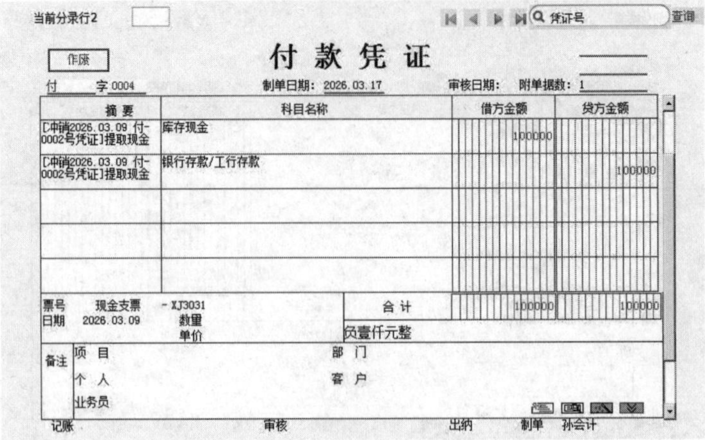

图 5-21　作废凭证

然后单击"整理"按钮，弹出"凭证期间选择"页面，选择需要整理凭证的期间，再单击"确定"按钮，在弹出的"作废凭证表"页面中选择需要整理的凭证，如图 5-22 所示。

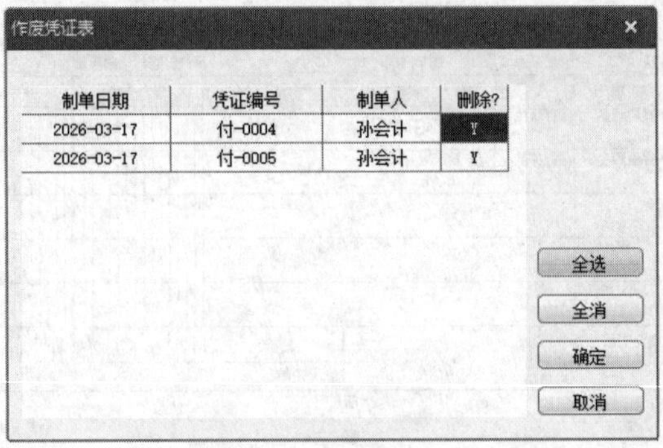

图 5-22　作废凭证表

最后单击"确定"按钮，弹出"提示"对话框，选中"按凭证号重排"单选按钮，单击"是"按钮，再在弹出的"是否还需整理凭证断号"对话框中单击"是"按钮完成凭证的删除操作，如图 5-23 所示。

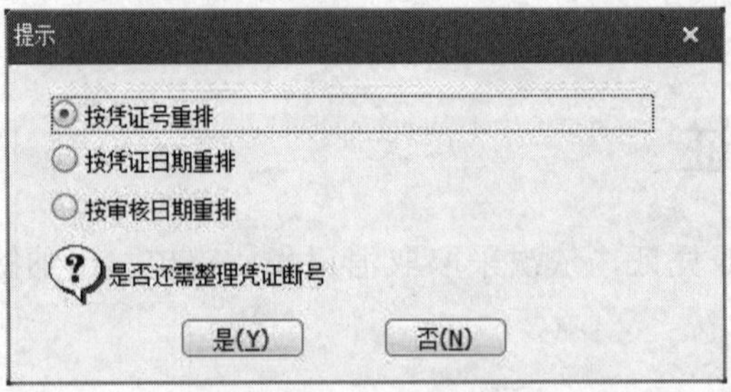

图 5-23　选择凭证断号整理方式

第二步，取消记账。

依次执行"业务导航"→"经典树形"→"系统服务"→"实施导航"命令，弹出"U8+实施导航工作台"页面，依次单击"实施工具"→"总账数据修正"按钮，弹出"恢复记账前状态"页面，图 5-24 所示。

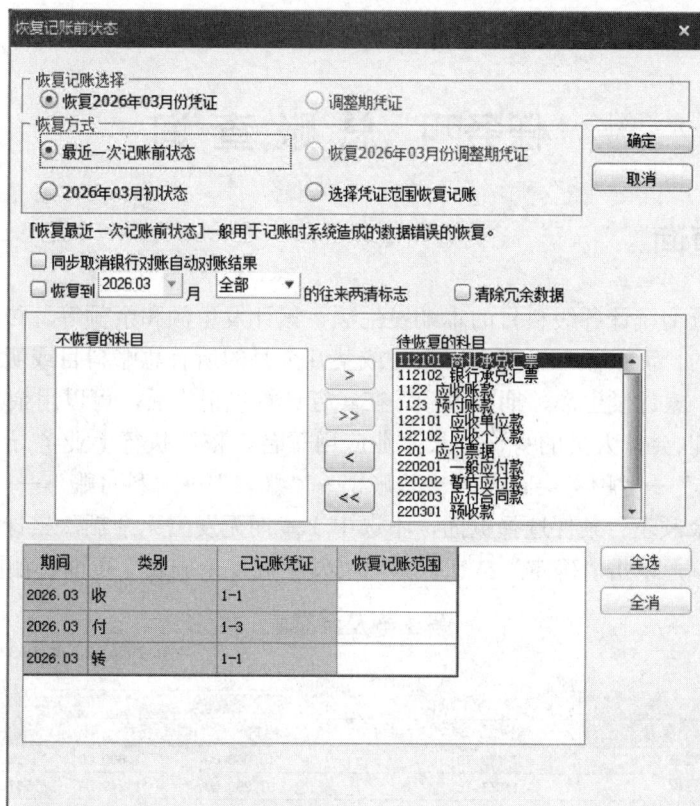

图 5-24　恢复记账前状态

选择好"恢复方式"后，单击"确定"按钮，输入操作员口令，单击"确定"按钮完成取消记账操作。

第三步，取消审核和出纳签字。

3 月 17 日，分别以账套主管、出纳人员的身份登录企业应用平台，找到需要修改的记账凭证，完成取消凭证审核和取消出纳签字操作。

第四步，修改记账凭证。

3 月 17 日，以会计人员的身份登录企业应用平台，完成凭证修改操作，如图 5-25 所示。

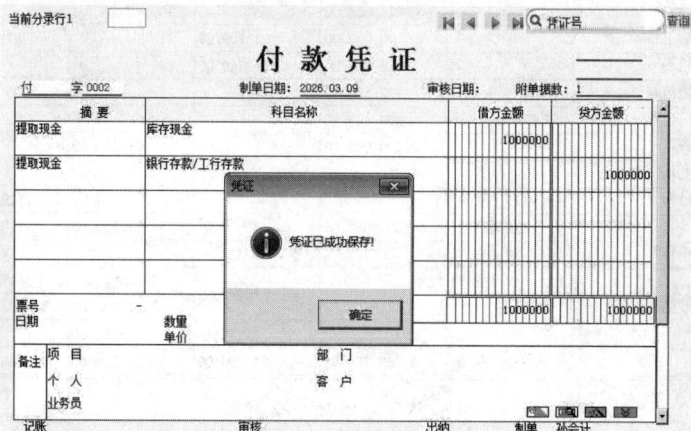

图 5-25　凭证修改

第五步，重新对记账凭证进行出纳签字、审核和记账操作。

任务四　总账查询

一、余额表查询

余额表用于查询统计各级科目的本期发生额、累计发生额和余额等。传统的总账是以总账科目分页设账的，而余额表则可输出某月或某几个月的所有总账科目或明细科目的期初余额、本期发生额、累计发生额、期末余额。在实行计算机记账后，可以用余额表代替总账。

3 月 17 日，以会计人员的身份登录企业应用平台，依次执行"业务导航"→"经典树形"→"业务工作"→"财务会计"→"总账"→"账表"→"科目账"→"余额表"命令，弹出"发生额及余额表"条件选择页面，不选中"本期无发生无余额，累计有发生显示"，其他按照默认设置，单击"确定"按钮，弹出"发生额及余额表"页面，如图 5-26 所示。

发生额及余额表

金额式 ▼

月份：2026.03 - 2026.03

币种：全部 ▼

科目		期初余额		本期发生		期末余额	
编码	名称	借方	贷方	借方	贷方	借方	贷方
1001	库存现金	7,179.70		10,000.00	1,800.00	15,379.70	
1002	银行存款	511,057.16		67,250.00	11,249.00	567,058.16	
1012	其他货币资金			11,300.00		11,300.00	
1101	交易性金融资产			11,000.00		11,000.00	
1122	应收账款	157,100.00				157,100.00	
1221	其他应收款	3,800.00				3,800.00	
1231	坏账准备		10,000.00				10,000.00
1403	原材料	1,004,000.00				1,004,000.00	
1404	材料成本差异	1,642.00				1,642.00	
1405	库存商品	2,544,000.00				2,544,000.00	
1601	固定资产	260,860.00				260,860.00	
1602	累计折旧		47,120.91				47,120.91
1632	累计折耗		80,149.00				80,149.00
1701	无形资产	157,898.00				157,898.00	
资产小计		4,647,536.86	137,269.91	88,250.00	24,349.00	4,722,737.86	148,569.91
2001	短期借款		200,000.00				200,000.00
2202	应付账款		276,654.00				276,654.00
2211	应付职工薪酬		8,200.00	1,800.00			6,400.00
2221	应交税费		72,449.00	1,249.00			71,200.00
2241	其他应付款		2,100.00				2,100.00
负债小计			559,403.00	3,049.00			556,354.00
4001	实收资本		2,609,052.00		67,250.00		2,676,302.00
4103	本年利润		1,478,000.00				1,478,000.00
4104	利润分配	119,022.31				119,022.31	
权益小计		119,022.31	4,087,052.00		67,250.00	119,022.31	4,154,302.00
5001	生产成本	17,165.74				17,165.74	
成本小计		17,165.74				17,165.74	
6111	投资收益				300.00	300.00	
损益小计					300.00	300.00	
合计		4,783,724.91	4,783,724.91	91,299.00	91,299.00	4,859,225.91	4,859,225.91

图 5-26　发生额及余额表

二、应交税费多栏账查询

多栏账是总账系统中一个很重要的功能。用户可以使用本功能设计符合企业需求的多栏明细账，并按明细科目保存为不同的多栏账名称。在以后的查询中，只需选择多栏明细账即可直接进行查询。该功能方便快捷，自由灵活，用户可以根据明细科目自由设置不同样式的多栏账。

依次执行"业务导航"→"经典树形"→"业务工作"→"财务会计"→"总账"→"账表"→"科目账"→"多栏账"命令，弹出"多栏账"页面，单击"增加"按钮，弹出"多栏账定义"页面，选择核算科目后单击"自动编制"按钮完成此项操作，如图 5-27 所示。

单击"确定"按钮完成此项操作，如图 5-28 所示。

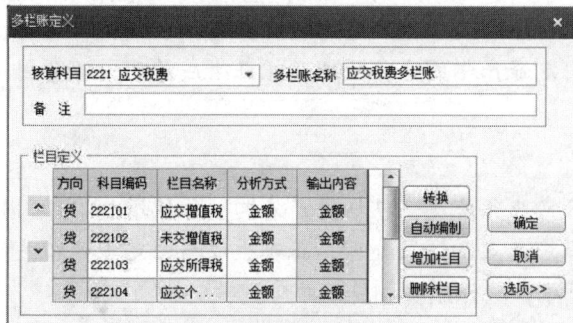

图 5-27 多栏账定义

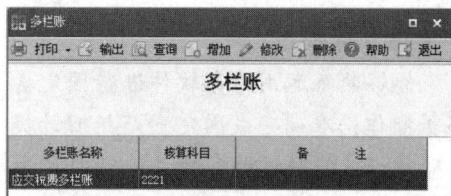

图 5-28 多栏账目录

双击"应交税费多栏账"条目，选择查询期间，单击"确定"按钮，打开如图 5-29 所示的多栏账界面。

图 5-29 多栏账界面

项目拓展 总账系统日常业务处理

TZ05

项目六 固定资产管理系统业务信息化处理

学习目标

知识目标

了解固定资产管理系统在企业中的作用和操作流程；熟悉固定资产增加、减少、变动、折旧计提、盘点等业务的相关知识；掌握固定资产相关账务处理及凭证生成原理；理解固定资产对账的意义和方法。

能力目标

能够熟练运用财务软件进行固定资产日常业务处理，包括资产采购、原值增加、部门转移等操作；准确完成固定资产折旧计提、资产盘点及结果处理；正确生成与固定资产相关的记账凭证；能通过财务软件进行固定资产对账，确保账实相符。

素养目标

培养严谨细致的工作态度，保证固定资产数据的准确性和完整性；增强职业责任感，严格遵守财务制度处理固定资产业务；提升信息化素养，适应数字化环境下的资产管理工作，为企业资产管理提供可靠支持。

案例导入

3月，成都东华电子规范开展固定资产管理业务，该业务涵盖轿车原值增加、扫描仪采购等九项任务。在轿车配件增添时，会计人员严格按要求录入资产变更数据；资产盘点环节，通过账实核对确保数据真实准确。整个业务流程严格遵循固定资产管理规范，对每笔业务的精细化处理，体现了财务人员严谨的职业态度与责任意识。依托 ERP 系统实现信息化管理，不仅提升了资产管理效率与数据准确性，更强化了员工诚信合规的职业素养，为企业固定资产管理提供典型范例。

项目准备及要求

（1）设置系统日期为当年 3 月 31 日，引入"项目五 总账管理系统日常业务信息化处理"备份账套。

（2）以会计人员的身份进行固定资产管理操作。

（3）账套输出。

ZT06

项目资料

当年 3 月发生的固定资产日常业务如下。

任务一　原值增加业务处理

3 月 17 日，总经理办公室的轿车添置新配件 10 000.00 元，用工行转账支票支付（票号：ZZ03261）。

任务二　采购资产业务处理

3 月 19 日，财务部从金牛公司购买扫描仪一台，无税单价 1500.00 元，净残值率为 4%，预计使用年限为 5 年，收到专用发票一张（票号：Z319），当天以转账支票（票号：ZZ03271）支付货税款 1695.00 元。

任务三　部门转移业务处理

3 月 20 日，总经理办公室的传真机转移到采购部。

任务四　计提减值准备

3 月 23 日，因技术进步对总经理办公室的笔记本电脑计提 1000.00 元减值准备。

任务五　计提折旧

3 月 25 日，计提本月折旧费用。

任务六　资产减少业务处理

3 月 26 日，生产车间编号为 021301002 的计算机无法开机，作报废处理。

任务七　撤销资产减少业务处理

3 月 28 日，已报废的 021301002 计算机经修理后恢复使用。

任务八　资产盘点业务处理

3 月 31 口，月末固定资产盘点发现：盘亏 021301001 计算机；盘盈传真机 1 台，类别编码 "021"，使用部门销售部，使用年限 48 个月，原值 3000.00 元，残值率为 4%，开始使用日期当年 3 月 1 日，折旧方法：平均年限法（一）。对盘点结果进行账务处理。

任务九　资产对账

将固定资产模块中的固定资产和累计折旧科目的数据与总账进行核对。

项目操作指导

固定资产系统是一套用于各类企业和行政事业单位进行固定资产核算和管理的软件，能够帮助企业进行固定资产净值、累计折旧数据的动态管理，支持企业进行部分成本核算，同时协助设备管理部门做好固定资产管理工作。固定资产系统的主要作用是完成企业固定资产日常业务的核算和管理，生成固定资产卡片，按月反映固定资产的增加、减少、原值变化及其他变动，并输出相应的增减变动明细账，按月自动计提折旧，生成折旧分配凭证，同时输出相关的报表和账簿。

企业固定资产管理系统操作流程如图 6-1 所示。

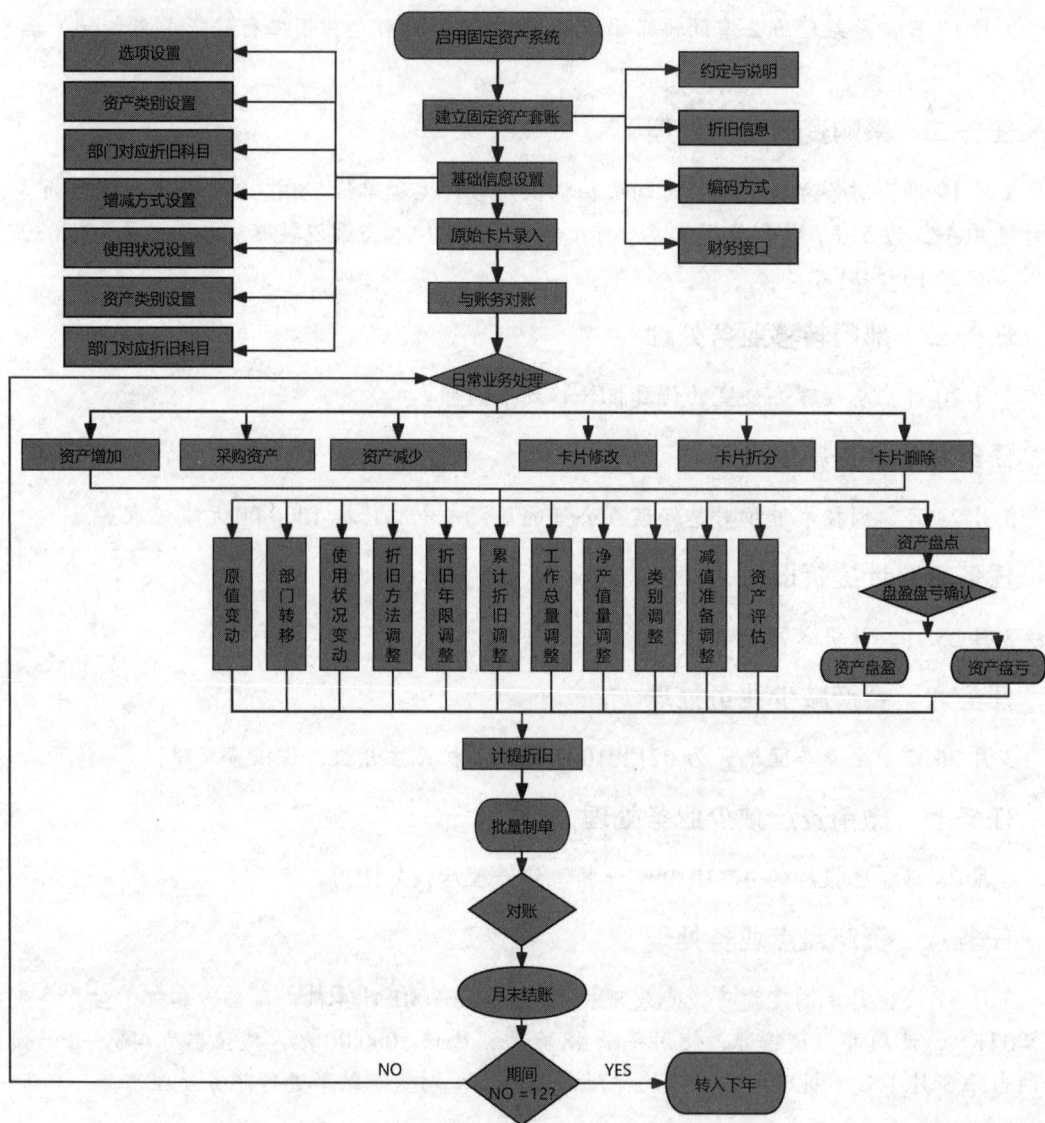

图 6-1　固定资产系统操作流程

任务一　原值增加业务处理

资产在使用过程中，除发生下列情况外，价值不得任意变动：根据国家规定对固定资产重新估价；增加补充设备或改良设备；将固定资产的一部分拆除；根据实际价值调整原来的暂估价值；发现原记固定资产价值有误的。

原值增加业务处理

原值变动包括原值增加和原值减少两部分。

3 月 17 日，以会计的身份登录企业应用平台，依次执行"业务导航"→"经典树形"→"业务工作"→"固定资产"→"变动单"→"原值增加"命令，弹出"固定资产变动单"页面，按项目资料输入数据，如图 6-2 所示。

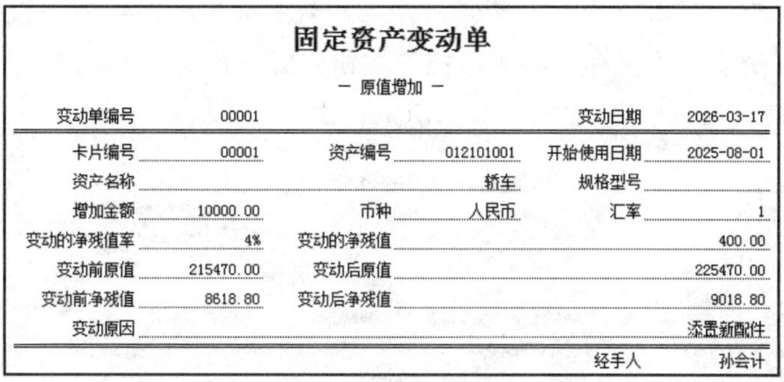

图 6-2 固定资产变动单–原值增加

依次单击"保存"→"确定"按钮，打开"填制凭证"界面，补齐凭证要素后单击"保存"按钮，生成原值增加凭证，如图 6-3 所示。

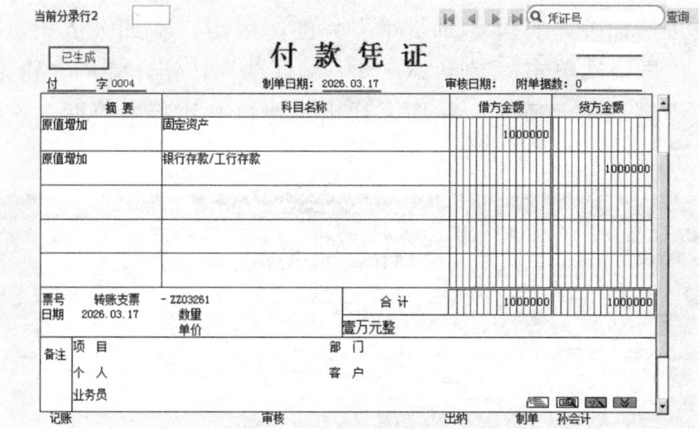

图 6-3 填制凭证–固定资产原值增加

任务二 采购资产业务处理

采购资产业务处理

"资产增加"功能即新增加固定资产卡片，在系统日常使用过程中，可能会购进或通过其他方式增加企业资产，该部分资产通过"资产增加"操作输入系统。当固定资产开始使用日期的会计期间等于输入会计期间时，才能通过"资产增加"输入。

"采购资产"功能是指根据入库单中的存货结转生成的固定资产卡片。在采购管理系统存在业务类型是固定资产采购的入库单时，其数据可以直接传递到固定资产系统的"采购资产"功能点，可以选择入库单结转生成卡片。

固定资产增加业务的处理方法有以上两种方法："资产增加"功能适合未启用供应链的情况时使用，"采购资产"功能适合启用了供应链的情况时使用。这两种方法能较好地体现业财一体信息化应用的特性。

第一步，采购订单。

3 月 19 日，以采购人员的身份登录企业应用平台，依次执行"业务导航"→"经典树形"→"业务工作"→"供应链"→"采购管理"→"采购订货"→"采购订单"命令，打开"采购订单"界面，单击"增加"按钮，在"业务类型"中选择"固定资产"，按项目资料输入数据后，依次单击"保存"→"审核"按钮完成采购订单的制作，如图 6-4 所示。

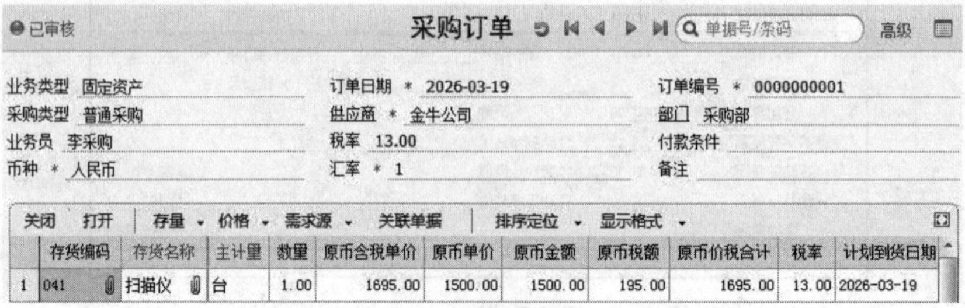

图 6-4　采购订单

第二步，到货单。

依次执行"业务导航"→"经典树形"→"业务工作"→"供应链"→"采购管理"→"采购到货"→"到货单"命令，打开"到货单"界面，单击"增加"按钮，将"业务类型"修改为"固定资产"，再依次单击"参照"→"采购订单"按钮，弹出"查询条件-单据列表过滤"页面，按默认设置单击"确定"按钮，弹出"拷贝并执行"页面，选择业务对应的采购订单，如图 6-5 所示。

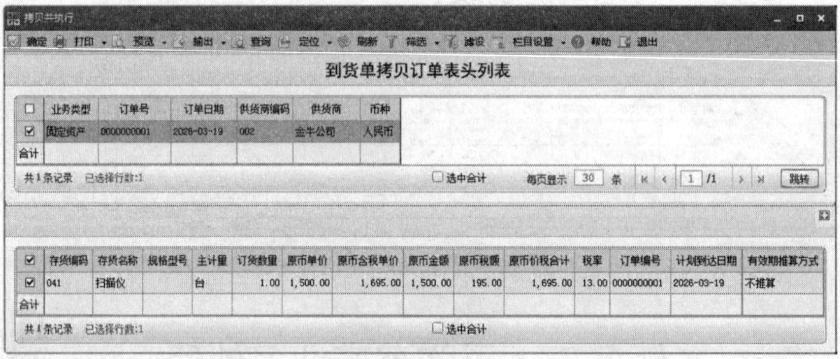

图 6-5　复制订单

单击"确定"按钮，将审核过的采购订单数据复制到当前到货单中，返回"到货单"界面，检查数据无误后，依次单击"保存"→"审核"按钮完成到货单的制作，如图 6-6 所示。

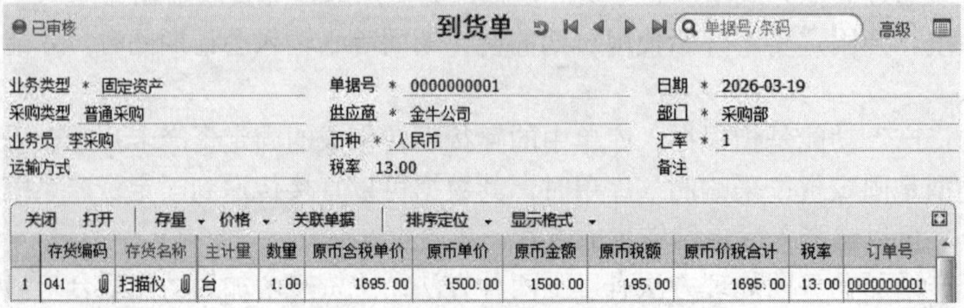

图 6-6　到货单

第三步，采购入库单。

3 月 19 日，以仓库管理员的身份登录企业应用平台，依次执行"业务导航"→"经典树形"→"业务工作"→"供应链"→"库存管理"→"采购入库"→"采购入库单"命令，打开"采购入库单"界面，依次单击"增加"→"采购"→"采购到货单"按钮，弹出"查询条件-采购到货单列表"页面，按默认设置单击"确定"按钮，弹出"到货单生单列表"页面，选中业务对应的采购到货单，如图 6-7 所示。

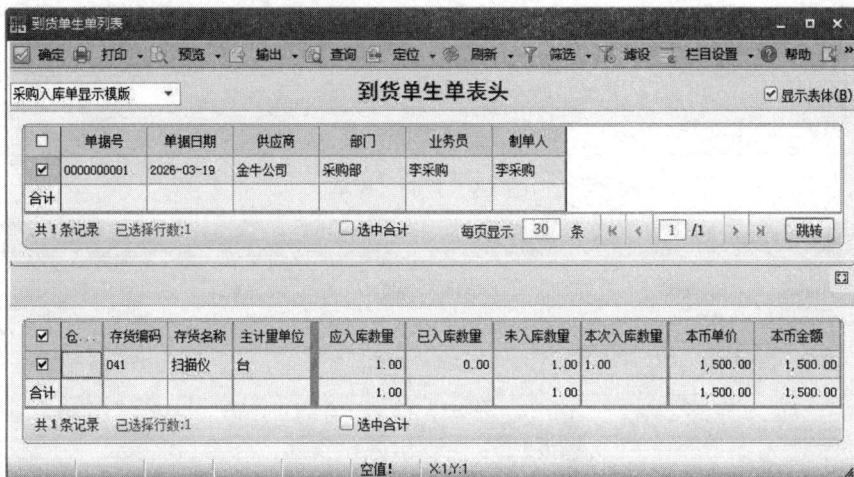

图 6-7　复制到货单

单击"确定"按钮，将审核过的采购到货单数据复制到当前入库单中，返回"采购入库单"界面，"仓库"选择"资产仓"后，依次单击"保存"→"审核"按钮完成采购入库单的制作，如图 6-8 所示。

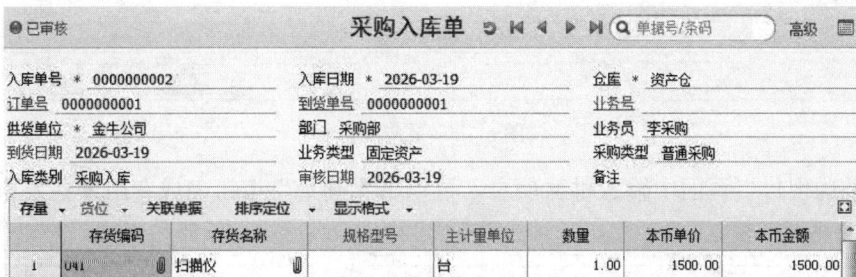

图 6-8　采购入库单

第四步，专用采购发票。

3 月 19 日，以采购人员的身份登录企业应用平台，依次执行"业务导航"→"经典树形"→"业务工作"→"供应链"→"采购管理"→"采购发票"→"专用采购发票"命令，打开"专用发票"界面，单击"增加"按钮，在"业务类型"下拉列表中选择"固定资产"，再依次单击"参照"→"入库单"按钮，弹出"查询条件-单据列表过滤"页面，按默认设置单击"确定"按钮，弹出"拷贝并执行"页面，选中业务对应的采购入库单，如图 6-9 所示。

单击"确定"按钮，将审核过的采购入库单数据复制到当前发票中，返回"专用发票"界面，补充发票号，依次单击"保存"→"复核"→"结算"→"现付"按钮，弹出"采购现付"页面，如图 6-10 所示。

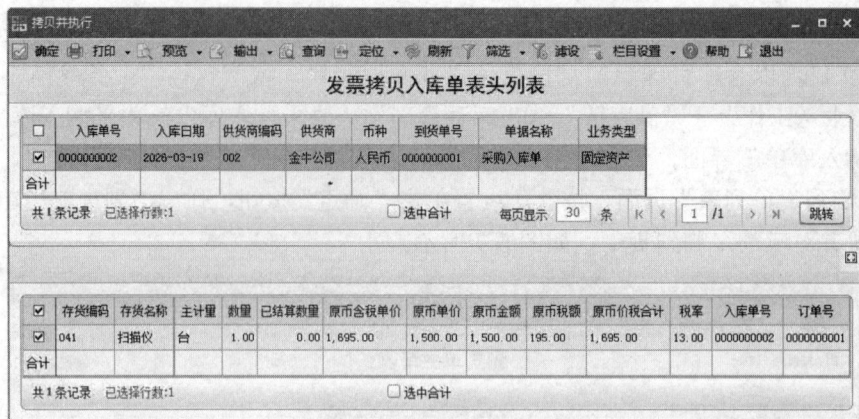

图 6-9　复制入库单

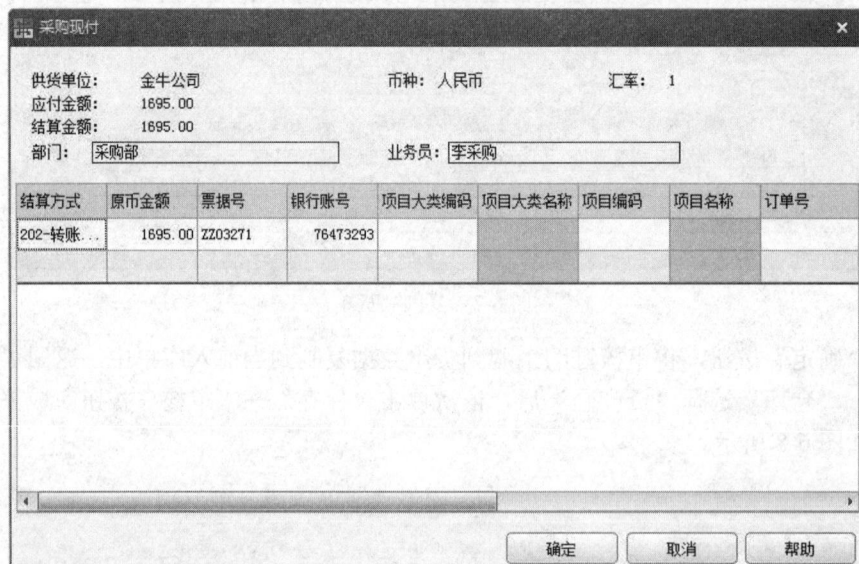

图 6-10　采购现付

在"采购现付"页面中输入付款信息，再单击"确定"按钮完成专用采购发票的制作，如图 6-11 所示。

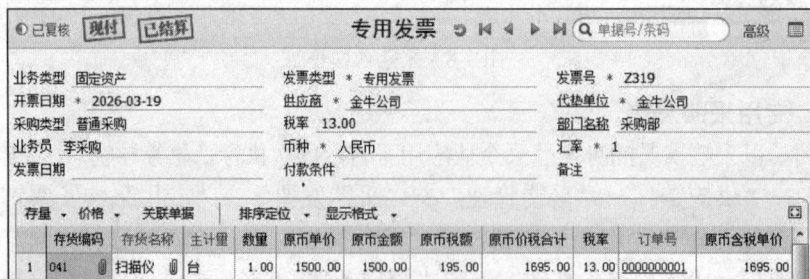

图 6-11　专用采购发票

第五步，入库单结转生成固定资产卡片。

3 月 19 日，以会计人员的身份登录企业应用平台，依次执行"业务导航"→"经典树形"→"业务工作"→"财务会计"→"固定资产"→"卡片"→"采购资产"命令，打开"采购资产"界面，在"未转采购资产订单列表"中选中本笔业务所购固定资产，如图 6-12 所示。

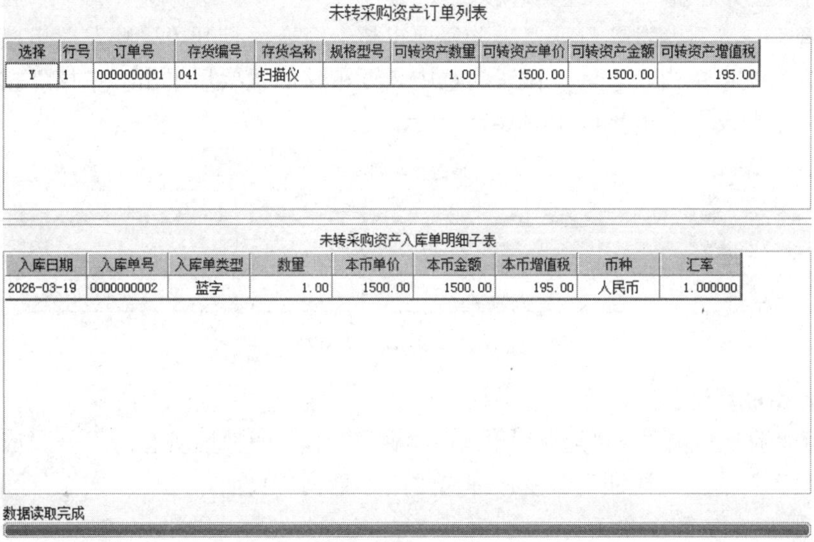

图 6-12　选择入库单

单击"增加"按钮，弹出"采购资产分配设置"页面，根据项目资料补充填入数据，如图 6-13 所示。

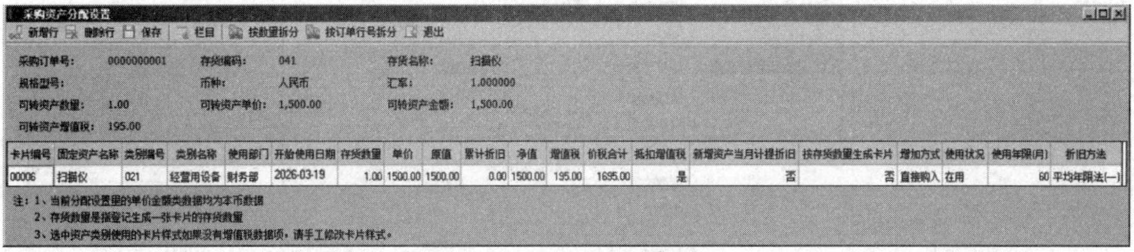

图 6-13　采购资产分配设置

单击"保存"按钮，对"固定资产卡片"数据进行核对，再依次单击"保存"→"确定"按钮完成入库单结转，生成固定资产卡片，如图 6-14 所示。

图 6-14　采购资产-固定资产卡片

第六步，采购发票审核。

依次执行"业务导航"→"经典树形"→"业务工作"→"财务会计"→"应付款管理"
→"应付处理"→"采购发票"→"采购发票审核"命令，打开"采购发票审核"界面，在
"采购发票列表"中单击"查询"按钮，选中需要审核的发票后单击"审核"按钮，完成对
固定资产专用采购发票的审核，如图 6-15 所示。

序号	☑	审核人	单据日期	单据类型	单据号	供应商名称	部门	业务员	制单人	币种	汇率	原币金额	本币金额
1	☑	孙会计	2026-03-19	采购专用发票	Z319	金生公司	采购部	李采购	李采购	人民币	1.00000000	1,695.00	1,695.00
2		小计										1,695.00	1,695.00
3		合计										1,695.00	1,695.00

图 6-15　采购发票审核

第七步，生成凭证。

依次执行"业务导航"→"经典树形"→"业务工作"→"财务会计"→"应付款管理"
→"凭证处理"→"生成凭证"命令，弹出"制单查询"页面，选中"发票"和"现结"，
如图 6-16 所示。

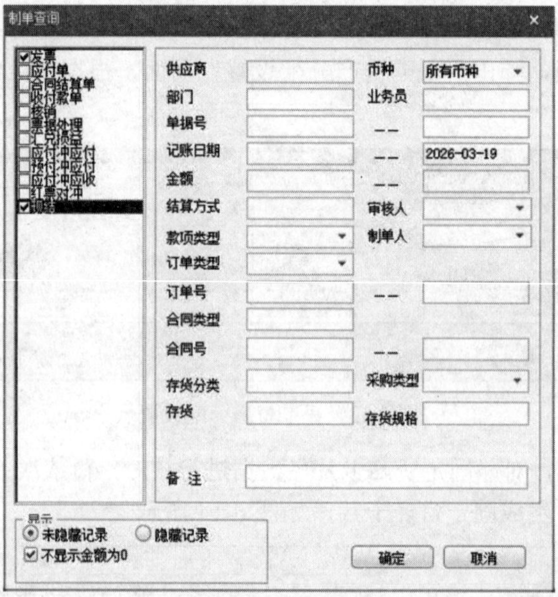

图 6-16　制单查询

单击"确定"按钮，打开"生成凭证"界面，如图 6-17 所示。

应付列表

选择标志	凭证类别	单据类型	单据号	日期	供应商编码	供应商名称	部门	业务员	金额
	付款凭证	现结	0000000001	2026-03-19	002	金牛公司	采购部	李采购	1,695.00

凭证类别　付款凭证　　制单日期　2026-03-19　　共 1 条

图 6-17　生成凭证-应付列表

选择"凭证类别"并双击"选择标志"，单击"制单"按钮生成凭证，单击"保存"按
钮保存凭证，如图 6-18 所示。

图 6-18　生成凭证

任务三　部门转移业务处理

资产在使用过程中，因内部调配而发生的部门变动，通过部门转移功能实现。

3 月 20 日，以会计人员的身份登录企业应用平台，依次执行"业务导航"→"经典树形"→"业务工作"→"财务会计"→"固定资产"→"变动单"→"部门转移"命令，弹出"固定资产变动单"页面，按项目资料输入数据，如图 6-19 所示，再依次单击"保存"→"确定"按钮，完成固定资产变动单。

图 6-19　固定资产变动单–部门转移

任务四　计提减值准备

企业应当在期末（至少在每年年终）对固定资产逐项进行检查。如果市价持续下跌或技术陈旧等原因造成固定资产的可回收金额低于其账面价值，企业应当将可回收金额低于账面价值的差额作为固定资产减值准备。固定资产减值准备按单项资产计提。

3 月 23 日，以会计人员的身份登录企业应用平台，依次执行"业务导航"→"经典树形"→"业务工作"→"财务会计"→"固定资产"→"减值准备"→"计提减值准备"命令，弹出"固定资产变动单"页面，按项目资料输入数据，如图 6-20 所示。

固定资产变动单

－计提减值准备－

变动单编号	00003		变动日期	2026-03-23
卡片编号	00002	资产编号 022101001	开始使用日期	2025-09-01
资产名称		笔记本电脑	规格型号	
减值准备金额	1000.00	币种 人民币	汇率	1
原值	28900.00	累计折旧		5548.80
累计减值准备金额	1000.00	累计转回准备金额		0.00
可回收市值	22351.20			
变动原因			技术进步	
			经手人 孙会计	

图 6-20　固定资产变动单-计提减值准备

依次单击"保存"→"确定"按钮，打开"填制凭证"界面，补齐凭证要素后单击"保存"按钮，生成计提减值准备凭证，如图 6-21 所示。

图 6-21　填制凭证-计提减值准备

任务五　计提折旧

计提折旧

自动计提折旧是固定资产系统的主要功能之一。系统每期计提折旧一次，系统将自动计提各个资产当期的折旧额，并将当期的折旧额自动累加到累计折旧项目中。根据输入系统的资料自动计算每项资产的折旧，并自动生成折旧分配表，然后制作记账凭证，将本期的折旧费用自动登账。

3 月 25 日，以会计人员的身份登录企业应用平台，依次执行"业务导航"→"经典树形"→"业务工作"→"财务会计"→"固定资产"→"折旧计提"→"计提本月折旧"命令，在出现的两个对话框中均单击"是"按钮，开始计提本月折旧，随后系统将显示"折旧清单"，如图 6-22 所示。

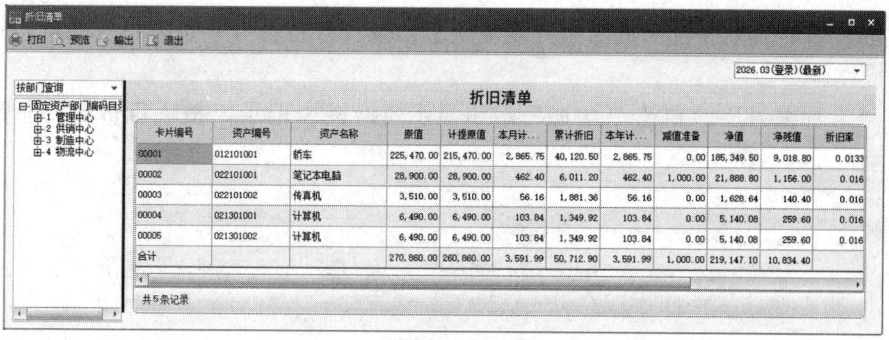

图 6-22 计提折旧-折旧清单

单击"退出"按钮，提示"计提折旧完成！"，单击"确定"按钮进入"折旧分配表"，如图 6-23 所示。

单击"凭证"按钮，打开"填制凭证"界面，补齐凭证要素后单击"保存"按钮，生成计提折旧凭证，如图 6-24 所示。

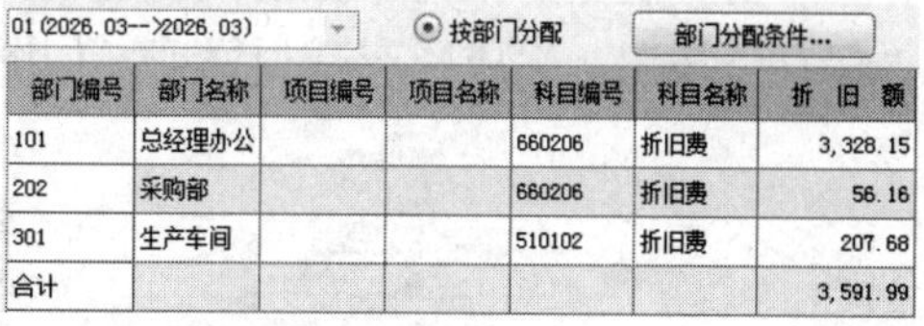

| 01 (2026.03--2026.03) | 按部门分配 | 部门分配条件... | | | | |
部门编号	部门名称	项目编号	项目名称	科目编号	科目名称	折旧额
101	总经理办公			660206	折旧费	3,328.15
202	采购部			660206	折旧费	56.16
301	生产车间			510102	折旧费	207.68
合计						3,591.99

图 6-23 计提折旧-折旧分配表

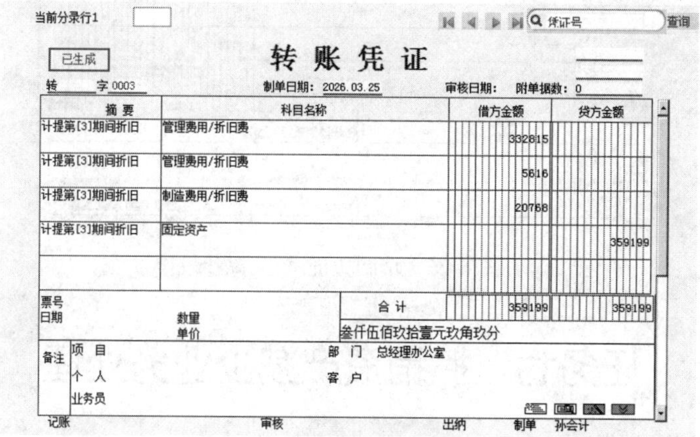

图 6-24 填制凭证-计提折旧

任务六 资产减少业务处理

资产在使用过程中，总会因各种原因，如毁损、出售、盘亏等，退出企业，该部分操作称为"资产减少"。固定资产系统提供资产减少的批量操作，为同时清理一批资产提供方便。

3 月 26 日，以会计人员的身份登录企业应用平台，依次执行"业务导航"→"经典树形"→"业务工作"→"财务会计"→"固定资产"→"资产处置"→"资产减少"命令，打开"资产减少"界面，选择要减少的资产，有以下两种方法。

（1）如果要减少的资产较少或没有共同点，则输入资产编号或卡片号，然后单击"增加"按钮，将资产添加到资产减少表中。

（2）如果要减少的资产较多且有共同点，则单击"条件"按钮，屏幕显示的页面与卡片管理中自定义查询的条件查询页面一样。输入查询条件，将符合该条件集合的资产筛选出来进行减少操作。

选择"卡片编号"，单击"增加"按钮显示资产减少记录，按项目资料补充数据，如图 6-25 所示。

图 6-25　资产减少

单击"确定"按钮，弹出减少成功的对话框后单击"确定"按钮，补齐凭证要素后单击"保存"按钮，生成资产减少凭证，如图 6-26 所示。

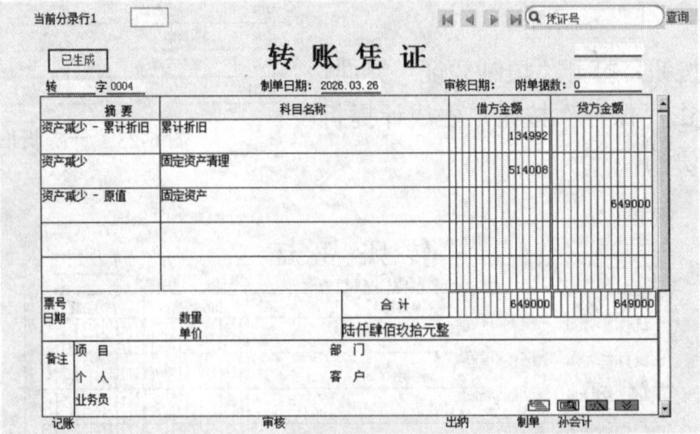

图 6-26　填制凭证-资产减少

任务七　撤销资产减少业务处理

如果要删除已制作凭证的卡片、变动单、评估单，或重新计提、分配折旧，进行资产减少的恢复等操作，必须先删除相应的凭证，否则系统禁止这些操作。

撤销资产减少业务处理

第一步，删除凭证。

由非总账系统制作的传送到总账系统的凭证，统称为外部凭证。总账系统无权删除和修改外部凭证，外部凭证的修改和删除只能在制作该凭证时的子系统中完成，且能修改的内容也仅限于摘要、增加的分录、系统默认的分录的科目。系统默认的分录的金额是与原始单据相关的，不能修改；删除操作只是标记为"作废"，需要在总账系统进行凭证整理后才能彻底删除。

由于资产减少是在计提折旧之后的操作，如果之后又发生了影响折旧数据的业务，则需重新生成折旧分配表，因此必须先删除计提折旧的凭证并取消计提折旧后，才能进行撤销资产减少的操作。

3 月 28 日，以会计人员的身份登录企业应用平台，依次执行"业务导航"→"经典树形"→"业务工作"→"财务会计"→"固定资产"→"凭证处理"→"查询凭证"命令，打开"查询凭证"界面，选择要撤销减少的凭证，单击"删除"按钮，在弹出的对话框中单击"是"

按钮删除"资产减少"的凭证，用同样的方法将折旧计提的凭证同时删除，如图6-27所示。

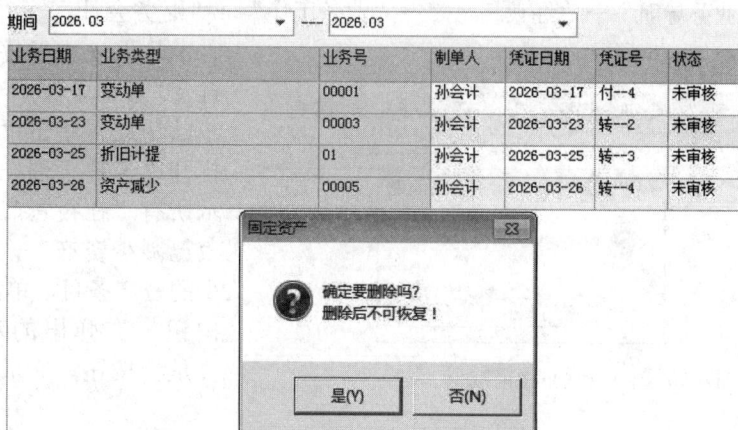

图6-27　删除资产减少凭证

然后在总账系统中对上述两张凭证进行整理操作，如图6-28所示。

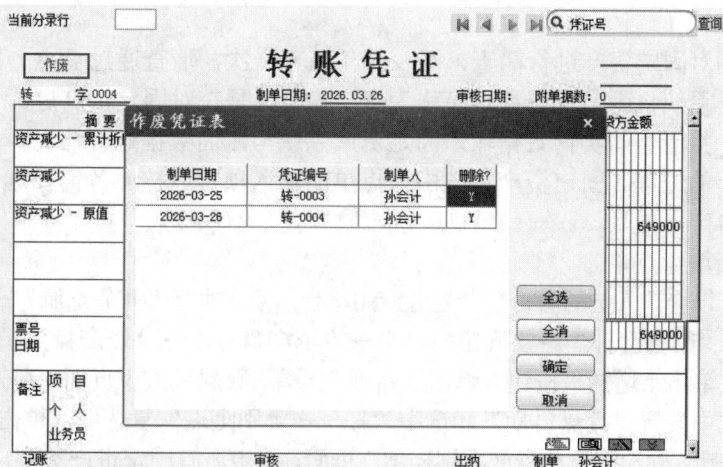

图6-28　整理凭证

第二步，删除资产减少和计提折旧批量制单记录。

依次执行"业务导航"，"经典树形"→"业务工作"→"财务会计"→"固定资产"→"凭证处理"→"批量制单"命令，打开"查询条件-批量制单"页面，按默认设置单击"确定"按钮，打开"批量制单"界面，双击"选择"栏中的单元格，使其显示"Y"，单击"删除"按钮，在弹出的对话框中单击"是"按钮取消资产减少和计提折旧的制单业务，如图6-29所示。

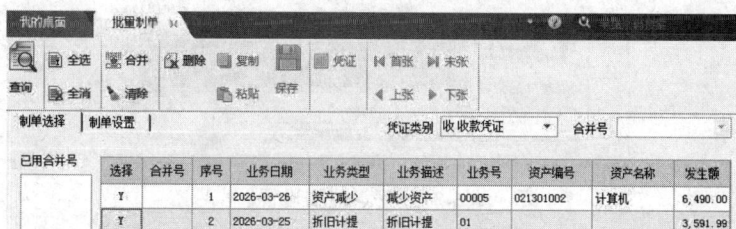

图6-29　批量制单-制单业务

第三步，卡片撤销减少。

依次执行"业务导航"→"经典树形"→"业务工作"→"财务会计"→"固定资产"→

图 6-30　卡片管理-撤销减少

"卡片"→"卡片管理"命令，打开"查询条件-卡片管理"界面，按默认设置单击"确定"按钮，打开"卡片管理"界面，默认显示所有"在役资产"，因此选择"已减少资产"，选中需撤销减少的资产条目，单击"撤销减少"按钮，在弹出的对话框中单击"是"按钮，完成撤销操作，如图 6-30 所示。

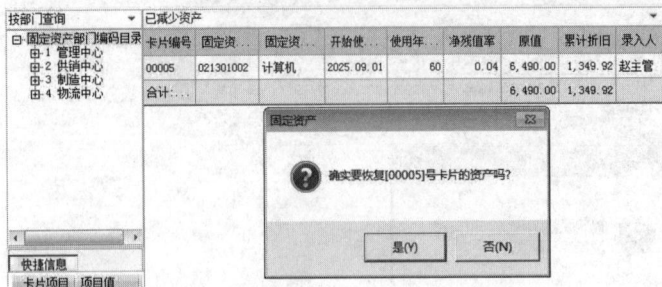

任务八　资产盘点业务处理

企业要定期对固定资产进行清查，至少每年清查一次，清查通过盘点实现。固定资产系统将固定资产盘点简称为资产盘点，是在对固定资产进行实地清查后，将清查的实物数据输入固定资产系统与账面数据进行比对，并由系统自动生成盘点结果清单的过程。固定资产系统中盘点单的输入项可以按业务需要选择卡片项目，包括系统项目和自定义项目。

第一步，新增盘点单。

3 月 31 日，以会计人员的身份登录企业应用平台，依次执行"业务导航"→"经典树形"→"业务工作"→"财务会计"→"固定资产"→"资产盘点"→"资产盘点"命令，打开"资产盘点"界面，单击"增加"按钮，弹出"新增盘点单-数据录入"页面，单击"范围"按钮，在弹出的对话框中设置"盘点日期"和选中"按资产类别盘点"复选框，单击"资产类别"选择框后面的■按钮，弹出"固定资产类别档案"页面，选中所有固定资产类别，如图 6-31 所示。

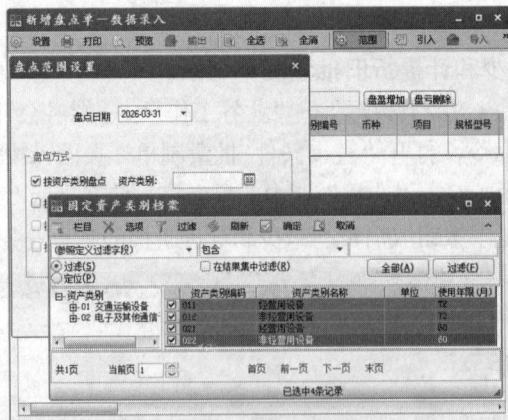

图 6-31　盘点范围设置

依次单击"确定"→"确定"按钮，返回"新增盘点单-数据录入"页面，单击"盘盈增加"按钮按项目资料输入盘盈固定资产，再按项目资料选中盘亏固定资产后单击"盘亏删除"

按钮完成此项操作，如图 6-32 所示。

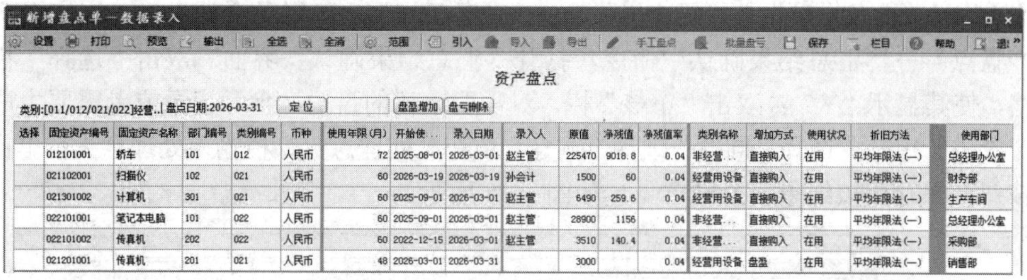

选择	固定资产编号	固定资产名称	部门编号	类别编号	币种	使用年限(月)	开始使...	录入日期	录入人	原值	净残值	净残值率	类别名称	增加方式	使用状况	折旧方法	使用部门
	012101001	轿车	101	012	人民币	72	2025-08-01	2026-03-01	赵主管	225470	9018.8	0.04	非经营...	直接购入	在用	平均年限法(一)	总经理办公室
	021102001	扫描仪	102	021	人民币	60	2026-03-19	2026-03-19	孙会计	1500	60	0.04	经营用设备	直接购入	在用	平均年限法(一)	财务部
	021301002	计算机	301	021	人民币	60	2025-09-01	2026-03-01	赵主管	6490	259.6	0.04	经营用设备	直接购入	在用	平均年限法(一)	生产车间
	022101001	笔记本电脑	101	022	人民币	60	2025-09-01	2026-03-01	赵主管	28900	1156	0.04	非经营...	直接购入	在用	平均年限法(一)	总经理办公室
	022101002	传真机	202	022	人民币	60	2022-12-15	2026-03-01	赵主管	3510	140.4	0.04	非经营...	直接购入	在用	平均年限法(一)	采购部
	021201001	传真机	201	021	人民币	48	2026-03-01	2026-03-31		3000		0.04	经营用设备	盘盈	在用	平均年限法(一)	销售部

图 6-32　新增盘点单-数据输入

依次单击“保存”→“确定”→“退出”按钮，返回“资产盘点”界面。

第二步，资产盘点汇总。

企业的多个部门在不同的办公地点，每个地点生成不同盘点单，需要分次将多个地点的盘点结果导回，同时生成盘点结果报告，综合处理盘点业务。企业进行资产盘点，生成盘点单之后，需要对多张盘点单进行汇总，并确认后续处理结果。

依次执行“业务导航”→“经典树形”→“业务工作”→“财务会计”→“固定资产”→“资产盘点”→“资产盘点汇总”命令，打开“资产盘点汇总”界面，单击“增加”按钮，弹出“查询条件”页面，设置“汇总范围”为“类别”，单击“确定”按钮，弹出“选择盘点单”页面，双击需要汇总的盘点单记录的“选择”栏中的单元格，使其显示“Y”，单击“汇总”按钮，弹出“新增盘点单-汇总盘点单”页面，如图 6-33 所示。

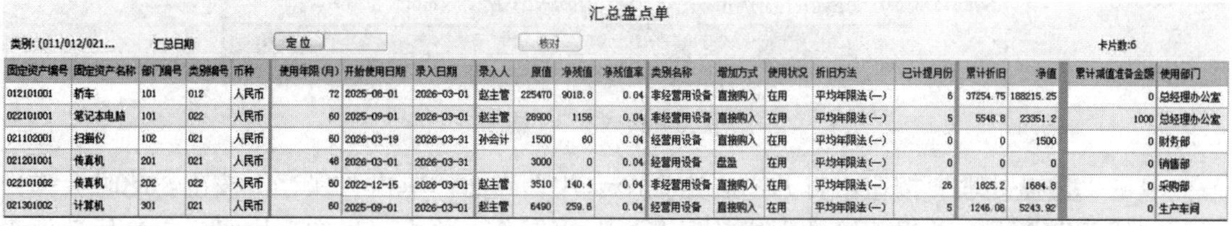

固定资产编号	固定资产名称	部门编号	类别编号	币种	使用年限(月)	开始使用日期	录入日期	录入人	原值	净残值	净残值率	类别名称	增加方式	使用状况	折旧方法	已计提月份	累计折旧	净值	累计减值准备金额	使用部门
012101001	轿车	101	012	人民币	72	2025-08-01	2026-03-01	赵主管	225470	9018.8	0.04	非经营用设备	直接购入	在用	平均年限法(一)	6	37254.75	188215.25	0	总经理办公室
022101001	笔记本电脑	101	022	人民币	60	2025-09-01	2026-03-01	赵主管	28900	1156	0.04	非经营用设备	直接购入	在用	平均年限法(一)	5	5548.8	23351.2	1000	总经理办公室
021102001	扫描仪	102	021	人民币	60	2026-03-19	2026-03-31	孙会计	1500	60	0.04	经营用设备	直接购入	在用	平均年限法(一)	0	0	1500	0	财务部
021201001	传真机	201	021	人民币	48	2026-03-01	2026-03-31		3000	0	0.04	经营用设备	盘盈	在用	平均年限法(一)	0	0	0	0	销售部
022101002	传真机	202	022	人民币	60	2022-12-15	2026-03-01	赵主管	3510	140.4	0.04	非经营用设备	直接购入	在用	平均年限法(一)	26	1825.2	1684.8	0	采购部
021301002	计算机	301	021	人民币	60	2025-09-01	2026-03-01	赵主管	6490	259.6	0.04	经营用设备	直接购入	在用	平均年限法(一)	5	1246.08	5243.92	0	生产车间

图 6-33　新增盘点单-汇总盘点单

单击“保存”按钮，切换为“查看盘点单（单据号：000001）-汇总盘点单”页面，单击“核对”按钮，弹出“查看盘点单（单据号：000001）-盘点结果清单”页面，单击“保存”按钮完成核对操作，如图 6-34 所示。

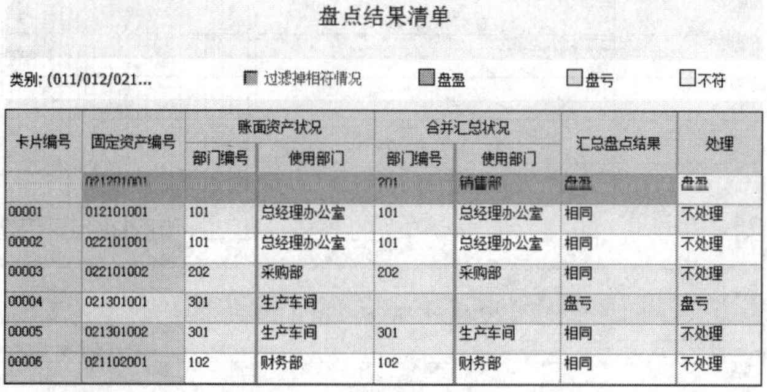

卡片编号	固定资产编号	账面资产状况		合并汇总状况		汇总盘点结果	处理
		部门编号	使用部门	部门编号	使用部门		
	021201001			201	销售部	盘盈	盘盈
00001	012101001	101	总经理办公室	101	总经理办公室	相同	不处理
00002	022101001	101	总经理办公室	101	总经理办公室	相同	不处理
00003	022101002	202	采购部	202	采购部	相同	不处理
00004	021301001	301	生产车间			盘亏	盘亏
00005	021301002	301	生产车间	301	生产车间	相同	不处理
00006	021102001	102	财务部	102	财务部	相同	不处理

图 6-34　盘点结果清单

第三步，汇总结果确认。

企业进行资产盘点单的汇总核对之后，处理方式为盘亏、盘盈、部门转移、位置转移、保管人变动的资产，需要在"汇总结果确认"功能节点进行审核确认。

依次执行"业务导航"→"经典树形"→"业务工作"→"财务会计"→"固定资产"→"资产盘点"→"汇总结果确认"命令，打开"汇总结果确认"界面。双击"选择"栏中的单元格，使其显示"Y"；双击"审核"栏，对需要审核的盘盈、盘亏记录或者需要生成变动单的记录进行审核，选择"同意"或"不同意"；在"处理意见"栏输入处理意见；单击"保存"按钮，保存审核结果、处理意见，如图 6-35 所示。

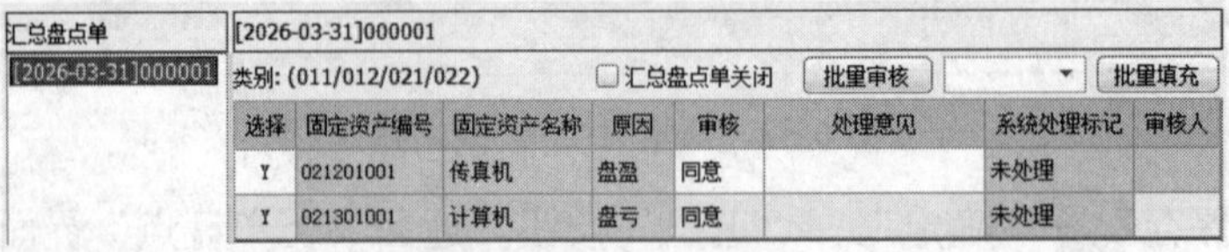

图 6-35　汇总结果确认

第四步，盘盈处理。

企业进行资产的盘点，生成汇总盘点单之后，要对盘盈盘亏结果进行审核。

依次执行"业务导航"→"经典树形"→"业务工作"→"财务会计"→"固定资产"→"资产盘点"→"资产盘盈"命令，打开"资产盘盈"界面，对需要处理的盘盈资产，双击"选择"栏中的单元格，使其显示"Y"，如图 6-36 所示。

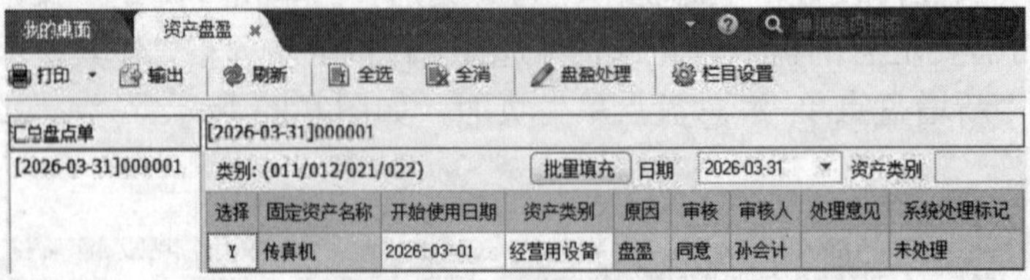

图 6-36　资产盘盈

单击"盘盈处理"按钮，打开"固定资产卡片"界面，单击"保存"按钮。此时会弹出"填制凭证"界面，并提示"数据成功保存！"的信息，单击"确定"按钮，完善凭证要素（修改科目），再单击"保存"按钮保存凭证，如图 6-37 所示。

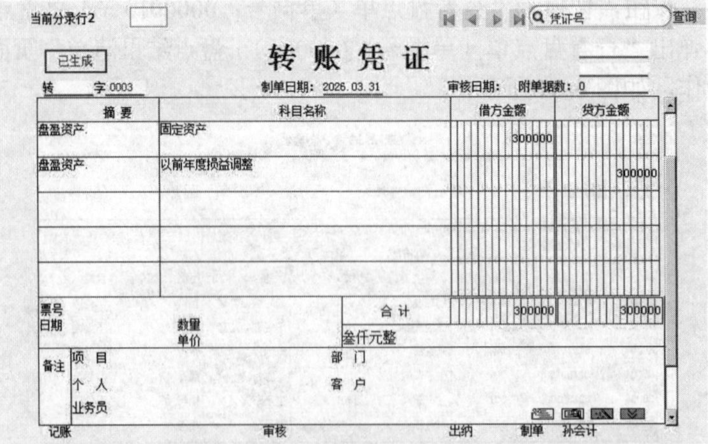

图 6-37　盘盈资产凭证

第五步，盘亏处理。

由于盘亏资产将进行资产减少操作，因此需要重新计提折旧。

依次执行"业务导航"→"经典树形"→"业务工作"→"财务会计"→"固定资产"→"折旧计提"→"计提本月折旧"命令，参照业务五的方法重新计提折旧，生成凭证，如图 6-38 所示。

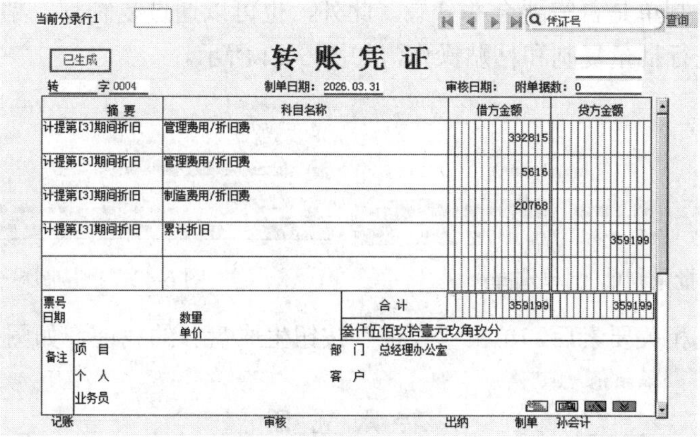

图 6-38 计提折旧凭证

依次执行"业务导航"→"经典树形"→"业务工作"→"财务会计"→"固定资产"→"资产盘点"→"资产盘亏"命令，打开"资产盘亏"界面，双击"选择"栏中的单元格，使其显示"Y"，如图 6-39 所示。

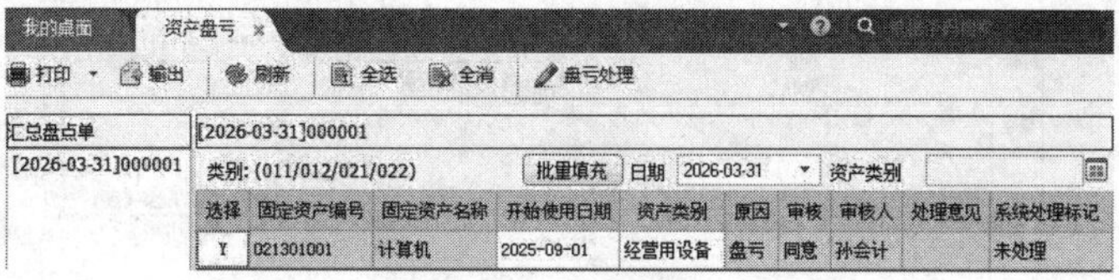

图 6-39 资产盘亏

单击"盘亏处理"按钮，打开"资产减少"界面，如图 6-40 所示，依次单击"确定"→"确定"按钮完成资产减少的操作。

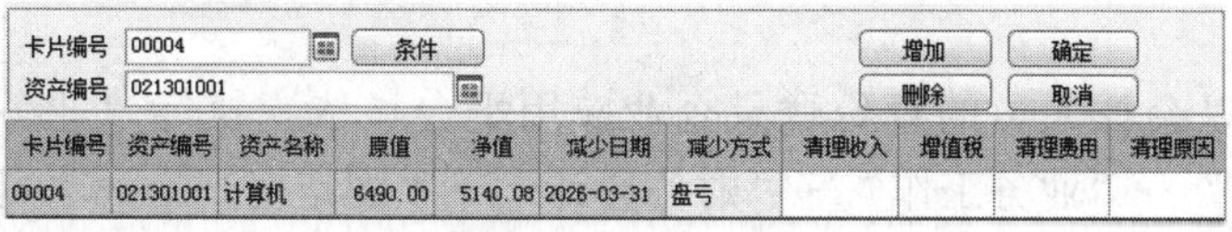

图 6-40 资产减少

第六步，批量制单。

在固定资产系统中完成任何一笔需制单的业务时，有三种制单方式：①若在选项中未选中"业务发生后立即制单"，则在业务完成时，可通过单击"凭证"按钮制作记账凭证；②若在选项中选中了"业务发生后立即制单"，则在业务完成时，系统会自动生成记账凭证；③若无论选项如何设置，均在业务发生时放弃制单，则可以通过批量制单功能完成制单工作。批量制单功能可同时将一批需要制单的业务连续制作凭证，并传输到总账系统，从而避免了多次制单的烦琐。

依次执行"业务导航"→"经典树形"→"业务工作"→"财务会计"→"固定资产"→"凭证处理"→"批量制单"命令，弹出"查询条件-批量制单"页面，按默认设置单击"确定"按钮，打开"批量制单"界面，进行制单选择，双击"选择"栏中的单元格，使其显示"Y"，如图 6-41 所示。

凡是业务发生时未进行制单的，该业务自动排列在批量制单表中。该表列出了应制单而未制单的业务发生的日期、类型、原始单据号，以及默认的借贷方科目和金额、选择标志。

选择"制单设置"选项卡，在"凭证类别"下拉列表中选择所需的凭证类别。根据实际情况和需要，选择制单是否需要合并分录。此外，也可以通过复制行、粘贴行的方式，对科目（修改科目）进行批量复制和粘贴操作，如图 6-42 所示。

图 6-41 批量制单-制单选择

图 6-42 批量制单-制单设置

补充完善凭证相关要素后，单击"凭证"按钮生成盘亏的凭证，如图 6-43 所示。

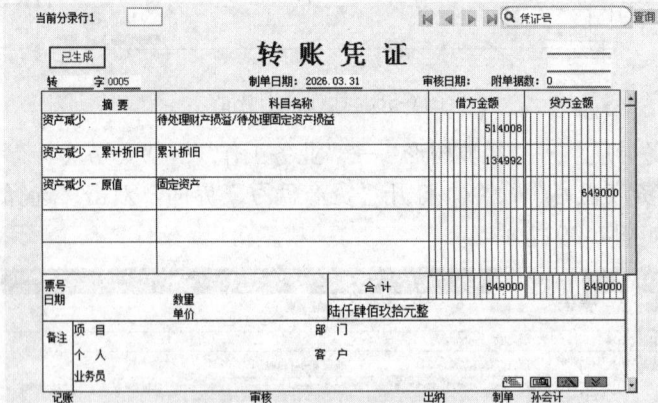

图 6-43 批量制单-凭证

任务九 资产对账

资产对账

3 月 31 日，以会计人员的身份登录企业应用平台，依次执行"业务导航"→"经典树形"→"业务工作"→"财务会计"→"固定资产"→"资产对账"→"对账"命令，打开"对账条件"页面，选中对账"科目"和"包含总账系统未记账记录"，单击"确定"按钮，打开"对账"界面，如图 6-44 所示。

☐ 对账不平

科目		固定资产				总账				对账差异			
编码	名称	期初余额	借方金额	贷方金额	期末余额	期初余额	借方金额	贷方金额	期末余额	期初余额	借方金额	贷方金额	期末余额
1601	固定资产	260860.00	14500.00	6490.00	268870.00	260860.00	14500.00	6490.00	268870.00	0.00	0.00	0.00	0.00
1602	累计折旧	47120.91	1349.92	3591.99	49362.98	47120.91	1349.92	3591.99	49362.98	0.00	0.00	0.00	0.00

图 6-44 与总账对账结果

项目拓展 固定资产管理

TZ06

项目七　薪资管理系统业务信息化处理

学习目标

知识目标

了解薪资管理系统的功能及操作流程；掌握工资数据构成、变动处理方法；熟悉工资分摊计提规则与账务处理；明确个人所得税计算申报及银行代发工资原理。

能力目标

能够熟练运用财务软件进行正式及临时人员工资处理，包括数据录入、变动调整；准确进行工资分摊计提并生成记账凭证；会利用系统计算申报个人所得税、制作银行代发表；能够在总账系统中完成工资发放凭证的填制。

素养目标

培养严谨细致的工作作风，确保工资数据准确无误；增强诚信意识，如实核算和申报个人所得税；提升职业责任感，重视薪资管理工作对企业和员工的重要性，树立正确的职业道德观。

案例导入

3月，成都东华电子规范开展薪资管理业务，完成正式与临时人员的工资核算与发放工作。会计人员严格按照制度要求，精准输入基础工资数据，对岗位变动、绩效调整等薪资变更事项，依规范流程进行处理，并完成工资分摊、个人所得税申报等后续操作。在整个业务流程中，通过如实核算薪资体现诚信原则，以准确申报个税履行社会责任，以严谨的数据处理展现专业态度。该实践不仅实现了薪资管理的信息化运作，更为企业规范薪资管理提供了典型范例。

项目准备及要求

（1）设置系统日期为当年3月31日，引入"项目六 固定资产管理系统业务信息化处理"备份账套。

（2）以会计人员的身份进行薪资管理系统业务操作。

（3）账套输出。

ZT07

项目资料

任务一　正式人员工资业务处理

（1）正式人员 3 月工资数据如表 7-1 所示。

表 7-1　正式人员工资情况

| 姓名 | 基本工资/元 | 奖金/元 | 专项扣除 | | | | | | 前期应税所得额/元 |
			子女教育/元	继续教育/元	住房贷款利息/%	住房租金/元	老人赡养费/元	其他合法扣除/元	
艾中国	8000.00	1500.00	1000.00				2000.00		58 050.00
赵主管	6000.00	1300.00		300.00					54 270.00
钱出纳	5000.00	1200.00			100.00				52 580.00
孙会计	5500.00	1200.00				1000.00			51 730.00
周销售	7500.00	1400.00							57 510.00
张健	6000.00	1300.00						2800.00	54 470.00
李采购	6000.00	1300.00	1000.00						52 470.00
周萍	5000.00	1200.00			120.00				52 140.00
周月	7500.00	1500.00							58 100.00
孟强	4500.00	1000.00							51 050.00
吴仓库	4000.00	1000.00					2000.00		46 500.00
李忠	5000.00	1200.00		400.00					45 790.00
合计	70 000.00	15 100.00	2000.00	700.00	220.00	1000.00	4000.00	2800.00	634 660.00

◉ **说明**：因前两月累计收入均未达到 60 000.00 元，故"前期已预扣预交个税"无数据；若"前期已预扣预交个税"有数据，则用负数表示。

（2）正式人员 3 月工资变动情况。

① 考勤情况：周销售请假 1 天；李采购请假 2 天。

② 发放奖金情况：因上年销售部推广产品业绩较好，该部门员工每人每月增加奖金 800.00 元。

（3）正式人员工资分摊计提：应付工资总额等于工资项目"应付工资"。

工资费用分配的转账分录如表 7-2 所示。

表 7-2　正式人员工资分摊类型表

| 部门 | | 工资分摊 | | | |
| | | 1. 应付工资 100% | | 2. 应付福利费 14% | |
		借方科目	贷方科目	借方科目	贷方科目
总经办、财务部、仓管部	企业管理人员	660201	工资 221101	660202	职工福利费 221102
采购部、运输部	经营人员	660201		660202	
销售部	经营人员	660101		660102	
生产车间	车间管理人员	510101		510101	
	生产人员	500102		500102	

（4）生成个人所得税申报表。

（5）生成银行代发表。

（6）3月31日，财务部开出工行转账支票一张（金额：86 411.85元，票号：ZZ03081），委托银行代发本月所有员工工资，完成银行代发工资处理（在总账中填制凭证）。

借：应付职工薪酬/工资（221101）　　　　　　　　　　　　　　　86 411.85

　　贷：银行存款/工行存款（100201）　　　　　　　　　　　　　　86 411.85

任务二　临时人员工资业务处理

（1）临时人员3月工资数据如表7-3所示。

表7-3　临时人员工资情况

姓名	岗位	工价/元	工时	其他合法扣除/元	前期应税所得额/元	前期已预扣预交个税
黄河	组装	40.00	180.00	1200.00	55 800.00	无
何平	检验	30.00	200.00	1600.00	49 800.00	（说明：若前期已预扣预交个税有数据，则用负数表示）
截至3月20日						

注：临时人员的其他合法扣除是包含各种专项扣除的总和。

（2）临时人员工资分摊计提：参照正式人员工资分摊计提。

（3）生成临时人员个人所得税申报表。

（4）生成临时人员银行代发表。

（5）3月31日，财务部开出工行转账支票一张（金额：12 496.80元，票号：ZZ03181），委托银行代发本月临时员工工资，完成银行代发临时员工工资处理（在总账中填制凭证）。

借：应付职工薪酬/工资（221101）　　　　　　　　　　　　　　　12 496.80

　　贷：银行存款/工行存款（100201）　　　　　　　　　　　　　　12 496.80

项目操作指导

薪资管理系统可以根据企业的薪资制度与结构设置薪资标准体系。当发生人事变动或薪资标准调整时，系统可执行调资处理，并将结果记入员工薪资档案，作为工资核算的依据。此外，该系统允许根据不同企业的需要设计工资项目及计算公式，从而更加方便地输入与修改各种工资数据和资料。系统还能自动计算、汇总工资数据，对形成的工资、福利费等各项费用进行月末及年末的账务处理，并通过转账方式向总账系统传输会计凭证，同时向成本管理系统传输工资费用数据。齐全的工资报表形式、简便的工资资料查询方式、健全的核算体系，为企业多层次、多角度的工资管理提供了方便。

在信息化环境下，工资核算是在手工工资核算流程基础上进一步优化的。进入系统后，用户必须按正确的顺序调用系统的各项功能，并确保数据的正确性。特别是对于首次使用系统的用户，更应严格遵守操作规程。

多类别工资核算管理企业的薪资管理系统操作流程如图7-1所示。

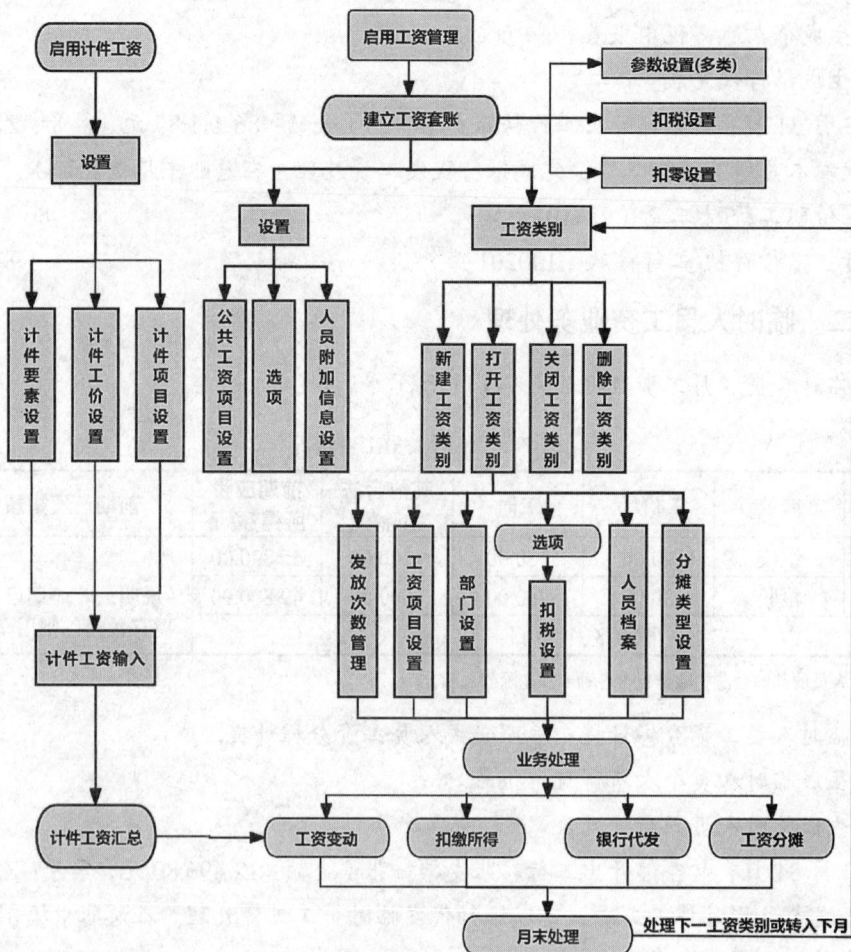

图 7-1 薪资管理系统操作流程

任务一 正式人员工资业务处理

一、工资变动

工资变动功能用于处理日常工资数据的调整与变动，以及工资项目增加和减少等。例如，日常水电费扣发、事病假扣发、奖金输入等操作，都在此进行；而人员的增减、部门变更等则必须在人员档案中进行。首次使用本功能前，需先设置工资项目及其计算公式，然后进行数据输入。进入工资变动功能后，系统将显示所有人员的各项工资项目供用户查看。

3 月 31 日，以会计人员的身份登录企业应用平台，依次执行"业务导航"→"经典树形"→"业务工作"→"人力资源"→"薪资管理"→"工资类别"→"打开工资类别"命令，弹出"打开工资类别"页面，选择"正式人员工资"，单击"确定"按钮，打开"正式人员工资"类别，如图 7-2 所示。

1. 项目过滤设置，输入正式人员工资基础数据

依次执行"业务导航"→"经典树形"→"业务工作"→"人力资 正式人员工资业务处理1

源"→"薪资管理"→"业务处理"→"工资变动"命令,打开"工资变动"界面。单击"过滤器"选项框旁边的▼按钮,单击"过滤设置"打开"项目过滤"页面。然后,依次将需要输入工资数据的"工资项目"通过单击▷按钮添加到"可选项目"列表中,如图7-3所示。

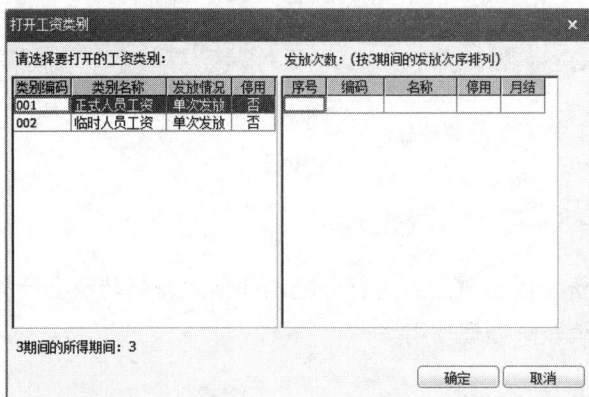

图7-2 打开工资类别

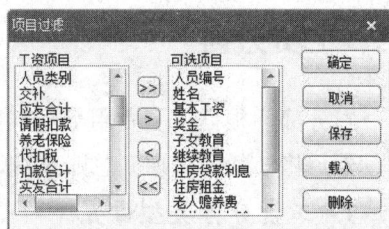

图7-3 项目过滤

在"工资变动"界面,右击表,体依次选择"排序""人员编号""升序"。然后根据过滤并排序后的工资项目输入项目资料中的工资数据,如图7-4所示。

选择	姓名	基本工资	奖金	请假天数	子女教育	继续教育	老人赡养费	住房租金	住房贷款利息	其他合法扣除	前期应纳税所得额
	艾中国	8,000.00	1,500.00		1,000.00		2,000.00				58,050.00
	赵主管	6,000.00	1,300.00			300.00					54,270.00
	钱出纳	5,000.00	1,200.00						100.00		52,580.00
	孙会计	5,500.00	1,200.00					1,000.00			51,730.00
	周销售	7,500.00	1,400.00	1.00							57,510.00
	张健	6,000.00	1,300.00							2,800.00	54,470.00
	李采购	6,000.00	1,300.00	2.00	1,000.00						52,470.00
	周萍	5,000.00	1,200.00						120.00		52,140.00
	周月	7,500.00	1,500.00								58,100.00
	孟强	4,500.00	1,000.00								51,050.00
	吴仓库	4,000.00	1,000.00				2,000.00				46,500.00
	李忠	5,000.00	1,200.00			400.00					45,790.00
合计		70,000.00	15,100.00	3.00	2,000.00	700.00	4,000.00	1,000.00	220.00	2,800.00	634,660.00

当前月份:3月	总人数:12	当前人数:12

图7-4 工资变动-项目过滤输入数据

2. 数据替换处理

在"工资变动"界面,依次单击"全选"→"替换"按钮,弹出"工资项数据替换"页面,根据项目资料进行数据替换设置,如图7-5所示。单击"确定"按钮后,在弹出的两个对话框中均单击"是"按钮,即可完成数据替换。

3. 工资计算、汇总处理

在"工资变动"界面,依次单击"全选"→"计算"→"汇总"按钮,系统将自动按照定义好的公式完成相关项目的数据计算,并按部门进行数据汇总,如图7-6所示。

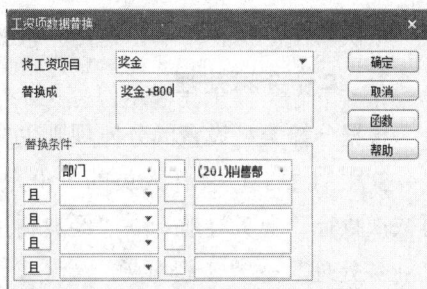

图7-5 工资项数据替换

过滤器 所有项目　□定位器　□录入期初

选择	人员编号	姓名	部门	人员类别	基本工资	奖金	交补	应发合计	请假天数	请假扣款	养老保险	代扣税	扣款合计	子女教育	继续教育	老人赡养费	住房租金	住房贷款利息	其他合法扣除	实发合计	本期应税所得额	前期应税所得额	累计应税所得额	本期代扣税	应付工资
	111	艾中国	总经理办公室	企业管理人员	8,000.00	1,500.00	500.00	10,000.00			475.00	137.25	612.25	1,000.00		2,000.00				9,387.75	9,525.00	58,050.00	67,575.00	137.25	10,000.00
	121	赵主管	财务部	企业管理人员	6,000.00	1,300.00	500.00	7,800.00			365.00	42.15	407.15		300.00					7,392.85	7,435.00	54,270.00	61,705.00	42.15	7,800.00
	122	钱出纳	财务部	企业管理人员	5,000.00	1,200.00	500.00	6,700.00			310.00		310.00					100.00		6,390.00	6,390.00	52,580.00	58,970.00		6,700.00
	123	孙会计	财务部	企业管理人员	5,500.00	1,200.00	500.00	7,200.00			335.00		335.00				1,000.00			6,865.00	6,865.00	51,730.00	58,595.00		7,200.00
	211	周销售	销售部	经营人员	7,500.00	2,200.00	300.00	10,000.00	1.00	50.00	485.00	209.25	744.25							9,255.75	9,465.00	57,510.00	66,975.00	209.25	9,950.00
	212	张健	销售部	经营人员	6,000.00	2,100.00	300.00	8,400.00			405.00		405.00						2,800.00	7,995.00	7,995.00	54,470.00	62,465.00		8,400.00
	221	李采购	采购部	经营人员	6,000.00	1,300.00	300.00	7,600.00	2.00	100.00	365.00		465.00	1,000.00						7,135.00	7,135.00	52,470.00	59,605.00		7,500.00
	222	周萍	采购部	经营人员	5,000.00	1,200.00	300.00	6,500.00			310.00		310.00					120.00		6,190.00	6,190.00	52,140.00	58,330.00		6,500.00
	311	周月	生产车间	车间管理人员	7,500.00	1,500.00	500.00	9,500.00			450.00	214.50	664.50							8,835.50	9,050.00	58,100.00	67,150.00	214.50	9,500.00
	312	孟强	生产车间	生产人员	4,500.00	1,000.00	300.00	5,800.00			275.00		275.00							5,525.00	5,525.00	51,050.00	56,575.00		5,800.00
	411	吴仓库	仓管部	企业管理人员	4,000.00	1,000.00	500.00	5,500.00			250.00		250.00			2,000.00				5,250.00	5,250.00	46,500.00	51,750.00		5,500.00
	421	李忠	运输部	经营人员	5,000.00	1,200.00	300.00	6,500.00			310.00		310.00		400.00					6,190.00	6,190.00	45,790.00	51,980.00		6,500.00
合计					70,000.00	16,700.00	4,800.00	91,500.00	3.00	150.00	4,335.00	603.15	5,088.15	2,000.00	700.00	4,000.00	1,000.00	220.00	2,800.00	86,411.85	87,015.00	634,660.00	721,675.00	603.15	91,350.00

当前月份：3月　总人数：12　当前人数：12

图 7-6　工资变动-计算汇总

二、工资分摊

财务部门根据工资费用分配表，将工资费用根据用途进行分配，并据此编制转账会计凭证，然后将该凭证传递到总账系统，供后续登账处理使用。

1. 工资分摊类型设置

设置企业支付工资费用的分摊规则，例如，将车间工人的工资分摊到生产成本，将职能部门员工的工资分摊到管理费用。

3 月 31 日，以账套主管的身份登录企业应用平台，打开“正式人员工资”工资类别后，再依次执行“业务导航”→“经典树形”→“业务工作”→“人力资源”→“薪资管理”→“设置”→“分摊类别设置”命令，打开“分摊类型设置”界面。单击“增加”按钮，在“分摊类型设置”编辑区根据项目资料设置分摊类型，如图 7-7 和图 7-8 所示。

分摊类型编码* 1　分摊类型名称* 应付工资
分摊比例%* 100　凭证类别字 转

部门名称	人员类别	工资项目	借方科目	借方项目大类	借方项目	贷方科目
总经理办公室,财务部,仓管部	企业管理人员	应付工资	660201			221101
销售部	经营人员	应付工资	660101			221101
采购部,运输部	经营人员	应付工资	660201			221101
生产车间	车间管理人员	应付工资	510101			221101
生产车间	生产人员	应付工资	500102	生产成本	计算机组装	221101

图 7-7　分摊类别设置-应付工资

分摊类型编码* 2　分摊类型名称* 应付福利费
分摊比例%* 14　凭证类别字 转

部门名称	人员类别	工资项目	借方科目	借方项目大类	借方项目	贷方科目
总经理办公室,财务部,仓管部	企业管理人员	应付工资	660202			221102
销售部	经营人员	应付工资	660102			221102
采购部,运输部	经营人员	应付工资	660202			221102
生产车间	车间管理人员	应付工资	510101			221102
生产车间	生产人员	应付工资	500102	生产成本	计算机组装	221102

图 7-8　分摊类别设置-应付福利费

依次单击“保存”→“返回”按钮，返回“分摊类型设置”界面。

2. 工资分摊处理

根据分摊类型设置的分摊规则生成记账凭证。

3 月 31 日，以会计人员的身份登录企业应用平台，打开“正式人员工资”工资类别后，再依次执行“业务导航”→“经典树形”→“业务工作”→“人力资源”→“薪资管理”→“业务处理”→“工资分摊”命令，打开“工资分摊”页面。根据需要生成的记账凭证选择“计提费用类型”，并将核算部门设置为全选，选中“明细到工资项目”和“按项目核算”复选框，如图 7-9 所示。单击“确定”按钮，打开“应付工资一览表”界面，如图 7-10 所示。

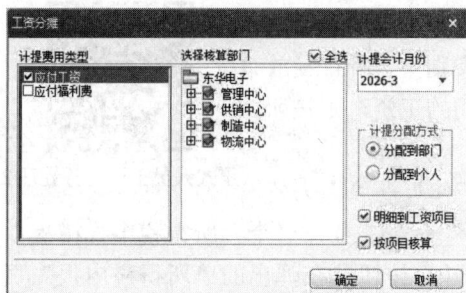

图 7-9 工资分摊设置

图 7-10 应付工资一览表

选中"合并科目相同、辅助项相同的分录"复选框，单击"制单"按钮，生成"应付工资"凭证，如图 7-11 所示。

图 7-11 填制凭证-应付工资

按同样的方法，生成"应付福利费"凭证，如图 7-12 所示。

图 7-12 填制凭证-应付福利费

三、个人所得税申报

计算职工工资薪金所得税工作量较大，因此，薪资管理系统特提供了个人所得税自动计算功能。用户只需自定义所得税率，系统即可自动计算个人所得税，这既能减轻工作负担，又能提高工作效率。在同一工资类别下，所有发放次数的工资统一计税；本期发放的、属于以前所得期间的工资，则按所属期间计算本期应补缴的税额。

正式人员工资业务处理 2

　　依次执行"业务导航"→"经典树形"→"业务工作"→"人力资源"→"薪资管理"→"业务处理"→"扣缴所得税"命令，打开"个人所得税申报模板"界面。选择"系统扣缴个人所得税报表"，单击"打开"按钮。在弹出的"所得税申报"页面中，设置好"查询范围"和"过滤方式"，然后单击"确定"按钮，即可生成"系统扣缴个人所得税报表"，如图 7-13 所示。

所得税申报

打印　预览　输出　税率　栏目　过滤　定位　帮助　退出

系统扣缴个人所得税报表

2026年3月 – 2026年3月

总人数：12

序号	纳税义务人姓名	身份证照类型	所得期间	收入额	费用扣除标准	应纳税所得额	税率	应扣税额	已扣税额	备注
1	艾中国	身份证	3	10000.00	63000.00	4575.00	3	137.25	137.25	
2	赵主管	身份证	3	7800.00	60300.00	1405.00	3	42.15	42.15	
3	钱出纳	身份证	3	6700.00	60100.00	0.00	0	0.00	0.00	
4	孙会计	身份证	3	7200.00	61000.00	0.00	0	0.00	0.00	
5	周销售	身份证	3	10000.00	60000.00	6975.00	3	209.25	209.25	
6	张健	身份证	3	8400.00	62800.00	0.00	0	0.00	0.00	
7	李采购	身份证	3	7600.00	61000.00	0.00	0	0.00	0.00	
8	周萍	身份证	3	6500.00	60120.00	0.00	0	0.00	0.00	
9	周月	身份证	3	9500.00	60000.00	7150.00	3	214.50	214.50	
10	孟强	身份证	3	5800.00	60000.00	0.00	0	0.00	0.00	
11	吴仓库	身份证	3	5500.00	62000.00	0.00	0	0.00	0.00	
12	李忠	身份证	3	6500.00	60400.00	0.00	0	0.00	0.00	
合计				91500.00	730720.00	20105.00		603.15	603.15	

图 7-13　所得税申报

四、银行代发工资

　　银行代发是指由银行代为发放单位员工的个人工资。目前，发放工资时基本上都采用工资银行卡方式。这种做法既减轻了财务部门发放工资工作的负担，有效地避免了财务部门到银行提取大笔款项所承担的风险，也提高了对员工个人工资的保密程度。

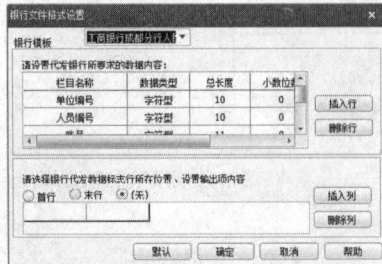

　　依次执行"业务导航"→"经典树形"→"业务工作"→"人力资源"→"薪资管理"→"业务处理"→"银行代发"命令，打开"请选择部门范围"界面，选中"全选"，单击"确定"按钮。在弹出的"银行文件格式设置"页面中，设置好"银行模板"，如图 7-14 所示。

　　单击"确定"按钮，在弹出的对话框中单击"是"按钮，生成"银行代发一览表"，如图 7-15 所示。

银行文件格式设置

银行模板　工资银行卡转入个人

请设置代发银行所要求的数据内容：

栏目名称	数据类型	总长度	小数位数
单位编号	字符型	10	0
人员编号	字符型	10	0

插入行　删除行

请选择银行代发数据表头是否包含所在位置、设置输出顺序内容

○ 首行　○ 末行　● 无

插入列　删除列

默认　确定　取消　帮助

图 7-14　银行文件格式设置

图 7-15 银行代发一览表

五、填制工资发放凭证

依次执行"业务导航"→"经典树形"→"业务工作"→"财务会计"→"总账"→"凭证"→"填制凭证"命令，打开"填制凭证"界面。单击"增加"按钮，完成发放工资凭证的填制，并登记支票，如图 7-16 所示。

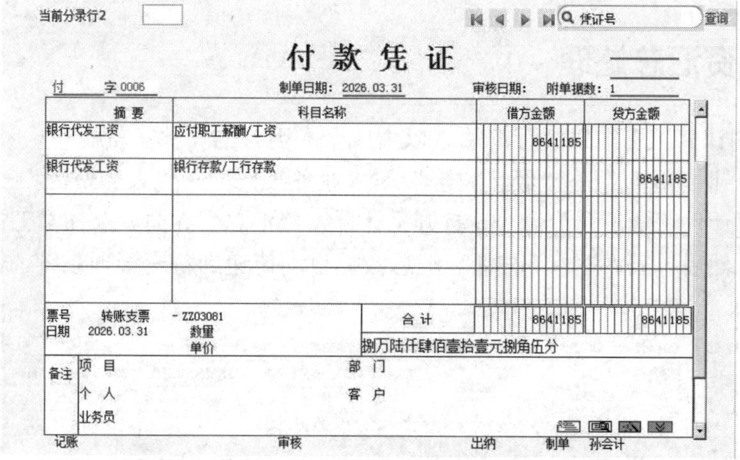

图 7-16 填制凭证

任务二 临时人员工资业务处理

一、计件工资输入

临时人员工资业务处理

输入员工的计件数据，核算计件工资及扣款。

3 月 31 日，以会计人员的身份登录企业应用平台，打开"临时人员工资"工资类别，然后依次执行"业务导航"→"经典树形"→"业务工作"→"人力资源"→"计件工资"→"个人计件"→"计件工资录入"命令，打开"计件工资录入"界面，选择"工资类别"为"临时人员工资"，单击"批增"→"人员录入"按钮，弹出"批量增加计件工资（人员）"页面，按项目资料输入计件工资信息，单击"计算"按钮计算出该人员的计件工资，如图 7-17 所示。

批量增加计件工资(人员)

人员编码 ＊ 321　　　　　姓名 ＊ 黄河　　　　　　部门 ＊ 生产车间
计件日期 ▼ 2026-03-20

序号	工序编码	工序	产品编码	产品	工时	工价	废扣工价	合格数量	废品数	工废扣款	个人计件工资合计	计件工资
1	01	组装			180.00	40.0000	0.0000	0.00	0.00	0.00	7200.00	7200.00
合计								0.00	0.00	0.00	7200.00	7200.00

图 7-17　人员录入-黄河

单击"确定"按钮，返回"计件工资录入"界面。重复上述方法，输入所有人员的计件工资后，在"计件工资录入"界面全选全部记录，然后依次单击"计算"→"审核"→"全部审核"按钮，完成此项操作，如图 7-18 所示。

计件工资录入

工资类别 临时人员工资 ▼　部门 全部 ▼　会计期间 2026-03 ▼　　　搜索方式 默认 ▼　　 搜索

序号	□	部门编码	部门	人员编码	人员姓名	计件日期	工序编码	工序	工时	工价	废扣工价	合格数量	废品数	工废扣款	个人计件工资合计	计件工资	是否审核	审核人姓名
1	□	301	生产车间	321	黄河	2026-03-31	01	组装	180.00	40.0000	0.0000	0.00	0.00	0.00	7200.00	7200.00	是	孙会计
2	□	301	生产车间	322	何平	2026-03-31	02	检验	200.00	30.0000	0.0000	0.00	0.00	0.00	6000.00	6000.00	是	孙会计
合计												0.00	0.00	0.00	13200.00	13200.00		

图 7-18　计件工资录入

二、计件工资汇总处理

对每个人的计件工资结果进行汇总，以生成个人当月的计件工资。

依次执行"业务导航"→"经典树形"→"业务工作"→"人力资源"→"计件工资"→"汇总"→"计件工资汇总"命令，打开"计件工资汇总"界面。选择"工资类别"为"临时人员工资"，然后单击"汇总"按钮。汇总数据自动传递到薪资管理系统，如图 7-19 所示。

计件工资汇总

工资类别 临时人员 ▼　部门 全部 ▼　会计期间 2026-03　汇总日期 2026-3-1 ... 至 2026-3-31 ...

序号	部门编码	部门	人员编码	人员	工废扣款	个人计件工资合计	合格数量	废品数	计件工资	工资合计
1	301	生产车间	321	黄河	0.00	7200.00	0.00	0.00	7200.00	7200.00
2	301	生产车间	322	何平	0.00	6000.00	0.00	0.00	6000.00	6000.00
合计					0.00	13200.00	0.00	0.00	13200.00	13200.00

图 7-19　计件工资汇总

三、工资变动

1. 项目过滤设置，输入临时人员工资基础数据

项目过滤

工资项目		可选项目	
人员编号		人员编号	确定
部门		姓名	取消
姓名		其他合法扣除	
人员类别	>>	前期应税所得额	保存
计件工资	>		
应发合计	<		载入
养老保险	<<		
代扣税			删除
扣款合计			

图 7-20　项目过滤

依次执行"业务导航"→"经典树形"→"业务工作"→"人力资源"→"薪资管理"→"业务处理"→"工资变动"命令，打开"工资变动"界面。单击"过滤器"选项框旁边的▼按钮，然后单击"过滤设置"打开"项目过滤"页面，依次将需要输入工资数据的"工资项目"通过单击 ▣ 按钮添加到"可选项目"中，如图 7-20 所示。

在"工资变动"界面，右击表体，依次选择"排序"→

"人员编号"→"升序"，然后按过滤并排序后的工资项目输入项目资料中的工资数据，如图 7-21 所示。

2. 工资计算、汇总处理

在"工资变动"界面，依次单击"全选"→"计算"→"汇总"按钮，系统自动按定义好的公式完成有关项目的数据计算并按部门进行数据汇总，如图 7-22 所示。

过滤器	▼		□定位器	
选择	人员编号	姓名	其他合法扣除	前期应税所得额
	321	黄河	1,200.00	55,800.00
	322	何平	1,600.00	49,800.00
合计			2,800.00	105,600.00

图 7-21　工资变动-项目过滤输入数据

工资变动

过滤器	所有项目	▼		□定位器			□录入期初														
选择	人员编号	姓名	部门	人员类别	计件工资	应发合计	养老保险	代扣税	扣款合计	其他合法扣除	实发合计	本期应税所得额	前期应税所得额	累计应税所得额	本期代扣税	应付工资	工资代扣税	扣税合计
	321	黄河	生产车间	生产人员	7,200.00	7,200.00	360.00	43.20	403.20	1,200.00	6,796.80	6,840.00	55,800.00	62,640.00	43.20	7,200.00	43.20	43.20
	322	何平	生产车间	生产人员	6,000.00	6,000.00	300.00		300.00	1,600.00	5,700.00	5,700.00	49,800.00	55,500.00		6,000.00		
合计					13,200.00	13,200.00	660.00	43.20	703.20	2,800.00	12,496.80	12,540.00	105,600.00	118,140.00	43.20	13,200.00	43.20	43.20

图 7-22　工资变动-计算汇总

四、工资分摊

1. 工资分摊类型设置

依次执行"业务导航"→"经典树形"→"业务工作"→"人力资源"→"薪资管理"→"设置"→"分摊类别设置"命令，打开"分摊类型设置"界面，单击"增加"按钮，在"分摊类型设置"编辑区按项目资料设置分摊类型，如图 7-23 和图 7-24 所示。依次单击"保存"→"返回"按钮，返回"分摊类型设置"界面。

分摊类型编码*	1		分摊类型名称*	应付工资
分摊比例%*	100		凭证类别字	转

部门名称	人员类别	工资项目	借方科目	借方项目大类	借方项目	贷方科目	贷方项目大类
生产车间	生产人员	应付工资	500102	生产成本	计算机组装	221101	

图 7-23　分摊类别设置-应付工资

分摊类型编码*	2		分摊类型名称*	应付福利费
分摊比例%*	14		凭证类别字	转

部门名称	人员类别	工资项目	借方科目	借方项目大类	借方项目	贷方科目	贷方项目人类
生产车间	生产人员	应付工资	500102	生产成本	计算机组装	221102	

图 7-24　分摊类别设置-应付福利费

2. 工资分摊处理

依次执行"业务导航"→"经典树形"→"业务工作"→"人力资源"→"薪资管理"→"业务处理"→"工资分摊"命令，打开"工资分摊"界面。根据需要生成的记账凭证，选择"计提费用类型"，将核算部门设置为"生产车间"，并选中"明细到工资项目"和"按项目核算”复选框。然后，单击“确定”按钮，打开“工资分摊”界面。最后，选中“合并科目相同、辅助项相同的分录”复选框，单击“制单”按钮，生成“应付工资”凭证，如图 7-25 所示。

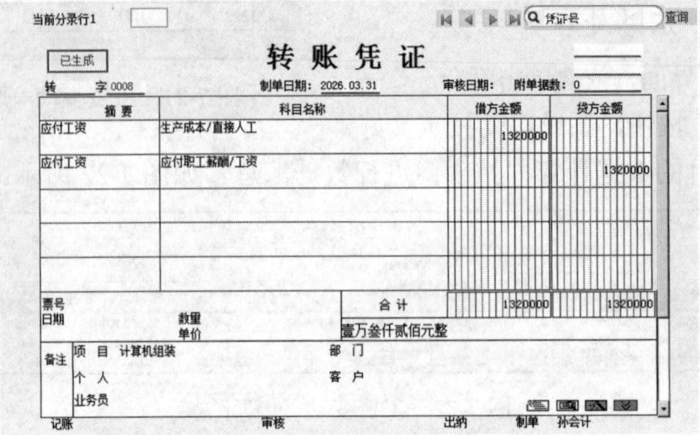

图 7-25　填制凭证-应付工资

按同样的方法，生成“应付福利费”凭证，如图 7-26 所示。

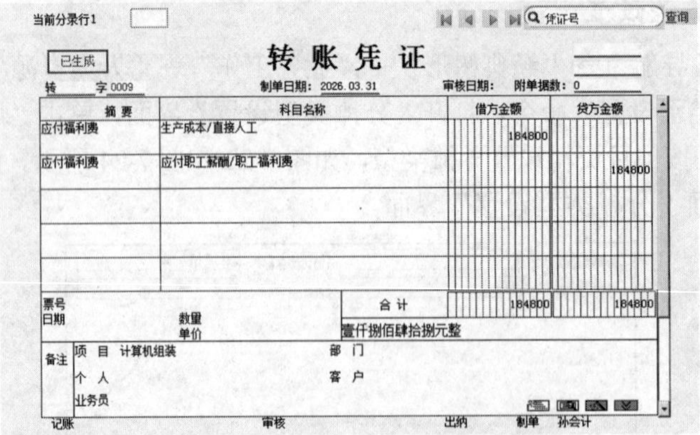

图 7-26　填制凭证-应付福利费

五、个人所得税申报

依次执行“业务导航”→“经典树形”→“业务工作”→“人力资源”→“薪资管理”→“业务处理”→“扣缴所得税”命令，打开“个人所得税申报模板”界面，选择“系统扣缴个人所得税报表”，单击“打开”按钮，在弹出的“所得税申报”页面中设置好“查询范围”和“过滤方式”，单击“确定”按钮，生成“系统扣缴个人所得税报表”，如图 7-27 所示。

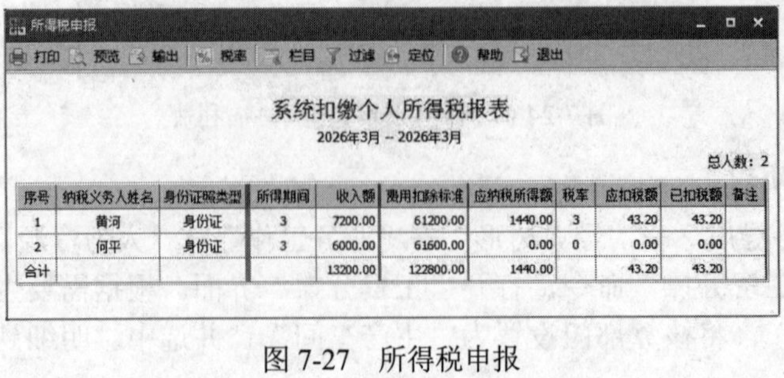

系统扣缴个人所得税报表

2026年3月 -- 2026年3月

总人数：2

序号	纳税义务人姓名	身份证照类型	所得期间	收入额	费用扣除标准	应纳税所得额	税率	应扣税额	已扣税额	备注
1	黄河	身份证	3	7200.00	61200.00	1440.00	3	43.20	43.20	
2	何平	身份证	3	6000.00	61600.00	0.00	0	0.00	0.00	
合计				13200.00	122800.00	1440.00		43.20	43.20	

图 7-27　所得税申报

六、银行代发工资

依次执行"业务导航"→"经典树形"→"业务工作"→"人力资源"→"薪资管理"→"业务处理"→"银行代发"命令，打开"请选择部门范围"页面，选中"全选"，然后单击"确定"按钮。在弹出的"银行文件格式设置"页面中，设置好"银行模板"。两次单击"确定"按钮，在弹出的对话框中单击"是"按钮，即可生成"银行代发一览表"，如图 7-28 所示。

银行代发一览表

名称：工商银行成都分行人民南路分...　　　　　　　　　　　　　　　　人数：2

单位编号	人员编号	人员姓名	账号	金额	录入日期
1234934325	321	黄河	20180080031	6796.80	20260331
1234934325	322	何平	20180080032	5700.00	20260331
合计				12,496.80	

图 7-28　银行代发一览表

七、填制工资发放凭证

依次执行"业务导航"→"经典树形"→"业务工作"→"财务会计"→"总账"→"凭证"→"填制凭证"命令，打开"填制凭证"界面。单击"增加"按钮，完成发放工资凭证的填制并登记支票，如图 7-29 所示。

图 7-29　填制凭证

项目拓展　薪资管理

TZ07

项目八　合同管理系统业务信息化处理

学习目标

知识目标

了解合同管理系统的功能及业务流程，熟悉销售、采购、广告等不同类型合同的处理方式；掌握合同签订、结算、审核、付款及核销的相关知识；理解合同管理与其他系统（如供应链、财务会计）的关联性。

能力目标

能够运用财务软件完成各类合同从签订到结算、付款、核销的全流程操作；能够根据合同生成销售、采购订单；能够准确进行合同结算单的录入、审核，并生成相关记账凭证；能够熟练处理付款申请、审核及核销业务。

素养目标

培养严谨负责的职业态度，确保合同信息准确无误；强化法律意识和契约精神，尊重合同条款；提升团队协作能力，以适应合同管理涉及多部门协作的需求；树立风险防范意识，保障企业经济利益；践行诚信经营的价值观。

案例导入

3月，成都东华电子系统开展合同管理业务，基于未执行合同生成销售、采购订单，并完成广告合同的全流程处理。从合同签订、订单执行到付款核销，各环节通过跨部门协同确保业务闭环。会计人员严格遵循操作规范，精准输入合同关键信息，保障数据准确性；执行过程中严格依约履行义务，彰显企业诚信经营理念。该实践通过规范化管理强化契约精神，既落实企业法治要求，又提升合同信息化管理水平，为同类企业提供可借鉴范例。

项目准备及要求

（1）设置系统日期为当年3月31日，引入"项目七 薪资管理系统业务信息化处理"备份账套。

（2）严格按权限分工对相关子系统进行操作。

（3）账套输出。

ZT08

项目资料

当年 3 月发生的合同管理日常业务如下。

任务一　销售合同业务处理

3 月 1 日，根据月初未执行销售合同生成销售订单，预发货时间 3 月 17 日。

任务二　采购合同业务处理

3 月 1 日，根据月初未执行采购合同生成采购订单，计划到货时间 3 月 5 日。

任务三　广告合同业务处理

一、签订广告合同业务

3 月 3 日，签订"计算机组装"项目宣传广告合同，如表 8-1 所示。合同为期三个月，当日生效立即执行。

表 8-1　广告合同

合同名称	对方单位	标的名称	数量	税率/%	含税单价/元
广告合同 1	锦江公司	广告	1	6	10 600.00

二、支付广告费业务

3 月 5 日，经申请批准财务部开出工行转账支票一张（票号：ZZ03135），向锦江公司支付广告费 10 600.00 元。

项目操作指导

合同管理系统主要提供对合同资料的输入、生效、变更、结案的管理，同时对合同的执行、结算、收付款等一系列业务进行管理及后续的跟踪，以保证合同的顺利履行，为企业规避风险，实现利益的最大化。可制作应收/应付/销售/采购/出口/进口/其他类合同，对合同的标的、条款、附件、大事记等进行管理。应收/应付类合同可制作执行单、结算单，记录合同的执行与结算信息。销售/采购/出口/进口类合同，可在相应模块中生成订单并执行。

任务一　销售合同业务处理

销售额合同业务处理

3 月 1 日，以销售人员的身份登录企业应用平台，依次执行"业务导航"→"经典树形"→"业务工作"→"供应链"→"销售管理"→"销售订货"→"销售订单"命令，打开"销售订单"界面。依次单击"增加"→"参照"→"合同"按钮，弹出"查询条件-合同查询条件"页面。单击"确定"按钮打开"合同参照向导"页面，在"合同参照"列表中选中需要生成订单的合同。单击"确定"按钮返回"销售订单"界面，根据项目资料修改数据。最后，依次单击"保存"→"审核"按钮，完成销售订单的制作，如图 8-1 所示。

图 8-1　销售订单

任务二　采购合同业务处理

3 月 1 日，以采购人员的身份登录企业应用平台，依次执行"业务导航"→"经典树形"→"业务工作"→"供应链"→"采购管理"→"采购订货"→"采购订单"命令，打开"采购订单"界面。依次单击"增加"→"参照"→"合同"按钮，弹出"查询条件–合同查询条件"页面。单击"确定"按钮，打开"合同参照向导"页面，在"合同参照"列表中选中需要生成订单的合同。单击"确定"按钮返回"采购订单"界面，根据项目资料修改数据。最后，依次单击"保存"→"审核"按钮，完成采购订单的制作，如图 8-2 所示。

采购合同业务处理

图 8-2　采购订单

任务三　广告合同业务处理

一、签订广告合同业务处理

签订广告合同业务处理

第一步，输入广告合同（合同管理）。

合同工作台提供对合同的操作功能，包括合同的增加、修改、删除、生效、结案、变更等。

3 月 3 日，以采购人员的身份登录企业应用平台，依次执行"业务导航"→"经典树形"→"业务工作"→"供应链"→"合同管理"→"合同"→"合同工作台"命令，打开"合同工作台"界面。依次单击"增加"→"应付类合同"→"广告合同"按钮，按项目资料输入数据后。然后，依次单击"保存"→"生效"按钮，以保存数据并使合同立即生效，如图 8-3 所示。

第二步，合同结算（合同管理）。

合同签订并执行之后，进入合同处理的第三步：合同结算。合同结算主要包括合同结算单的输入和生效等业务处理。

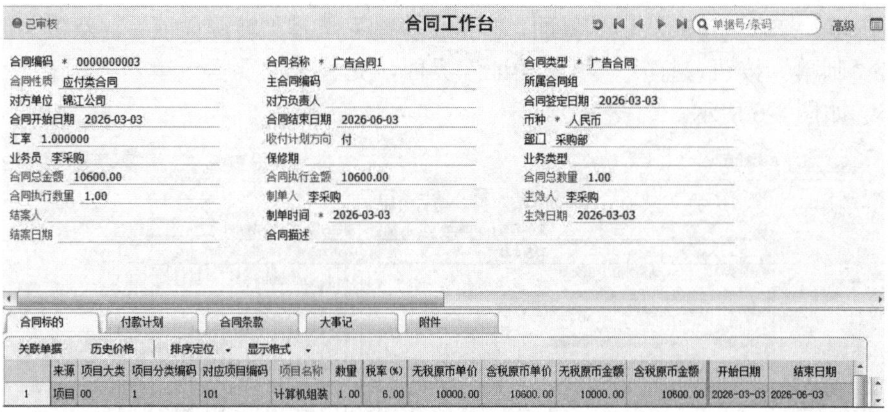

图 8-3　合同工作台

本例涉及未启用执行单的应收、应付类合同，其执行信息来源于合同结算单。

依次执行"业务导航"→"经典树形"→"业务工作"→"供应链"→"合同管理"→"合同结算"→"合同结算单"命令，打开"合同结算单"界面，依次单击"增加"→"结算单"→"合同"按钮，弹出"查询条件"页面，单击"确定"按钮，弹出"合同结算单参照合同生单"页面。选中对应记录，单击"确定"按钮返回"合同结算单"界面，然后单击"保存"→"生效"按钮，以保存数据并使合同结算单立即生效，如图 8-4 所示。

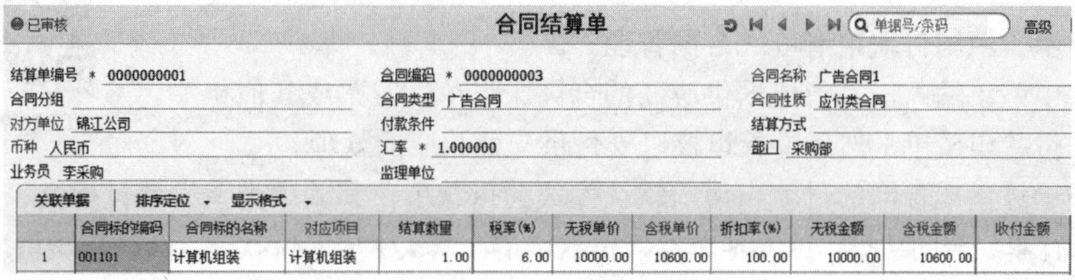

图 8-4　合同结算单

第三步，合同结算单审核（应付款管理）。

3 月 3 日，以会计人员的身份登录企业应用平台，依次执行"业务导航"→"经典树形"→"业务工作"→"财务会计"→"应付款管理"→"应付处理"→"合同结算单"→"合同结算单审核"命令，打开"合同结算单审核"界面，单击"查询"按钮显示合同结算单列表，选中对应记录，单击"审核"按钮完成审核操作，如图 8-5 所示。

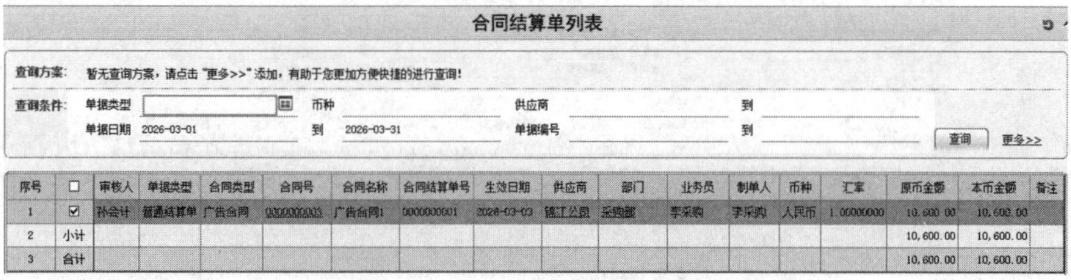

图 8-5　合同结算单审核

第四步，生成凭证（应付款管理）。

依次执行"业务导航"→"经典树形"→"业务工作"→"财务会计"→"应付款管理"→"凭证处理"→"生成凭证"命令，弹出"制单查询"页面，选中"合同结算单"，单击

"确定"按钮，打开"生成凭证"界面，"凭证类别"选择"转账凭证"，双击"选择标志"栏，单击"制单"按钮，打开"填制凭证"界面，完善凭证要素，单击"保存"按钮完成凭证制作，如图 8-6 所示。

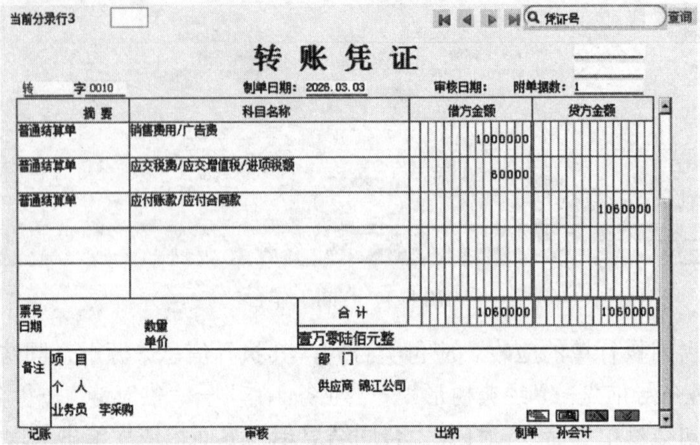

图 8-6　填制凭证

二、支付广告费业务处理

第一步，填制付款申请单（合同管理）。

付款申请单输入，是指依据供应商的合同、订单、发票或其他相关单据生成付款申请单，然后进行审核以支付供应商相应的款项。

来源于订单或合同的付款申请，默认生成的付款单，其款项类型为预付款；来源于发票或合同执行单、合同结算单或其他单据的付款申请，默认生成的付款单，其款项类型为应付款。

3 月 5 日，以采购人员的身份登录企业应用平台，依次执行"业务导航"→"经典树形"→"业务工作"→"供应链"→"合同管理"→"付款申请"→"付款申请单"命令，打开"付款申请单录入"界面。依次单击"增加"→"合同结算单"按钮，弹出"查询条件"页面。单击"确定"按钮，弹出"拷贝并执行"页面。在"合同结算单表头列表"中选中需要生成付款申请单的结算单，然后单击"确定"按钮，返回"付款申请单录入"界面。最后，按项目资料修改相关数据，单击"保存"按钮完成付款申请单的制作，如图 8-7 所示。

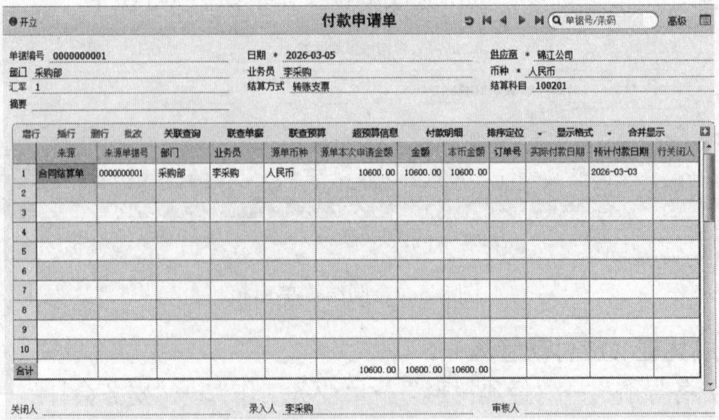

图 8-7　付款申请单录入

第二步，审核付款申请单（应付款管理）。

3月5日，以会计人员的身份登录企业应用平台，依次执行"业务导航"→"经典树形"→"业务工作"→"财务会计"→"应付款管理"→"付款申请"→"付款申请单审核"命令，打开"付款申请单审核"界面，在"付款申请单列表"中单击"查询"按钮，列表显示所有符合条件的付款申请单，选中需要审核的付款申请单记录，单击"审核"按钮完成审核操作并自动生成付款单据，如图8-8所示。

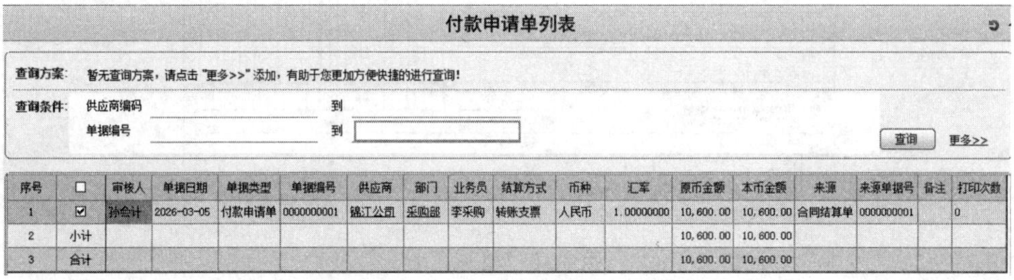

图8-8 付款申请单审核

第三步，审核付款单并制单（应付款管理）。

付款单据的输入，是根据与供应商的往来结算情况，将支付信息输入应付款管理系统中。这包括输入常规的付款单，以及处理因退货、折扣等原因产生的红字发票对应的收款记录（即收款单）。

付款单据审核功能主要包括对付款单/收款单的自动审核与批量审核。只有经过审核的单据，才允许进行后续的核销、制单等处理。此外，在付款单据审核列表界面，用户还可以对付款单、收款单进行增加、修改、删除等操作。

依次执行"业务导航"→"经典树形"→"业务工作"→"财务会计"→"应付款管理"→"付款处理"→"付款单据录入"命令，打开"付款单据录入"界面，单击 ⟲ ◀◀ ◀ ▶ ▶▶ 按钮，选择需要审核的付款申请单，系统将显示自动生成的付款单，如图8-9所示。

图8-9 付款单

单击"审核"按钮，在弹出的"应付款管理"对话框中单击"是"按钮立即制单，随后打开"填制凭证"界面，完善并修改凭证要素，单击"保存"按钮完成记账凭证的制作，如

图 8-10 所示。

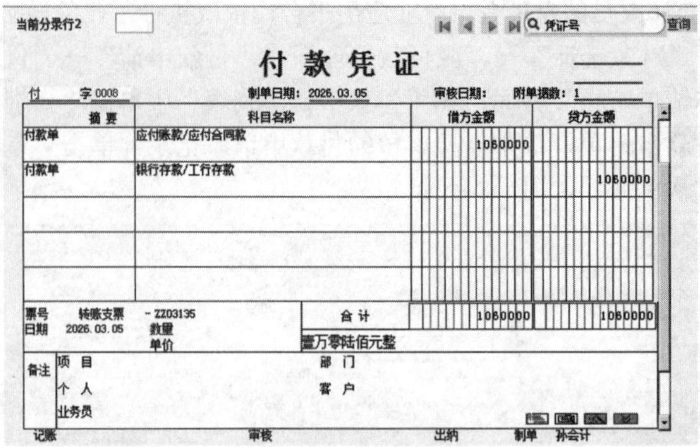

图 8-10　填制凭证

第四步，核销处理-自动核销（应付款管理）。

核销处理是指日常进行付款与应付款的配比及冲销工作。单据核销的作用在于实现付款与应付款的有效匹配，建立相应的核销记录，以监督应付款的及时处理，并加强往来款项的管理。

手工核销是指操作人员在系统中手动匹配并确认应付账款与付款之间的对应关系，然后执行核销操作。通过手工核销，用户可以根据预设的查询条件筛选出需要核销的单据，并手动进行核销处理，从而提高了往来款项核销的灵活性。

自动核销是指系统根据预设的匹配规则，自动识别并确认系统内应付账款与付款之间的对应关系，并执行核销操作。具体而言，系统会根据用户设定的查询条件筛选出需要核销单据，然后自动完成核销，从而显著提升了往来款项核销的效率。

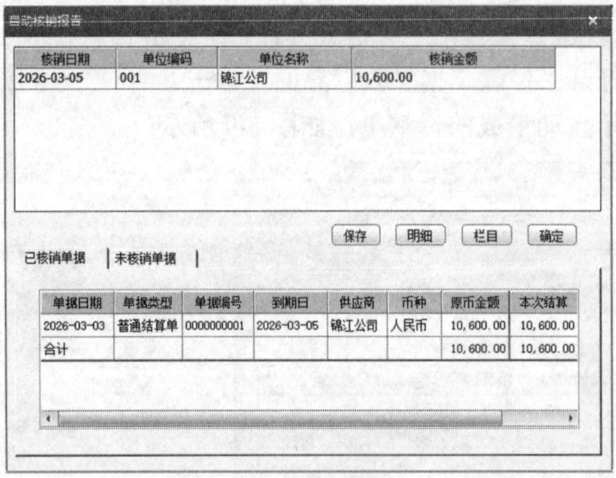

依次执行"业务导航"→"经典树形"→"业务工作"→"财务会计"→"应付款管理"→"核销处理"→"自动核销"命令，弹出"核销条件"页面，选择需要进行核销的供应商"锦江公司"，单击"确定"按钮，在弹出的"应付款管理"对话框中单击"是"按钮开始自动核销。自动核销完成后，系统会弹出"自动核销报告"页面：单击"明细"按钮，可以查看核销记录；单击"确定"按钮完成核销操作，如图 8-11 所示。

图 8-11　自动核销报告

项目拓展　合同管理

项目九　采购管理系统业务信息化处理

学习目标

知识目标

熟悉采购管理系统中的各类业务流程，掌握普通采购、暂估报销等业务处理要点；理解采购请购、订货、到货、入库、开票及结算等环节之间的关联；了解采购管理与库存、应付账款、存货核算等系统之间的数据交互原理。

能力目标

能够熟练运用财务软件进行不同采购业务的操作，准确输入各类采购单据；根据业务流程完成采购结算、发票审核、凭证生成等工作；运用系统功能进行采购比价、暂估成本处理和代管业务管理，提升数据处理和业务把控能力。

素养目标

培养严谨细致的工作态度，确保采购业务数据的准确性；强化诚信意识和商业道德，规范采购操作；提升团队协作与沟通能力，以适应采购业务涉及多部门协同的需求；增强成本控制和风险防范意识，为企业稳健运营提供支持。

案例导入

3月，东华电子开展系统化采购管理，完整覆盖请购、订货、入库结算全流程，涉及现金折扣、暂估报销等财务处理。在向金牛公司采购键盘时，李采购协同多部门规范操作，成功获取现金折扣；通过比价采购优化鼠标采购成本，妥善完成硬盘退货流程。全过程严格把控数据准确性，恪守商业道德，既体现诚信合作理念，又强化成本控制与风险防范意识。该实践通过信息化手段实现采购流程闭环管理，为企业采购管理提供标准化范例。

项目准备及要求

（1）设置系统日期为当年3月31日，引入"项目八 合同管理系统业务信息化处理"备份账套。

（2）对每一笔采购业务，都应严格按照该类型业务的操作流程进行处理，基本流程如下。

① 采购流程以请购单为起点，订单根据请购单生成。

② 到货单根据订单生成，入库单根据到货单生成。

③ 采购退货参照到货单办理退货。

④ 采购发票根据订单开具。

🔔 **注意：** 要不断更改登录日期。采购管理系统用李采购的身份，库存管理系统用吴仓库的身份，应付款管理系统、存货核算系统用孙会计的身份。

（3）账套输出。

项目资料

ZT09

当年 3 月采购业务如下。

任务一　普通采购（现金折扣、付款申请）业务处理

（1）3 月 1 日，业务员李采购向金牛公司询问键盘的价格（95.00 元/个），评估后确认价格合理，随即向公司上级主管提出请购要求，请购数量为 300 个。

（2）3 月 2 日，向金牛公司订购键盘 300 个，无税单价为 95.00 元，要求到货日期为 3 月 3 日，付款条件为 2/10，1/20，n/30。

（3）3 月 3 日，收到所订购的键盘 300 个，填制到货单。

（4）3 月 3 日，将收到的货物验收入原料库，填制采购入库单。

（5）当天收到该笔货物的专用发票一张，发票号为 CG03031。

（6）3 月 6 日，采购部申请向金牛公司支付采购货款 31 600.00 元，经审批同意以转账方式支付，财务部门开出转账支票一张，支票号为 ZZ03031，付清采购货款 31 600.00 元（修改应付款管理参数：选中"核销生成凭证"）。

任务二　采购现付（运费）业务处理

3 月 8 日，向金牛公司购买的鼠标 300 个已到货，验收入原料库（月初已签订未执行的采购合同），同时收到专用发票一张，票号为 CG03061，随即以转账支票（支票号：ZZ03051）形式支付货款。另外，在采购的过程中，发生了一笔运输费 100.00 元（含税），运输距离 100 千米，税率为 9%，收到相应的专用发票一张，票号为 YF03061，费用按金额分摊。确定采购成本及应付账款，记材料明细账。

任务三　请购比价业务处理

（1）3 月 10 日，业务员李采购欲购买 100 个鼠标，提出请购要求，经同意填制并审核请购单。根据以往的资料得知提供鼠标的供应商有两家，分别为锦江公司和金牛公司，其报价分别为 50.00 元/个、55.00 元/个。通过比价，决定向锦江公司订购，要求到货日期为 3 月 11 日。

（2）3 月 12 日，未收到上述所订货物，向供应商发出催货函。

任务四　采购暂估报销业务处理

3 月 15 日，收到锦江公司提供的 2 月 25 日已验收入库的 130 盒硬盘的专用发票一张，票号为 CG03091，发票单价为 620.00 元。进行暂估报销处理，确定采购成本及应付账款。

任务五　采购退货退票业务处理

3 月 17 日，2 月 25 日从锦江公司购入的硬盘质量有问题，退回 2 盒，单价为 620.00 元，同时收到票号为 CG03131 的红字专用发票一张。

任务六 代管业务处理

锦江公司将 CPU 放在东华电子代管仓内，东华电子可按需领用，并进行汇总结算。

（1）3月18日，锦江公司收到120盒CPU，验收入代管仓库。

（2）3月22日，生产车间领用100盒CPU。

（3）3月23日，对领用的CPU进行汇总并挂账，送锦江公司确认。锦江公司确认挂账数量后，开具增值税专用发票，发票号为FP020002，不含税单价为600.00元。

（4）将发票与挂账单进行结算，确认应付款项。

任务七 采购暂估业务处理

（1）3月25日，收到东方公司提供的激光打印机100台，已验收入配套用品库。

（2）3月31日，本月25日收到东方公司提供的激光打印机100台，验收已入配套用品库。由于到了月末仍未收到该批货物的发票，因此确定该批货物的暂估成本为1850.00元/台，并进行暂估记账处理。

项目操作指导

在采购业务的日常操作的管理中，系统提供了请购、采购订货、采购到货、采购入库、采购开票、采购结算等环节的功能。用户可以根据实际业务需要，选用相应的业务单据和流程进行处理。

任务一 普通采购（现金折扣、付款申请）业务处理

第一步，采购请购单（采购管理）。

采购请购是指企业内部向采购部门提出采购申请，或由采购部门汇总企业内部采购需求后提出采购清单。请购是采购业务处理的起点，也是 MPS/MRP 计划与采购订单的中间过渡环节。采购请购单用于描述和生成采购的需求，如采购什么货物、采购多少、何时使用、谁用等内容；同时，它可以为采购订单提供建议内容，如建议供应商、建议订货日期等。

普通采购业务处理

已审核但未关闭的采购请购单可用于生成采购订单。用户可以通过采购请购单批量创建采购订单，或通过请购单卡片及列表上的"订货"按钮生成采购订单。采购请购单是可选单据，企业可以根据业务需要自行选用。

3月1日，以采购人员的身份登录企业应用平台，依次执行"业务导航"→"经典树形"→"业务工作"→"供应链"→"采购管理"→"请购"→"请购单"命令，打开"采购请购单"界面。单击"增加"→"空白单据"按钮，按项目资料输入数据，然后依次单击"保存"→"审核"按钮，完成采购请购单的制作，如图9-1所示。

图9-1 采购请购单

第二步，采购订单（采购管理）。

采购订单是企业与供应商之间签订的采购合同或购销协议等。其主要内容包括采购名称、采购数量、供应商、到货时间、到货地点、运输方式、价格、运费等。采购订单可以是企业采购合同中关于货物的明细内容，也可以是一种订货的口头协议。

3 月 2 日，以采购人员的身份登录企业应用平台，依次执行"业务导航"→"经典树形"→"业务工作"→"供应链"→"采购管理"→"采购订货"→"采购订单"命令，打开"采购订单"界面。依次单击"增加"→"请购单"按钮，弹出"查询条件-单据列表过滤"页面。单击"确定"按钮，弹出"拷贝并执行"页面。在"订单拷贝请购单表头列表"中，选中需要生成订单的请购单，然后单击"确定"按钮返回"采购订单"界面。接着，补充设置好"供应商"和"付款条件"。最后，依次单击"保存"→"审核"按钮，完成采购订单的制作，如图 9-2 所示。

图 9-2　采购订单

第三步，到货单（采购管理）。

采购到货是采购订货和采购入库的中间环节。到货单通常由采购业务员根据供应商的通知或送货单填写，用于确认供应商所送货物的品名、数量、价格等信息。到货单以入库通知单的形式传递到仓库，作为仓库保管员办理收货手续的依据。

采购到货单是可选单据，可以根据业务需要选用。

3 月 3 日，以采购人员的身份登录企业应用平台，依次执行"业务导航"→"经典树形"→"业务工作"→"供应链"→"采购管理"→"采购到货"→"到货单"命令，打开"到货单"界面。依次单击"增加"→"采购订单"按钮，弹出"查询条件-单据列表过滤"页面。单击"确定"按钮，弹出"拷贝并执行"页面。在"到货单拷贝订单表头列表"中，选中需要生成到货单的订单，然后单击"确定"按钮返回"到货单"界面。最后，依次单击"保存"→"审核"按钮，完成到货单的制作，如图 9-3 所示。

图 9-3　到货单

第四步，采购入库单（库存管理）。

仓库收到采购或生产的货物后，仓库保管员负责验收货物的数量、质量、规格型号等。确认验收无误后，货物方可入库，并登记库存账。仓库入库业务包括采购入库、产成品入库（限工业版账套）以及其他入库三种。

采购入库单是根据实际验收的到货数量填制的单据。采购入库单按进出仓库方向分为蓝字采购入库单、红字采购入库单；按业务类型分为普通采购入库单、受托代销入库单（适用于商业和医药流通行业）、代管业务采购入库单、固定资产采购入库单。

红字入库单是采购入库单的逆向单据。在采购业务活动中，如果发现已入库的货物因质量等因素需要退货，则应通过红字采购入库单进行退货处理。

3月3日，以仓库管理员的身份登录企业应用平台，依次执行"业务导航"→"经典树形"→"业务工作"→"供应链"→"库存管理"→"采购入库"→"采购入库单"命令，打开"采购入库单"界面。依次单击"增加"→"采购"→"采购到货单"按钮，弹出"查询条件-采购到货单列表"页面。单击"确定"按钮，弹出"到货单生单列表"页面。在"到货单生单表头"列表中，选中需要生成入库单的到货单，然后单击"确定"按钮返回"采购入库单"界面。接着，补充设置好仓库。最后，依次单击"保存"→"审核"按钮，完成采购入库单的制作，如图9-4所示。

图9-4　采购入库单

如果发现已审核的入库单数据有错误（例如：多录入数量），也可以通过填制退货单（即红字入库单）来进行原数冲抵，以纠正原入库单数据。原数冲回操作是指针对原错误的入库单，填制一张数量相等但符号相反（即负数量）的红字入库单。

第五步，专用采购发票（采购管理）。

采购发票是供应商开出的销售货物的凭证，采购管理系统将根据采购发票确认采购成本，并据此登记应付账款。当收到供应商的发票后，如果没有收到供应商的货物，可以对发票进行压单处理，待货物到达后，再输入系统进行报账结算处理；也可以先将发票输入系统，以便实时统计在途货物。

采购发票按业务性质分为蓝字发票、红字发票。

采购发票按发票类型分为增值税专用发票、普通发票、运费发票。

增值税专用发票：增值税专用发票扣税类别默认为应税外加，不可修改。

普通发票：普通发票包括普通发票、废旧物资收购凭证、农副产品收购凭证以及其他收据。此类发票的扣税类别默认为"应税内含"，该设置不可修改。普通发票的默认税率为0%，此税率可根据实际情况进行修改。

运费发票：运费主要是指企业向供货单位或提供劳务单位支付的代垫款项、运输装卸费、手续费、违约金（延期付款利息）、包装费、包装物租金、储备费、进口关税等。运费发票上的单价、金额都是含税价。运费发票的默认税率为7%，此税率可根据实际情况进行修改。

3月3日，以采购人员的身份登录企业应用平台，依次执行"业务导航"→"经典树形"→"业务工作"→"供应链"→"采购管理"→"采购发票"→"专用采购发票"命令，打开"专用发票"界面，依次单击"增加"→"入库单"按钮，弹出"查询条件-单据列表过滤"页面，单击"确定"按钮，弹出"拷贝并执行"页面，在"发票拷贝入库单表头列表"中选中需要生成发票的入库单，单击"确定"按钮返回"专用发票"界面，输入发票号，依次单击"保存"→"复核"按钮，完成专用采购发票的制作，如图 9-5 所示。

第六步，采购结算-自动结算（采购管理）。

采购结算也称采购报账，是指采购核算人员根据采购发票、采购入库单核算采购入库成本；采购结算的结果是采购结算单，它是记载采购入库单记录与采购发票记录对应关系的结算对照表。

采购结算从操作处理上分为自动结算、手工结算两种方式。另外，运费发票可以单独进行费用折扣结算。

自动结算是由系统自动将符合结算条件（供应商、存货、数量完全相同）的采购入库单记录和采购发票记录进行结算。系统按照三种结算模式进行自动结算：入库单和发票、红蓝入库单、红蓝发票。

方法一：在"专用发票"界面，直接单击"结算"按钮即可完成采购结算操作，其效果等同于自动结算，如图 9-5 所示。

图 9-5　专用采购发票

方法二：3 月 3 日，以采购人员的身份登录企业应用平台，依次执行"业务导航"→"经典树形"→"业务工作"→"供应链"→"采购管理"→"采购结算"→"自动结算"命令，弹出"查询条件-采购自动结算"页面，在"结算模式"下拉列表中选择"入库单和发票"，如图 9-6 所示，单击"确定"按钮，弹出"采购管理"提示框，再次单击"确定"按钮完成采购结算。

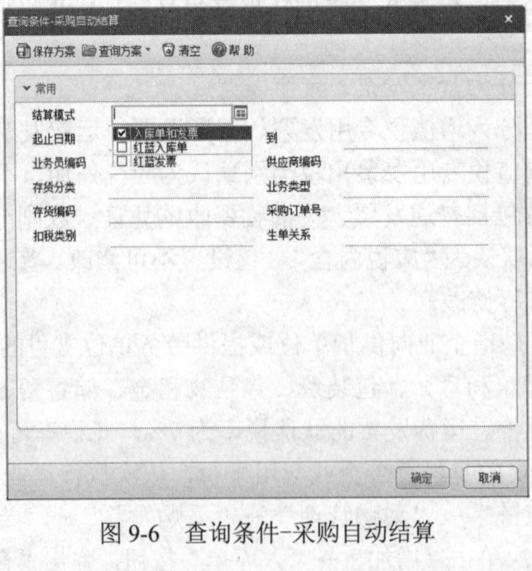

图 9-6　查询条件-采购自动结算

采购结算的结果可以在"结算单列表"功能中单击"查询"按钮进行查看，也可以删除采购结算单（即取消采购结算），如图 9-7 所示。

结算单列表

序号	□	结算单号	结算日期	供应商	入库单号/代管挂账单号	发票号	存货编码	存货名称	主计量	结算数量	结算单价	结算金额	暂估单价	暂估金额	制单人
1	□	0000000000000002	2026-03-03	金生公司	0000000003	CG03031	007	键盘	个	300.00	95.00	28,500.00	95.00	28,500.00	李采购
2	小计									300.00		28,500.00		28,500.00	
3	合计									300.00		28,500.00		28,500.00	

图 9-7　结算单列表

第七步，采购发票审核（应付款管理）。

采购发票审核功能主要支持批量审核操作。应付款管理系统提供手工审核、自动批审核功能。在“采购发票审核”界面中显示的发票包括所有已审核、未审核的应付发票，以及从采购管理系统传入的发票。已经过核销、制单、转账等后续处理的发票在“采购发票审核”界面中将不再显示。

3 月 3 日，以会计人员的身份登录企业应用平台，依次执行“业务导航”→“经典树形”→“业务工作”→“财务会计”→“应付款管理”→“应付处理”→“采购发票”→“采购发票审核”命令，打开“采购发票审核”界面，在“采购发票列表”单击“查询”按钮，选中需要审核的采购发票，单击“审核”按钮完成发票审核操作，如图 9-8 所示。

采购发票列表

序号	□	审核人	单据日期	单据类型	单据号	供应商名称	部门	业务员	制单人	币种	汇率	原币金额	本币金额	备注
1	□	孙会计	2026-03-03	采购专用发票	CG03031	金生公司	采购部	李采购	李采购	人民币	1.00000000	32,205.00	32,205.00	
2	小计											32,205.00	32,205.00	
3	合计											32,205.00	32,205.00	

图 9-8　采购发票审核

第八步，生成凭证（应付款管理）。

生成凭证的过程称为制单，生成的凭证随后将传递至总账进行记账。各子系统针对不同的单据类型或业务处理，提供了实时制单的功能。此外，各子系统还提供了一个统一制单的平台，用户可以在此快速、成批地生成凭证，并可依据规则进行合并制单等处理。

依次执行“业务导航”→“经典树形”→“业务工作”→“财务会计”→“应付款管理”→“凭证处理”→“生成凭证”命令，弹出“制单查询”页面，选中“发票”后单击“确定”按钮，打开“生成凭证”界面，在“凭证类别”下拉列表中选择“转账凭证”，双击“选择标志”栏，单击“制单”按钮，打开“填制凭证”界面，完善凭证要素，单击“保存”按钮完成凭证制作，如图 9-9 所示。

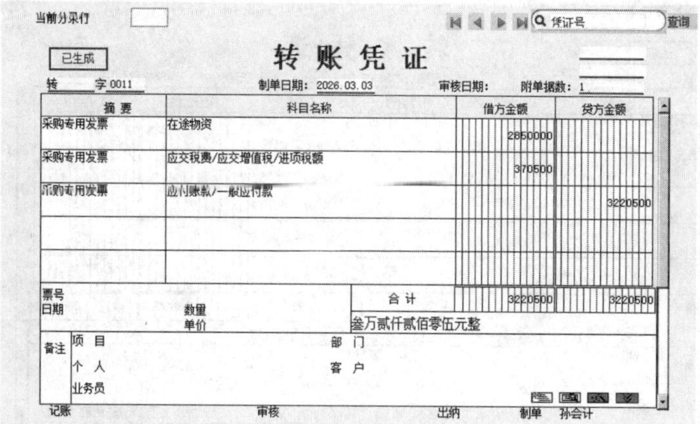

图 9-9　填制凭证

第九步，正常单据记账（存货核算）。

单据记账用于将所输入的单据登记至存货明细账、差异明细账/差价明细账、受托代销商品明细账、受托代销商品差价账。采用先进先出、后进先出、移动平均、个别计价这四种计价方式的存货，在单据记账时进行出库成本核算；而采用全月平均、计划价/售价法计价的存货，则在期末处理处进行出库成本核算。

依次执行"业务导航"→"经典树形"→"业务工作"→"供应链"→"存货核算"→"记账"→"正常单据记账"命令，弹出"未记账单据一览表"页面，在"正常单据记账列表"中单击"查询"按钮，在显示的列表中选中需要记账的记录，单击"记账"按钮完成记账操作，如图 9-10 所示。

	日期	单据号	存货编码	存货名称	单据类型	仓库名称	收发类别	数量	单价	金额	供应商简称	计量单位
☑	2026-03-03	0000000003	007	键盘	采购入库单	原料库	采购入库	300.00	95.00	28,500.00	金牛公司	个
小计								300.00		28,500.00		

图 9-10　未记账单据一览表

第十步，生成凭证（存货核算）。

依次执行"业务导航"→"经典树形"→"业务工作"→"供应链"→"存货核算"→"凭证处理"→"生成凭证"命令，打开"生成凭证"界面，单击"选单"按钮，弹出"查询条件-生成凭证查询条件"页面，单击"确定"按钮，弹出"选择单据"页面，双击需要生成凭证的记录"选择"栏，单击"确定"按钮，返回"生成凭证"界面，如图 9-11 所示。

凭证类别　转 转账凭证

选择	单据类型	业务类型	单据号	摘要	科目类型	科目编码	科目名称	借方金额	贷方金额	借方数量	贷方数量
1	采购入库单	普通采购	0000000003	采购入库单	存货	140307	键盘	28,500.00		300.00	
					对方	1402	在途物资		28,500.00		300.00
合计								28,500.00	28,500.00		

图 9-11　生成凭证

在"凭证类别"下拉列表中选择"转账凭证"，单击"合并制单"按钮，打开"填制凭证"界面，完善凭证要素后，单击"保存"按钮完成凭证制作，如图 9-12 所示。

转 账 凭 证

已生成　　　转　字 0012　　制单日期：2026.03.03　审核日期：　附单据数：1

摘　要	科目名称	借方金额	贷方金额
采购入库单	原材料/键盘	2850000	
采购入库单	在途物资		2850000
	合　计	2850000	2850000

数量　300.00个　单价　95.00　　贰万捌仟伍佰元整

项目　　个人　　部门　　客户　业务员

记账　　审核　　出纳　　制单 孙会计

图 9-12　填制凭证

第十一步，付款申请单输入（采购管理）。

付款申请单据处理主要是对付款申请业务进行管理，包括付款申请单据输入及审核。

3月6日，以采购人员的身份登录企业应用平台，依次执行"业务导航"→"经典树形"→"业务工作"→"供应链"→"采购管理"→"付款申请"→"付款申请单"命令，打开"付款申请单录入"界面。依次单击"增加"→"采购发票"按钮，弹出"查询条件-采购发票列表过滤"页面。单击"确定"按钮，弹出"拷贝并执行"页面。在"本次申请金额总计"栏中填入申请金额，然后在"采购发票表头列表"中选中需要生成付款申请单的发票，如图9-13所示。

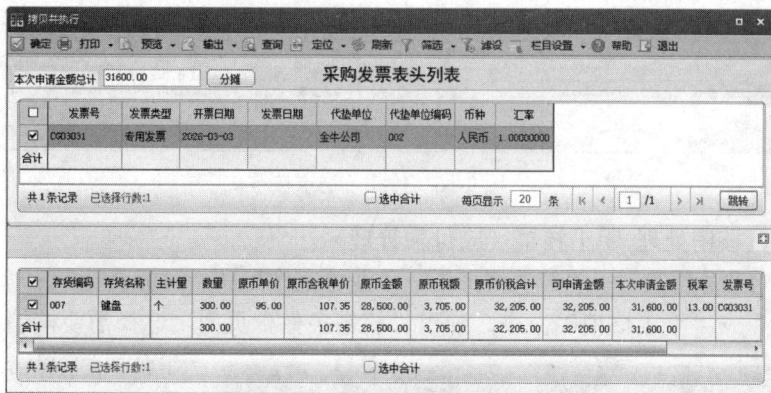

图9-13　采购发票表头列表

接着，依次单击"分摊"→"确定"按钮，返回"付款申请单录入"界面，按项目资料输入结算方式（如果不输入结算方式，则审核时不会自动生成付款单据），然后单击"保存"按钮完成付款申请单的制作，如图9-14所示。

图9-14　付款申请单

第十二步，付款申请单审核（应付款管理）。

3月6日，以会计人员的身份登录企业应用平台，依次执行"业务导航"→"经典树形"→"业务工作"→"财务会计"→"应付款管理"→"付款申请"→"付款申请单审核"命令，打开"付款申请单审核"界面。在"付款申请单列表"中单击"查询"按钮，然后在显示的列表中选中需要审核的付款申请单，再单击"审核"按钮完成审核，并自动生成付款单据，如图9-15所示。

图9-15　付款申请单审核

第十三步，付款单据审核（应付款管理）。

付款单据处理主要是对结算单据（付款单、收款单，其中红字付款单是付款单的一种特殊类型）进行管理，包括付款单、收款单的输入、审核。

依次执行“业务导航”→“经典树形”→“业务工作”→“财务会计”→“应付款管理”→“付款处理”→“付款单据审核”命令，打开“付款单据审核”界面。在“收付款单列表”中单击“查询”按钮，然后在显示的列表中选中需要审核的付款单，再单击“审核”按钮完成审核，如图 9-16 所示。

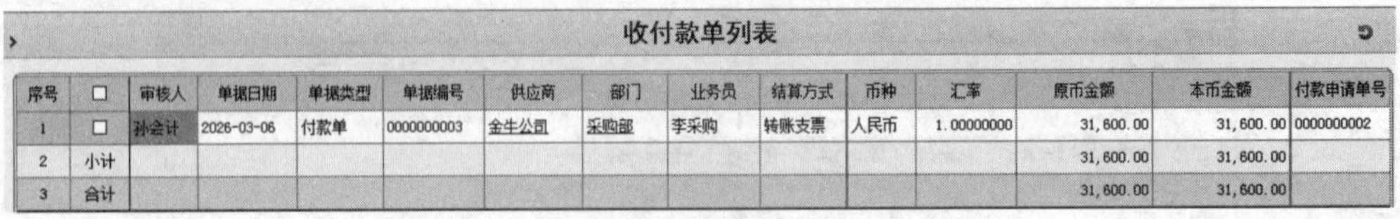
收付款单列表
序号 | 审核人 | 单据日期 | 单据类型 | 单据编号 | 供应商 | 部门 | 业务员 | 结算方式 | 币种 | 汇率 | 原币金额 | 本币金额 | 付款申请单号
1 | 孙会计 | 2026-03-06 | 付款单 | 0000000003 | 金牛公司 | 采购部 | 李采购 | 转账支票 | 人民币 | 1.00000000 | 31,600.00 | 31,600.00 | 0000000002
2 | 小计 | 31,600.00 | 31,600.00
3 | 合计 | 31,600.00 | 31,600.00

图 9-16 付款单据审核

第十四步，核销处理_手工核销（应付款管理）。

依次执行“业务导航”→“经典树形”→“业务工作”→“财务会计”→“应付款管理”→“核销处理”→“手工核销”命令，弹出“核销条件”页面。选择需要核销的供应商“金牛公司”，单击“确定”按钮，打开“手工核销”界面。在采购专用发票所在记录的“本次结算”栏中填入与付款单“本次结算”相等的金额，单击“确认”按钮完成核销，如图 9-17 所示。

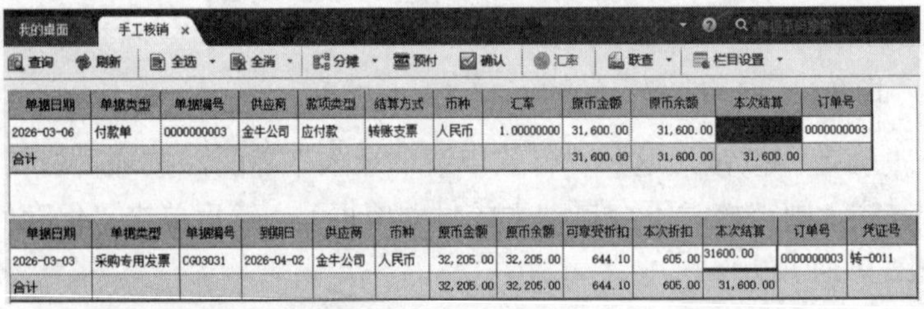
我的桌面
手工核销
查询 刷新 全选 全消 分摊 预付 确认 汇率 联查 栏目设置
单据日期 | 单据类型 | 单据编号 | 供应商 | 款项类型 | 结算方式 | 币种 | 汇率 | 原币金额 | 原币余额 | 本次结算 | 订单号
2026-03-06 | 付款单 | 0000000003 | 金牛公司 | 应付款 | 转账支票 | 人民币 | 1.00000000 | 31,600.00 | 31,600.00 | | 0000000003
合计 | 31,600.00 | 31,600.00 | 31,600.00
单据日期 | 单据类型 | 单据编号 | 到期日 | 供应商 | 币种 | 原币金额 | 原币余额 | 可享受折扣 | 本次折扣 | 本次结算 | 订单号 | 凭证号
2026-03-03 | 采购专用发票 | CG03031 | 2026-04-02 | 金牛公司 | 人民币 | 32,205.00 | 32,205.00 | 644.10 | 605.00 | 31600.00 | 0000000003 | 转-0011
合计 | 32,205.00 | 32,205.00 | 644.10 | 605.00 | 31,600.00

图 9-17 手工核销

第十五步，生成凭证（应付款管理）。

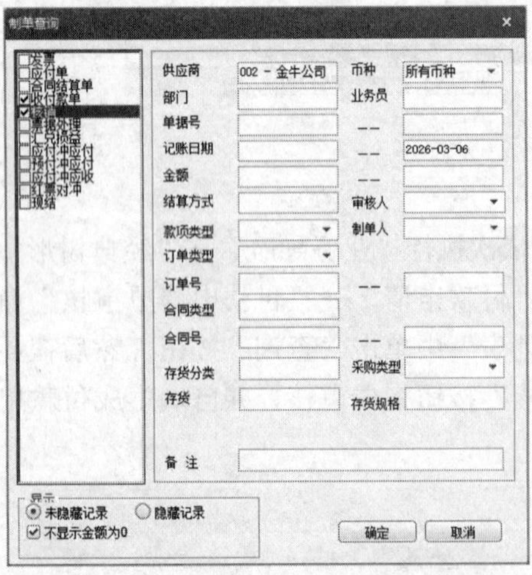
制单查询
发票
应付单
合同结算单
收付款单
核销
票据处理
汇兑损益
应付冲应付
预付冲应付
应付冲应收
红票对冲
现结
供应商 002 - 金牛公司
币种 所有币种
部门
业务员
单据号
记账日期
2026-03-06
金额
结算方式
审核人
款项类型
制单人
订单类型
订单号
合同类型
合同号
存货分类
采购类型
存货
存货规格
备 注
显示
未隐藏记录
隐藏记录
不显示金额为0
确定
取消

图 9-18 制单查询

参照项目四“应付款管理初始设置”的“参数设置”方法，选中“核销生成凭证”参数。

依次执行“业务导航”→“经典树形”→“业务工作”→“财务会计”→“应付款管理”→“凭证处理”→“生成凭证”命令，弹出“制单查询”页面，同时选中“收付款单”和“核销”两个复选框，选择需要生成凭证的供应商“金牛公司”，如图 9-18 所示。

单击“确定”按钮，打开“生成凭证”界面，在“凭证类别”下拉列表中选择“付款凭证”，然后单击“合并”按钮以完成此项操作，如图 9-19 所示。

单击“制单”按钮，打开“填制凭证”界面，完善凭证要素，将“660301 财务费用/利息支出”科目金额改为借方红字，单击“保存”按钮完成凭证制作，如图 9-20 所示。

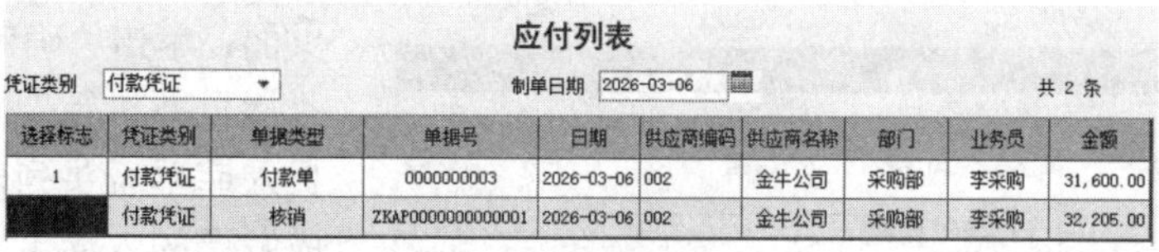

图 9-19 生成凭证

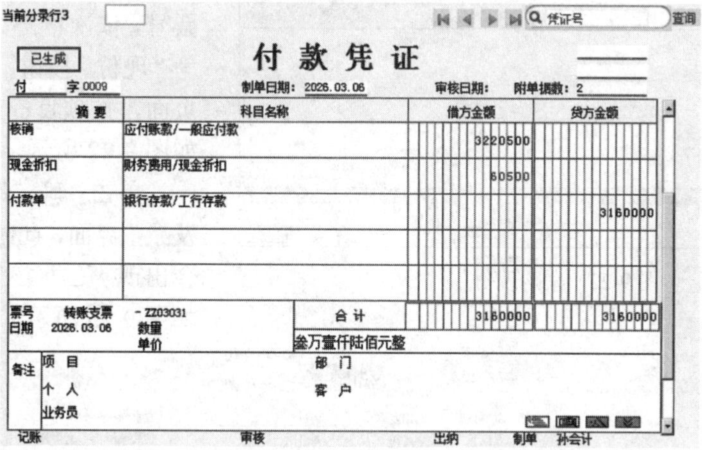

图 9-20 填制凭证

任务二 采购现付（运费）业务处理

采购现付业务处理

第一步，采购入库单（库存管理）。

3 月 8 日，以仓库管理员的身份登录企业应用平台，依次执行"业务导航"→"经典树形"→"业务工作"→"供应链"→"库存管理"→"采购入库"→"采购入库单"命令，打开"采购入库单"界面。依次单击"增加"→"采购"→"采购订单"按钮，弹出"查询条件-采购订单列表"页面。单击"确定"按钮，弹出"订单生单列表"页面。在"订单生单表头"列表中，选中需要生成入库单的订单，单击"确定"按钮返回"采购入库单"界面，补充设置好仓库信息，依次单击"保存"→"审核"按钮完成增加采购入库单的制作，如图 9-21 所示。

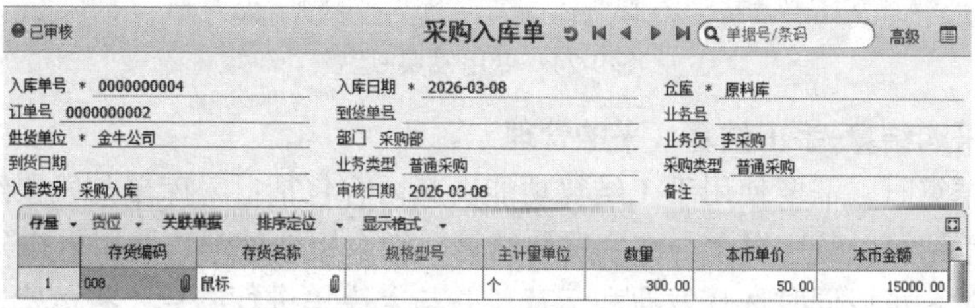

图 9-21 采购入库单

第二步，采购发票（采购管理）。

3 月 8 日，以采购人员的身份登录企业应用平台，依次执行"业务导航"→"经典树形"→"业务工作"→"供应链"→"采购管理"→"采购发票"→"专用采购发票"命令，打开"专用发票"界面。接着，依次单击"增加"→"入库单"按钮，弹出"查询条件-单据列表过滤"

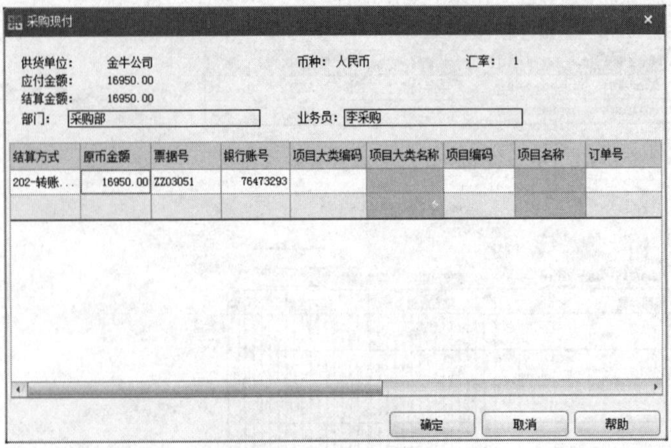

图 9-22　采购现付

页面，单击"确定"按钮后，弹出"拷贝并执行"页面。在"发票拷贝入库单表头列表"中选中需要生成发票的入库单，单击"确定"按钮返回"专用发票"界面，输入发票号，依次单击"保存"→"复核"→"现付"按钮，弹出"采购现付"页面，按项目资料输入现付数据，如图 9-22 所示。

单击"确定"按钮返回"专用发票"界面，此时在发票的左上角会出现"已复核""现付"标记，如图 9-23 所示。

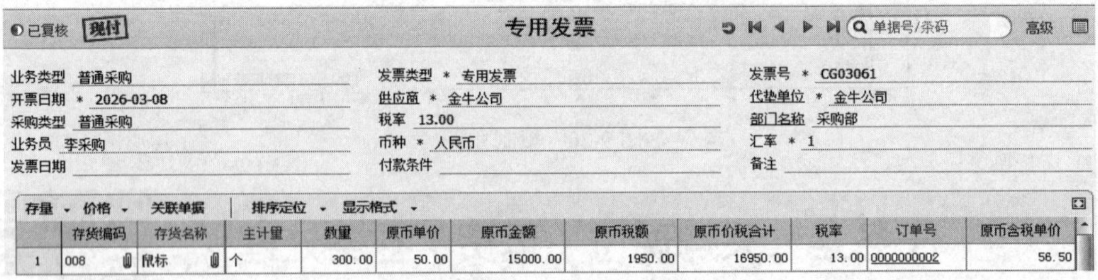

图 9-23　专用采购发票

在"专用发票"界面，继续单击"增加"→"空白单据"按钮，按项目资料输入运费数据，单击"保存"→"复核"按钮完成增加专用发票（运费）的制作，如图 9-24 所示。

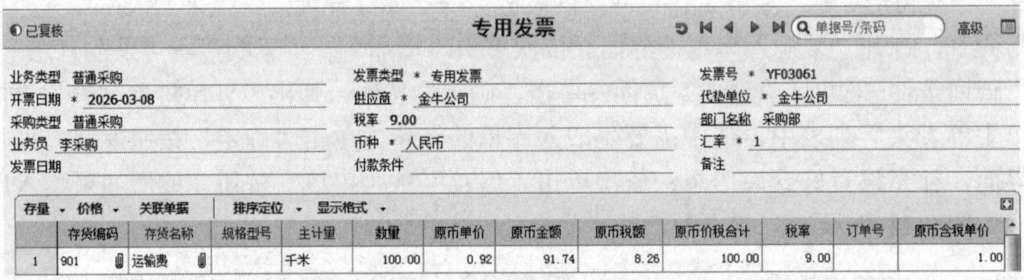

图 9-24　专用发票-运费

第三步，采购结算-手工结算（采购管理）。

进行采购结算时，需要使用手工结算功能。其内容包括：入库单与发票结算、蓝字入库单与红字入库单结算、蓝字发票与红字发票结算、溢余短缺处理、费用折扣分摊。

手工结算时，可以同时选择发票和运费一并与入库单进行结算，将运费发票的费用按数量或按金额分摊到入库单中。此时将发票和运费分摊的费用写入采购入库单的成本中。

如果在开具运费发票时，对应的入库单已经与发票完成结算，则该运费发票可以通过费用折扣结算将运费分摊到入库单中。在这种情况下，运费发票分摊的费用不再计入入库单中，而需要到存货核算系统中进行结算成本的暂估处理，系统会将运费金额分摊到成本中。

手工结算支持拆单拆记录，即一行入库记录可以分次结算；同时支持对多张入库单和多张发票进行手工结算。手工结算还支持下级单位采购，并由该下级单位付款给其上级主管单位的结算；支持三角债结算，即甲单位的发票可以结算乙单位的货物。

依次执行"业务导航"→"经典树形"→"业务工作"→"供应链"→"采购管理"→"采购结算"→"手工结算"命令，打开"手工结算"界面，单击"选单"按钮，弹出"结算选单"页面，单击"查询"按钮，弹出"查询条件-采购手工结算"页面，单击"确定"按钮返回"结算选单"页面，将符合过滤条件的采购发票记录带入发票列表（屏幕上方），并将入库单记录带入入库单列表（屏幕下方）中，分别选择要结算的发票和入库单，如图9-25所示。

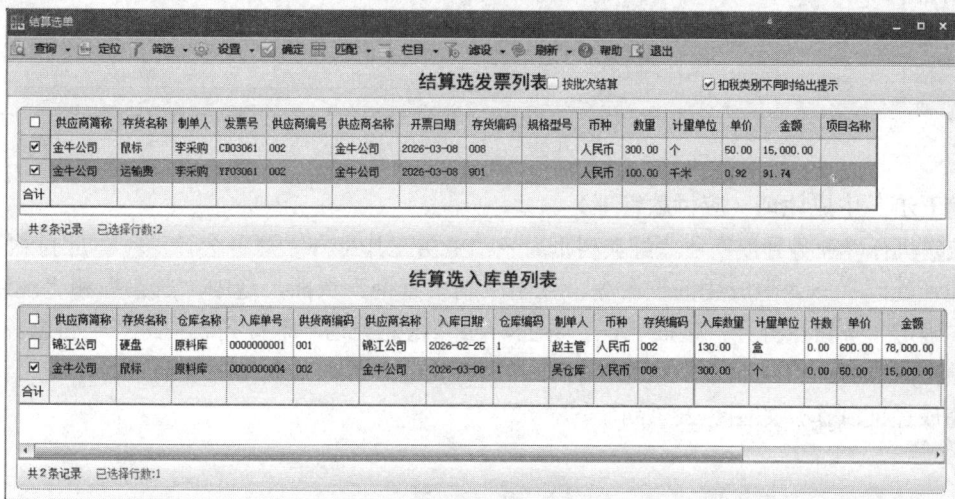

图 9-25　结算选单

单击"确定"按钮，返回"手工结算"界面。此时，系统在该界面上方带入发票记录、入库单记录，在该界面下方带入费用折扣存货发票记录、运费发票记录。在"选择费用分摊方式"选项中选中"按金额"单选按钮，然后单击"分摊"按钮，在弹出的对话框中单击"是"按钮，将费用折扣分摊到入库单记录中，最后单击"结算"按钮，系统自动将本次选择的数据进行采购结算，如图9-26所示。

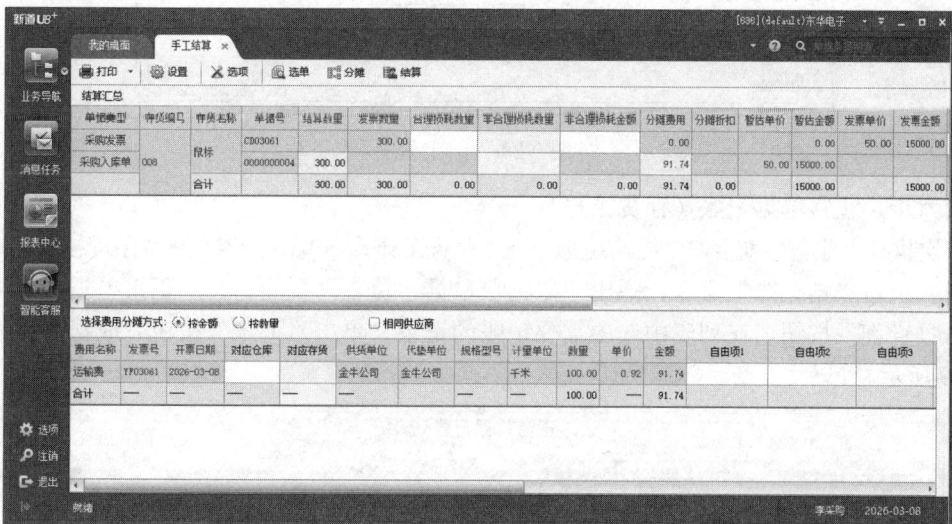

图 9-26　手工结算

第四步，采购发票审核（应付款管理）。

3 月 8 日，以会计人员的身份登录企业应用平台，依次执行"业务导航"→"经典树形"→"业务工作"→"财务会计"→"应付款管理"→"应付处理"→"采购发票"→"采购发票审核"命令，打开"采购发票审核"界面，在"采购发票列表"中单击"查询"按钮，选中需要审核的采购发票，单击"审核"按钮完成发票审核操作，如图 9-27 所示。

序号	☑	审核人	单据日期	单据类型	单据号	供应商名称	部门	业务员	制单人	币种	汇率	原币金额	本币金额	备注
1	☑	孙会计	2026-03-08	采购专用发票	CG03061	金牛公司	采购部	李采购	李采购	人民币	1.00000000	16,950.00	16,950.00	
2	☑	孙会计	2026-03-08	采购专用发票	YF03061	金牛公司	采购部	李采购	李采购	人民币	1.00000000	100.00	100.00	
3	小计											17,050.00	17,050.00	
4	合计											17,050.00	17,050.00	

图 9-27　采购发票审核

第五步，生成凭证（应付款管理）。

依次执行"业务导航"→"经典树形"→"业务工作"→"财务会计"→"应付款管理"→"凭证处理"→"生成凭证"命令，弹出"制单查询"页面，选中"发票"和"现结"后单击"确定"按钮，打开"生成凭证"界面，在"凭证类别"下拉列表中选择"付款凭证"，依次单击"合并"→"制单"按钮，打开"填制凭证"界面，完善凭证要素，单击"保存"按钮完成凭证制作，如图 9-28 所示。

图 9-28　填制凭证

第六步，正常单据记账（存货核算）。

依次执行"业务导航"→"经典树形"→"业务工作"→"供应链"→"存货核算"→"记账"→"正常单据记账"命令，弹出"未记账单据一览表"页面，在"正常单据记账列表"中单击"查询"按钮，在列表中选中需要记账的记录，单击"记账"按钮完成记账操作，如图 9-29 所示。

☑	日期	单据号	存货编码	存货名称	单据类型	仓库名称	收发类别	数量	单价	金额	供应商简称	计量单位
☑	2026-03-08	0000000004	008	鼠标	采购入库单	原料库	采购入库	300.00	50.31	15,091.74	金牛公司	个
	小计							300.00		15,091.74		

图 9-29　未记账单据一览表

第七步，生成凭证（存货核算）。

依次执行"业务导航"→"经典树形"→"业务工作"→"供应链"→"存货核算"→"凭证处理"→"生成凭证"命令，打开"生成凭证"界面，单击"选单"按钮，弹出"查询条件-生成凭证查询条件"页面，单击"确定"按钮，弹出"选择单据"页面，双击需要生成凭证的记录"选择"栏，单击"确定"按钮，返回"生成凭证"界面，在"凭证类别"下拉列表中选择"转账凭证"，单击"合并制单"按钮，打开"填制凭证"界面，完善凭证要素，单击"保存"按钮完成凭证制作，如图 9-30 所示。

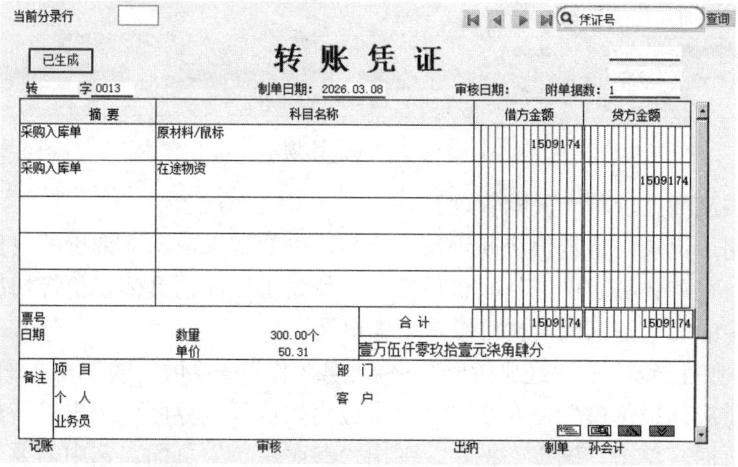

图 9-30　填制凭证

任务三　请购比价业务处理

请购比价业务处理

第一步，采购请购单（采购管理）。

3 月 10 日，以采购人员的身份登录企业应用平台，依次执行"业务导航"→"经典树形"→"业务工作"→"供应链"→"采购管理"→"请购"→"请购单"命令，打开"采购请购单"界面，单击"增加"→"空白单据"按钮，按项目资料输入数据（不填单价），依次单击"保存"→"审核"按钮完成增加采购请购单的制作，如图 9-31 所示。

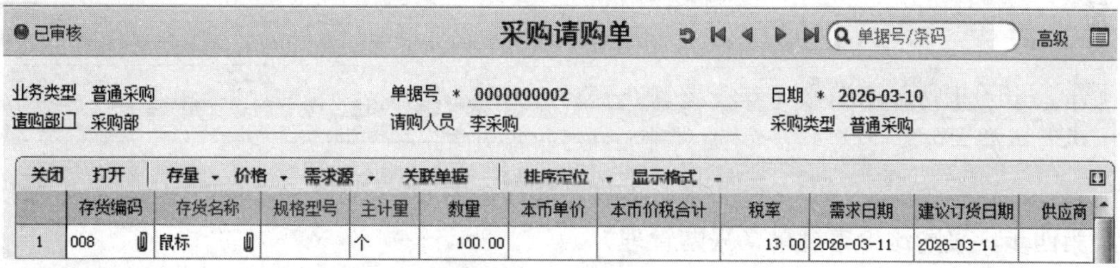

图 9-31　采购请购单

第二步，询价计划单（采购管理）。

询价计划是对需要进行采购的一批物料的详细需求，包括物料编码、规格、需求日期等该计划可以通过请购单生成，也可以手动输入。询价计划是询价的开始阶段，后续业务将根据此计划单进行采购询价。

依次执行“业务导航”→“经典树形”→“业务工作”→“供应链”→“采购管理”→“采购询价”→“询价计划单”命令，打开“询价计划单”界面，单击“增加”→“采购请购单”按钮，弹出“查询条件”页面，单击“确定”按钮，弹出“采购请购单”页面，在列表中选中需要生成询价计划单的采购请购单，单击“确定”按钮返回“询价计划单”界面，按项目资料补充数据，依次单击“保存”→“审核”按钮完成询价计划单的制作，如图9-32所示。

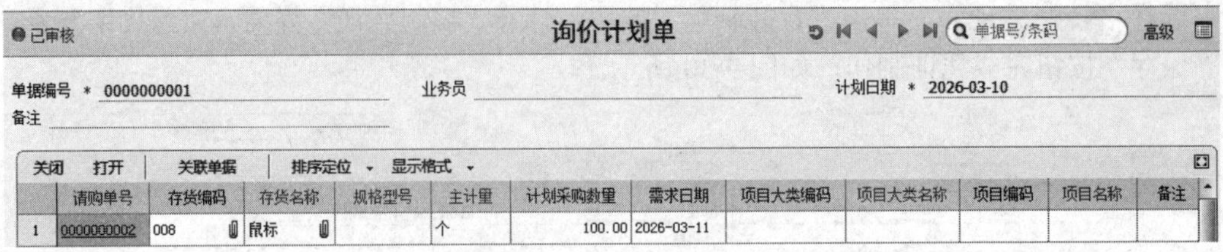
已审核　询价计划单

单据编号 * 0000000001　业务员　计划日期 * 2026-03-10
备注

	请购单号	存货编码	存货名称	规格型号	主计量	计划采购数量	需求日期	项目大类编码	项目大类名称	项目编码	项目名称	备注
1	0000000002	008	鼠标		个	100.00	2026-03-11					

图9-32　询价计划单

第三步，供应商报价单（采购管理）。

采购询价用于记录向特定供应商进行询价与议价的详细信息。询价的对象是某一采购询价计划单中的待采购物料。供应商报价单则记录特定供应商的具体报价等情况，其内容可以是询价计划单中的某几条记录，也可以是全部记录。

依次执行“业务导航”→“经典树形”→“业务工作”→“供应链”→“采购管理”→“采购询价”→“供应商报价单”命令，打开“供应商报价单”界面。单击“增加”按钮，弹出“查询条件”页面，单击“确定”按钮，弹出“参照生单”页面。选中需要生成供应商报价单的询价计划单，单击“确定”按钮返回“供应商报价单”界面。按项目资料输入供应商和报价，依次单击“保存”→“审核”按钮完成供应商报价单的制作，如图9-33和图9-34所示。

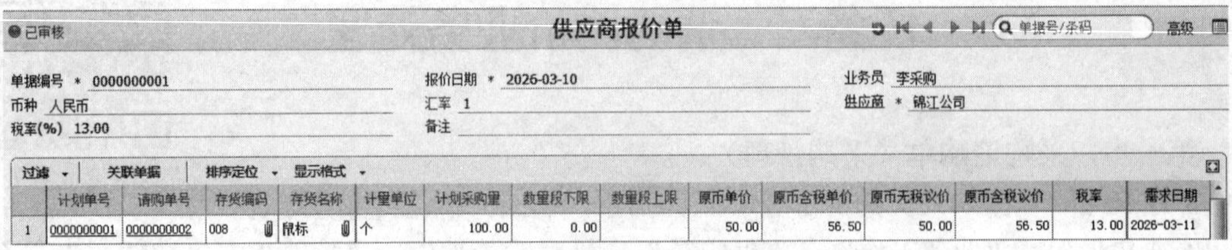
已审核　供应商报价单

单据编号 * 0000000001　报价日期 * 2026-03-10　业务员 李采购
币种 人民币　汇率 1　供应商 * 锦江公司
税率(%) 13.00　备注

	计划单号	请购单号	存货编码	存货名称	计量单位	计划采购量	数量段下限	数量段上限	原币单价	原币含税单价	原币无税议价	原币含税议价	税率	需求日期
1	0000000001	0000000002	008	鼠标	个	100.00	0.00		50.00	56.50	50.00	56.50	13.00	2026-03-11

图9-33　供应商报价单-锦江公司

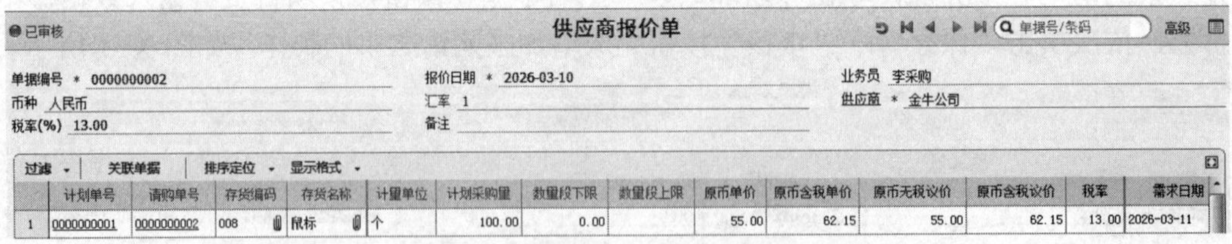
已审核　供应商报价单

单据编号 * 0000000002　报价日期 * 2026-03-10　业务员 李采购
币种 人民币　汇率 1　供应商 * 金牛公司
税率(%) 13.00　备注

	计划单号	请购单号	存货编码	存货名称	计量单位	计划采购量	数量段下限	数量段上限	原币单价	原币含税单价	原币无税议价	原币含税议价	税率	需求日期
1	0000000001	0000000002	008	鼠标	个	100.00	0.00		55.00	62.15	55.00	62.15	13.00	2026-03-11

图9-34　供应商报价单-金牛公司

第四步，采购比价审批单（采购管理）。

采购比价审批是指，在完成某批计划采购存货的询价后，制作一张供领导审批的单据。审批通过后，即可决定向供应商进行采购。

依次执行“业务导航”→“经典树形”→“业务工作”→“供应链”→“采购管理”→“采购询价”→“采购比价审批单”命令，打开“采购比价审批单”界面。单击“增加”→“询价计划单”按钮，弹出“查询条件”页面，单击“确定”按钮，弹出“参照生单”页面，选中需要进行采购比价审批的询价计划单，单击“确定”按钮返回“采购比价审批单”界面。双击价格合理的记录的“选择”栏，依次单击“保存”→“审核”→“生成采购订单”按钮，完成采购比价审批并生成采购订单，如图 9-35 所示。

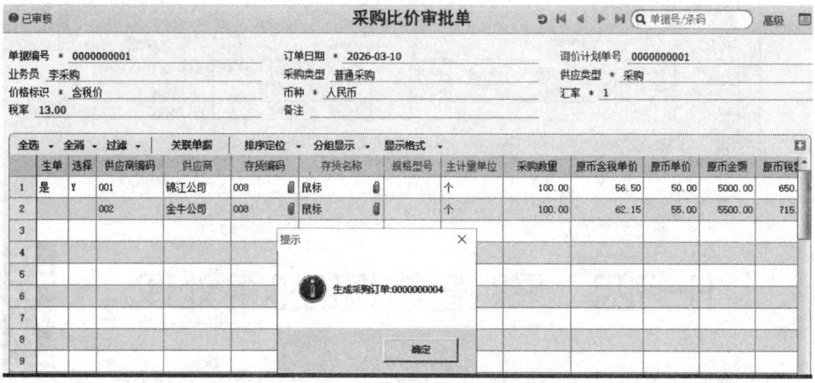
已审核
采购比价审批单
单据号/条码
高级
单据编号 * 0000000001
订单日期 * 2026-03-10
询价计划单号 0000000001
业务员 李采购
采购类型 普通采购
供应类型 * 采购
价格标识 * 含税价
币种 * 人民币
汇率 * 1
税率 13.00
备注
全选 全消 过滤 关联单据 排序定位 分组显示 显示格式
生单 选择 供应商编码 供应商 存货编码 存货名称 规格型号 主计量单位 采购数量 原币含税单价 原币单价 原币金额
1 是 Y 001 锦江公司 008 鼠标 个 100.00 56.50 50.00 5000.00 650.
2 002 金牛公司 008 鼠标 个 100.00 62.15 55.00 5500.00 715.
提示
生成采购订单:0000000004
确定

图 9-35　采购比价审批单

第五步，采购订单-审核（采购管理）。

依次执行“业务导航”→“经典树形”→“业务工作”→“供应链”→“采购管理”→“采购订货”→“采购订单列表”命令，打开“采购订单列表”界面。在列表中单击“查询”按钮，在列出的采购订单列表中选中需要审核的订单，然后单击“审核”按钮完成采购订单的审核操作，如图 9-36 所示。

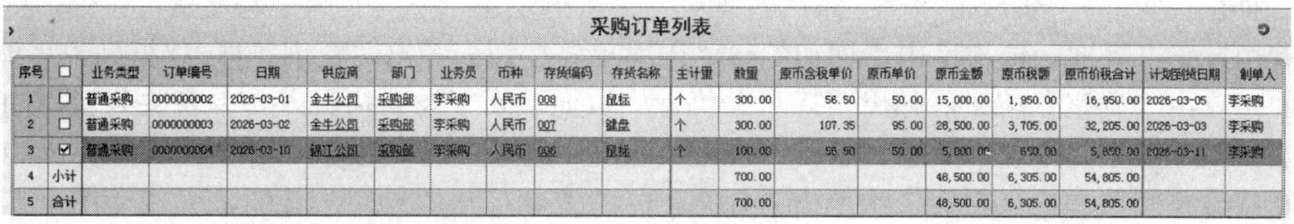
采购订单列表
序号 业务类型 订单编号 日期 供应商 部门 业务员 币种 存货编码 存货名称 主计量 数量 原币含税单价 原币单价 原币金额 原币税额 原币价税合计 计划到货日期 制单人
1 普通采购 0000000002 2026-03-01 金牛公司 采购部 李采购 人民币 008 鼠标 个 300.00 56.50 50.00 15,000.00 1,950.00 16,950.00 2026-03-05 李采购
2 普通采购 0000000003 2026-03-02 金牛公司 采购部 李采购 人民币 007 键盘 个 300.00 107.35 95.00 28,500.00 3,705.00 32,205.00 2026-03-03 李采购
3 普通采购 0000000004 2026-03-10 锦江公司 采购部 李采购 人民币 008 鼠标 个 100.00 56.50 50.00 5,000.00 650.00 5,650.00 2026-03-11 李采购
4 小计 700.00 48,500.00 6,305.00 54,805.00
5 合计 700.00 48,500.00 6,305.00 54,805.00

图 9-36　采购订单-审核

第六步，供应商催货函（采购管理）。

根据采购订单的计划到货日期，如果货物在规定的到货日期尚未完全入库，可以向供货单位发出催货函。企业在实际操作中，也可以根据货物的在途运输时间提前发出催货函。

3 月 12 日，以采购人员的身份登录企业应用平台，依次执行“业务导航”→“经典树形”→“业务工作”→“供应链”→“采购管理”→“供应商管理”→“供应商催货函”命令，弹出“查询条件-供应商催货函”页面。在该页面中，将“到货日期”修改为“当年-03-11”，并将“供应商”修改为“锦江公司”。单击“确定”按钮，即可打开“供应商催货函”界面，如图 9-37 所示。

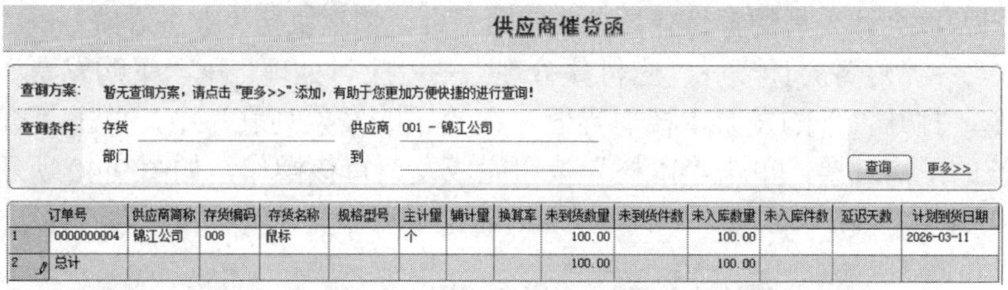
供应商催货函
查询方案: 暂无查询方案，请点击 "更多>>" 添加，有助于您更加方便快捷的进行查询!
查询条件: 存货
供应商 001 - 锦江公司
部门
到
查询
更多>>
订单号 供应商简称 存货编码 存货名称 规格型号 主计量 辅计量 换算率 未到货数量 未到货件数 未入库数量 未入库件数 延迟天数 计划到货日期
1 0000000004 锦江公司 008 鼠标 个 100.00 100.00 2026-03-11
2 总计 100.00 100.00

图 9-37　供应商催货函

依次单击“打印”→“预览”按钮，弹出“供应商催货函”打印预览页面，如图 9-38 所示。

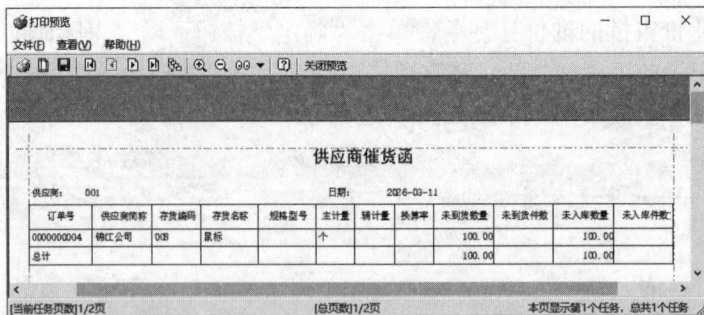

图 9-38　供应商催货函-打印预览

任务四　采购暂估报销业务处理

存货暂估是指外购入库的货物发票尚未收到时，财务人员在无法确定实际采购成本的情况下，于期末暂时按估计价格入账的一种处理方式。后续会根据所选的暂估处理方式进行回冲或者补差处理。用友 ERP-U8⁺提供的暂估结算处理方式包括：月初回冲、单到回冲、单到补差。用户可以在存货核算系统选项的"暂估方式"中进行处理，系统默认为"采购单到回冲"方式。

第一步，专用采购发票、采购结算（采购管理）。

3 月 15 日，以采购人员的身份登录企业应用平台，依次执行"业务导航"→"经典树形"→"业务工作"→"供应链"→"采购管理"→"采购发票"→"专用采购发票"命令，打开"专用发票"界面。依次单击"增加"→"入库单"按钮，弹出"查询条件-单据列表过滤"页面。单击"确定"按钮，弹出"拷贝并执行"页面。在"发票拷贝入库单表头列表"中选中需要生成发票的期初入库单，单击"确定"按钮，返回"专用发票"界面。在该界面中输入发票号并修改单价，然后依次单击"保存"→"复核"→"结算"按钮，完成专用采购发票的制作、复核和采购结算操作，如图 9-39 所示。

图 9-39　专用采购发票

第二步，采购发票审核（应付款管理）。

3 月 15 日，以会计人员的身份登录企业应用平台，依次执行"业务导航"→"经典树形"→"业务工作"→"财务会计"→"应付款管理"→"应付处理"→"采购发票"→"采购发票审核"命令，打开"采购发票审核"界面。在"采购发票列表"中，单击"查询"按钮，选中需要审核的采购发票，单击"审核"按钮完成发票审核操作，如图 9-40 所示。

图 9-40　采购发票审核

第三步，生成凭证（应付款管理）。

依次执行"业务导航"→"经典树形"→"业务工作"→"财务会计"→"应付款管理"→"凭证处理"→"生成凭证"命令，弹出"制单查询"页面。选中"发票"后，单击"确定"按钮，打开"生成凭证"界面。在"凭证类别"下拉列表中选择"转账凭证"，双击"选择标志"栏，单击"制单"按钮，打开"填制凭证"界面，完善凭证要素，单击"保存"按钮完成凭证制作，如图 9-41 所示。

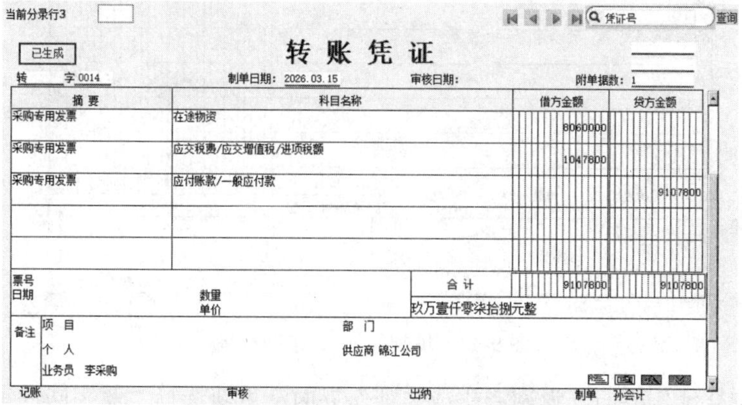

图 9-41 填制凭证

第四步，结算成本处理（存货核算）。

依次执行"业务导航"→"经典树形"→"业务工作"→"供应链"→"存货核算"→"记账"→"结算成本处理"命令，弹出"结算成本处理"页面。在左侧"仓库"列表中选中"原料库"，单击"确定"按钮，打开"结算成本处理"界面，如图 9-42 所示。

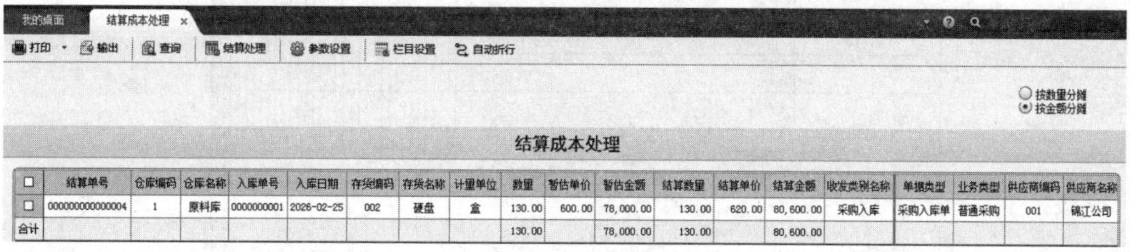

图 9-42 结算成本处理

在列表中选中需要处理的记录，单击"结算处理"按钮，在弹出的提示框中单击"确定"按钮完成结算成本处理操作。

第五步，生成凭证（存货核算）。

依次执行"业务导航"→"经典树形"→"业务工作"→"供应链"→"存货核算"→"凭证处理"→"生成凭证"命令，打开"生成凭证"界面。单击"选单"按钮，弹出"查询条件–生成凭证查询条件"页面。单击"确定"按钮，弹出"选择单据"页面。双击"红字回冲单"记录的"选择"栏，如图 9-43 所示。

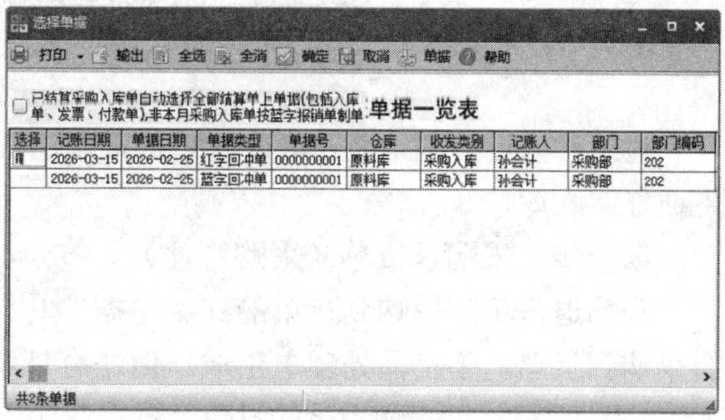

图 9-43 选择单据

单击"确定"按钮，返回"生成凭证"界面。在"凭证类别"下拉列表中选择"转账凭证"，单击"合并制单"按钮，打开"填制凭证"界面。完善凭证要素，单击"保存"按钮完成红字凭证制作，如图 9-44 所示。

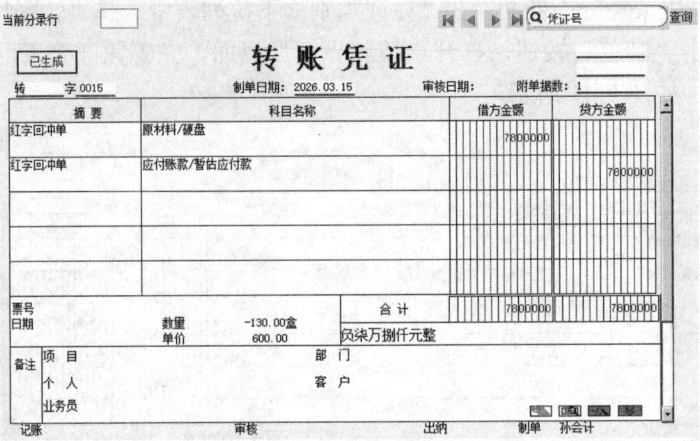

图 9-44　填制凭证–红字回冲单

关闭"填制凭证"界面，返回"生成凭证"界面，重新选择"蓝字回冲单"单据，生成蓝字回冲单凭证，如图 9-45 所示。

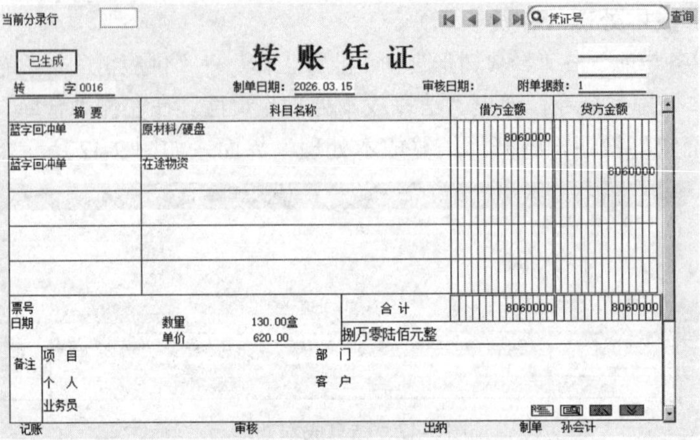

图 9-45　填制凭证–蓝字回冲单

任务五　采购退货退票业务处理

对于已入库后的退货，可以先填制采购退货单，再参照到货退货单生成红字入库单。

采购退货退票业务处理

第一步，采购退货单（采购管理）。

采购退货单是采购到货单的红字单据。采购退货单可以手工新增，也可以参照采购订单、原采购到货单、不良品处理单生成。但在有订单的情况下，不可手工新增采购退货单。

3 月 17 日，以采购人员的身份登录企业应用平台，依次执行"业务导航"→"经典树形"→"业务工作"→"供应链"→"采购管理"→"采购到货"→"采购退货单"命令，打开"采购退货单"界面。依次单击"增加"→"空白单据"按钮，按项目资料输入数据。接着，依次单击"保存"→"审核"按钮，完成采购退货单的制作，如图 9-46 所示。

图 9-46　采购退货单

第二步，红字采购入库单（库存管理）。

红字采购入库单是采购入库单的逆向单据。在采购业务活动中，如果发现已入库的货物因质量等因素要求退货，则应对采购业务进行退货处理。

如果发现已审核的入库单数据有错误（例如多填数量），也可以填制退货单（即红字入库单）来按原数量冲抵原入库单数据。所谓原数冲回，就是指用相等的负数量来填制单据，以纠正原错误的入库单。

3 月 17 日，以仓库管理员的身份登录企业应用平台，依次执行"业务导航"→"经典树形"→"业务工作"→"供应链"→"库存管理"→"采购入库"→"采购入库单"命令，打开"采购入库单"界面，依次单击"增加"→"采购"→"采购到货单（红字）"按钮，弹出"查询条件-采购到货单列表"页面，单击"确定"按钮，弹出"到货单生单列表"页面，在"到货单生单表头"列表中选中需要生成入库单的到货单，单击"确定"按钮返回"采购入库单"界面，补充设置好仓库，依次单击"保存"→"审核"按钮，即可完成红字采购入库单的制作，如图 9-47 所示。

图 9-47　红字采购入库单

第三步，红字专用采购发票、采购结算（采购管理）。

红字专用采购发票即红字增值税专用发票，是专用采购发票的逆向单据；单价是无税单价、金额是无税金额。

3 月 17 日，以采购人员的身份登录企业应用平台，依次执行"业务导航"→"经典树形"→"业务工作"→"供应链"→"采购管理"→"采购发票"→"红字专用采购发票"命令，打开"专用发票"界面，依次单击"增加"→"入库单"按钮，弹出"查询条件-单据列表过滤"页面，单击"确定"按钮，弹出"拷贝并执行"页面，在"发票拷贝入库单表头列表"中选中需要生成发票的入库单，单击"确定"按钮返回"专用发票"界面，输入发票号，依次单击"保存"→"复核"→"结算"按钮，即可完成红字专用采购发票的制作和采购结算，如图 9-48 所示。

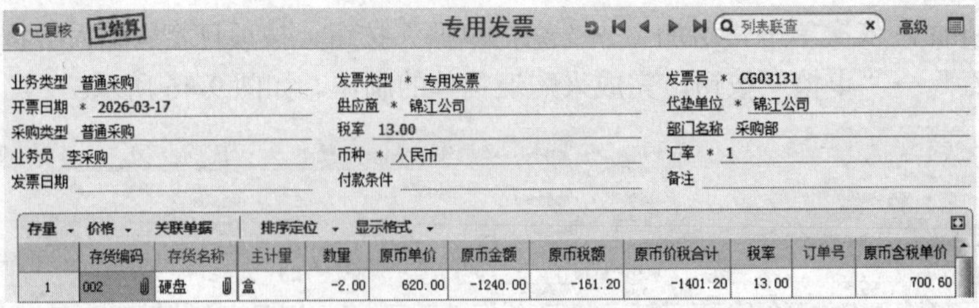

图 9-48　红字专用采购发票

第四步，采购发票审核（应付款管理）。

3 月 17 日，以会计人员的身份登录企业应用平台，依次执行"业务导航"→"经典树形"→"业务工作"→"财务会计"→"应付款管理"→"应付处理"→"采购发票"→"采购发票审核"命令，打开"采购发票审核"界面，在"采购发票列表"中单击"查询"按钮，选中需要审核的采购发票，单击"审核"按钮完成此项操作，如图 9-49 所示。

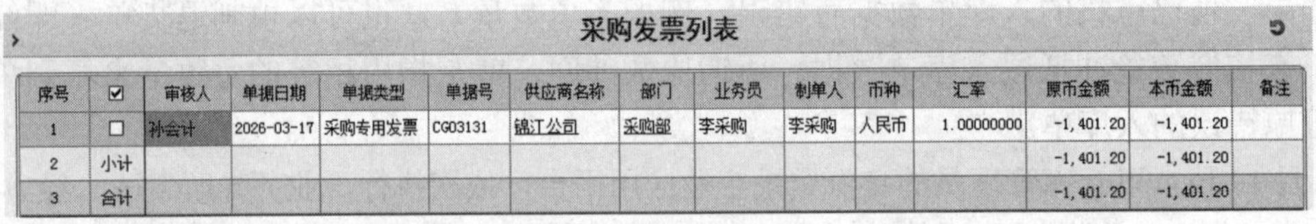

图 9-49　采购发票审核

第五步，生成凭证（应付款管理）。

依次执行"业务导航"→"经典树形"→"业务工作"→"财务会计"→"应付款管理"→"凭证处理"→"生成凭证"命令，弹出"制单查询"页面，选中"发票"后单击"确定"按钮，打开"生成凭证"界面，在"凭证类别"下拉列表中选择"转账凭证"，双击"选择标志"栏，单击"制单"按钮，打开"填制凭证"界面，完善凭证要素，单击"保存"按钮完成红字凭证制作，如图 9-50 所示。

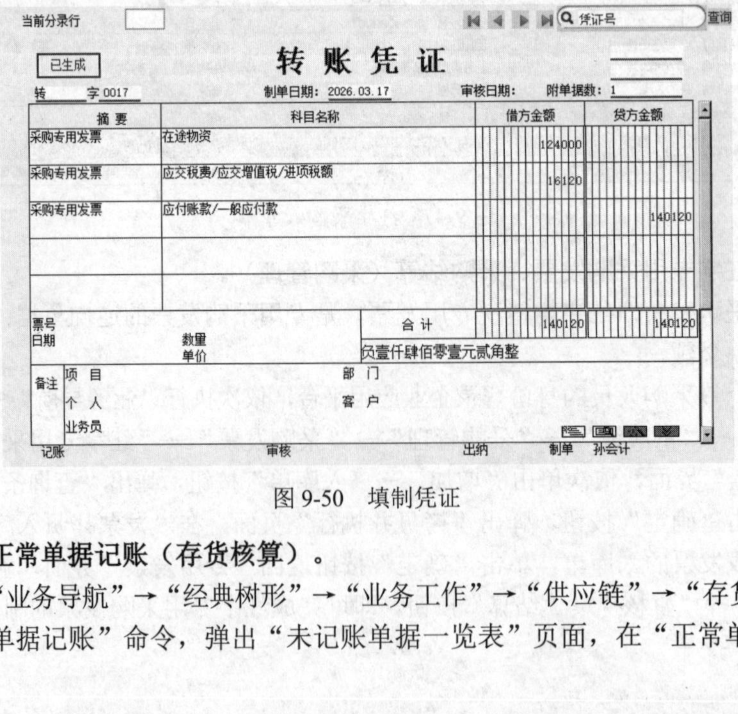

图 9-50　填制凭证

第六步，正常单据记账（存货核算）。

依次执行"业务导航"→"经典树形"→"业务工作"→"供应链"→"存货核算"→"记账"→"正常单据记账"命令，弹出"未记账单据一览表"页面，在"正常单据记账列表"

中单击"查询"按钮，在列表中选中需要记账的记录，单击"记账"按钮完成记账操作，如图 9-51 所示。

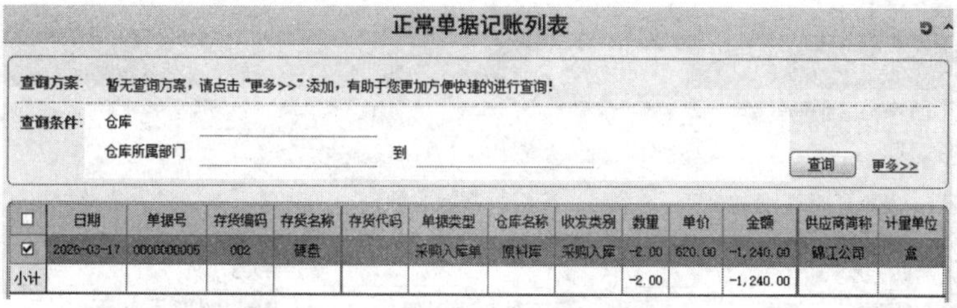

图 9-51 未记账单据一览表

第七步，生成凭证（存货核算）。

依次执行"业务导航"→"经典树形"→"业务工作"→"供应链"→"存货核算"→"凭证处理"→"生成凭证"命令，打开"生成凭证"界面，单击"选单"按钮，弹出"查询条件-生成凭证查询条件"页面，单击"确定"按钮，弹出"选择单据"页面，双击需要生成凭证的记录"选择"栏，单击"确定"按钮，返回"生成凭证"界面，在"凭证类别"下拉列表中选择"转账凭证"，单击"合并制单"按钮，打开"填制凭证"界面，完善凭证要素，单击"保存"按钮完成红字凭证制作，如图 9-52 所示。

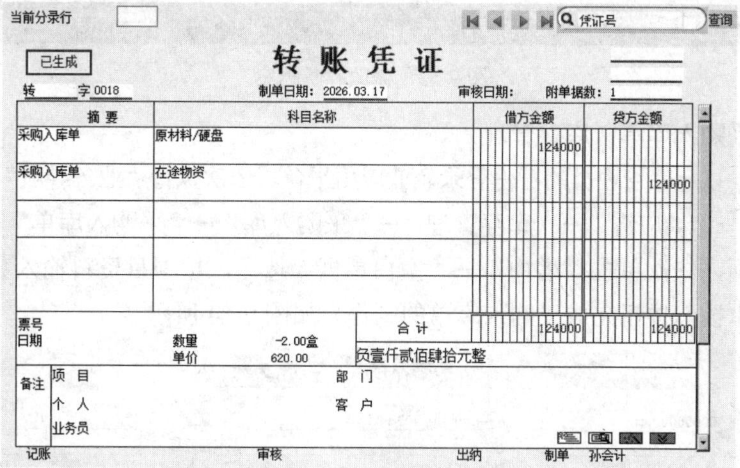

图 9-52 填制凭证

任务六 代管业务处理

代管业务是一种新的采购模式。该模式的主要特点是：企业替供应商保管其提供的物料，先使用物料，然后根据实际使用情况定期汇总并挂账，最后根据挂账数与供应商进行结算、开票以及后续的财务支付。

第一步，设置存货默认供应商。

3 月 1 日，以账套主管的身份登录企业应用平台，依次执行"业务导航"→"经典树形"→"基础设置"→"基础档案"→"存货"→"存货档案"命令，打开"存货档案"界面，选中"001-存货"档案记录，单击"修改"按钮，打开"修改存货档案"界面，在"控制"

选项卡的"主要供货单位"中设置默认供应商为"001-锦江公司"，单击"保存"按钮完成存货默认供应商的设置，如图 9-53 所示。

图 9-53　修改存货档案

第二步，采购入库单（库存管理）。

3 月 18 日，以仓库管理员的身份登录企业应用平台，依次执行"业务导航"→"经典树形"→"业务工作"→"供应链"→"库存管理"→"采购入库"→"采购入库单"命令，打开"采购入库单"界面，依次单击"增加"→"空白单据"按钮，按项目资料输入数据，依次单击"保存"→"审核"按钮完成采购入库单的制作，如图 9-54 所示。

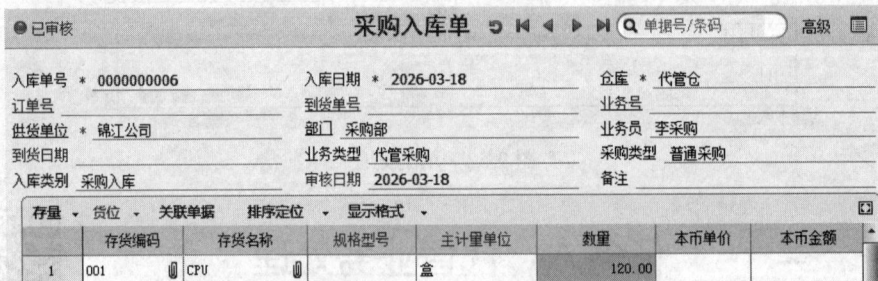

图 9-54　采购入库单

第三步，材料出库单（库存管理）。

3 月 22 日，以仓库管理员的身份登录企业应用平台，依次执行"业务导航"→"经典树形"→"业务工作"→"供应链"→"库存管理"→"材料出库"→"材料出库单"命令，打开"材料出库单"界面，依次单击"增加"→"空白单据"按钮，按项目资料输入数据，在"指定代管商"下拉列表中选择"存货档案默认的供应商"，依次单击"保存"→"审核"按钮完成材料出库单的制作，如图 9-55 所示。

图 9-55 材料出库单

第四步，代管挂账确认单。

企业对代管的供应商物料进行领用、消耗后，会在协议规定的时间内与供应商对消耗的物料进行汇总、统计。双方确认后，便形成代管挂账确认单。代管挂账确认单是代管业务中非常重要的一个单据，是企业与供应商进行结算时双方确认的单据。

3 月 23 日，以采购人员的身份登录企业应用平台，依次执行"业务导航"→"经典树形"→"业务工作"→"供应链"→"采购管理"→"代管业务"→"代管挂账确认单"命令，打开"采购代管挂账确认单"界面，依次单击"增加"→"消耗单"按钮，弹出"查询条件-单据列表过滤"页面，单击"确定"按钮，弹出"拷贝并执行"页面，在"采购代管挂账确认单参照消耗清单表头"中选中需要生成确认单的记录，单击"确定"按钮返回"采购代管挂账确认单"界面，依次单击"保存"→"审核"按钮完成采购代管挂账确认单的制作，如图 9-56 所示。

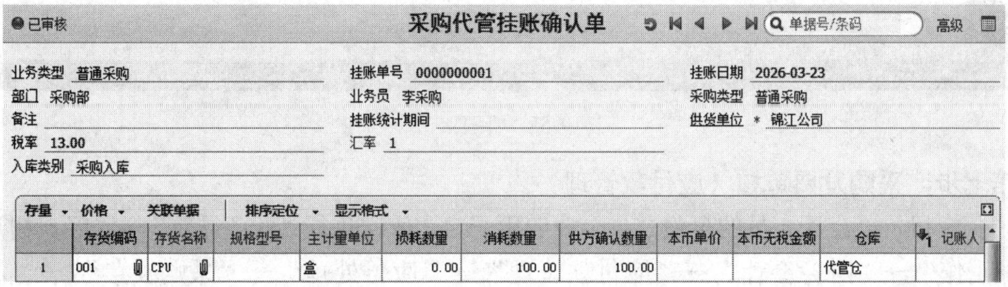

图 9-56 采购代管挂账确认单

第五步，专用采购发票（采购管理）。

3 月 23 日，以采购人员的身份登录企业应用平台，依次执行"业务导航"→"经典树形"→"业务工作"→"供应链"→"采购管理"→"采购发票"→"专用采购发票"命令，打开"专用发票"界面，依次单击"增加"→"空白单据"按钮，按项目资料输入数据，依次单击"保存"→"复核"按钮完成专用采购发票的制作，如图 9-57 所示。

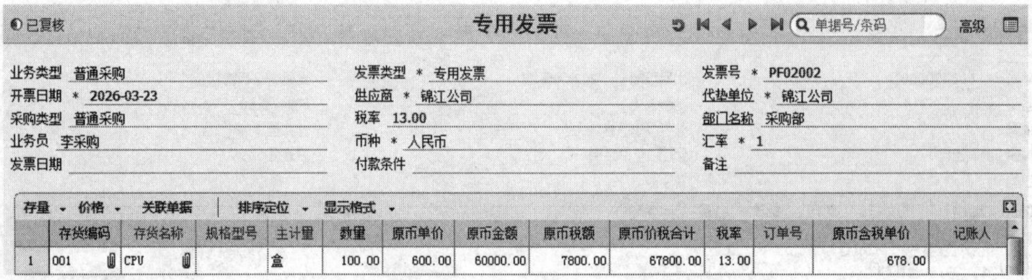

图 9-57　专用采购发票

第六步，采购结算–手工结算（采购管理）。

依次执行"业务导航"→"经典树形"→"业务工作"→"供应链"→"采购管理"→"采购结算"→"手工结算"命令，打开"手工结算"界面。单击"选单"按钮，打开"结算选单"界面，然后单击"查询"按钮，弹出"查询条件-采购手工结算"页面，单击"确定"按钮返回"结算选单"界面。系统会将符合过滤条件的采购发票记录带入发票列表（屏幕上方）中，并将入库单记录带入入库单列表（屏幕下方）中。分别选择要结算的发票和入库单后，单击"确定"按钮，返回"手工结算"界面。最后，单击"结算"按钮，系统便会自动对本次选择的数据进行采购结算，如图 9-58 所示。

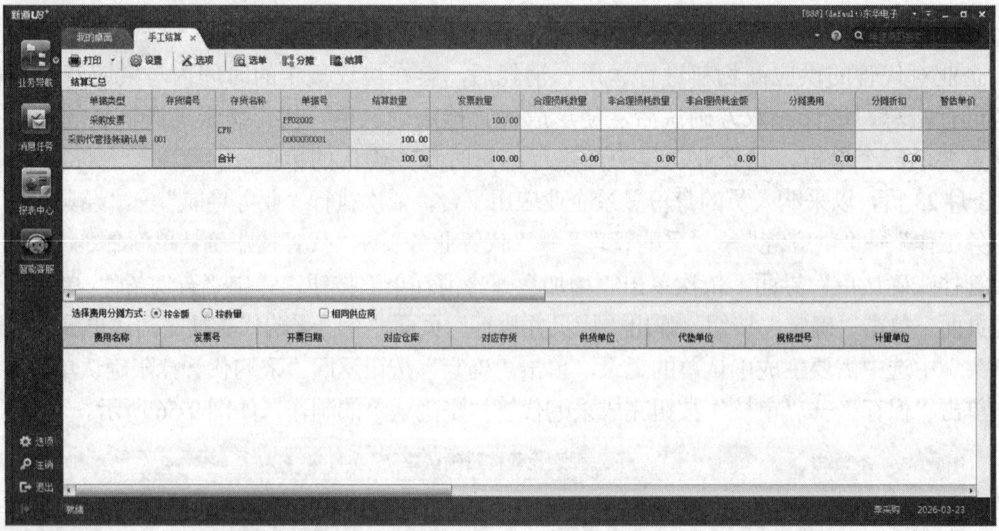

图 9-58　手工结算

第七步，采购发票审核（应付款管理）。

3 月 23 日，以会计人员的身份登录企业应用平台，依次执行"业务导航"→"经典树形"→"业务工作"→"财务会计"→"应付款管理"→"应付处理"→"采购发票"→"采购发票审核"命令，打开"采购发票审核"界面，在"采购发票列表"中单击"查询"按钮，选中需要审核的采购发票，单击"审核"按钮完成此项操作，如图 9-59 所示。

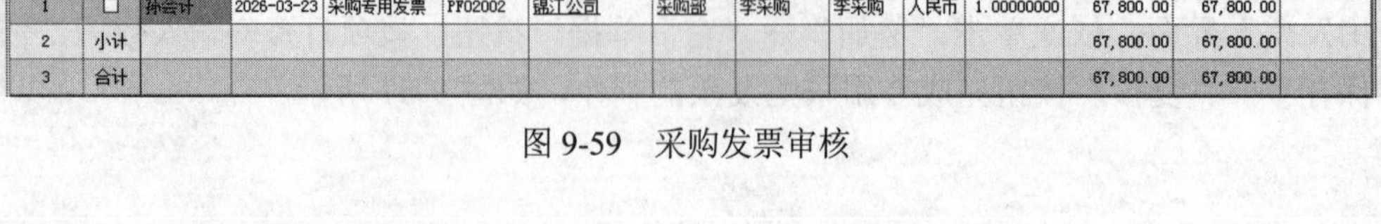

序号	☑	审核人	单据日期	单据类型	单据号	供应商名称	部门	业务员	制单人	币种	汇率	原币金额	本币金额	备注
						采购发票列表								
1	☐	孙会计	2026-03-23	采购专用发票	PF02002	锦江公司	采购部	李采购	李采购	人民币	1.00000000	67,800.00	67,800.00	
2		小计										67,800.00	67,800.00	
3		合计										67,800.00	67,800.00	

图 9-59　采购发票审核

第八步，生成凭证（应付款管理）。

依次执行“业务导航”→“经典树形”→“业务工作”→“财务会计”→“应付款管理”→“凭证处理”→“生成凭证”命令，弹出“制单查询”页面，选中“发票”后单击“确定”按钮，打开“生成凭证”界面，在“凭证类别”下拉列表中选择“转账凭证”，双击“选择标志”栏，单击“制单”按钮，打开“填制凭证”界面，完善凭证要素，单击“保存”按钮完成凭证制作，如图 9-60 所示。

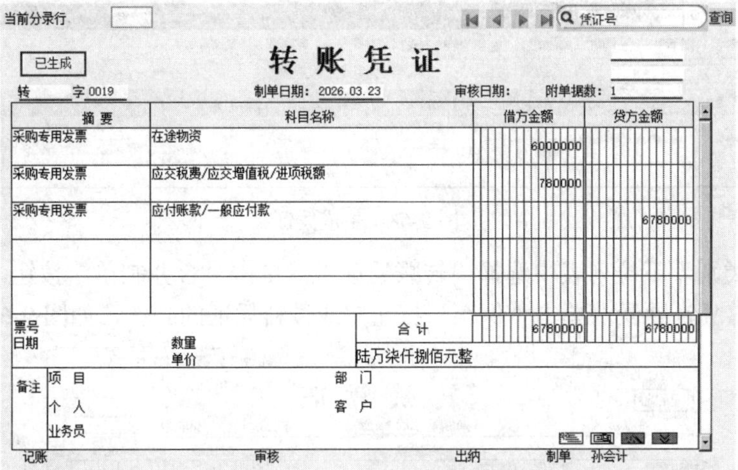

图 9-60　填制凭证

第九步，正常单据记账（存货核算）。

依次执行“业务导航”→“经典树形”→“业务工作”→“供应链”→“存货核算”→“记账”→“正常单据记账”命令，弹出“未记账单据一览表”页面，在“正常单据记账列表”中单击“查询”按钮，在列表中选中需要记账的记录，如图 9-61 所示。

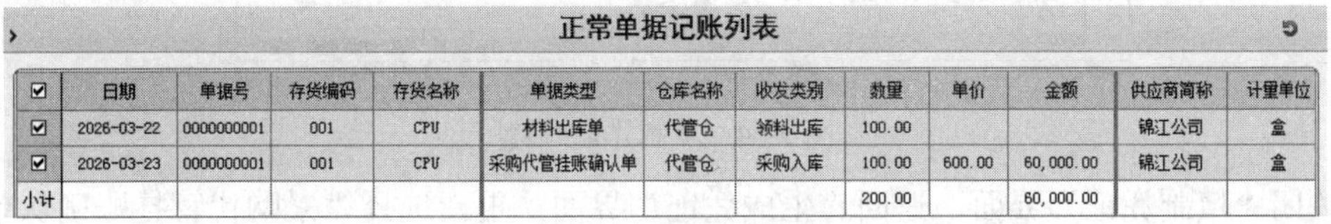

正常单据记账列表

☑	日期	单据号	存货编码	存货名称	单据类型	仓库名称	收发类别	数量	单价	金额	供应商简称	计量单位
☑	2026-03-22	0000000001	001	CPU	材料出库单	代管仓	领料出库	100.00			锦江公司	盒
☑	2026-03-23	0000000001	001	CPU	采购代管挂账确认单	代管仓	采购入库	100.00	600.00	60,000.00	锦江公司	盒
小计								200.00		60,000.00		

图 9-61　未记账单据一览表

单击“记账”按钮，弹出“手工输入单价列表”页面，按项目资料输入单价，如图 9-62 所示，单击“确定”按钮完成记账操作。

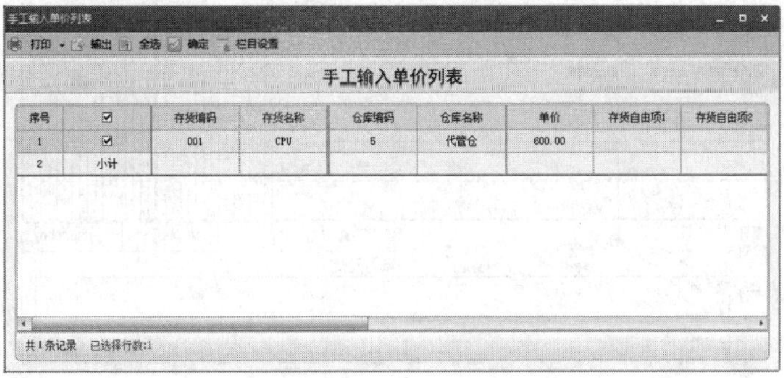

序号	☑	存货编码	存货名称	仓库编码	仓库名称	单价	存货自由项1	存货自由项2
1	☑	001	CPU	5	代管仓	600.00		
2	小计							

图 9-62　手工输入单价列表

第十步，生成凭证（存货核算）。

依次执行“业务导航”→“经典树形”→“业务工作”→“供应链”→“存货核算”→“凭证处理”→“生成凭证”命令，打开“生成凭证”界面，单击“选单”按钮，弹出“查询条件-生成凭证查询条件”页面，单击“确定”按钮，弹出“选择单据”页面，双击需要“材料出库单”对应的记录“选择”栏，单击“确定”按钮，返回“生成凭证”界面，补充输入科目，如图 9-63 所示。

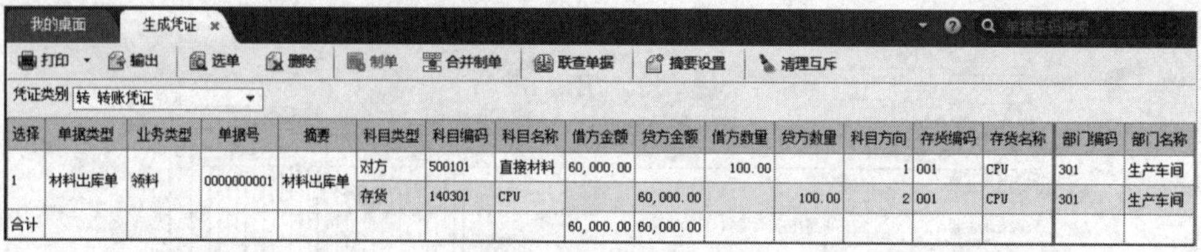
我的桌面
生成凭证
打印
输出
选单
删除
制单
合并制单
联查单据
摘要设置
清理互斥
凭证类别 转 转账凭证
选择 单据类型 业务类型 单据号 摘要 科目类型 科目编码 科目名称 借方金额 贷方金额 借方数量 贷方数量 科目方向 存货编码 存货名称 部门编码 部门名称
1 材料出库单 领料 0000000001 材料出库单 对方 500101 直接材料 60,000.00 100.00 1 001 CPU 301 生产车间
存货 140301 CPU 60,000.00 100.00 2 001 CPU 301 生产车间
合计 60,000.00 60,000.00

图 9-63 生成凭证

在“凭证类别”下拉列表中选择“转账凭证”，单击“合并制单”按钮，打开“填制凭证”界面，完善凭证要素，单击“保存”按钮完成领料凭证的制作，如图 9-64 所示。

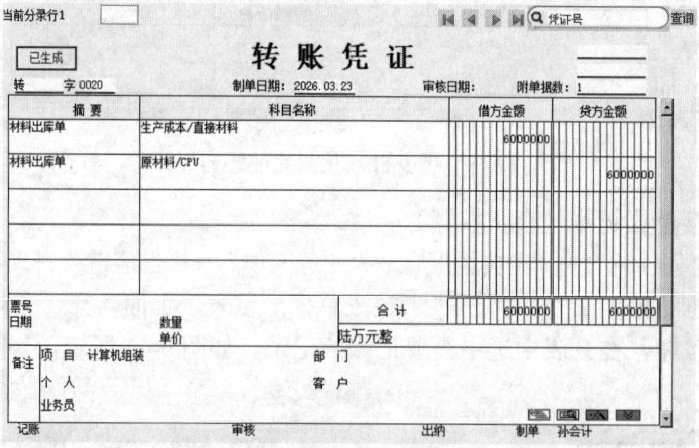
当前分录行1
凭证号
查询
已生成
转 账 凭 证
转 字 0020
制单日期：2026.03.23
审核日期：
附单据数：1
摘 要
科目名称
借方金额
贷方金额
材料出库单
生产成本/直接材料
6000000
材料出库单
原材料/CPU
6000000
票号
日期
数量
单价
合 计
6000000
6000000
陆万元整
备注
项 目 计算机组装
个 人
业务员
部 门
客 户
记账
审核
出纳
制单 孙会计

图 9-64 填制凭证-领料

关闭“填制凭证”界面，返回“生成凭证”界面，重新选择“采购代管挂账确认单”单据，以生成代管挂账确认凭证，如图 9-65 所示。

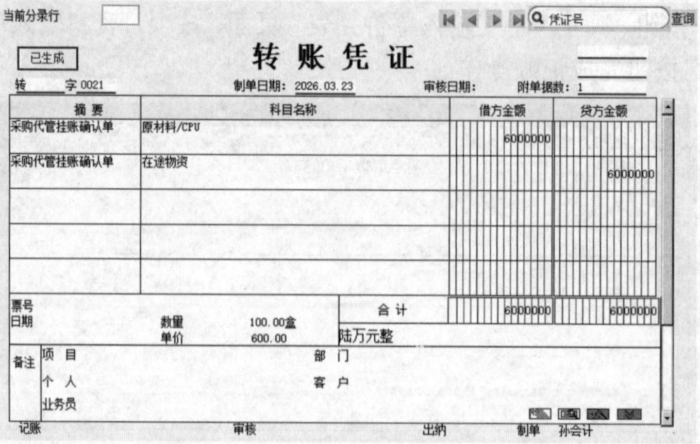
当前分录行
凭证号
查询
已生成
转 账 凭 证
转 字 0021
制单日期：2026.03.23
审核日期：
附单据数：1
摘 要
科目名称
借方金额
贷方金额
采购代管挂账确认单
原材料/CPU
6000000
采购代管挂账确认单
在途物资
6000000
票号
日期
数量 100.00盒
单价 600.00
合 计
6000000
6000000
陆万元整
备注
项 目
个 人
业务员
部 门
客 户
记账
审核
出纳
制单 孙会计

图 9-65 填制凭证-代管挂账确认

任务七　采购暂估业务处理

采购暂估业务处理

第一步，采购入库单（采购管理）。

3 月 25 日，以仓库管理员的身份登录企业应用平台，依次执行"业务导航"→"经典树形"→"业务工作"→"供应链"→"库存管理"→"采购入库"→"采购入库单"命令，打开"采购入库单"界面，依次单击"增加"→"空白单据"按钮，按项目资料输入数据，依次单击"保存"→"审核"按钮，完成采购入库单的制作，如图 9-66 所示。

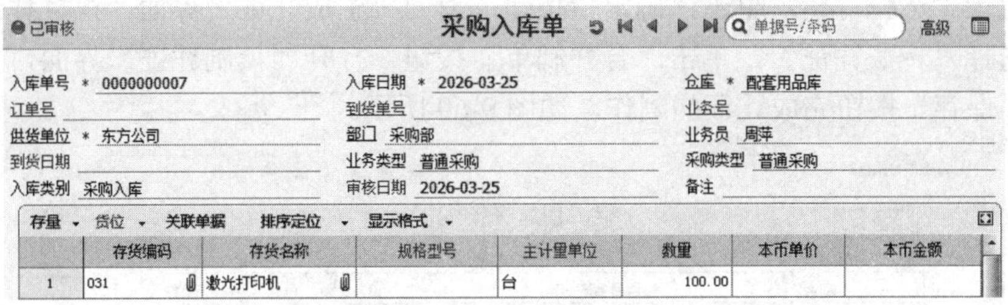

图 9-66　采购入库单

第二步，暂估成本输入（存货核算）。

为了保证账实一致，期末对于没有收到采购发票的采购入库单，即没有成本的采购入库单，需要在这里进行暂估成本输入。

3 月 31 日，以会计人员的身份登录企业应用平台，依次执行"业务导航"→"经典树形"→"业务工作"→"供应链"→"存货核算"→"记账"→"暂估成本录入"命令，打开"暂估成本录入"界面。在"暂估成本录入"列表中，单击"查询"按钮，打开"采购入库单成本成批录入"界面，该界面将列示满足条件的采购入库单。用户可以通过单击右上角下拉框选择成本单价，存货核算系统提供计划成本、参考成本、上次入库成本、上次出库成本、结存成本供选择。单击"取数"按钮，系统将自动按所选成本进行输入。用户也可以按项目资料直接修改单价和金额。完成操作后，单击"保存"按钮，如图 9-67 所示。

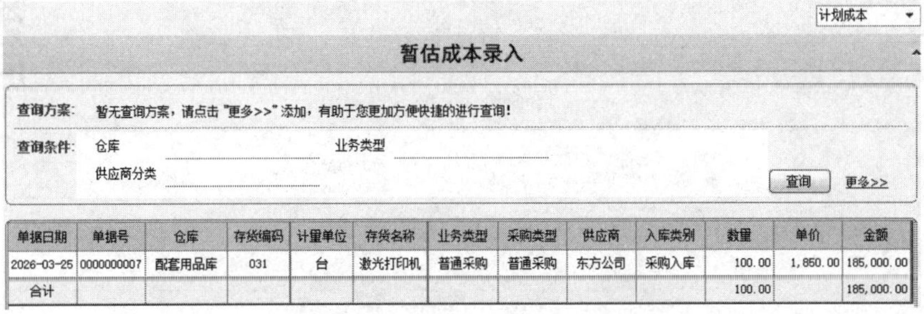

图 9-67　暂估成本输入

第三步，正常单据记账（存货核算）

依次执行"业务导航"→"经典树形"→"业务工作"→"供应链"→"存货核算"→"记账"→"正常单据记账"命令，弹出"未记账单据一览表"页面，在"正常单据记账列表"中单击"查询"按钮，在列表中选中需要记账的记录，单击"记账"按钮完成记账操作，如图 9-68 所示。

	日期	单据号	存货编码	存货名称	单据类型	仓库名称	收发类别	数量	单价	金额	供应商简称	计量单位
☑					**正常单据记账列表**							↺
☑	2026-03-25	0000000007	031	激光打印机	采购入库单	配套用品库	采购入库	100.00	1,850.00	185,000.00	东方公司	台
小计								100.00		185,000.00		

图 9-68　未记账单据一览表

第四步，生成凭证（存货核算）。

依次执行"业务导航"→"经典树形"→"业务工作"→"供应链"→"存货核算"→"凭证处理"→"生成凭证"命令，打开"生成凭证"界面，单击"选单"按钮，弹出"查询条件-生成凭证查询条件"页面，单击"确定"按钮，弹出"选择单据"页面，双击需要生成凭证的记录"选择"栏，单击"确定"按钮，返回"生成凭证"界面，在"凭证类别"下拉列表中选择"转账凭证"，单击"合并制单"按钮，打开"填制凭证"界面，完善凭证要素，单击"保存"按钮完成凭证的制作，如图 9-69 所示。

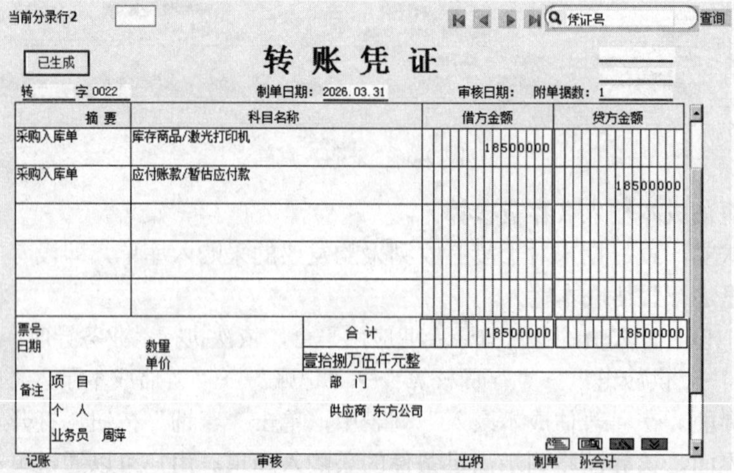

图 9-69　填制凭证-暂估

项目拓展　采购管理

TZ09

项目十 销售管理系统业务信息化处理

学习目标

知识目标

理解销售管理系统多种业务模式（普通销售、分期收款等）的流程与特点；掌握销售订单、发货单、发票等关键单据的作用及相互关系；熟悉销售业务涉及的财务核算，如收入确认、成本结转等知识；了解销售管理与库存、应收款、存货核算等系统的协同原理。

能力目标

熟练运用财务软件处理各类销售业务，准确输入和审核销售相关单据；能够依据业务流程进行销售结算、发票管理和凭证生成；运用系统功能进行销售业务数据分析，如统计销售额、跟踪订单执行进度，从而提升业务处理和数据运用能力。

素养目标

培养严谨细致的职业态度，确保销售业务数据的准确性和完整性；强化诚信经营意识，在销售业务中遵守商业道德和相关法规；提升团队协作能力，因为销售业务需要与多部门协同；增强风险防范意识，及时处理销售退货等问题，以保障企业利益。

案例导入

3月，东华电子系统化开展多项销售业务，涵盖商业折扣、定金交易、分期收款及委托代销等多元模式。在对华苑公司的计算机销售中，经报价、订单确认、发货等环节，东华电子规范完成货款回收并落实商业折扣；对红光公司的CPU销售，则通过定金业务强化交易保障。在整个销售流程中，各部门协同作业，严格把控销售价格，有效防范业务风险，同时恪守诚信原则。该实践依托信息化手段实现销售全流程的闭环管理，为企业销售管理提供标准化范例。

项目准备及要求

（1）设置系统日期为当年3月31日，并引入"项目九 采购管理系统业务信息化处理"备份账套。

（2）对每一笔销售业务，都应严格按照该类型业务操作流程进行操作，基本流程如下。

① 销售流程以销售订单为起点，订单的生成方式可选择手工输入、按合同生成或按报价单生成。

② 按订单发货，发货单直接生成销售出库单。

③ 销售退货按发货单办理退货。

④ 销售发票和销售退回发票按发/退货单开票。销售发票也可手工输入。

🔔 **注意**：在操作过程中，需要不断更改登录日期。销售管理系统用"周销售"身份登录，库存管理系统用"吴仓库"身份登录，应收款管理系统、存货核算系统用"孙会计"身份登录。

（3）账套输出。

ZT10

项目资料

当年 3 月销售日常业务如下。

任务一　普通销售（商业折扣）业务处理

（1）3 月 4 日，华苑公司计划采购 10 台计算机，向销售部咨询价格。销售部无税报价为 6500.00 元/台。

（2）华苑公司了解情况后，提出按照报价的 90%华为成交价，订购 20 台计算机，并要求发货日期为 3 月 6 日。

（3）3 月 6 日，销售部根据订单从成品仓库向华苑公司发出所订购的货物，并据此开具一张专用销售发票，发票号为 XS03161。

（4）业务部门将销售发票交至财务部门，财务部门结转该笔业务的收入及销售成本。

（5）3 月 7 日，财务部收到华苑公司一张转账支票，金额为 132 210.00 元，支票号为 ZZ03171。

任务二　现结业务处理

3 月 8 日，销售部向华苑公司出售计算机 10 台、无税报价为 6500.00 元/台。这些计算机已从成品库发货（月初已签订但尚未执行的销售合同）。销售部根据发货单开具专用发票一张，发票号为 XS03162；同时收到客户以转账支票支付的全部货款 73 450.00 元，支票号为 ZZ03672。

任务三　补开票（代垫运费）业务处理

3 月 10 日，销售部向华苑公司开具销售专用发票，发票号为 XS03163（该业务是 2 月 28 日已出售的计算机 10 台，报价为 6500.00 元/台，物品已从成品库发出，但尚未开具发票，见销售管理期初数据），现经商定无税单价为 6400.00 元，同时用现金代垫了运费 100.00 元。客户尚未支付该笔款项。

任务四　定金业务处理

3 月 12 日，销售部向红光公司出售 CPU 20 盒。货物由原料库发货，报价为 1000.00 元/盒。销售部按销售额的 10%收取销售定金，并于当日收到转账支票（支票号：ZZ03591），该款项已存入工商银行账户。销售部开具销售专用发票一张，发票号为 XS03164。

任务五　开票直接发货业务处理

3 月 13 日，销售部向华苑公司出售激光打印机 10 台，报价为 2300 元/台。货物从配套用品库发出，销售部据此开具专用销售发票一张，发票号为 XS03165。

任务六　零售日报业务处理

3 月 14 日，销售部向个人零售计算机 1 台，含税售价 7580.00 元，同时开具销售普通发票，发票号为 XS03166，货款现金收讫（现结）。

任务七　分期收款业务处理

3 月 15 日，销售部向天平公司出售计算机 200 台。货物由成品仓库发货，报价为 6500 元/台。由于金额较大，客户要求以分期付款形式购买此批商品。经协商，客户分 4 次付款，销售部也将据此开具相应销售发票。第一次开具的销售专用发票数量为 50 台，单价为 6500 元，发票号为 XS03167。

任务八　委托代销业务处理

（1）3 月 16 日，销售部委托和平公司代为销售计算机 50 台，售价为 6500 元/台（不含税），受托方和平公司以销售货款（不含增值税）的 10%收取手续费。货物从成品仓库发出。

（2）3 月 18 日，收到和平公司的委托代销清单，结算已销售的计算机 30 台，售价为 6500 元/台（不含税），其含税售价额为 220 350 元；同时收到一张手续费发票（票号为 SXF03251，金额为 19 500+19 500×6%=20 670 元）。随后，销售部向和平公司开具销售专用发票（票号：XS03168）。

（3）3 月 19 日，收到和平公司交来的转账支票一张（票号：ZZ03661，已扣除手续费）。

任务九　直运销售业务处理

（1）3 月 20 日，销售部接到业务信息，天平公司欲购买 HP 服务器 1 台。经协商，以单价为 100 000 元成交，增值税率为 13%。

（2）3 月 22 日，采购部联系东方公司，以 90 000 元的价格向其发出采购订单，并要求对方直接将货物送到天平公司（直运采购）。

（3）3 月 23 日，货物送至天平公司。东方公司凭送货签收单和订单，向采购部开具了一张专用发票，票号为 ZYCG03271。

（4）3 月 23 日，销售部根据销售订单开具专用发票一张，票号为 ZYXS03169。

任务十　销售退货退票业务处理

3 月 25 日，华苑公司退回 3 月 8 日采购的计算机 2 台，原因为质量问题。我方即日办理退货手续，并于当日开具红字增值税专用发票（发票号：XS03170），同时通过转账方式退还相应价税款（支票号：ZZ03736）。

3 月 25 日，华苑公司退回 3 月 8 日购买的计算机 2 台，原因为质量问题，即日办理退货，并于当日开具红字发票（票号：XS03170）及退还价税款（票号：ZZ03736）。

任务十一　委托代销退货退票业务处理

3 月 27 日，委托和平公司已销售并已结算的计算机退回 3 台，货物已入成品仓库。由于该批货物已完成结算，故我方开具了红字增值税专用发票一张，发票号为 XS03171。

项目操作指导

销售业务的日常操作包括报价、订货、发货、开票等业务。销售管理系统支持普通销售、委托代销、分期收款、直运、零售、销售调拨等多种类型的销售业务。销售管理系统支持现结业务、代垫费用、销售支出的业务处理。此外，销售管理系统还支持制订销售计划，并对价格和信用进行实时监控。在销售管理系统中，销售管理分为四种业务类型：普通销售业务（又分为先发货后开票业务、开票直接发货业务）、分期收款业务、委托代销业务、直运业务。

任务一　普通销售（商业折扣）业务处理

普通销售业务处理

第一步，销售报价单（销售管理）。

销售报价是企业向客户提供货品、规格、价格、结算方式等信息。双方达成协议后，销售报价单转为具有法律效力的销售订单。企业可以针对不同客户、不同存货、不同批量提出不同的报价、扣率。销售报价单是可选单据，企业可根据业务的实际需要选用。已审核但未关闭的报价单可以作为参照，生成销售订单或销售合同。

3 月 4 日，以销售人员的身份登录企业应用平台，依次执行"业务导航"→"经典树形"→"业务工作"→"供应链"→"销售管理"→"销售报价"→"销售报价单"命令，打开"销售报价单"界面，依次单击"增加"→"空白单据"按钮，按项目资料输入数据，依次单击"保存"→"审核"按钮，完成销售报价单的制作，如图 10-1 所示。

	存货编码		存货名称	主计量	数量	报价	含税单价	无税单价	无税金额	税额	价税合计	税率（%）	扣率（%）	扣率2（%）	最低售价
1	021		计算机	台	10.00	6500.00	7345.00	6500.00	65000.00	8450.00	73450.00	13.00	100.00	100.00	0.00

单据号　0000000001　　日期 2026-03-04　　业务类型　普通销售
销售类型　经销　　客户简称　华苑公司　　付款条件
销售部门　销售部　　业务员　周销售　　税率 13.00
币种　人民币　　汇率　1　　备注

图 10-1　销售报价单

第二步，销售订单（销售管理）。

销售订货是指由购销双方确认的客户的要货过程。企业根据销售订单组织货源，并对订单的执行进行管理、控制和追踪。销售订单是反映由购销双方确认的客户要货需求的单据，它可以是企业销售合同中关于货物的明细内容，也可以是针对口头约定的书面确认。

销售订单是可选单据，但如果系统参数设置为必有订单，则必须创建销售订单。

依次执行"业务导航"→"经典树形"→"业务工作"→"供应链"→"销售管理"→"销售订货"→"销售订单"命令，打开"销售订单"界面，依次单击"增加"→"报价单"按钮，弹出"查询条件-订单参照报价单"页面，单击"确定"按钮，弹出"参照生单"页面，在"订单参照报价单表头"列表中选中需要生成订单的报价单，单击"确定"按钮返回"销售订单"界面，按项目资料修改订单"数量""扣率""预发货日期"数据后，依次单击"保存"→"审核"按钮完成销售订单的制作，如图 10-2 所示。

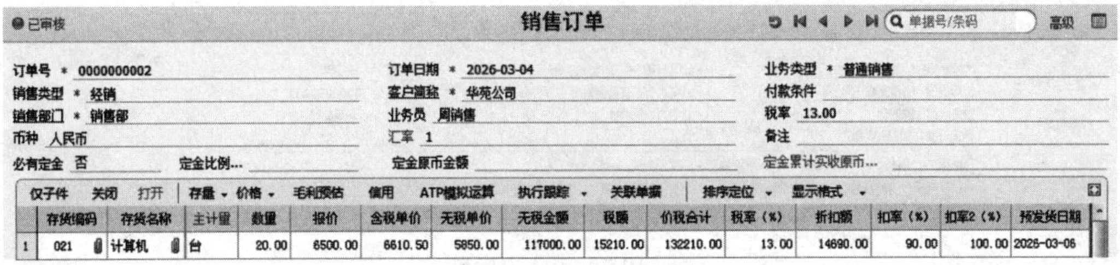

图 10-2　销售订单

第三步，发货单（销售管理）。

销售发货是企业根据与客户签订的销售合同或销售订单，将货物发往客户的行为，是销售业务的执行阶段。发货单是销售方向客户发货的凭据，也是销售发货业务的执行载体。无论工业企业还是商业企业，发货单都是销售管理系统中的核心单据。

依次执行"业务导航"→"经典树形"→"业务工作"→"供应链"→"销售管理"→"销售发货"→"发货单"命令，打开"发货单"界面，依次单击"增加"→"订单"按钮，弹出"查询条件-参照订单"页面，单击"确定"按钮，弹出"参照生单"页面，在"发货单参照订单表头"列表中选中需要生成发货单的订单，单击"确定"按钮返回"发货单"界面，按项目资料输入"仓库名称"，依次单击"保存"→"审核"按钮完成发货单的制作，如图 10-3 所示。

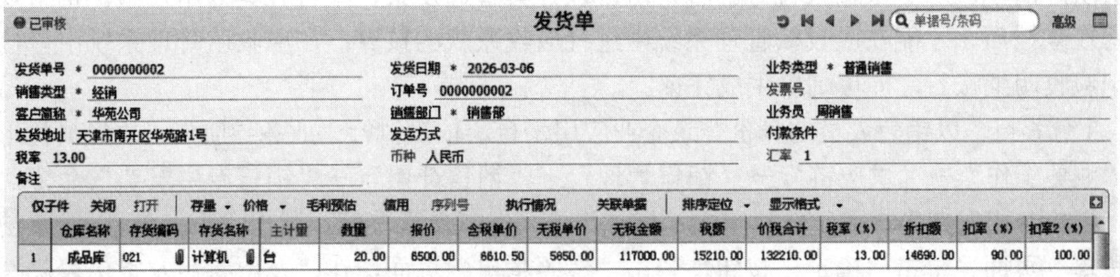

图 10-3　发货单

第四步，出库单（库存管理）。

仓库出库业务包括销售出库、材料出库（限工业版账套）和其他出库三种。销售出库单是销售出库业务的主要凭据，在库存管理系统中用于存货出库数量核算，在存货核算系统中用于存货出库成本核算（如果存货核算系统销售成本的核算选择依据销售出库单）。对于工业企业，销售出库单一般指产成品销售出库时所填制的出库单据；对于商业企业，销售出库单一般指商品销售出库时所填制的出库单；启用出口管理时，销售出库单指出口货物销售出库时所填制的出库单据。

销售出库单按进出仓库方向分为蓝字销售出库单、红字销售出库单，按业务类型分为普通销售出库单（含一般贸易的出口业务）、委托代销出库单、分期收款出库单、进料加工出库单。

3月6日，以仓库管理员的身份登录企业应用平台，依次执行"业务导航"→"经典树形"→"业务工作"→"供应链"→"库存管理"→"销售出库"→"销售出库单"命令，打开"销售出库单"界面，单击 ◄ ◄ ► ►► 按钮，选择本笔业务对应的"销售出库单"，单击"审核"按钮完成此项操作，如图 10-4 所示。

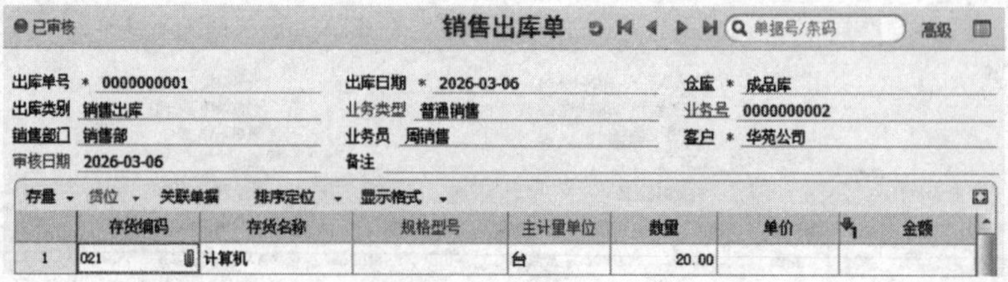

图 10-4　销售出库单

🔔 **注意**：在设置销售管理系统参数时，如果选中了"销售生成出库单"选项，则系统将采用先发货后开票业务模式。在此模式下，发货单经审核通过后，系统将自动生成销售出库单。该销售出库单需经审核确认，但其出库数量不可修改，因此该模式也被称为一次性出库销售方式。先发货后开票业务模式，是指根据销售订单或其他销售合同，向客户发出货物；发货之后根据发货单开票并结算。先发货后开票业务适用于普通销售、分期收款、委托代销业务。

第五步，销售专用发票（销售管理）。

销售开票是指企业在销售过程中向客户开具销售发票及其所附清单的过程，它是确认销售收入、计算销售成本、核算应交销售税金和确认应收账款的依据，也是销售业务的重要环节。销售发票是在销售开票过程中所开具的原始销售单据，包括增值税专用发票、普通发票及其所附清单。对于未输入税号的客户，可以开具普通发票，不可开具专用发票。销售发票只有在复核后，才能在应收款管理系统中进行应收账款的核算；在应收款管理系统中审核并登记应收明细账后，即可制单生成凭证。

3 月 6 日，以销售人员的身份登录企业应用平台，依次执行"业务导航"→"经典树形"→"业务工作"→"供应链"→"销售管理"→"销售开票"→"销售专用发票"命令，打开"销售专用发票"界面，依次单击"增加"→"发货单"按钮，弹出"查询条件-发票参照发货单"页面，单击"确定"按钮，弹出"参照生单"页面，在"发票参照发货单表头"列表里选中需要生成发票的发货单，单击"确定"按钮返回"销售专用发票"界面，输入发票号，依次单击"保存"→"复核"按钮完成销售专用发票的制作，如图 10-5 所示。

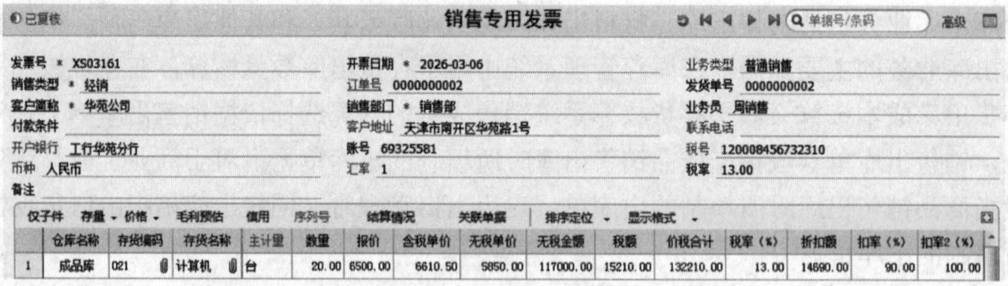

图 10-5　销售专用发票

第六步，销售发票审核（应收款管理）。

销售发票审核功能主要用于对已通过销售管理系统复核的销售发票进行财务审核。系统提供手工审核、批量审核两种功能。"销售发票审核"界面显示的是所有已审核、未审核的销售发票。已经经过后续处理（如核销、转账等）的发票将不会显示在"销售发票审核"界面中。

3 月 6 日，以会计人员的身份登录企业应用平台，依次执行"业务导航"→"经典树形"→"业务工作"→"财务会计"→"应收款管理"→"应收处理"→"销售发票"→"销售发票审核"命令，打开"销售发票审核"界面，在"销售发票列表"中单击"查询"按钮，选中需要审核的销售发票，单击"审核"按钮完成发票审核操作，如图 10-6 所示。

序号	☑	审核人	单据日期	单据类型	单据号	客户名称	部门	业务员	制单人	币种	汇率	原币金额	本币金额	备注
1	☑	孙会计	2026-03-06	销售专用发票	XS03161	华苑公司	销售部	周销售	周销售	人民币	1.00000000	132,210.00	132,210.00	
2	小计											132,210.00	132,210.00	
3	合计											132,210.00	132,210.00	

图 10-6 销售发票审核

第七步，生成凭证（应收款管理）。

依次执行"业务导航"→"经典树形"→"业务工作"→"财务会计"→"应收款管理"→"凭证处理"→"生成凭证"命令，弹出"制单查询"页面，选中"发票"后单击"确定"按钮，打开"生成凭证"界面，在"凭证类别"下拉列表中选择"转账凭证"，双击"选择标志"栏，单击"制单"按钮，打开"填制凭证"界面，完善凭证要素，单击"保存"按钮完成凭证的制作，如图 10-7 所示。

图 10-7 填制凭证

第八步，正常单据记账（存货核算）。

3 月 31 日，以会计人员的身份登录企业应用平台，依次执行"业务导航"→"经典树形"→"业务工作"→"供应链"→"存货核算"→"记账"→"正常单据记账"命令，弹出"未记账单据一览表"页面，在"正常单据记账列表"中单击"查询"按钮，在列表中选中需要记账的记录，单击"记账"按钮完成记账操作，如图 10-8 所示。

☑	日期	单据号	存货编码	存货名称	单据类型	仓库名称	收发类别	数量	计量单位	存货自由项1
☑	0026.00.06	H000161	0E1	计算机	专用发票	成品库	销售出库	20.00	台	
小计								20.00		

图 10-8 未记账单据一览表

🔔 **注意：** 由于不同种类的存货归属于不同的仓库，请根据仓库档案中的计价方式在存货核算系统中决定是否生成销售成本结转凭证。本笔业务涉及的存货"计算机"归属于"成品库"，而"成品库"采用"全月平均法"计价，需要在期末处理时才能计算出库成本，故本笔业务不能在此生成销售成本结转凭证。

🔔 **说明**：单据记账功能旨在将用户输入的单据信息按时间顺序登记至存货明细账等账簿。由于本教材采用分模块递进式讲解模式，前一项目的记账日期已到 31 日，因此后续所有单据记账操作均需在 31 日（含）之后执行。

第九步，收款单据输入、审核、制单（应收款管理）。

收款单据处理主要是对结算单据（收款单、付款单即红字收款单）进行管理，包括收款单、付款单的输入、审核。应收系统的收款单用来记录企业所收到的客户款项，款项性质包括应收款、预收款、销售定金、现款结算、其他费用等。其中，应收款、预收款性质的收款单将与发票、应收单、付款单进行核销勾对。应收系统付款单用来记录发生销售退货时，企业开具的退付给客户的款项。该付款单可与应收、预收性质的收款单、红字应收单、红字发票进行核销。收款单据输入，是将已收到的客户款项（包括客户支付的销售定金）或退回客户的款项，输入应收款管理系统。输入包括收款单与付款单（即红字收款单）的输入。

3 月 7 日，以会计人员的身份登录企业应用平台，依次执行"业务导航"→"经典树形"→"业务工作"→"财务会计"→"应收款管理"→"收款处理"→"收款单据录入"命令，打开"收款单据录入"界面，依次单击"增加"→"空白单据"按钮，按项目资料输入表头数据，在"款项类型"处选择"应收款"，依次单击"保存"→"审核"按钮完成此项操作，如图 10-9 所示。

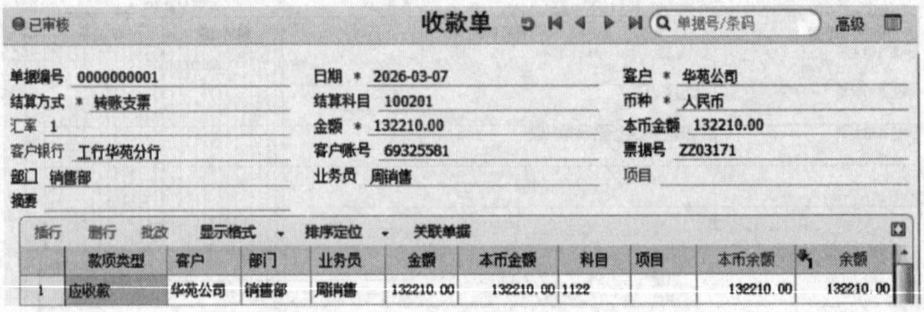

图 10-9　收款单据录入

在弹出的对话框中单击"是"按钮，打开"填制凭证"界面，单击"保存"按钮完成收款凭证的制作，如图 10-10 所示。

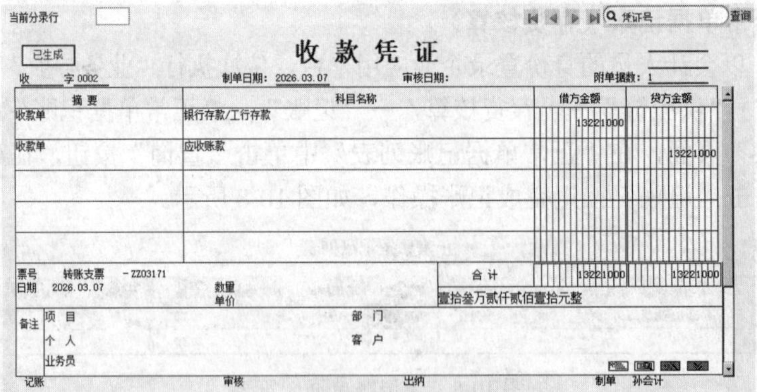

图 10-10　填制凭证

第十步，核销处理-手工核销（应收款管理）。

依次执行"业务导航"→"经典树形"→"业务工作"→"财务会计"→"应收款管理"→"核销处理"→"手工核销"命令，弹出"核销条件"页面，选择需要核销的客户"华苑公司"，单击"确定"按钮，打开"手工核销"界面，在销售专用发票所在记录的"本次结算"

栏中填入与收款单"本次结算金额"相等的金额,单击"确认"按钮完成核销,如图10-11所示。

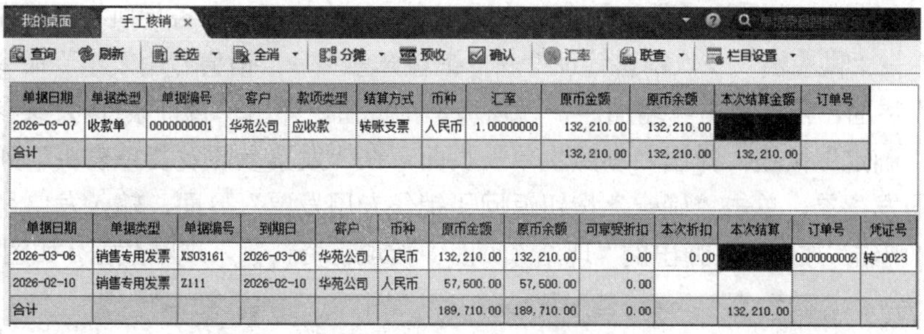

图 10-11 手工核销

任务二 现结业务处理

第一步,发货单(销售管理)。

3月8日,以销售人员的身份登录企业应用平台,依次执行"业务导航"
→"经典树形"→"业务工作"→"供应链"→"销售管理"→"销售发货"→"发货单"命
令,打开"发货单"界面,依次单击"增加"→"订单"按钮,弹出"查询条件-参照订单"
页面,单击"确定"按钮,弹出"参照生单"页面,在"发货单参照订单表头"列表中选中
需要生成发货单的期初订单,单击"确定"按钮返回"发货单"界面,按项目资料输入"仓
库名称",依次单击"保存"→"审核"按钮完成发货单的制作,如图10-12所示。

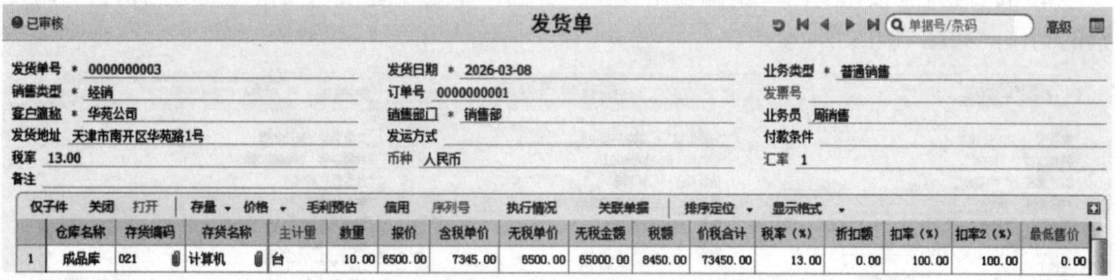

图 10-12 发货单

第二步,出库单(库存管理)。

3月8日,以仓库管理员的身份登录企业应用平台,依次执行"业务导航"→"经典树形"
→"业务工作"→"供应链"→"库存管理"→"销售出库"→"销售出库单"命令,打开
"销售出库单"界面,单击 ◄◄ ◄ ► ►◄ 按钮,选择本笔业务对应的"销售出库单",单击"审
核"按钮完成此项操作,如图10-13所示。

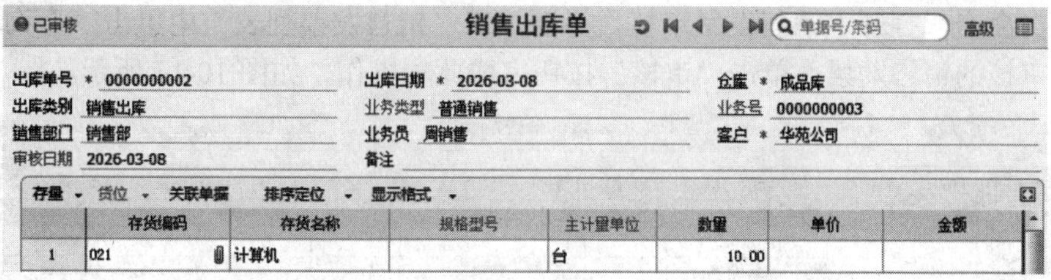

图 10-13 销售出库单

第三步，销售专用发票（销售管理）。

3 月 8 日，以销售人员的身份登录企业应用平台，依次执行“业务导航”→“经典树形”→“业务工作”→“供应链”→“销售管理”→“销售开票”→“销售专用发票”命令，打开“销售专用发票”界面，依次单击“增加”→“发货单”按钮，弹出“查询条件-发票参照发货单”页面，单击“确定”按钮，弹出“参照生单”页面，在“发票参照发货单表头”列表中选中需要生成发票的发货单，单击“确定”按钮返回“销售专用发票”界面，输入发票号，依次单击“保存”→“现结”按钮，在弹出的“现结”页面中按项目资料输入现结数据，如图 10-14 所示。

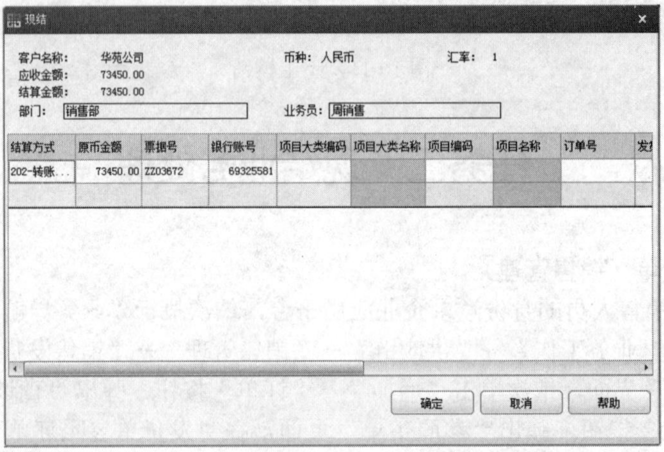
现结
客户名称: 华苑公司
币种: 人民币
汇率: 1
应收金额: 73450.00
结算金额: 73450.00
部门: 销售部
业务员: 周销售
结算方式 原币金额 票据号 银行账号 项目大类编码 项目大类名称 项目编码 项目名称 订单号
202-转账... 73450.00 ZZ03672 69325581
确定
取消
帮助

图 10-14　现结

单击“确定”按钮返回“销售专用发票”界面，单击“复核”按钮完成增加销售专用发票的制作，如图 10-15 所示。

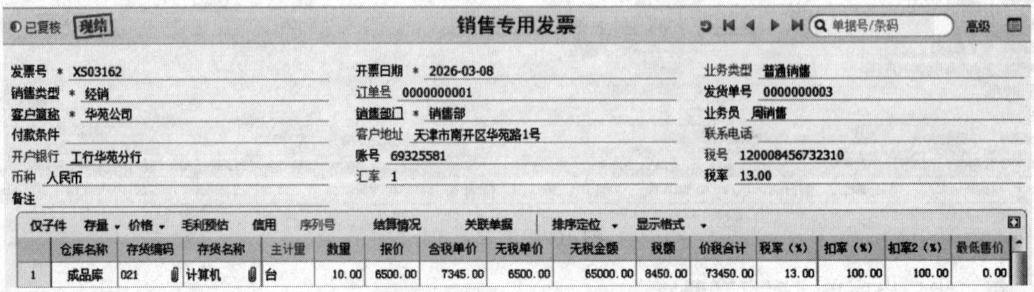
已复核
现结
销售专用发票
单据号/条码
高级
发票号 * XS03162
开票日期 * 2026-03-08
业务类型 普通销售
销售类型 * 经销
订单号 0000000001
发货单号 0000000003
客户简称 * 华苑公司
销售部门 * 销售部
业务员 周销售
付款条件
客户地址 天津市南开区华苑路1号
联系电话
开户银行 工行华苑分行
账号 69325581
税号 120008456732310
币种 人民币
汇率 1
税率 13.00
备注
仓库名称 存货编码 存货名称 主计量 数量 报价 含税单价 无税单价 无税金额 税额 价税合计 税率（%） 扣率（%） 扣率2（%） 最低售价
1 成品库 021 计算机 台 10.00 6500.00 7345.00 6500.00 65000.00 8450.00 73450.00 13.00 100.00 100.00 0.00

图 10-15　销售专用发票

第四步，销售发票审核（应收款管理）。

3 月 8 日，以会计人员的身份登录企业应用平台，依次执行“业务导航”→“经典树形”→“业务工作”→“财务会计”→“应收款管理”→“应收处理”→“销售发票”→“销售发票审核”命令，打开“销售发票审核”界面，在“销售发票列表”中单击“查询”按钮，选中需要审核的销售发票，单击“审核”按钮完成此项操作，如图 10-16 所示。

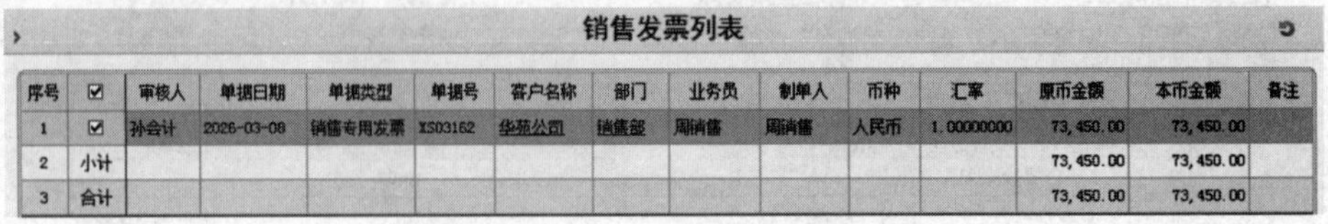
销售发票列表
序号 审核人 单据日期 单据类型 单据号 客户名称 部门 业务员 制单人 币种 汇率 原币金额 本币金额 备注
1 孙会计 2026-03-08 销售专用发票 XS03162 华苑公司 销售部 周销售 周销售 人民币 1.00000000 73,450.00 73,450.00
2 小计 73,450.00 73,450.00
3 合计 73,450.00 73,450.00

图 10-16　销售发票审核

第五步，生成凭证（应收款管理）。

依次执行"业务导航"→"经典树形"→"业务工作"→"财务会计"→"应收款管理"→"凭证处理"→"生成凭证"命令，弹出"制单查询"页面，同时选中"发票"和"现结"后单击"确定"按钮，打开"生成凭证"界面，在"凭证类别"下拉列表中选择"收款凭证"，双击"选择标志"栏，单击"制单"按钮，打开"填制凭证"界面，完善凭证要素，单击"保存"按钮完成凭证的制作，如图 10-17 所示。

图 10-17 填制凭证

第六步，正常单据记账（存货核算）。

3 月 31 日，以会计人员的身份登录企业应用平台，依次执行"业务导航"→"经典树形"→"业务工作"→"供应链"→"存货核算"→"记账"→"正常单据记账"命令，弹出"未记账单据一览表"页面，在"正常单据记账列表"中单击"查询"按钮，在列表中选中需要记账的记录，单击"记账"按钮完成记账操作，如图 10-18 所示。

	日期	单据号	存货编码	存货名称	单据类型	仓库名称	收发类别	数量	计量单位
☑	2026-03-08	XS03162	021	计算机	专用发票	成品库	销售出库	10.00	台
小计								10.00	

图 10-18 未记账单据一览表

任务三 补开票（代垫运费）业务处理

补开票业务处理

第一步，销售专用发票（代垫）（销售管理）。

在销售业务中，代垫费用是指随货销售暂时代垫、需向客户收取的运杂费等费用，这些费用形成应收款，由应收款管理系统进行核销。代垫费用单可直接输入，也可在销售发票等界面通过"代垫"按钮输入，并能分摊到具体货物。

3 月 10 日，以销售人员的身份登录企业应用平台，依次执行"业务导航"→"经典树形"→"业务工作"→"供应链"→"销售管理"→"销售开票"→"销售专用发票"命令，打开"销售专用发票"界面，依次单击"增加"→"发货单"按钮，弹出"查询条件-发票参照发货单"页面，单击"确定"按钮，弹出"参照生单"页面，在"发票参照发货单表头"列表中选中需要生成发票的发货单，单击"确定"按钮返回"销售专用发票"界面，输入发票号并修改无税单价后，依次单击"保存"→"复核"按钮完成销售专用发票的制作，如图 10-19 所示。

| 1 | 成品库 | 021 | 计算机 | 台 | 10.00 | 6500.00 | 7232.00 | 6400.00 | 64000.00 | 8320.00 | 72320.00 | 13.00 | 1130.00 | 98.46 | 100.00 | 0.00 |

图 10-19　销售专用发票

在"销售专用发票"界面中，单击"代垫"按钮，打开"代垫费用单"界面，依次单击"保存"→"审核"按钮完成代垫费用单的制作，如图 10-20 所示。

| 1 | 运输费 | 100.00 | | | |

图 10-20　代垫费用单

第二步，销售发票（代垫）审核（应收款管理）。

3 月 10 日，以会计人员的身份登录企业应用平台，依次执行"业务导航"→"经典树形"→"业务工作"→"财务会计"→"应收款管理"→"应收处理"→"销售发票"→"销售发票审核"命令，打开"销售发票审核"界面，在"销售发票列表"中单击"查询"按钮，选中需要审核的销售发票，单击"审核"按钮完成此项操作，如图 10-21 所示。

序号	☑	审核人	单据日期	单据类型	单据号	客户名称	部门	业务员	制单人	币种	汇率	原币金额	本币金额	备注
1	☑	孙会计	2026-03-10	销售专用发票	XS03163	华苑公司	销售部	周销售	周销售	人民币	1.00000000	72,320.00	72,320.00	
2	小计											72,320.00	72,320.00	
3	合计											72,320.00	72,320.00	

图 10-21　销售发票列表

在企业应用平台中，依次执行"业务导航"→"经典树形"→"业务工作"→"财务会计"→"应收款管理"→"应收处理"→"应收单"→"应收单审核"命令，打开"应收单审核"界面，在"应收单列表"单击"查询"按钮，选中需要审核的其他应收单，单击"审核"按钮完成此项操作，如图 10-22 所示。

序号	☑	审核人	单据日期	单据类型	单据号	客户名称	部门	业务员	制单人	币种	汇率	原币金额	本币金额	备注
1	☑	孙会计	2026-03-10	其他应收单	0000000001	华苑公司	销售部	周销售	周销售	人民币	1.00000000	100.00	100.00	
2	小计											100.00	100.00	
3	合计											100.00	100.00	

图 10-22　应收单列表

第三步，生成凭证（应收款管理）。

依次执行"业务导航"→"经典树形"→"业务工作"→"财务会计"→"应收款管理"→"凭证处理"→"生成凭证"命令，弹出"制单查询"页面，同时选中"发票"和"应收单"后单击"确定"按钮，打开"生成凭证"界面，在"凭证类别"下拉列表中选择"付款凭证"，依次单击"合并"→"制单"按钮，打开"填制凭证"界面，完善凭证要素，单击"保存"按钮完成凭证制作，如图10-23所示。

图 10-23　填制凭证

第四步，正常单据记账（存货核算）。

3月31日，以会计人员的身份登录企业应用平台，依次执行"业务导航"→"经典树形"→"业务工作"→"供应链"→"存货核算"→"记账"→"正常单据记账"命令，弹出"未记账单据一览表"页面，在"正常单据记账列表"中单击"查询"按钮，在列表中选中需要记账的记录，单击"记账"按钮完成记账操作，如图10-24所示。

	日期	单据号	存货编码	存货名称	单据类型	仓库名称	收发类别	数量	计量单位
☑	2026-03-10	XS03163	021	计算机	专用发票	成品库	销售出库	10.00	台
小计								10.00	

正常单据记账列表

图 10-24　未记账单据一览表

任务四　定金业务处理

定金业务处理

某些面向客户多、交易方式多的企业，对货款的控制要求非常严格。由于产品的价值比较高、发货数量大，一旦出现问题，企业就会面临较大的损失。因此，这类企业通常会要求客户在订单执行前支付一定数额的定金，该定金只有在最终发货金额低于或等于定金数额时，才会被转换为货款。

第一步，销售订单（销售管理）。

3月12日，以销售人员的身份登录企业应用平台，依次执行"业务导航"→"经典树形"→"业务工作"→"供应链"→"销售管理"→"销售订货"→"销售订单"命令，打开"销售订单"界面，依次单击"增加"→"空白单据"按钮，按项目资料输入数据，单击"保存"

按钮完成增加销售订单的制作，如图 10-25 所示。

图 10-25 销售订单

第二步，定金收款单据输入、审核、制单（应收款管理）。

新增定金收款单时，应参照未审核且已设置必收定金的销售订单。款项类型默认为"销售定金"，不可修改。销售订单审核后，对应的收款单不可修改或删除。若收款单中选择的款项类型为"销售定金"，则该款项用途应为收取客户的销售定金，且其分录科目不能是收付系统的控制科目。

3 月 12 日，以会计人员的身份登录企业应用平台，依次执行"业务导航"→"经典树形"→"业务工作"→"财务会计"→"应收款管理"→"收款处理"→"收款单据录入"命令，打开"收款单据录入"界面，依次单击"增加"→"销售定金"按钮，弹出"查询条件-参照订单"页面，单击"确定"按钮，弹出"拷贝并执行"页面，在"销售定金列表"里选中需要生成收款单据的订单，单击"确定"按钮返回"收款单据录入"界面，按项目资料补充结算方式和票据号后，单击"保存"按钮完成收款单据的制作，如图 10-26 所示。

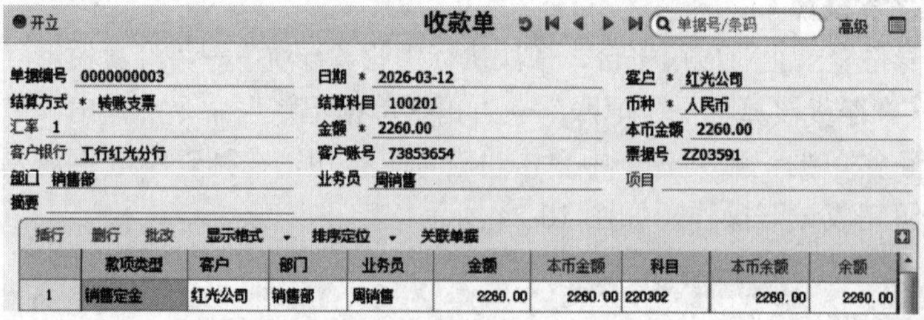

图 10-26 收款单据录入

单击"审核"按钮，在弹出的对话框中单击"是"按钮，显示"填制凭证"界面，完善凭证要素，单击"保存"按钮完成收款凭证的制作，如图 10-27 所示。

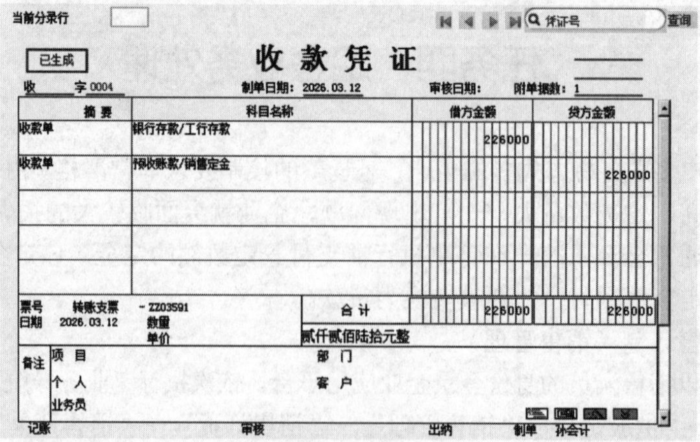

图 10-27 填制凭证

第三步，销售订单审核（销售管理）。

3 月 12 日，以销售人员的身份登录企业应用平台，依次执行“业务导航”→“经典树形”→“业务工作”→“供应链”→“销售管理”→“销售订货”→“销售订单列表”命令，打开“销售订单列表”界面，在“销售订单列表”中单击“查询”按钮，在列表中选中需要审核的记录，单击“审核”按钮，再单击“确定”按钮完成销售订单的审核操作，如图 10-28 所示。

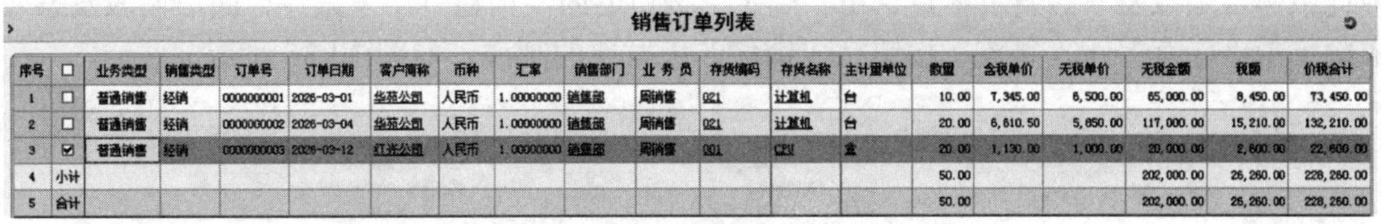
销售订单列表

序号	☐	业务类型	销售类型	订单号	订单日期	客户简称	币种	汇率	销售部门	业务员	存货编码	存货名称	主计量单位	数量	含税单价	无税单价	无税金额	税额	价税合计
1	☐	普通销售	经销	0000000001	2026-03-01	华菇公司	人民币	1.00000000	销售部	周销售	021	计算机	台	10.00	7,345.00	6,500.00	65,000.00	8,450.00	73,450.00
2	☐	普通销售	经销	0000000002	2026-03-04	华菇公司	人民币	1.00000000	销售部	周销售	021	计算机	台	20.00	6,610.50	5,850.00	117,000.00	15,210.00	132,210.00
3	☑	普通销售	经销	0000000003	2026-03-12	红光公司	人民币	1.00000000	销售部	周销售	001	CPU	盒	20.00	1,130.00	1,000.00	20,000.00	2,600.00	22,600.00
4	小计													50.00			202,000.00	26,260.00	228,260.00
5	合计													50.00			202,000.00	26,260.00	228,260.00

图 10-28　销售订单审核

第四步，发货单（销售管理）。

依次执行“业务导航”→“经典树形”→“业务工作”→“供应链”→“销售管理”→“销售发货”→“发货单”命令，打开“发货单”界面，依次单击“增加”→“订单”按钮，弹出“查询条件-参照订单”页面，单击“确定”按钮，弹出“参照生单”页面，在“发货单参照订单表头”列表中选中需要生成发货单的订单，单击“确定”按钮返回“发货单”界面，按项目资料输入“仓库名称”，依次单击“保存”→“审核”按钮完成发货单的制作，如图 10-29 所示。

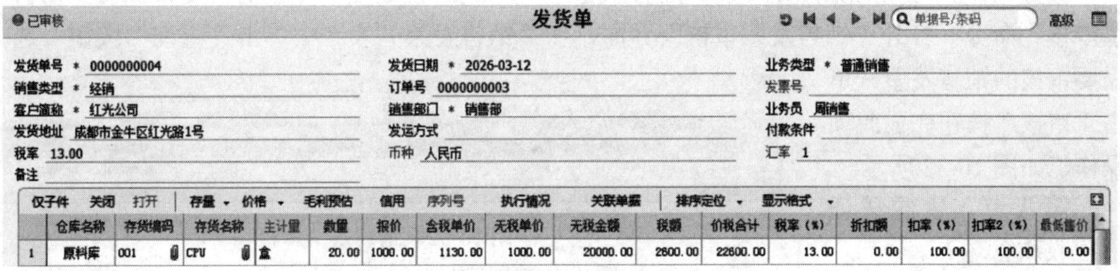

图 10-29　发货单

第五步，出库单（库存管理）。

3 月 12 日，以仓库管理员的身份登录企业应用平台，依次执行“业务导航”→“经典树形”→“业务工作”→“供应链”→“库存管理”→“销售出库”→“销售出库单”命令，打开“销售出库单”界面，单击⏮ ◀ ▶ ⏭按钮，选择本笔业务对应的“销售出库单”，单击“审核”按钮完成此项操作，如图 10-30 所示。

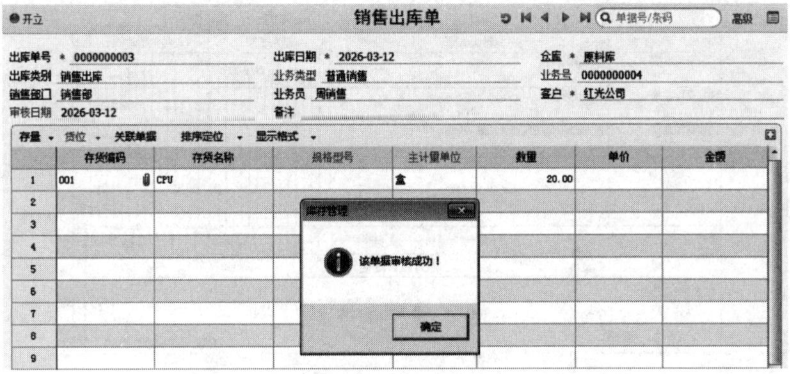

图 10-30　销售出库单

第六步，销售专用发票（销售管理）。

3 月 12 日，以销售人员的身份登录企业应用平台，依次执行"业务导航"→"经典树形"→"业务工作"→"供应链"→"销售管理"→"销售开票"→"销售专用发票"命令，打开"销售专用发票"界面，依次单击"增加"→"发货单"按钮，弹出"查询条件-发票参照发货单"页面，单击"确定"按钮，弹出"参照生单"页面，在"发票参照发货单表头"列表中选中需要生成发票的发货单，单击"确定"按钮返回"销售专用发票"界面，输入发票号，依次单击"保存"→"复核"按钮完成销售专用发票的制作，如图 10-31 所示。

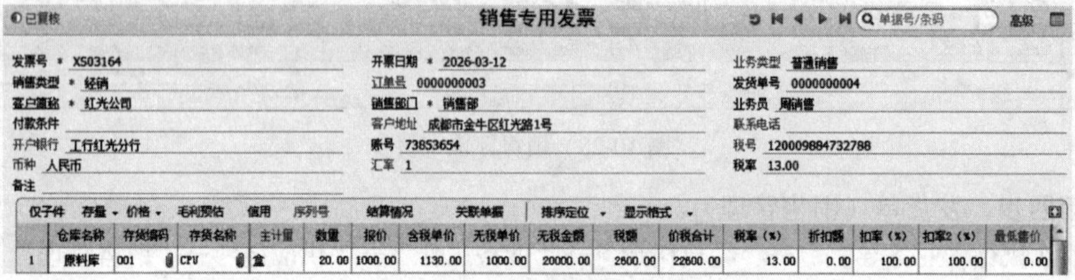

图 10-31　销售专用发票

第七步，销售发票审核（应收款管理）。

3 月 12 日，以会计人员的身份登录企业应用平台，依次执行"业务导航"→"经典树形"→"业务工作"→"财务会计"→"应收款管理"→"应收处理"→"销售发票"→"销售发票审核"命令，打开"销售发票审核"界面，在"销售发票列表"中单击"查询"按钮，选中需要审核的销售发票，单击"审核"按钮完成此项操作，如图 10-32 所示。

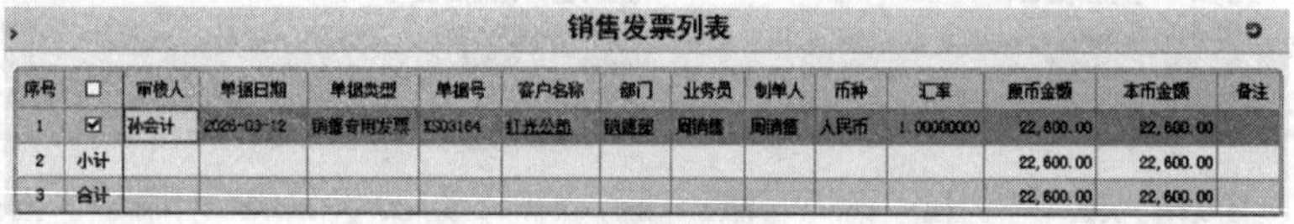

第八步，生成凭证（应收款管理）。

图 10-32　销售发票审核

依次执行"业务导航"→"经典树形"→"业务工作"→"财务会计"→"应收款管理"→"凭证处理"→"生成凭证"命令，弹出"制单查询"页面，选中"发票"后单击"确定"按钮，打开"生成凭证"界面，在"凭证类别"下拉列表中选择"转账凭证"，双击"选择标志"栏，单击"制单"按钮，打开"填制凭证"界面，完善凭证要素，单击"保存"按钮完成凭证的制作，如图 10-33 所示。

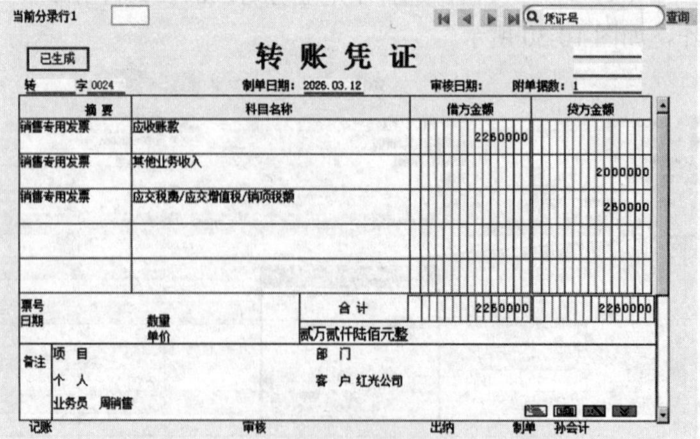

图 10-33　填制凭证

第九步，正常单据记账（存货核算）。

3月31日，以会计人员的身份登录企业应用平台，依次执行"业务导航"→"经典树形"→"业务工作"→"供应链"→"存货核算"→"记账"→"正常单据记账"命令，弹出"未记账单据一览表"页面，在"正常单据记账列表"中单击"查询"按钮，在列表中选中需要记账的记录，单击"记账"按钮完成记账操作，如图10-34所示。

	日期	单据号	存货编码	存货名称	单据类型	仓库名称	收发类别	数量	供应商简称	计量单位
☑	2026-03-12	XS03154	001	CPU	专用发票	原料库	调拨出库	20.00	镇江公司	盒
小计								20.00		

图 10-34　未记账单据一览表

第十步，生成凭证（存货核算）。

3月12日，以会计人员的身份登录企业应用平台，依次执行"业务导航"→"经典树形"→"业务工作"→"供应链"→"存货核算"→"凭证处理"→"生成凭证"命令，打开"生成凭证"界面，单击"选单"按钮，弹出"查询条件-生成凭证查询条件"页面，单击"确定"按钮，弹出"选择单据"页面，双击需要生成凭证的记录"选择"栏，单击"确定"按钮，返回"生成凭证"界面，在"凭证类别"下拉列表中选择"转账凭证"，单击"合并制单"按钮，打开"填制凭证"界面，完善凭证要素，单击"保存"按钮完成凭证的制作，如图10-35所示。

图 10-35　填制凭证

任务五　开票直接发货业务处理

开票直接发货业务处理

开票直接发货业务，是指根据销售订单或其他销售合同，向客户开具销售发票，客户凭发票到指定仓库提货。开票直接发货业务只适用于普通销售。在开票直接发货业务模式下，需要在销售管理系统参数中，取消选中"销售生成出库单"复选框，如图10-36所示。配置完成后，销售发票复核时会自动生成销售发货单，销售发货单不需要审核，但出库单需要手动生单，且可以修改出库数量，因此该业务模式也被称为多次出库销售方式。

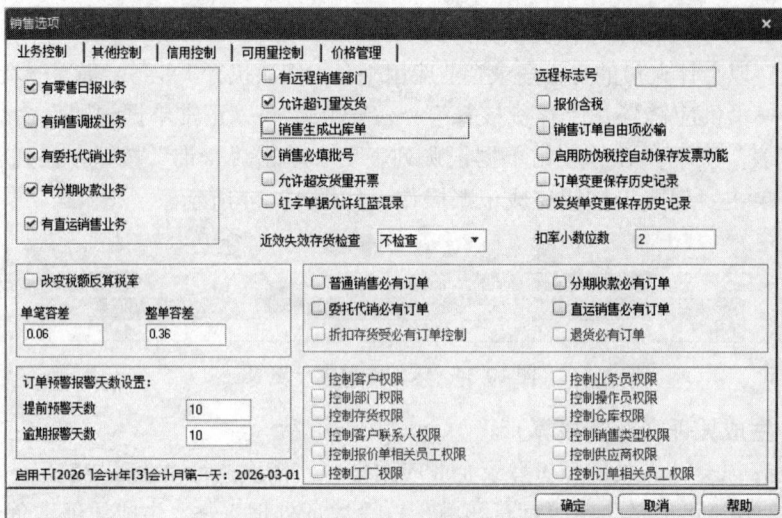

图 10-36　销售选项

第一步，销售专用发票（销售管理）。

3 月 13 日，以销售人员的身份登录企业应用平台，依次执行"业务导航"→"经典树形"→"业务工作"→"供应链"→"销售管理"→"销售开票"→"销售专用发票"命令，打开"销售专用发票"界面，依次单击"增加"→"空白单据"按钮，按项目资料输入数据，依次单击"保存"→"复核"按钮完成销售专用发票的制作，如图 10-37 所示。

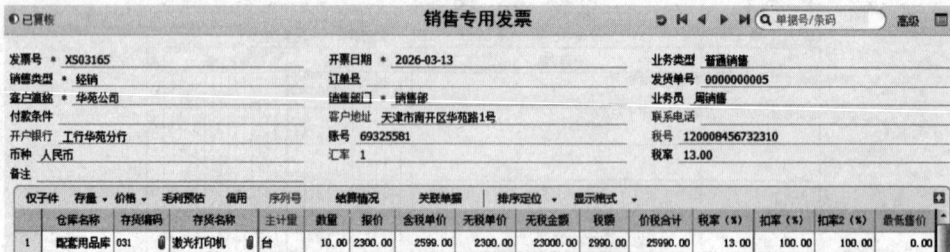

图 10-37　销售专用发票

第二步，查询发货单（销售管理）。

依次执行"业务导航"→"经典树形"→"业务工作"→"供应链"→"销售管理"→"销售发货"→"发货单"命令，打开"发货单"界面，单击 ⏮ ◀ ▶ ⏭ 按钮，选择本笔业务对应的"发货单"，观察发现"审核"按钮已呈灰化状态，如图 10-38 所示。

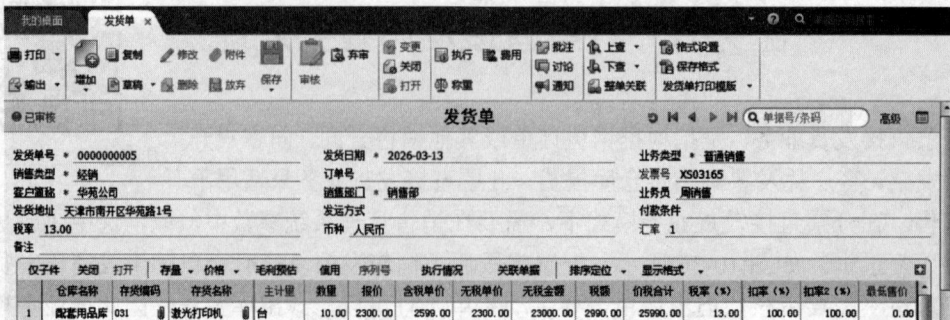

图 10-38　发货单

第三步，出库单（库存管理）。

3 月 13 日，以仓库管理员的身份登录企业应用平台，依次执行"业务导航"→"经典树形"→"业务工作"→"供应链"→"库存管理"→"销售出库"→"销售出库单"命令，打开"销售出库单"界面，依次单击"增加"→"销售发货单"按钮，弹出"查询条件-销售发货单列表"页面，单击"确定"按钮，弹出"销售生单"页面，在"销售发货单表头"列表中选中需要生成出库单的记录，单击"确定"按钮，返回"销售出库单"界面，依次单击"保存"→"审核"按钮完成销售出库单的制作，如图 10-39 所示。

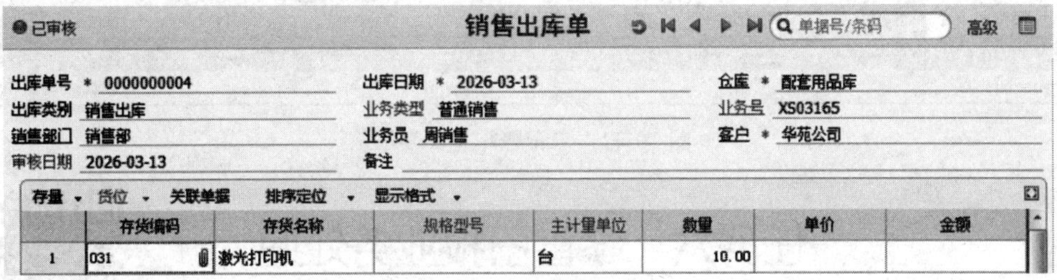

图 10-39　销售出库单

第四步，销售发票审核（应收款管理）。

3 月 13 日，以会计人员的身份登录企业应用平台，依次执行"业务导航"→"经典树形"→"业务工作"→"财务会计"→"应收款管理"→"应收处理"→"销售发票"→"销售发票审核"命令，打开"销售发票审核"界面，在"销售发票列表"中单击"查询"按钮，选中需要审核的销售发票，单击"审核"按钮完成此项操作，如图 10-40 所示。

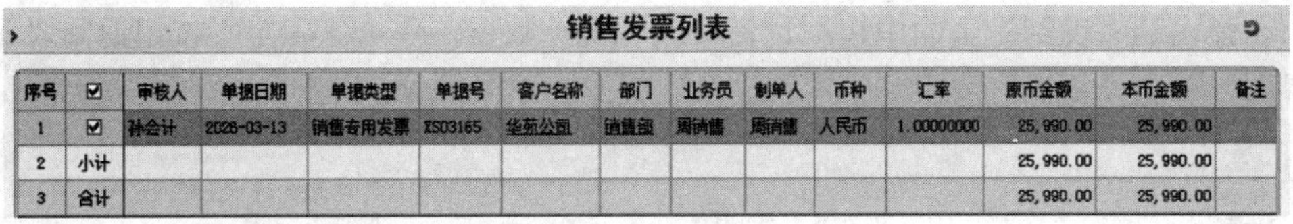

图 10-40　销售发票审核

第五步，生成凭证（应收款管理）。

依次执行"业务导航"→"经典树形"→"业务工作"→"财务会计"→"应收款管理"→"凭证处理"→"生成凭证"命令，弹出"制单查询"页面，选中"发票"后单击"确定"按钮，打开"生成凭证"界面，在"凭证类别"下拉列表中选择"转账凭证"，双击"选择标志"栏，单击"制单"按钮，打开"填制凭证"界面，完善凭证要素，单击"保存"按钮完成凭证的制作，如图 10-41 所示。

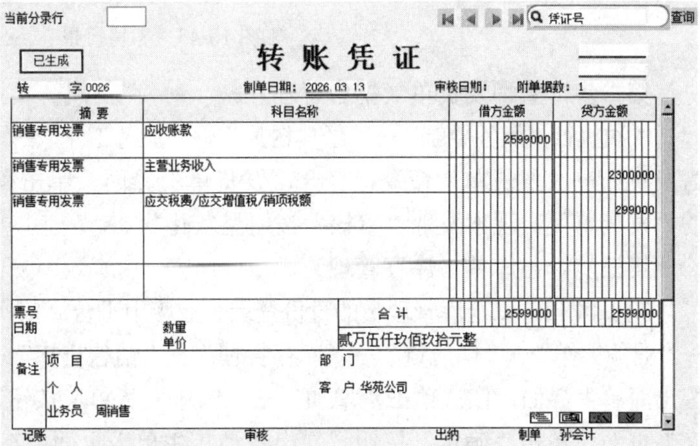

图 10-41　填制凭证

第六步，正常单据记账（存货核算）。

3月31日，以会计人员的身份登录企业应用平台，依次执行"业务导航"→"经典树形"→"业务工作"→"供应链"→"存货核算"→"记账"→"正常单据记账"命令，弹出"未记账单据一览表"页面，在"正常单据记账列表"中单击"查询"按钮，在列表中选中需要记账的记录，单击"记账"按钮完成记账操作，如图10-42所示。

	日期	单据号	存货编码	存货名称	单据类型	仓库名称	收发类别	数量	计量单位
☑	2026-03-13	XS03165	031	激光打印机	专用发票	配套用品库	销售出库	10.00	台
小计								10.00	

正常单据记账列表

图10-42 未记账单据一览表

任务六 零售日报业务处理

零售日报业务处理

第一步，零售日报（销售管理）。

3月14日，以销售人员的身份登录企业应用平台，依次执行"业务导航"→"经典树形"→"业务工作"→"供应链"→"销售管理"→"零售日报"→"零售日报"命令，打开"零售日报"界面，依次单击"增加"→"空白单据"按钮，按项目资料输入数据（因有允限销设置，注意观察"个人"客户的存货选择），依次单击"保存"→"现结"按钮，在弹出的"现结"页面中按项目资料输入现结数据，单击"确定"按钮返回"零售日报"界面，单击"复核"按钮完成零售日报的制作，如图10-43所示。

日报号 × XS03166			日报日期 × 2026-03-14		销售类型 × 经销	

零售日报

已复核 现结

	仓库名称	存货编码	存货名称	主计量	数量	报价	含税单价	无税单价	无税金额	税额	价税合计	税率(%)	折扣额	扣率(%)	扣率2(%)	最低售价
1	成品库	021	计算机	台	1.00	0.00	7580.00	6707.96	6707.96	872.04	7580.00	13.00	0.00	100.00	100.00	0.00

图10-43 零售日报

第二步，查询发货单（销售管理）。

依次执行"业务导航"→"经典树形"→"业务工作"→"供应链"→"销售管理"→"销售发货"→"发货单"命令，打开"发货单"界面，单击 ⏮ ◀ ▶ ⏭ 按钮，选择本笔业务对应的"发货单"，观察发现"审核"按钮呈灰化状态。

第三步，出库单（库存管理）。

3月14日，以仓库管理员的身份登录企业应用平台，依次执行"业务导航"→"经典树形"→"业务工作"→"供应链"→"库存管理"→"销售出库"→"销售出库单"命令，打开"销售出库单"界面，依次单击"增加"→"销售发货单"按钮，弹出"查询条件-销售发货单列表"页面，单击"确定"按钮，弹出"销售生单"页面，在"销售发货单表头"列表中选中需要生成出库单的记录，单击"确定"按钮，返回"销售出库单"界面，依次单击"保存"→"审核"按钮完成销售出库单的制作，如图10-44所示。

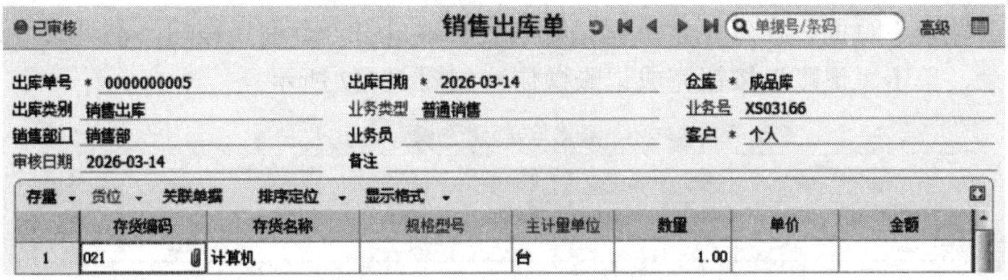

图 10-44　销售出库单

第四步，销售发票审核（应收款管理）。

3 月 14 日，以会计人员的身份登录企业应用平台，依次执行"业务导航"→"经典树形"→"业务工作"→"财务会计"→"应收款管理"→"应收处理"→"销售发票"→"销售发票审核"命令，打开"销售发票审核"界面，在"销售发票列表"中单击"查询"按钮，选中需要审核的销售零售日报，单击"审核"按钮完成此项操作，如图 10-45 所示。

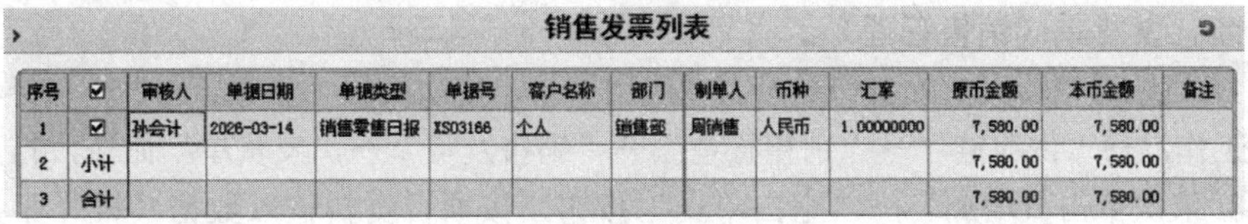

销售发票列表

序号	☑	审核人	单据日期	单据类型	单据号	客户名称	部门	制单人	币种	汇率	原币金额	本币金额	备注
1	☑	孙会计	2026-03-14	销售零售日报	XS03166	个人	销售部	周销售	人民币	1.00000000	7,580.00	7,580.00	
2		小计									7,580.00	7,580.00	
3		合计									7,580.00	7,580.00	

图 10-45　销售发票审核

第五步，生成凭证（应收款管理）。

依次执行"业务导航"→"经典树形"→"业务工作"→"财务会计"→"应收款管理"→"凭证处理"→"生成凭证"命令，弹出"制单查询"页面，同时选中"发票"和"现结"后单击"确定"按钮，打开"生成凭证"界面，在"凭证类别"下拉列表中选择"收款凭证"，双击"选择标志"栏，单击"制单"按钮，打开"填制凭证"界面，完善凭证要素，单击"保存"按钮完成凭证的制作，如图 10-46 所示。

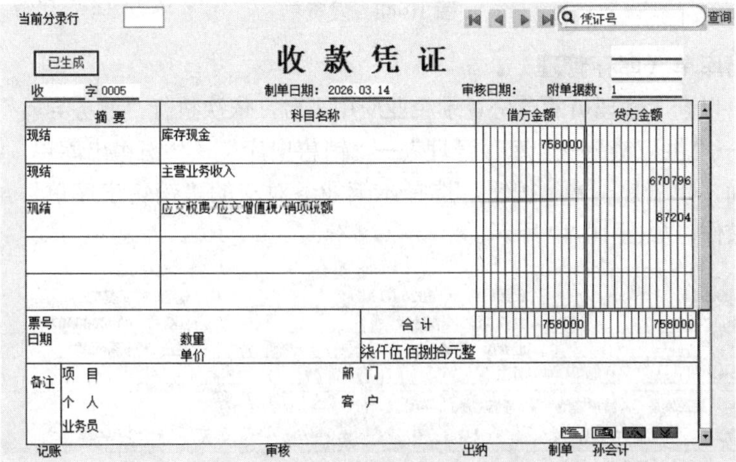

图 10-46　填制凭证

第六步，正常单据记账（存货核算）。

3 月 31 日，以会计人员的身份登录企业应用平台，依次执行"业务导航"→"经典树形"→"业务工作"→"供应链"→"存货核算"→"记账"→"正常单据记账"命令，弹出"未

记账单据一览表"页面，在"正常单据记账列表"中单击"查询"按钮，在列表中选中需要
记账的记录，单击"记账"按钮完成记账操作，如图 10-47 所示。

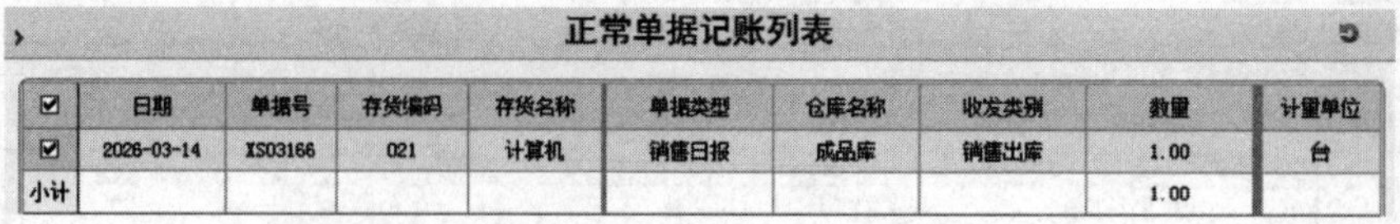

☑	日期	单据号	存货编码	存货名称	单据类型	仓库名称	收发类别	数量	计量单位
☑	2026-03-14	XS03166	021	计算机	销售日报	成品库	销售出库	1.00	台
小计								1.00	

正常单据记账列表

图 10-47　未记账单据一览表

任务七　分期收款业务处理

分期收款业务处理

由于分期收款业务属于先发货后开票的销售方式，因此需要在销售管
理系统选项中选中"销售生成出库单"。

第一步，发货单（销售管理）。

3 月 15 日，以销售人员的身份登录企业应用平台，依次执行"业务导航"→"经典树形"
→"业务工作"→"供应链"→"销售管理"→"销售发货"→"发货单"命令，打开"发货
单"界面，依次单击"增加"→"空白单据"按钮，按项目资料输入数据（将"业务类型"
设置为"分期收款"），单击"保存"→"审核"按钮完成发货单的制作，如图 10-48 所示。

发货单

发货单号	0000000007		发货日期	2026-03-15		业务类型	分期收款
销售类型	经销		订单号			发票号	
客户简称	天平公司		销售部门	销售部		业务员	张健
发货地址	上海市徐汇区天平路8号		发运方式			付款条件	
税率	13.00		币种	人民币		汇率	

	仓库名称	存货编码	存货名称	主计量	数量	报价	含税单价	无税单价	无税金额	税额	价税合计	税率（%）	扣率（%）	扣率2（%）	最低售价
1	成品库	021	计算机	台	200.00	6500.00	7345.00	6500.00	1300000.00	169000.00	1469000.00	13.00	100.00	100.00	0.00

图 10-48　发货单

第二步，出库单（库存管理）。

3 月 15 日，以仓库管理员的身份登录企业应用平台，依次执行"业务导航"→"经典树形"
→"业务工作"→"供应链"→"库存管理"→"销售出库"→"销售出库单"命令，打开"销售
出库单"界面，单击 ◄◄ ◄ ► ►◄ 按钮，选择本笔业务对应的"销售出库单"，单击"审核"
按钮完成此项操作，如图 10-49 所示。

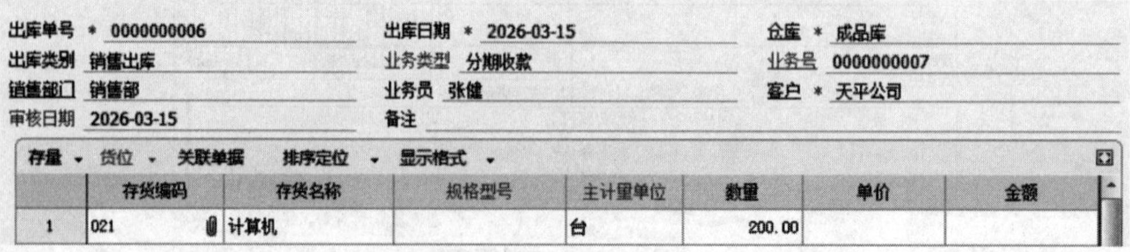

出库单号	0000000006		出库日期	2026-03-15		仓库	成品库
出库类别	销售出库		业务类型	分期收款		业务号	0000000007
销售部门	销售部		业务员	张健		客户	天平公司
审核日期	2026-03-15		备注				

	存货编码	存货名称	规格型号	主计量单位	数量	单价	金额
1	021	计算机		台	200.00		

图 10-49　销售出库单

第三步，销售专用发票（销售管理）。

3 月 15 日，以销售人员的身份登录企业应用平台，依次执行"业务导航"→"经典树形"
→"业务工作"→"供应链"→"销售管理"→"销售开票"→"销售专用发票"命令，打开

"销售专用发票"界面，依次单击"增加"→"发货单"按钮，弹出"查询条件-发票参照发货单"页面，将"业务类型"设置为"分期收款"后单击"确定"按钮，弹出"参照生单"页面，在"发票参照发货单表头"列表中选中需要生成发票的发货单，单击"确定"按钮返回"销售专用发票"界面，输入发票号，修改本次开票"数量"，依次单击"保存"→"复核"按钮完成销售专用发票的制作，如图 10-50 所示。

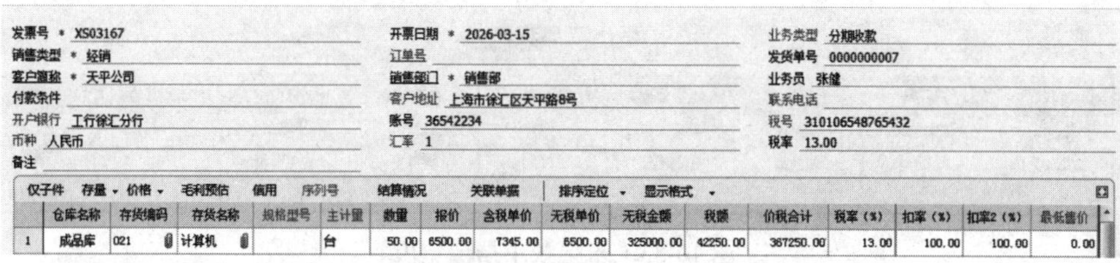

图 10-50 销售专用发票

第四步，销售发票审核（应收款管理）。

3 月 15 日，以会计人员的身份登录企业应用平台，依次执行"业务导航"→"经典树形"→"业务工作"→"财务会计"→"应收款管理"→"应收处理"→"销售发票"→"销售发票审核"命令，打开"销售发票审核"界面，在"销售发票列表"中单击"查询"按钮，选中需要审核的销售发票，单击"审核"按钮完成此项操作，如图 10-51 所示。

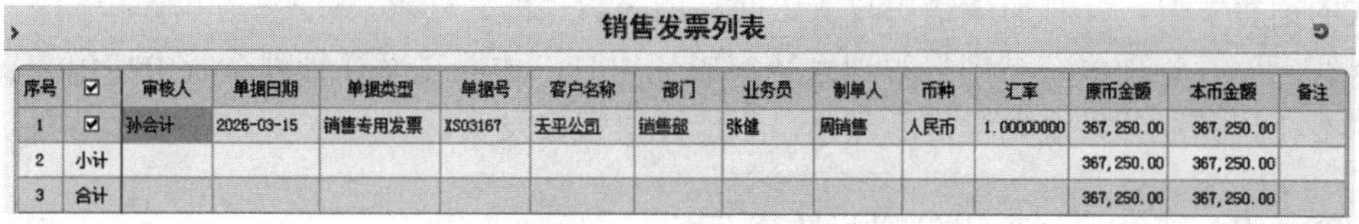

图 10-51 销售发票审核

第五步，生成凭证（应收款管理）。

依次执行"业务导航"→"经典树形"→"业务工作"→"财务会计"→"应收款管理"→"凭证处理"→"生成凭证"命令，弹出"制单查询"页面，选中"发票"后单击"确定"按钮，打开"生成凭证"界面，在"凭证类别"下拉列表中选择"转账凭证"，双击"选择标志"栏，单击"制单"按钮，打开"填制凭证"界面，完善凭证要素，单击"保存"按钮完成凭证的制作，如图 10-52 所示。

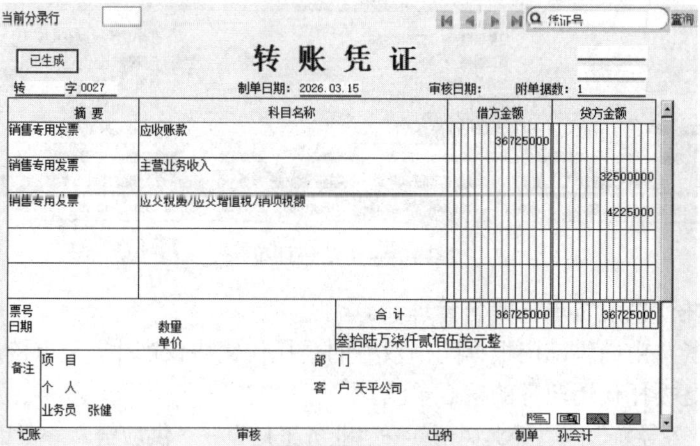

图 10-52 填制凭证

第六步，发出商品记账（存货核算）。

3 月 31 日，以会计人员的身份登录企业应用平台，依次执行 "业务导航" → "经典树形" → "业务工作" → "供应链" → "存货核算" → "记账" → "发出商品记账" 命令，弹出 "未记账单据一览表" 页面，在 "发出商品记账" 列表中单击 "查询" 按钮，在列表中选中需要记账的记录，单击 "记账" 按钮完成记账操作，如图 10-53 所示。

	日期	单据号	仓库名称	收发类别	存货编码	存货名称	单据类型	计量单位	数量
☑									
☑	2026-03-15	0000000007	成品库	销售出库	021	计算机	发货单	台	200.00
☑	2026-03-15	XS03167	成品库	销售出库	021	计算机	专用发票	台	50.00
小计									250.00

发出商品记账

图 10-53　未记账单据一览表

任务八　委托代销业务处理

委托代销业务处理

委托代销业务，是指企业将商品委托他人进行销售但商品所有权仍归本企业的销售方式。委托代销商品销售后，受托方与企业进行结算，并开具正式的销售发票，此时形成销售收入，商品所有权也随之转移。

只有当库存管理系统与销售管理系统集成使用时，才能在库存管理系统中使用委托代销业务。委托代销业务只能先发货后开票，不能开票直接发货。

一、第一阶段：委托代销发出商品

第一步，销售订单（销售管理）。

3 月 16 日，以销售人员的身份登录企业应用平台，依次执行 "业务导航" → "经典树形" → "业务工作" → "供应链" → "销售管理" → "销售订货" → "销售订单" 命令，打开 "销售订单" 界面，依次单击 "增加" → "空白单据" 按钮，按项目资料输入数据（"业务类型" 选择 "委托代销"），依次单击 "保存" → "审核" 按钮完成销售订单的制作，如图 10-54 所示。

		销售订单			
订单号 * 0000000004		订单日期 * 2026-03-16		业务类型 * 委托代销	
销售类型 * 经销		客户简称 * 和平公司		付款条件	
销售部门 * 销售部		业务员 张健		税率 13.00	
币种 人民币		汇率 1		备注	
必有定金 否　定金比例...		定金原币金额 0.00		定金累计实收原币	

	存货编码	存货名称	主计量	数量	报价	含税单价	无税单价	无税金额	税额	价税合计	税率(%)	扣率(%)	扣率2(%)	预发货日期
1	021	计算机	台	50.00	6500.00	7345.00	6500.00	325000.00	42250.00	367250.00	13.00	100.00	100.00	2026-03-16

图 10-54　销售订单

第二步，委托代销发货单（销售管理）。

委托代销发货单由销售部门根据购销双方的委托代销协议产生，经审核后通知仓库备货，委托代销发货单是委托代销业务的核心单据。

依次执行 "业务导航" → "经典树形" → "业务工作" → "供应链" → "销售管理" → "委托代销" → "委托代销发货单" 命令，打开 "委托代销发货单" 界面，依次单击 "增加" →

"订单"按钮，弹出"查询条件-参照订单"页面，单击"确定"按钮，弹出"参照生单"页面，在"发货单参照订单表头"列表中选中需要生成发货单的订单，单击"确定"按钮返回"委托代销发货单"界面，按项目资料输入"仓库名称"，依次单击"保存"→"审核"按钮完成委托代销发货单的制作，如图10-55所示。

⊘ 已审核				委托代销发货单			単据号/条码	高级

发货单号	* 0000000001		发货日期	* 2026-03-16		业务类型	* 委托代销
销售类型	* 经销		订单号	0000000004		税率	13.00
客户简称	* 和平公司		销售部门	* 销售部		业务员	张健
发货地址	哈尔滨平房区和平路16号		发运方式			付款条件	
币种	人民币		汇率	1		备注	

仅子件	存量	价格	毛利预估	信用	序列号	结算情况	关联单据	排序定位	显示格式

	仓库名称	存货编码	存货名称	主计量	数量	报价	含税单价	无税单价	无税金额	税额	价税合计	税率(%)	扣率(%)	扣率2(%)	最低售价
1	成品库	021	计算机	台	50.00	6500.00	7345.00	6500.00	325000.00	42250.00	367250.00	13.00	100.00	100.00	0.00

图10-55　委托代销发货单

第三步，销售出库单（库存管理）。

3月16日，以仓库管理员的身份登录企业应用平台，依次执行"业务导航"→"经典树形"→"业务工作"→"供应链"→"库存管理"→"销售出库"→"销售出库单"命令，打开"销售出库单"界面，单击◄◄ ◄ ► ►◄ 按钮，选择本笔业务对应的"销售出库单"，单击"审核"按钮完成此项操作，如图10-56所示。

图10-56　销售出库单

第四步，发出商品记账（存货核算）。

3月31日，以会计人员的身份登录企业应用平台，依次执行"业务导航"→"经典树形"→"业务工作"→"供应链"→"存货核算"→"记账"→"发出商品记账"命令，弹出"未记账单据一览表"页面，在"发出商品记账"列表中单击"查询"按钮，在列表中选中需要记账的记录，单击"记账"按钮完成记账操作，如图10-57所示。

		发出商品记账						⟳
☑	日期	单据号	仓库名称	收发类别	存货编码	存货名称	单据类型	计量单位	数量
☑	2026-03-16	0000000001	成品库	销售出库	021	计算机	委托代销发货单	台	50.00
小计									50.00

图10-57　未记账单据一览表

二、第二阶段：办理委托代销结算

第一步，委托代销结算单、销售专用发票（销售管理）。

委托代销结算单是记录委托给客户的代销货物结算信息的单据，也是双方确认结算的货物明细清单。

3 月 18 日，以销售人员的身份登录企业应用平台，依次执行"业务导航"→"经典树形"→"业务工作"→"供应链"→"销售管理"→"委托代销"→"委托代销结算单"命令，打开"委托代销结算单"界面，单击"增加"按钮，弹出"查询条件-委托代销参照发货单"页面，单击"确定"按钮，弹出"参照生单"页面，在"委托代销参照发货单表头"列表中选中需要生成结算单的发货单，单击"确定"按钮返回"委托代销结算单"界面，按项目资料输入"发票号"并修改结算"数量"，单击"保存"按钮完成委托代销结算单的制作，如图 10-58 所示。单击"审核"按钮，弹出"请选择发票类型"页面，选择"专用发票"，单击"确定"按钮将自动生成一张销售专用发票。

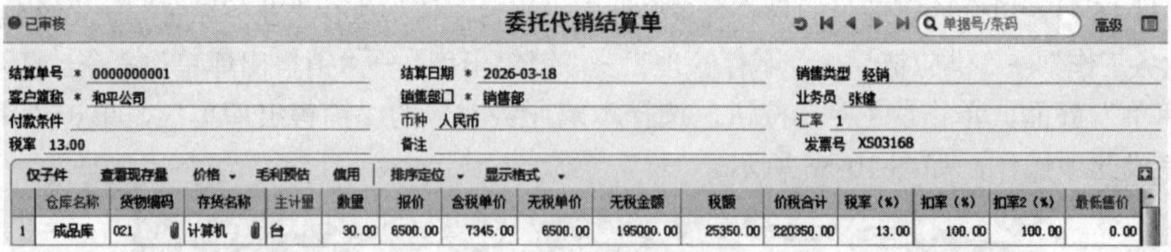

图 10-58　委托代销结算单

依次执行"业务导航"→"经典树形"→"业务工作"→"供应链"→"销售管理"→"销售开票"→"销售专用发票"命令，打开"销售专用发票"界面，单击 ◀◀◀▶▶▶ 按钮，选择上述自动生成的"销售专用发票"，单击"复核"按钮完成此项操作，如图 10-59 所示。

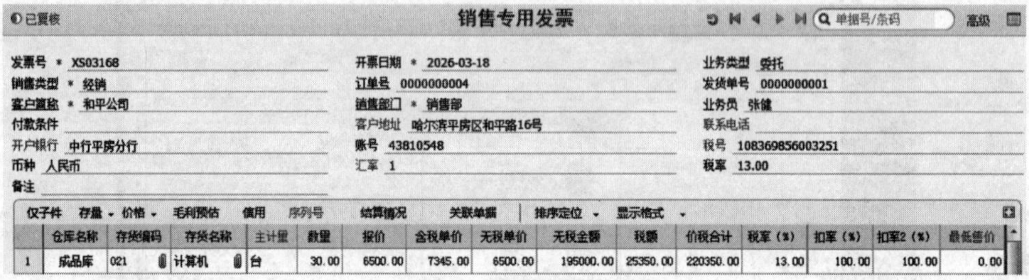

图 10-59　销售专用发票

第二步，销售发票审核（应收款管理）。

3 月 18 日，以会计人员的身份登录企业应用平台，依次执行"业务导航"→"经典树形"→"业务工作"→"财务会计"→"应收款管理"→"应收处理"→"销售发票"→"销售发票审核"命令，打开"销售发票审核"界面，在"销售发票列表"中单击"查询"按钮，选中需要审核的销售发票，单击"审核"按钮完成此项操作，如图 10-60 所示。

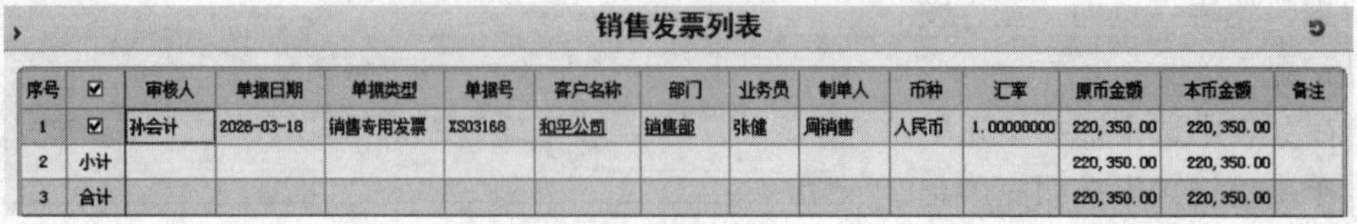

图 10-60　销售发票审核

第三步，生成凭证（应收款管理）。

依次执行“业务导航”→“经典树形”→“业务工作”→“财务会计”→“应收款管理”→“凭证处理”→“生成凭证”命令，弹出“制单查询”页面，选中“发票”后单击“确定”按钮，打开“生成凭证”界面，在“凭证类别”下拉列表中选择“转账凭证”，双击“选择标志”栏，单击“制单”按钮，打开“填制凭证”界面，完善凭证要素，单击“保存”按钮完成凭证制作，如图 10-61 所示。

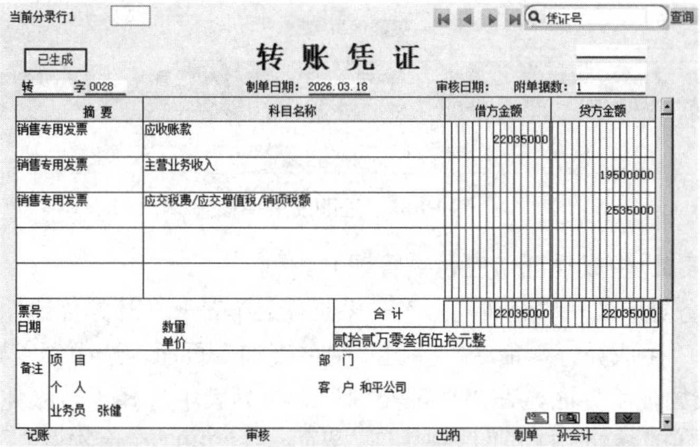

当前分录行1　　凭证号　查询

已生成

转 账 凭 证

转　字 0028　　制单日期：2026.03.18　　审核日期：　　附单据数：1

摘要	科目名称	借方金额	贷方金额
销售专用发票	应收账款	22035000	
销售专用发票	主营业务收入		19500000
销售专用发票	应交税费/应交增值税/销项税额		2535000
票号 日期　数量 单价	合计	22035000	22035000
	贰拾贰万零叁佰伍拾元整		

备注　项　目　　部　门

个　人　　客　户 和平公司

业务员　张健

记账　　审核　　出纳　　制单　孙会计

图 10-61　填制凭证

第四步，发出商品记账（存货核算）。

3 月 31 日，以会计人员的身份登录企业应用平台，依次执行“业务导航”→“经典树形”→“业务工作”→“供应链”→“存货核算”→“记账”→“发出商品记账”命令，弹出“未记账单据一览表”页面，在“发出商品记账”列表中单击“查询”按钮，在列表中选中需要记账的记录，单击“记账”按钮完成记账操作，如图 10-62 所示。

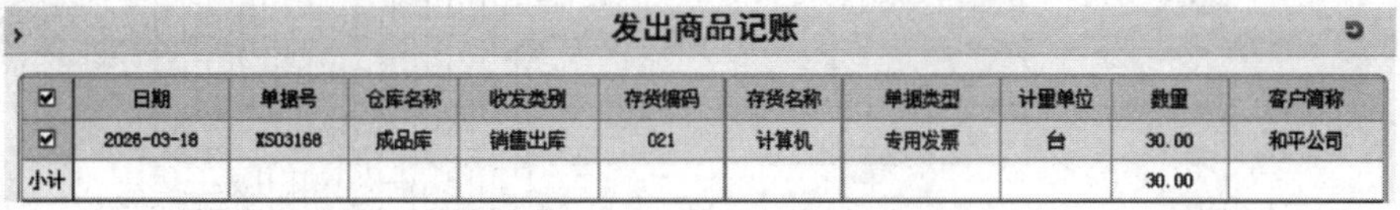

发出商品记账

☑	日期	单据号	仓库名称	收发类别	存货编码	存货名称	单据类型	计量单位	数量	客户简称
☑	2026-03-18	XS03168	成品库	销售出库	021	计算机	专用发票	台	30.00	和平公司
小计									30.00	

图 10-62　未记账单据一览表

第五步，[手续费]采购专用发票（采购管理）。

3 月 18 日，以采购人员的身份登录企业应用平台，依次执行“业务导航”→“经典树形”→“业务工作”→“供应链”→“采购管理”→“采购发票”→“专用采购发票”命令，打开“专用发票”界面，依次单击“增加”→“空白单据”按钮，按项目资料输入发票信息，单击“保存”→“复核”按钮完成专用采购发票的制作，如图 10-63 所示。

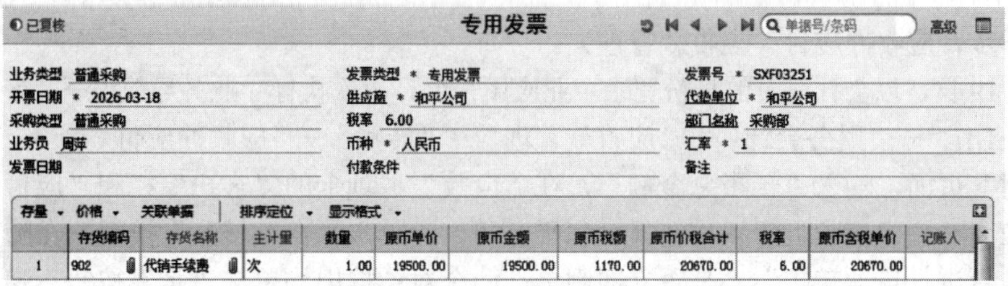

已复核　　专用发票　　单据号/条码　高级

业务类型 普通采购　　发票类型 * 专用发票　　发票号 * SXF03251

开票日期 * 2026-03-18　　供应商 * 和平公司　　代垫单位 * 和平公司

采购类型 普通采购　　税率 6.00　　部门名称 采购部

业务员 周萍　　币种 * 人民币　　汇率 * 1

发票日期　　付款条件　　备注

存量 ▾　价格 ▾　关联单据　排序定位 ▾　显示格式 ▾

	存货编码	存货名称	主计量	数量	原币单价	原币金额	原币税额	原币价税合计	税率	原币含税单价	记账人
1	902	代销手续费	次	1.00	19500.00	19500.00	1170.00	20670.00	6.00	20670.00	

图 10-63　专用采购发票

第六步，[手续费]采购发票审核（应付款管理）。

3 月 18 日，以会计人员的身份登录企业应用平台，依次执行"业务导航"→"经典树形"→"业务工作"→"财务会计"→"应付款管理"→"应付处理"→"采购发票"→"采购发票审核"命令，打开"采购发票审核"界面，在"采购发票列表"中单击"更多>>"按钮，弹出"查询条件-发票查询"页面，在"结算状态"下拉列表中选择"未结算完"，单击"确定"按钮，选中需要审核的采购发票，单击"审核"按钮完成此项操作，如图 10-64 所示。

序号	☑	审核人	单据日期	单据类型	单据号	供应商名称	部门	业务员	制单人	币种	汇率	原币金额	本币金额	备注
1	☑	补会计	2026-03-18	采购专用发票	SIF03251	和平公司	采购部	周萍	李采购	人民币	1.00000000	20,670.00	20,670.00	
2		小计										20,670.00	20,670.00	
3		合计										20,670.00	20,670.00	

图 10-64 采购发票审核

第七步，[手续费]生成凭证（应付款管理）。

依次执行"业务导航"→"经典树形"→"业务工作"→"财务会计"→"应付款管理"→"凭证处理"→"生成凭证"命令，弹出"制单查询"页面，选中"发票"后单击"确定"按钮，打开"生成凭证"界面，在"凭证类别"下拉列表中选择"转账凭证"，双击"选择标志"栏，单击"制单"按钮，打开"填制凭证"界面，将"1402 在途物资"科目修改为"660105销售费用/委托代销手续费"科目，单击"保存"按钮完成凭证制作，如图 10-65 所示。

图 10-65 填制凭证

三、第三阶段：结清委托代销货款

第一步，应收冲应付（应收款管理）。

3 月 19 日，以会计人员的身份登录企业应用平台，依次执行"业务导航"→"经典树形"→"业务工作"→"财务会计"→"应收款管理"→"转账"→"应收冲应付"命令，弹出"应收冲应付"页面，输入"转账总金额"，在"应收"选项卡的"客户"栏和"应付"选项卡的"供应商"栏中按项目资料均选择"和平公司"，单击"自动转账"按钮，在随后依次弹出的"是否进行自动转账""是否立即制单"两个对话框中均单击"是"按钮，弹出"填制凭证"页面，完善凭证要素，单击"保存"按钮完成凭证制作，如图 10-66 所示。

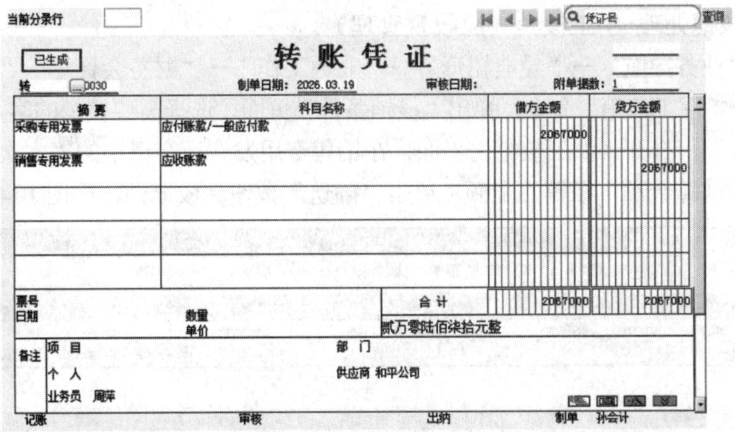

图 10-66 填制凭证

第二步，收款单据输入、审核、制单（应收款管理）。

依次执行"业务导航"→"经典树形"→"业务工作"→"财务会计"→"应收款管理"→"收款处理"→"收款单据录入"命令，打开"收款单据录入"界面，依次单击"增加"→"空白单据"按钮，按项目资料输入表头数据，在"款项类型"处选择"应收款"，依次单击"保存"→"审核"按钮完成此项操作，如图 10-67 所示。

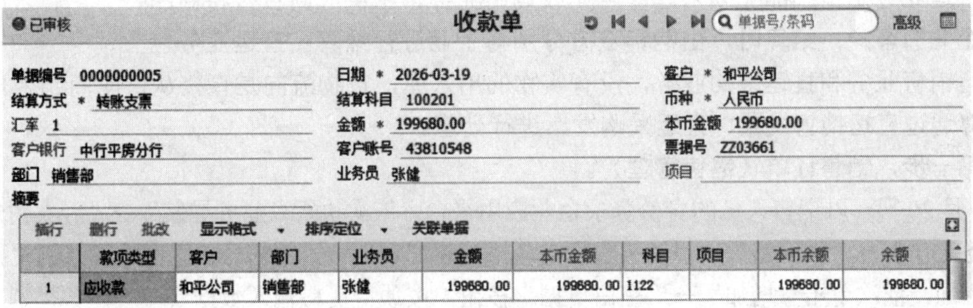

图 10-67 收款单据输入

在弹出的对话框中单击"是"按钮，显示"填制凭证"界面，单击"保存"按钮完成收款凭证的制作，如图 10-68 所示。

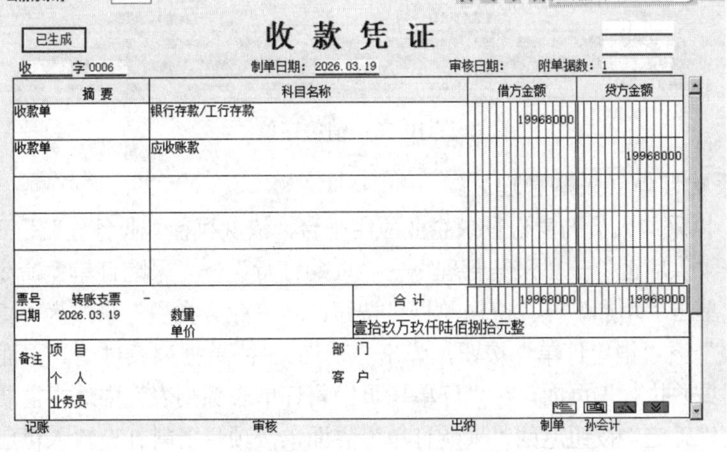

图 10-68 填制凭证

第三步，核销处理-手工核销（应收款管理）。

依次执行"业务导航"→"经典树形"→"业务工作"→"财务会计"→"应收款管理"→"核销处理"→"手工核销"命令，弹出"核销条件"页面，选择需要核销的客户"和平公司"，单击"确定"按钮，打开"手工核销"界面，在销售专用发票所在记录的"本次结算"栏中填入与收款单"本次结算金额"相等的金额，单击"确认"按钮完成核销，如图 10-69 所示。

单据日期	单据类型	单据号码	客户	款项类型	结算方式	币种	汇率	原币金额	原币余额	本次结算金额	订单号
2026-03-19	收款单	0000000005	和平公司	应收款	转账支票	人民币	1.00000000	199,680.00	199,680.00	199,680.00	
								199,680.00	199,680.00	199,680.00	

单据日期	单据类型	单据号码	到期日	客户	币种	原币金额	原币余额	可享受折扣	本次折扣	本次结算	订单号	凭证号
2026-03-18	销售专用发票	XS03168	2026-03-18	和平公司	人民币	220,350.00	199,680.00	0.00	0.00	199,680.00	0000000004	转-0030
	合计					220,350.00	199,680.00			199,680.00		

图 10-69　手工核销

任务九　直运销售业务处理

直运销售业务处理

直运业务是指产品无须入库即可完成购销业务，由供应商直接将商品发给企业的客户；结算时，由购销双方分别与企业进行结算。直运业务包括直运销售业务和直运采购业务，没有实物的出入库，货物流向是直接从供应商到客户，财务结算通过直运销售发票、直运采购发票进行处理。

第一步，销售订单（销售管理）。

3 月 20 日，以销售人员的身份登录企业应用平台，依次执行"业务导航"→"经典树形"→"业务工作"→"供应链"→"销售管理"→"销售订货"→"销售订单"命令，打开"销售订单"界面，依次单击"增加"→"空白单据"按钮，按项目资料输入数据（在"业务类型"处选择"直运销售"），依次单击"保存"→"审核"按钮完成销售订单的制作，如图 10-70 所示。

	存货编码	存货名称	主计量	数量	报价	含税单价	无税单价	无税金额	税额	价税合计	税率（%）	扣率（%）	扣率2（%）	预发货日期
1	022	IP服务器	台	1.00	100000.00	113000.00	100000.00	100000.00	13000.00	113000.00	13.00	100.00	100.00	2026-03-20

订单号：0000000005　订单日期：2026-03-20　业务类型：直运销售
销售类型：经销　客户简称：天平公司　付款条件：
销售部门：销售部　业务员：张健　税率 13.00
币种：人民币　汇率：1　备注：

图 10-70　销售订单

第二步，采购订单（采购管理）。

3 月 22 日，以采购人员的身份登录企业应用平台，依次执行"业务导航"→"经典树形"→"业务工作"→"供应链"→"采购管理"→"采购订货"→"采购订单"命令，打开"采购订单"界面，依次单击"增加"→"空白单据"按钮，将"业务类型"修改为"直运采购"，然后依次单击"参照"→"销售订单"按钮，弹出"查询条件-单据列表过滤"页面，单击"确定"按钮，弹出"拷贝并执行"页面，在"订单拷贝销售订单表头列表"中选中需要生成采购订单的销售订单，单击"确定"按钮返回"采购订单"界面，按项目资料补充输入供应商、单价和计划到货日期等，依次单击"保存"→"审核"按钮完成采购订单的制作，如图 10-71 所示。

图 10-71　采购订单

第三步，专用采购发票（采购管理）。

3 月 23 日，以采购人员的身份登录企业应用平台，依次执行"业务导航"→"经典树形"→"业务工作"→"供应链"→"采购管理"→"采购发票"→"专用采购发票"命令，打开"专用发票"界面，依次单击"增加"→"空白单据"按钮，将"业务类型"修改为"直运采购"，然后依次单击"参照"→"采购订单"按钮，弹出"查询条件-单据列表过滤"页面，单击"确定"按钮，弹出"拷贝并执行"页面，在"发票拷贝订单表头列表"中选中需要生成发票的订单，单击"确定"按钮返回"专用发票"界面，输入发票号，依次单击"保存"→"复核"按钮完成专用采购发票的制作，如图 10-72 所示。

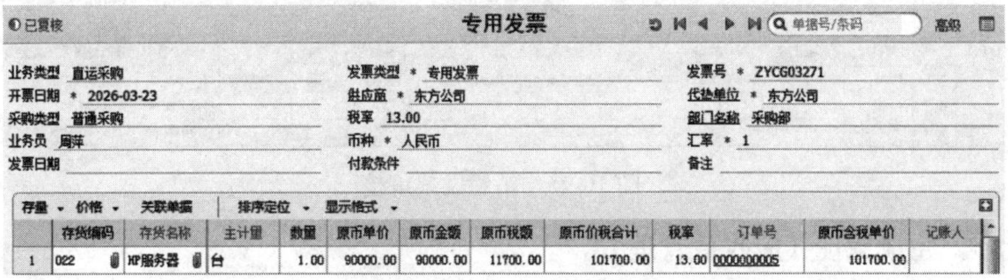

图 10-72　专用采购发票

第四步，销售专用发票（销售管理）。

3 月 23 日，以销售人员的身份登录企业应用平台，依次执行"业务导航"→"经典树形"→"业务工作"→"供应链"→"销售管理"→"销售开票"→"销售专用发票"命令，打开"销售专用发票"界面，依次单击"增加"→"订单"按钮，弹出"查询条件-参照订单"页面，在"业务类型"处选择"直运销售"，单击"确定"按钮，弹出"参照生单"页面，在"发票参照订单表头"列表中选中需要生成发票的订单，单击"确定"按钮返回"销售专用发票"界面，输入发票号，依次单击"保存"→"复核"按钮完成增加销售专用发票的制作，如图 10-73 所示。

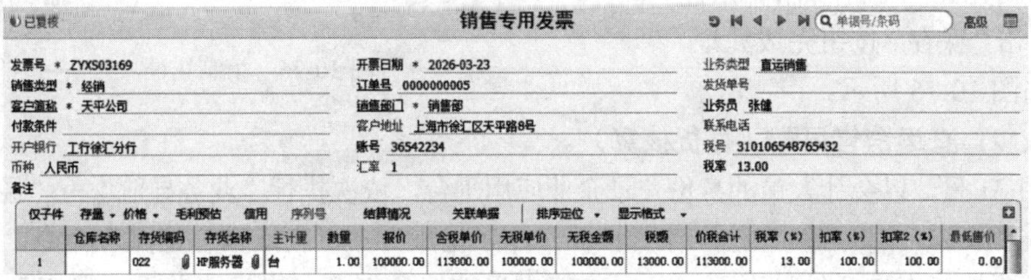

图 10-73　销售专用发票

第五步，采购发票审核（应付款管理）。

3 月 23 日，以会计人员的身份登录企业应用平台，依次执行"业务导航"→"经典树形"→"业务工作"→"财务会计"→"应付款管理"→"应付处理"→"采购发票"→"采购发票审核"命令，打开"采购发票审核"界面，在"采购发票列表"中单击"更多>>"按钮，弹出"查询条件-发票查询"页面，在"结算状态"处选择"未结算完"，单击"确定"按钮，选中需要审核的采购发票，单击"审核"按钮完成此项操作，如图 10-74 所示。

序号	☑	审核人	单据日期	单据类型	单据号	供应商名称	部门	业务员	制单人	币种	汇率	原币金额	本币金额	备注
1	☑	补会计	2026-03-23	采购专用发票	ZTCG03271	东方公司	采购部	周萍	李采购	人民币	1.00000000	101,700.00	101,700.00	
2		小计										101,700.00	101,700.00	
3		合计										101,700.00	101,700.00	

图 10-74　采购发票审核

第六步，销售发票审核（应收款管理）。

依次执行"业务导航"→"经典树形"→"业务工作"→"财务会计"→"应收款管理"→"应收处理"→"销售发票"→"销售发票审核"命令，打开"销售发票审核"界面，在"销售发票列表"中单击"查询"按钮，选中需要审核的销售发票，单击"审核"按钮完成此项操作，如图 10-75 所示。

序号	☑	审核人	单据日期	单据类型	单据号	客户名称	部门	业务员	制单人	币种	汇率	原币金额	本币金额	备注
1	☑	补会计	2026-03-23	销售专用发票	ZTXS03169	天平公司	销售部	张健	闻销售	人民币	1.00000000	113,000.00	113,000.00	
2		小计										113,000.00	113,000.00	
3		合计										113,000.00	113,000.00	

图 10-75　销售发票审核

第七步，生成凭证（应收款管理）。

依次执行"业务导航"→"经典树形"→"业务工作"→"财务会计"→"应收款管理"→"凭证处理"→"生成凭证"命令，弹出"制单查询"页面，选中"发票"后单击"确定"按钮，打开"生成凭证"界面，在"凭证类别"下拉列表中选择"转账凭证"，双击"选择标志"栏，单击"制单"按钮，打开"填制凭证"界面，完善凭证要素，单击"保存"按钮完成凭证制作，如图 10-76 所示。

图 10-76　填制凭证

第八步，直运销售记账（存货核算）。

3 月 31 日，以会计人员的身份登录企业应用平台，依次执行"业务导航"→"经典树形"→"业务工作"→"供应链"→"存货核算"→"记账"→"直运销售记账"命令，弹出"直运采购发票核算查询条件"页面，单击"确定"按钮，打开"未记账单据一览表"界面，在"直运销售记账"列表中，同时选中需要记账的直运采购发票和直运销售发票记录，单击"记账"按钮完成记账操作，如图 10-77 所示。

	日期	单据号	存货编码	存货名称	收发类别	单据类型	数量	单价	金额
☑	2026-03-23	ZTCG032T1	022	HP服务器	采购入库	采购发票	1.00	90,000.00	90,000.00
☑	2026-03-23	ZTIS03169	022	HP服务器	销售出库	专用发票	1.00		
小计							2.00		90,000.00

图 10-77 未记账单据一览表

第九步，生成凭证（存货核算）。

3 月 23 日，以会计人员的身份登录企业应用平台，依次执行"业务导航"→"经典树形"→"业务工作"→"供应链"→"存货核算"→"凭证处理"→"生成凭证"命令，打开"生成凭证"界面，单击"选单"按钮，弹出"查询条件–生成凭证查询条件"页面，在"业务类型"处选择"直运采购"，单击"确定"按钮，弹出"选择单据"页面，单击需要生成凭证的记录"选择"栏，单击"确定"按钮，返回"生成凭证"界面，在"凭证类别"下拉列表中选择"转账凭证"，在"存货科目"栏中输入"140502 库存商品/HP 服务器"，单击"合并制单"按钮，打开"填制凭证"界面，完善凭证要素，单击"保存"按钮完成凭证的制作，如图 10-78 所示。

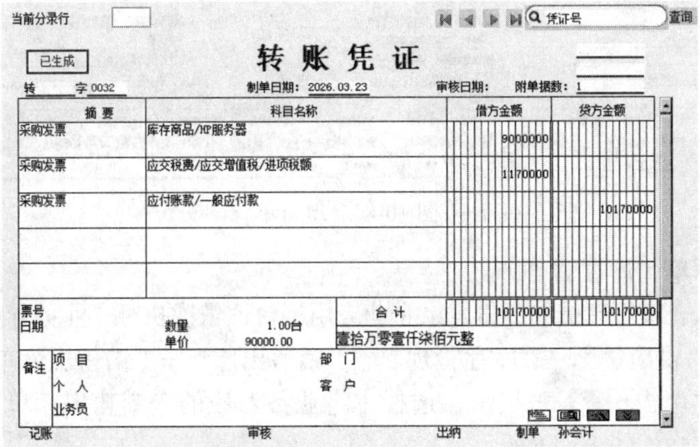

图 10-78 填制凭证

以同样的方法完成"业务类型"为"直运销售"的凭证制作，如图 10-79 所示。

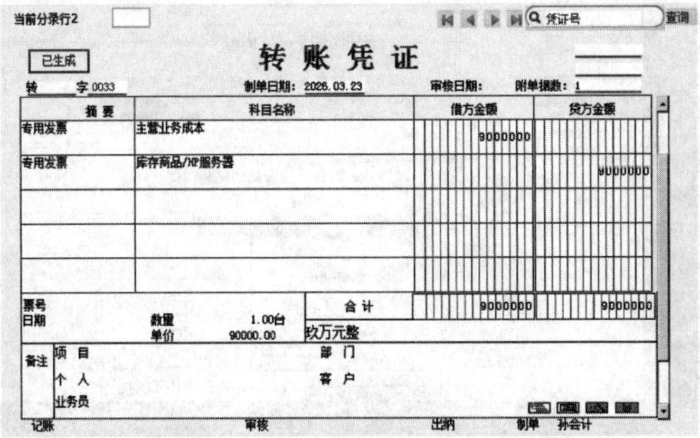

图 10-79 填制凭证

任务十　销售退货退票业务处理

销售退货业务是指客户因货物质量、品种、数量等不符合要求，将已购货物退回本企业的业务。

第一步，退货单（销售管理）。

退货单是发货单对应的红字单据，用于处理客户的退货业务。退货单也可用于处理换货业务：当货物发出后客户要求换货时，需先针对客户要求退货的货物开具退货单，然后针对客户所换的货物开具新的发货单。

3 月 25 日，以销售人员的身份登录企业应用平台，依次执行"业务导航"→"经典树形"→"业务工作"→"供应链"→"销售管理"→"销售发货"→"退货单"命令，打开"退货单"界面，依次单击"增加"→"发货单"按钮，弹出"查询条件–退货单参照发货单"页面，单击"确定"按钮，弹出"参照生单"页面，在"退货单参照发货单表头"列表中选中需要生成退货单的发货单，单击"确定"按钮返回"发货单"界面，按项目资料修改退货数量，依次单击"保存"→"审核"按钮完成退货单的制作，如图 10-80 所示。

图 10-80　退货单

第二步，出库单（库存管理）。

3 月 25 日，以仓库管理员的身份登录企业应用平台，依次执行"业务导航"→"经典树形"→"业务工作"→"供应链"→"库存管理"→"销售出库"→"销售出库单"命令，打开"销售出库单"界面，单击 ◄ ◄ ► ► 按钮，选择本笔业务对应的"销售出库单"，单击"审核"按钮完成此项操作，如图 10-81 所示。

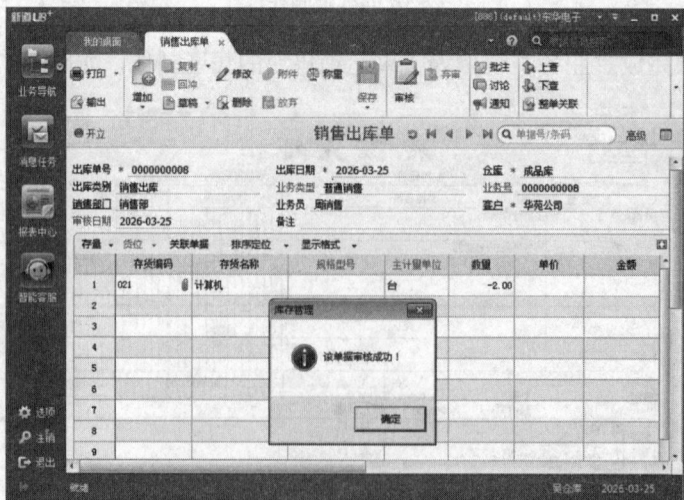

图 10-81　销售出库单

第三步，红字专用销售发票（销售管理）。

3 月 25 日，以销售人员的身份登录企业应用平台，依次执行“业务导航”→“经典树形”→“业务工作”→“供应链”→“销售管理”→“销售开票”→“红字专用销售发票”命令，打开“红字专用销售发票”界面，依次单击“增加”→“发货单”按钮，弹出“查询条件-发票参照发货单”页面，在“发货单类型”中选择“红字记录”，单击“确定”按钮，弹出“参照生单”页面，在“发票参照发货单表头”列表中选中需要生成发票的发货单，单击“确定”按钮返回“红字专用销售发票”界面，输入发票号，依次单击“保存”→“现结”按钮，在弹出的“现结”页面中按项目资料输入现结数据，单击“确定”按钮返回“销售专用发票”界面，单击“复核”按钮完成销售专用发票的制作，如图 10-82 所示。

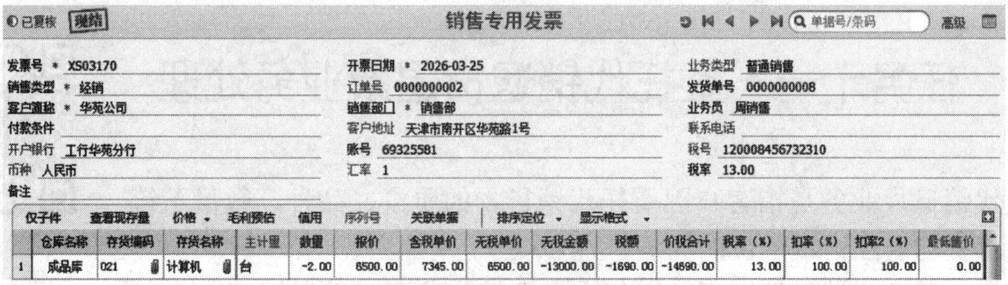

图 10-82　销售专用发票

第四步，销售发票审核（应收款管理）。

3 月 25 日，以会计人员的身份登录企业应用平台，依次执行“业务导航”→“经典树形”→“业务工作”→“财务会计”→“应收款管理”→“应收处理”→“销售发票”→“销售发票审核”命令，打开“销售发票审核”界面，在“销售发票列表”中单击“查询”按钮，选中需要审核的销售发票，单击“审核”按钮完成此项操作，如图 10-83 所示。

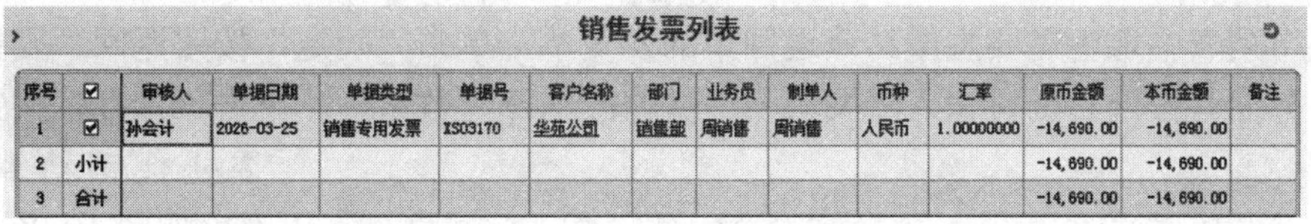
销售发票列表

序号	☑	审核人	单据日期	单据类型	单据号	客户名称	部门	业务员	制单人	币种	汇率	原币金额	本币金额	备注
1	☑	孙会计	2026-03-25	销售专用发票	XS03170	华苑公司	销售部	周销售	周销售	人民币	1.00000000	-14,690.00	-14,690.00	
2	小计											-14,690.00	-14,690.00	
3	合计											-14,690.00	-14,690.00	

图 10-83　销售发票审核

第五步，生成凭证（应收款管理）。

依次执行“业务导航”→“经典树形”→“业务工作”→“财务会计”→“应收款管理”→“凭证处理”→“生成凭证”命令，弹出“制单查询”页面，同时选中“发票”和“现结”后单击“确定”按钮，打开“生成凭证”界面，在“凭证类别”下拉列表中选择“收款凭证”，双击“选择标志”栏，单击“制单”按钮，打开“填制凭证”界面，完善凭证要素，单击“保存”按钮完成凭证的制作，如图 10-84 所示。

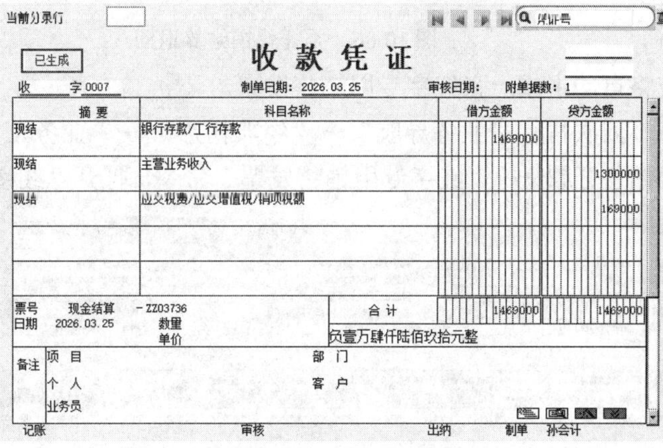

图 10-84　填制凭证

第六步，正常单据记账（存货核算）。

3 月 31 日，以会计人员的身份登录企业应用平台，依次执行"业务导航"→"经典树形"→"业务工作"→"供应链"→"存货核算"→"记账"→"正常单据记账"命令，弹出"未记账单据一览表"页面，在"正常单据记账列表"中单击"查询"按钮，然后在列表中选中需要记账的记录，单击"记账"按钮完成记账操作，如图 10-85 所示。

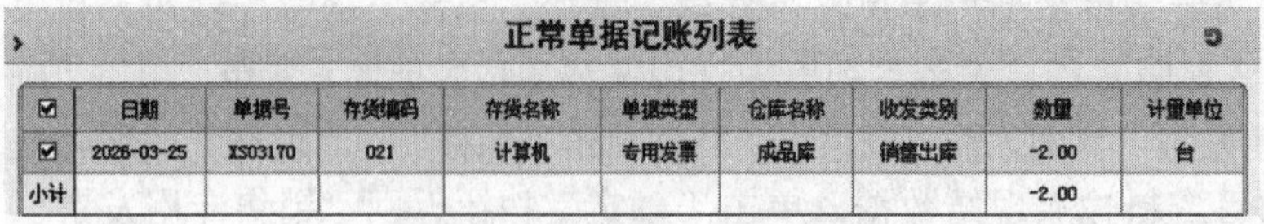

☑	日期	单据号	存货编码	存货名称	单据类型	仓库名称	收发类别	数量	计量单位
☑	2026-03-25	XS03170	021	计算机	专用发票	成品库	销售出库	-2.00	台
小计								-2.00	

正常单据记账列表

图 10-85 未记账单据一览表

任务十一 委托代销退货退票业务处理

委托代销退货退票业务处理

委托代销退货业务是指客户因委托代销货物的质量、品种、数量不符合规定，将货物退回给本单位的业务。

第一步，委托代销结算退回单、红字专用销售发票（销售管理）。

委托代销结算退回单是委托代销结算单的逆向处理业务单据，用于处理客户因委托代销结算有误而需要部分冲销原结算的业务。

3 月 27 日，以销售人员的身份登录企业应用平台，依次执行"业务导航"→"经典树形"→"业务工作"→"供应链"→"销售管理"→"委托代销"→"委托代销结算退回"命令，打开"委托代销结算退回"界面。依次单击"增加"→"参照"按钮，弹出"查询条件-委托代销参照发货单"页面。单击"确定"按钮，弹出"参照生单"页面。在"委托代销参照发货单表头"列表中选中需要生成结算退回单的发货单，单击"确定"按钮返回"委托代销结算退回"界面。按项目资料输入"发票号"并修改结算"数量"，单击"保存"按钮，完成委托代销结算单的制作，如图 10-86 所示。单击"审核"按钮，弹出"请选择发票类型"对话框，选择"专用发票"，单击"确定"按钮，系统将自动生成一张红字专用销售发票。

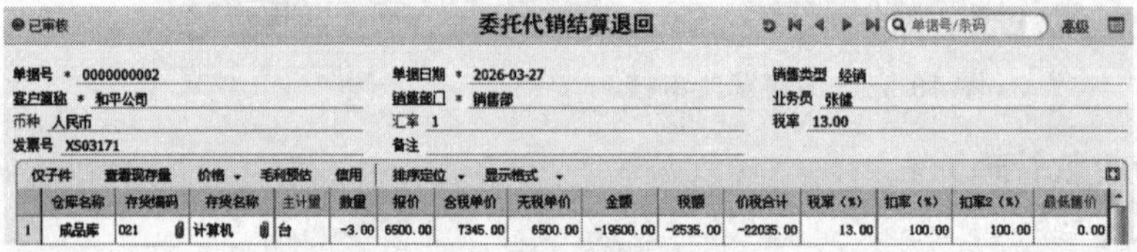

图 10-86 委托代销结算退回

依次执行"业务导航"→"经典树形"→"业务工作"→"供应链"→"销售管理"→"销售开票"→"红字专用销售发票"命令，打开"红字专用销售发票"界面。单击按钮，选择上述自动生成的红字"销售专用发票"，单击"复核"按钮，完成此项操作，如图 10-87 所示。

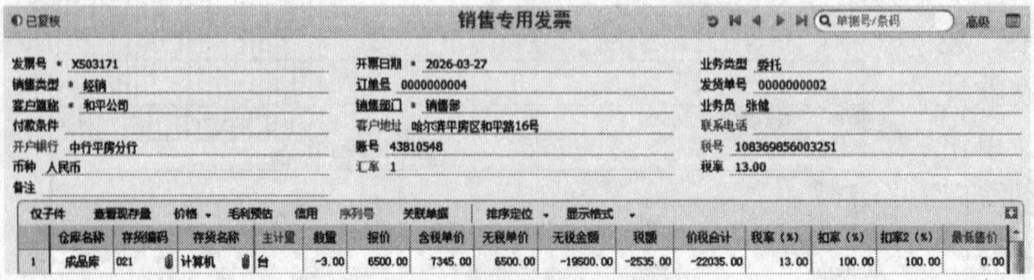

图 10-87 销售专用发票

第二步，销售发票审核（应收款管理）。

3 月 27 日，以会计人员的身份登录企业应用平台，依次执行"业务导航"→"经典树形"→"业务工作"→"财务会计"→"应收款管理"→"应收处理"→"销售发票"→"销售发票审核"命令，打开"销售发票审核"界面。在"销售发票列表"中单击"查询"按钮，选中需要审核的销售发票，单击"审核"按钮，完成此项操作，如图 10-88 所示。

序号	☑	审核人	单据日期	单据类型	单据号	客户名称	部门	业务员	制单人	币种	汇率	原币金额	本币金额	备注
1	☑	孙会计	2026-03-27	销售专用发票	XS03171	和平公司	运营部	周销售	张健	人民币	1.00000000	-22,035.00	-22,035.00	
2	小计											-22,035.00	-22,035.00	
3	合计											-22,035.00	-22,035.00	

图 10-88　销售发票审核

第三步，生成凭证（应收款管理）。

依次执行"业务导航"→"经典树形"→"业务工作"→"财务会计"→"应收款管理"→"凭证处理"→"生成凭证"命令，弹出"制单查询"页面。选中"发票"后，单击"确定"按钮，打开"生成凭证"界面。在"凭证类别"下拉列表中选择"转账凭证"，双击"选择标志"栏，单击"制单"按钮，打开"填制凭证"界面。完善凭证要素后，单击"保存"按钮。由于该笔业务已收款，系统会弹出赤字提示框。依次单击"是"→"继续"按钮，完成红字凭证的制作，如图 10-89 所示。

图 10-89　填制凭证

第四步，委托代销退货单（销售管理）。

委托代销退货单是委托代销发货单的逆向处理业务单据。

3 月 27 日，以销售人员的身份登录企业应用平台，依次执行"业务导航"→"经典树形"→"业务工作"→"供应链"→"销售管理"→"委托代销"→"委托代销退货单"命令，打开"委托代销退货单"界面。依次单击"增加"→"发货单"按钮，弹出"查询条件-委托退货单参照委托发货单"页面。单击"确定"按钮，弹出"参照生单"页面。在"委托退货单参照委托发货单表头"列表中选中需要生成退货单的发货单，单击"确定"按钮返回"委托代销退货单"界面。按项目资料修改退货"数量"，依次单击"保存"→"审核"按钮，完成委托代销退货单的制作，如图 10-90 所示。

图 10-90　委托代销退货单

第五步，销售出库单（库存管理）。

3 月 27 日，以仓库管理员的身份登录企业应用平台，依次执行"业务导航"→"经典树形"→"业务工作"→"供应链"→"库存管理"→"销售出库"→"销售出库单"命令，打开"销售出库单"界面。单击 ◄◄ ◄ ► ►► 按钮，选择本笔业务对应的红字"销售出库单"，单击"审核"按钮完成此项操作，如图 10-91 所示。

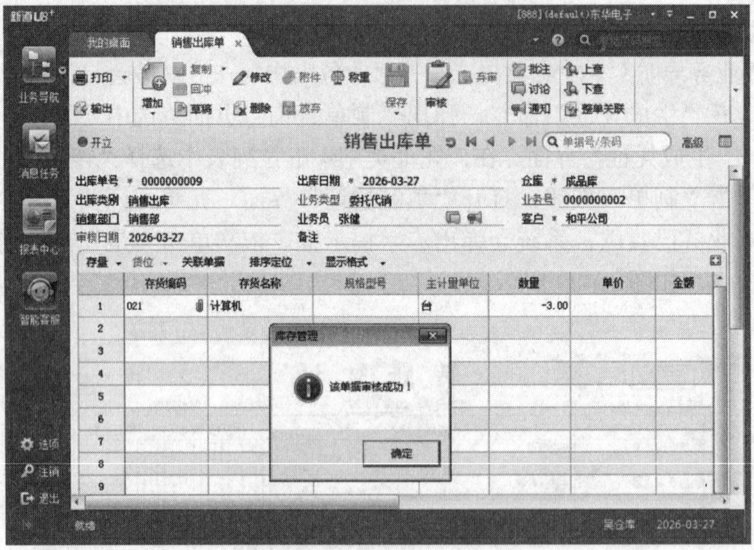

图 10-91　销售出库单

第六步，发出商品记账（存货核算）。

3 月 31 日，以会计人员的身份登录企业应用平台，依次执行"业务导航"→"经典树形"→"业务工作"→"供应链"→"存货核算"→"记账"→"发出商品记账"命令，弹出"未记账单据一览表"页面。在"发出商品记账"列表中单击"查询"按钮，在列表中选中需要记账的记录，单击"记账"按钮完成记账操作，如图 10-92 所示。

	日期	单据号	仓库名称	收发类别	存货编码	存货名称	单据类型	计量单位	数量	客户简称
☑	2026-03-27	0000000002	成品库	销售出库	021	计算机	委托代销发货单	台	-3.00	和平公司
☑	2026-03-27	XS03171	成品库	销售出库	021	计算机	专用发票	台	-3.00	和平公司
小计									-6.00	

图 10-92　未记账单据一览表

项目拓展　销售管理

项目十一 应收应付款管理系统业务信息化处理

学习目标

知识目标

熟悉应收、应付款管理系统的业务流程，如收款、票据处理、付款等环节的操作以及数据流转；掌握应收、应付相关单据的填制规范，理解坏账处理、计提坏账准备等方法的原理；明确应收、应付款管理系统与其他财务系统的数据交互关系，并把握其对财务核算的影响。

能力目标

能够熟练使用财务软件完成应收、应付款业务操作，精准录入并审核单据数据；能够准确处理票据贴现、背书、核销等业务，并据此生成相应凭证，正确计算坏账准备；能够利用系统功能高效查询、管理业务记录，快速处理数据异常，保障财务流程顺畅。

素养目标

秉持严谨细致的工作态度，确保业务操作规范、数据准确，并培养高度的责任感；坚守诚信原则，保证财务数据真实可靠，严守企业财务机密，维护企业信誉；增强风险意识，善于通过数据分析发现潜在财务风险，为企业资金管理提供有效支持。

案例导入

3月，成都东华电子系统开展应收应付款项管理业务，完成对华苑公司的收款、对红光公司的票据管理等八项任务。业务流程涵盖从收款核销到坏账处理的全环节，并严格遵循财务规范。操作中：精准输入数据以确保信息准确；及时核销款项，践行诚信原则；规范处理各环节事务，强化责任意识。依托信息化手段，实现业务闭环管理，这不仅是财务流程标准化操作的典范，也为企业提升财务管理水平提供可借鉴的范例。

项目准备及要求

（1）设置系统日期为当年3月31日，引入"项目十 销售管理系统业务信息化处理"备份账套。

（2）以会计人员的身份进行应收、应付款管理操作。

（3）账套输出。

ZT11

项目资料

当年 3 月应收款、应付款日常业务如下。

任务一　收款业务处理

3 月 2 日，收到华苑公司交来的转账支票一张，金额为 57 500.00 元，支票号为 ZZ03202，用于归还其期初（当年 2 月 10 日）所欠货款。

任务二　收到应收票据业务处理

3 月 5 日，收到红光公司开来的一张面值为 50 000.00 元的商业承兑汇票（票号：SYCD03053）和一张面值为 49 600.00 元的银行承兑汇票（票号：YHCD03152）。这些汇票用于抵付其期初（当年 1 月 25 日）未付货款，且开票日期均为 3 月 5 日，到期日均为 6 月 5 日。

任务三　票据贴现业务处理

3 月 20 日，将面值为 50 000.00 元的商业承兑汇票（票号：SYCD03053）进行贴现锁定，然后办理贴现手续，贴现率为 6%。

任务四　票据背书业务处理

3 月 25 日，经财务部申请，将面值为 49 600.00 元的银行承兑汇票（票号：YHCD03152）背书转让给东方公司，用于抵付所欠货款（要求：要进行背书锁定）。

任务五　定金转货款业务处理

3 月 27 日，经与红光公司协商同意将当年 3 月 12 日所收定金转为货款。同日，收到红光公司交来金额为 20 340.00 元的转账支票（票号：ZZ03441）一张，用于归还该笔业务余款。

任务六　坏账发生业务处理

3 月 31 日，将本月 10 日为华苑公司代垫的运费 100.00 元确认为坏账处理。

任务七　计提坏账准备业务处理

3 月 31 日，计提坏账准备。

任务八　付款业务处理

3 月 20 日，根据项目九采购管理任务四（3 月 15 日采购暂估收到发票）和任务五（3 月 17 日采购退货发票）的相关情况，经财务部申请并获批准，开出转账支票一张（支票号：ZZ03174），金额为 89 676.80 元，用于支付该笔业务所欠锦江公司的货款。

项目操作指导

任务一　收款业务处理

第一步，收款单据输入、审核、制单（应收款管理）。

3 月 2 日，以会计人员的身份登录企业应用平台，依次执行"业务导航"

收款业务处理

→"经典树形"→"业务工作"→"财务会计"→"应收款管理"→"收款处理"→"收款单据录入"命令，打开"收款单据录入"界面，依次单击"增加"→"空白单据"按钮，按项目资料输入表头数据，在"款项类型"处选择"应收款"，依次单击"保存"→"审核"按钮完成此项操作，如图 11-1 所示。

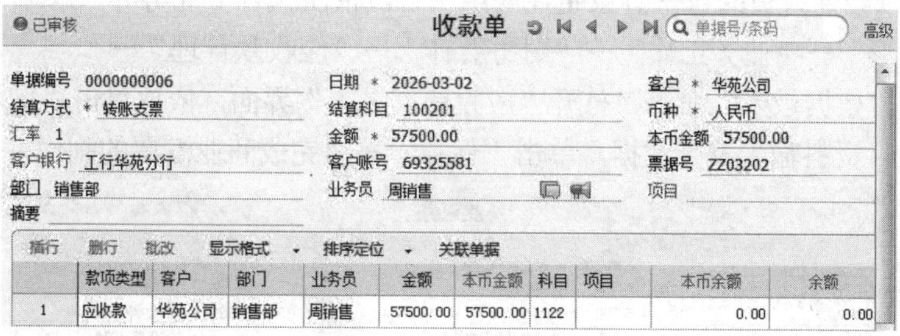

图 11-1　收款单据输入

在弹出的对话框中单击"是"按钮，显示"填制凭证"界面，单击"保存"按钮完成收款凭证的制作，如图 11-2 所示。

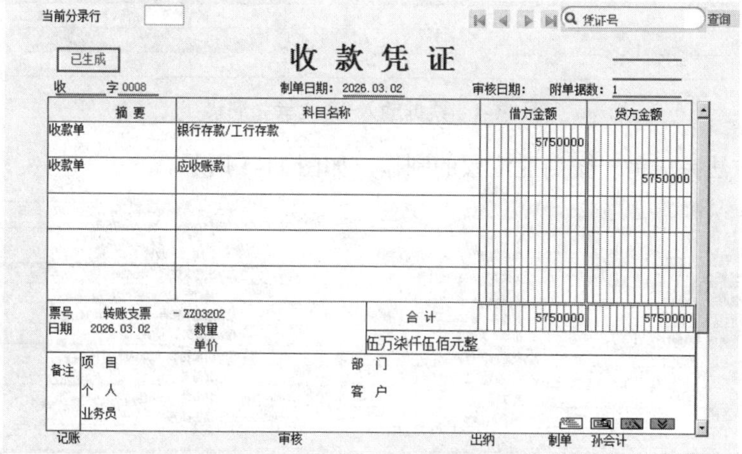

图 11-2　填制凭证

第二步，核销处理-手工核销（应收款管理）。

依次执行"业务导航"→"经典树形"→"业务工作"→"财务会计"→"应收款管理"→"核销处理"→"手工核销"命令，弹出"核销条件"页面，选择需要核销的客户，单击"确定"按钮，打开"手工核销"界面，在销售专用发票所在记录的"本次结算"栏中填入与收款单"本次结算金额"相等的金额，单击"确认"按钮完成核销操作，如图 11-3 所示。

图 11-3　手工核销

任务二　收到应收票据业务处理

第一步，票据输入（应收款管理）。

3月5日，以会计人员的身份登录企业应用平台，依次执行"业务导航"→"经典树形"→"业务工作"→"财务会计"→"应收款管理"→"票据管理"→"票据录入"命令，打开"应收票据录入"界面，依次单击"增加"→"空白单据"按钮，按项目资料输入表头数据，单击"保存"按钮完成商业汇票的制作，如图11-4所示。

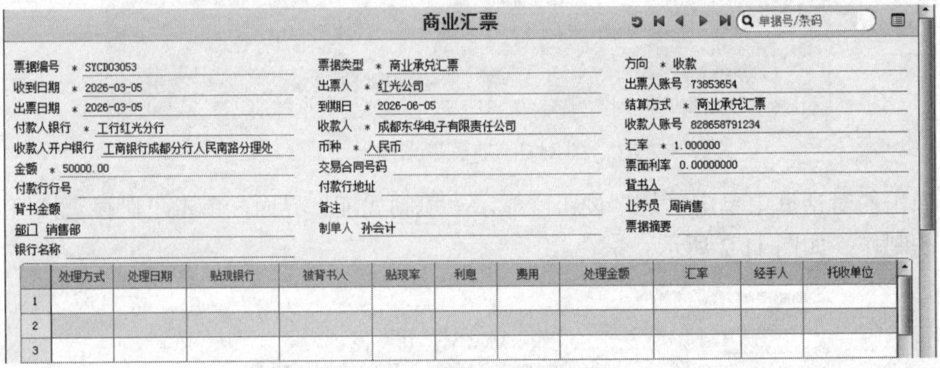

图 11-4　票据输入-商业承兑汇票

按同样的方法完成另一张商业汇票的制作，如图 11-5 所示。

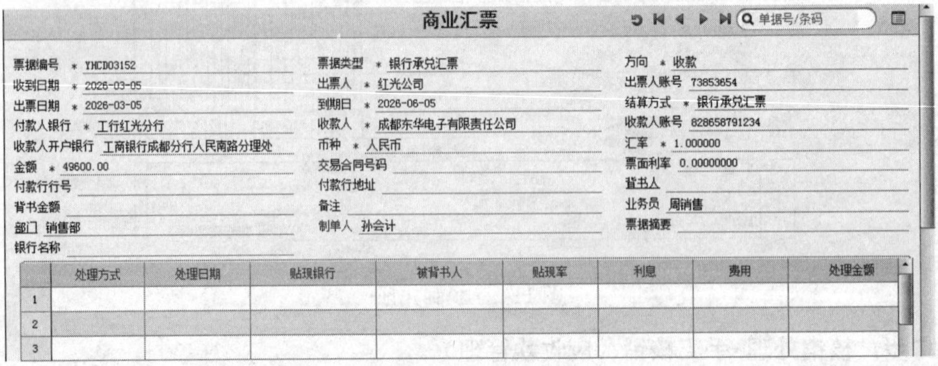

图 11-5　票据输入-银行承兑汇票

第二步，收款单据审核（应收款管理）。

依次执行"业务导航"→"经典树形"→"业务工作"→"财务会计"→"应收款管理"→"收款处理"→"收款单据审核"命令，打开"收款单据审核"界面，在"收付款单列表"中单击"查询"按钮，选中需要审核的收款单据，单击"审核"按钮完成此项操作，如图11-6所示。

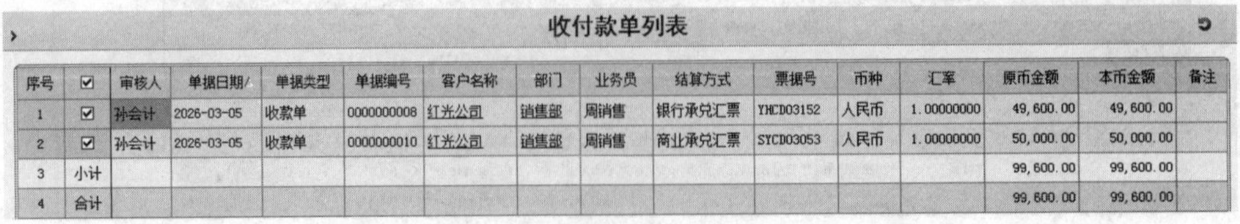

序号	☑	审核人	单据日期/	单据类型	单据编号	客户名称	部门	业务员	结算方式	票据号	币种	汇率	原币金额	本币金额	备注
1	☑	孙会计	2026-03-05	收款单	0000000008	红光公司	销售部	周销售	银行承兑汇票	YHCD03152	人民币	1.00000000	49,600.00	49,600.00	
2	☑	孙会计	2026-03-05	收款单	0000000010	红光公司	销售部	周销售	商业承兑汇票	SYCD03053	人民币	1.00000000	50,000.00	50,000.00	
3		小计											99,600.00	99,600.00	
4		合计											99,600.00	99,600.00	

图 11-6　收款单据审核

第三步，生成凭证（应收款管理）。

依次执行"业务导航"→"经典树形"→"业务工作"→"财务会计"→"应收款管理"→"凭证处理"→"生成凭证"命令，弹出"制单查询"页面，选中"收付款单"后单击"确定"按钮，打开"生成凭证"界面，在"凭证类别"下拉列表中选择"转账凭证"，依次单击"合并"→"制单"按钮，打开"填制凭证"界面，完善凭证要素，单击"保存"按钮完成凭证制作，如图 11-7 所示。

图 11-7　填制凭证

第四步，核销处理-自动核销（应收款管理）。

依次执行"业务导航"→"经典树形"→"业务工作"→"财务会计"→"应收款管理"→"核销处理"→"自动核销"命令，弹出"核销条件"页面，选择需要核销的客户"红光公司"，单击"确定"按钮，弹出"是否进行自动核销"提示框，单击"是"按钮，显示"自动核销报告"页面，单击"明细"按钮可查看"已核销单据"或"未核销单据"，单击"确定"按钮完成核销。

任务三　票据贴现业务处理

票据贴现是指持票人因急需资金，将未到期的承兑汇票背书后转让给银行，并支付给银行一定利息后，收取剩余票款的业务活动。

票据贴现业务处理

第一步，贴现锁定（应收款管理）。

在实际业务中，票据贴现、背书、结算等处理，通常是在票据交给银行后，需等待银行若干个工作日返回处理结果，财务部门才能根据银行返回的信息进行利息与费用的输入。为了更准确地模拟这一过程，系统增加了票据贴现锁定、背书锁定、结算锁定等操作。票据一旦处于锁定状态，用户就只能执行与之相关的下一步操作，而不能进行其他无关操作。例如，票据贴现锁定后，票据可以进行贴现处理，但不能再进行结算、背书等操作。

3 月 20 日，以会计人员的身份登录企业应用平台，依次执行"业务导航"→"经典树形"→"业务工作"→"财务会计"→"应收款管理"→"票据管理"→"票据录入"命令，打开"应收票据录入"界面，单击 ⋈ ◀ ▶ ⋈ 按钮，选择本笔业务对应的"商业汇票"，依次单击

"贴现"→"贴现锁定"按钮，按项目资料输入"贴现率"和"结算科目"，如图 11-8 所示。单击"确定"按钮完成贴现锁定操作，如图 11-9 所示。

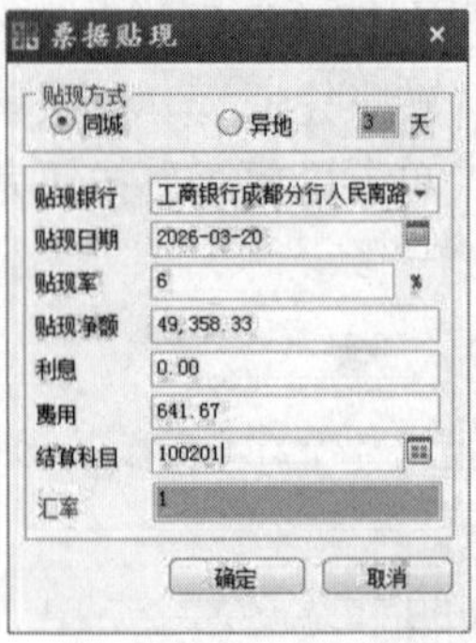

图 11-8　票据贴现

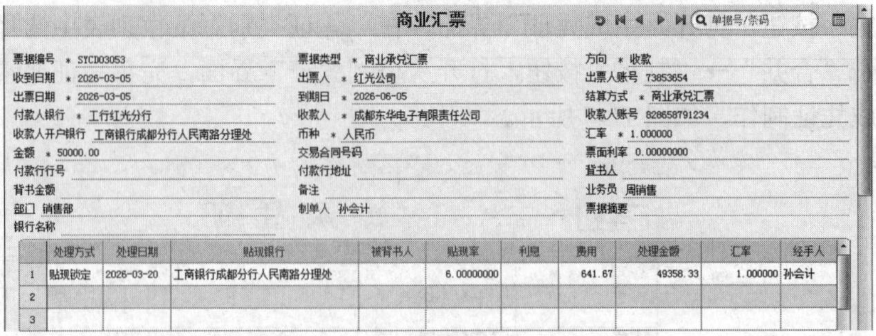

图 11-9　贴现锁定

第二步，票据贴现、制单（应收款管理）。

依次执行"业务导航"→"经典树形"→"业务工作"→"财务会计"→"应收款管理"→"票据管理"→"票据录入"命令，打开"应收票据录入"界面，单击 ◄◄ ◄ ► ►► 按钮，找到本笔业务对应的已贴现锁定的"商业汇票"，单击"贴现"按钮，按项目资料再次输入"贴现率"和"结算科目"，如图 11-8 所示。单击"确定"按钮弹出"是否立即制单"提示框，单击"是"按钮，显示"填制凭证"界面，完善凭证要素，单击"保存"按钮完成凭证的制作，如图 11-10 所示。

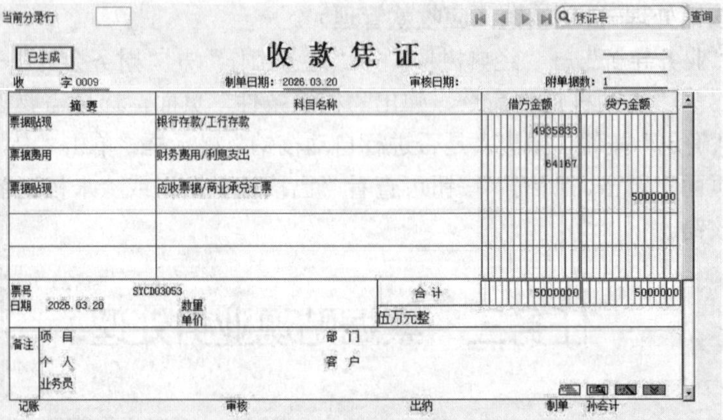

图 11-10　填制凭证

任务四　票据背书业务处理

票据背书时，可选择冲销应付账款，或进行其他处理。系统默认选择冲销应付账款。当应付系统启用付款申请业务，并进行预算控制时，通过背书方式冲销应付款项，只能对金额相等的付款申请单进行冲销。

票据背书业务处理

第一步，付款申请单输入、审核（应付款管理）。

3 月 25 日，以会计人员的身份登录企业应用平台，依次执行"业务导航"→"经典树形"→"业务工作"→"财务会计"→"应付款管理"→"付款申请"→"付款申请单录入"命令，打开"付款申请单录入"界面，依次单击"增加"→"采购发票"按钮，弹出"查询条件-采购发票列表过滤"页面，按项目资料选择"供应商编码"，单击"确定"按钮，弹出"拷贝并执行"页面，在"本次申请金额总计"栏中填入申请金额，再在"采购发票表头列表"中选中需要生成付款申请单的发票，如图 11-11 所示。

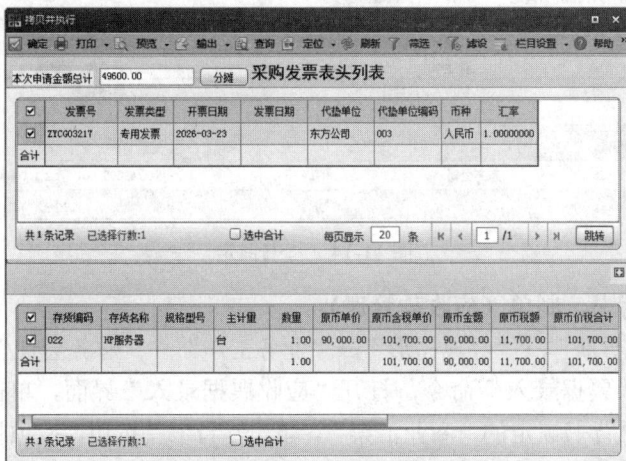

图 11-11　采购发票表头列表

依次单击"分摊"→"确定"按钮，返回"付款申请单录入"界面，按项目资料修改"预计付款日期"，再依次单击"保存"→"审核"按钮，弹出提示框"审核成功后生成付款单失败，原因为：结算方式为空，不能自动生成付款单！"，单击"确定"按钮完成付款申请单的制作，如图 11-12 所示。

图 11-12　付款申请单

🔔 **注意**：需要利用"付款单据审核"功能检查付款单是否生成，若已生成请将其删除。

第二步，背书锁定（应收款管理）。

依次执行"业务导航"→"经典树形"→"业务工作"→"财务会计"→"应收款管理"→"票据管理"→"票据录入"命令，打开"应收票据录入"界面，单击 ⏮ ◀ ▶ ⏭ 按钮，选择本笔业务对应的"商业汇票"，依次单击"背书"→"背书锁定"按钮，按项目资料输入"被背书人"，如图 11-13 所示。

单击"确定"按钮完成背书锁定操作，如图 11-14 所示。

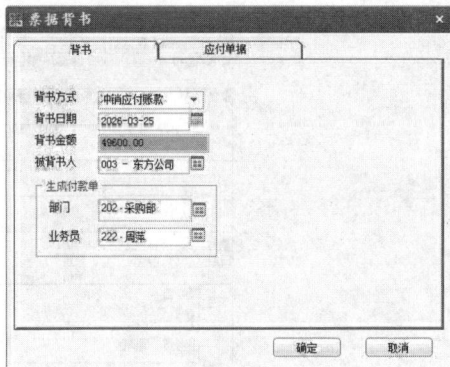

图 11-13　票据背书

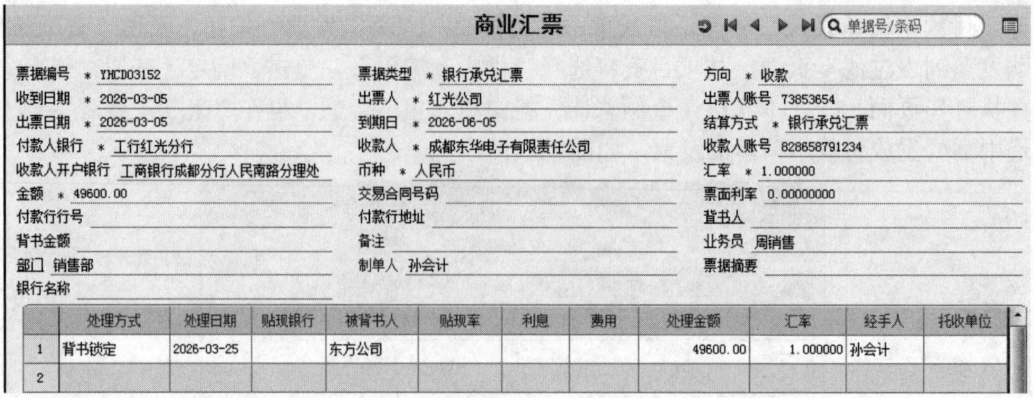

图 11-14　背书锁定

第三步，票据背书、制单（应收款管理）。

依次执行"业务导航"→"经典树形"→"业务工作"→"财务会计"→"应收款管理"→"票据管理"→"票据录入"命令，打开"应收票据录入"界面，单击 ◄ ◄ ► ► 按钮，选择本笔业务对应的已背书锁定的"商业汇票"，单击"背书"按钮，按项目资料再次输入"被背书人"，如图 11-13 所示。单击"确定"按钮，打开"冲销应付账款"界面，如图 11-15 所示。

图 11-15　冲销应付账款

依次单击"分摊"→"保存"按钮，弹出"是否立即制单"提示框，单击"是"按钮，显示"填制凭证"界面，完善凭证要素，单击"保存"按钮完成凭证制作，如图 11-16 所示。

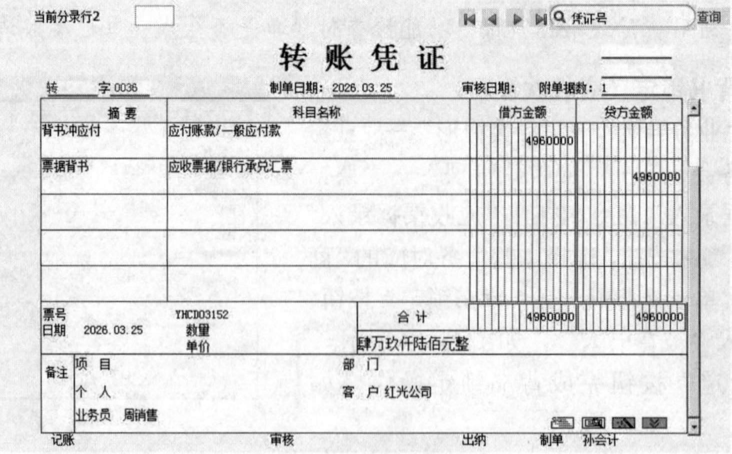

图 11-16　填制凭证

任务五　定金转货款业务处理

第一步，转货款（应收款管理）。

3 月 27 日，以会计人员的身份登录企业应用平台，依次执行"业务导航"→"经典树形"→"业务工作"→"财务会计"→"应收款管理"→"收款处理"→"收款单据录入"命令，打开"收款单据录入"界面，单击 ⏮ ◀ ▶ ⏭ 按钮，选择当年 3 月 12 日红光公司的"收款单"，依次单击"转出"→"转货款"按钮，弹出"销售定金转出"页面，单击"确定"按钮，弹出生成收款单提示框，单击"确定"按钮完成定金转货款操作，如图 11-17 所示。

定金转货款业务处理

图 11-17　提示框

应收款管理

ⓘ 转出成功生成1张收款单，单据号为[0000000009]

确定

第二步，收款单据输入（应收款管理）。

继续在"收款单据录入"界面，依次单击"增加"→"空白单据"按钮，按项目资料输入表头数据，在"款项类型"栏中选择"应收款"，单击"保存"按钮完成收款单据输入的制作，如图 11-18 所示。

图 11-18　收款单据输入

第三步，收款单据审核（应收款管理）。

依次执行"业务导航"→"经典树形"→"业务工作"→"财务会计"→"应收款管理"→"收款处理"→"收款单据审核"命令，打开"收款单据审核"界面，在"收付款单列表"中单击"查询"按钮，选中需要审核的收款单据，单击"审核"按钮完成此项操作，如图 11-19 所示。

序号	☑	审核人	单据日期	单据类型	单据编号	客户名称	部门	业务员	结算方式	票据号	币种	汇率	原币金额	本币金额	备注
1	☐	孙会计	2026-03-27	收款单	0000000011	红光公司	销售部	周销售	转账支票	ZZ03591	人民币	1.00000000	2,260.00	2,260.00	销售定金转货款
2	☐	孙会计	2026-03-27	收款单	0000000012	红光公司	销售部	周销售	转账支票	ZZ03441	人民币	1.00000000	20,340.00	20,340.00	
3		小计											22,600.00	22,600.00	
4		合计											22,600.00	22,600.00	

收付款单列表

图 11-19　收款单据审核

第四步，生成凭证（应收款管理）。

依次执行"业务导航"→"经典树形"→"业务工作"→"财务会计"→"应收款管理"→"凭证处理"→"生成凭证"命令，弹出"制单查询"页面，选中"收付款单"后单击"确定"按钮，打开"生成凭证"界面，在"凭证类别"下拉列表中选择"收款凭证"，依次单击"合并"→"制单"按钮，打开"填制凭证"界面，完善凭证要素，单击"保存"按钮完成凭证制作，如图 11-20 所示。

图 11-20　填制凭证

第五步，核销处理-自动核销（应收款管理）。

依次执行"业务导航"→"经典树形"→"业务工作"→"财务会计"→"应收款管理"→"核销处理"→"自动核销"命令，弹出"核销条件"页面，选择需要核销的客户"红光公司"，单击"确定"按钮，弹出"是否进行自动核销"提示框，单击"是"按钮，打开"自动核销报告"界面，单击"明细"按钮可查看"已核销单据"或"未核销单据"，单击"确定"按钮完成核销。

任务六　坏账发生业务处理

坏账发生业务处理

坏账处理是指系统提供的计提应收坏账准备、坏账发生后的处理、坏账收回后的处理等功能。

3 月 31 日，以会计人员的身份登录企业应用平台，依次执行"业务导航"→"经典树形"→"业务工作"→"财务会计"→"应收款管理"→"坏账处理"→"坏账发生"命令，弹出"坏账发生"界面，按项目资料选择客户"华苑公司"，单击"确定"按钮，打开"坏账发生"界面，按项目资料在对应记录的"本次发生坏账金额"栏中输入金额，如图 11-21 所示。

坏账发生单据明细

单据类型	单据编号	单据日期	到期日	余　额	部　门	业务员	本次发生坏账金额
销售专用发票	XS03163	2026-03-10	2026-03-10	72,320.00	销售部	周销售	
销售专用发票	XS03165	2026-03-13	2026-03-13	25,990.00	销售部	周销售	
其他应收单	0000000001	2026-03-10	2026-03-10		销售部	周销售	100.00
合　计				98,410.00			100.00

图 11-21　坏账发生单据明细

单击"确认"按钮，弹出"是否立即制单"提示框，单击"是"按钮，打开"填制凭证"

界面，完善凭证要素，单击"保存"按钮完成凭证制作，如图 11-22 所示。

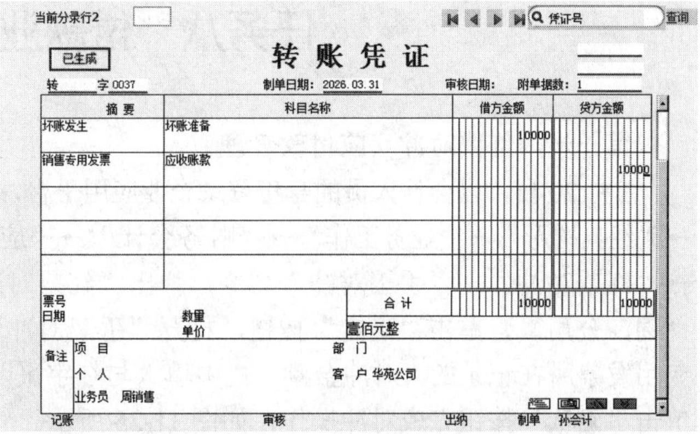

任务七　计提坏账准备业务处理

在进行计提坏账准备之前，请检查如下准备工作：首先，检查在系统选项中选择的坏账处理方式；然后，检查在初始设置中是否已设置坏账准备参数。

系统提供的计提坏账的方法主要有销售收入百分比法、应收账款百分比法和账龄分析法。

坏账处理的作用是：系统自动计提应收款的坏账准备；当坏账发生时，可进行坏账核销；当已核销的坏账又被收回时，则可进行相应的后续处理。

3 月 31 日，以会计人员的身份登录企业应用平台，依次执行"业务导航"→"经典树形"→"业务工作"→"财务会计"→"应收款管理"→"坏账处理"→"计提坏账准备"命令，打开"计提坏账准备"界面，如图 11-23 所示。

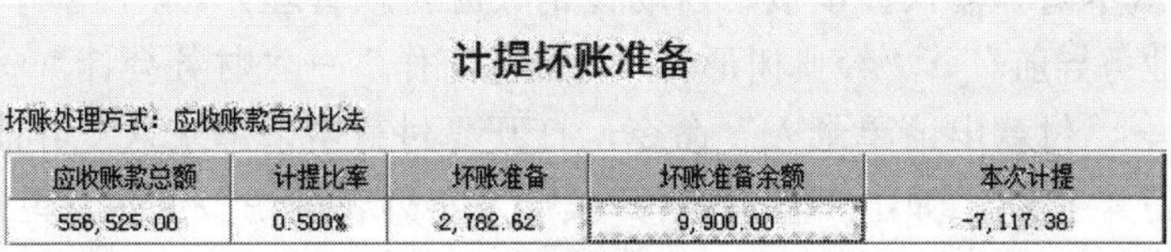

图 11-22　填制凭证

计提坏账准备业务处理

计提坏账准备

坏账处理方式：应收账款百分比法

应收账款总额	计提比率	坏账准备	坏账准备余额	本次计提
556,525.00	0.500%	-2,782.62	9,900.00	-7,117.38

图 11-23　计提坏账准备

单击"确认"按钮，弹出"是否立即制单"提示框，单击"是"按钮，打开"填制凭证"界面，完善凭证要素，单击"保存"按钮完成红字凭证制作，如图 11-24 所示。

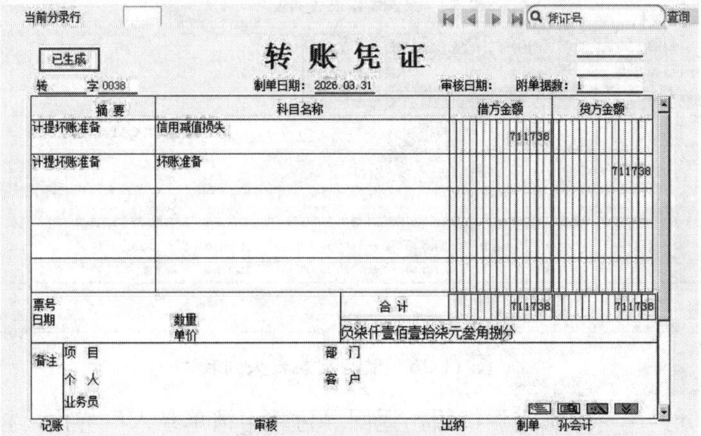

图 11-24　填制凭证

任务八 付款业务处理

第一步，红票对冲（应付款管理）。

3 月 20 日，以会计人员的身份登录企业应用平台，依次执行"业务导航"
→"经典树形"→"业务工作"→"财务会计"→"应付款管理"→"转账"
→"红票对冲"→"手工对冲"命令，弹出"红票对冲条件"页面，按项目资料选择供应商
"锦江公司"，单击"确定"按钮，打开"手工对冲"界面，按项目资料在对应的蓝字采购
专用发票所在记录的"对冲金额"栏中填入与红字采购专用发票"对冲金额"栏相等的金额，
单击"确认"按钮完成对冲操作，如图 11-25 所示。

单据日期	单据类型	单据编号	供应商	币种	原币金额	原币余额	对冲金额
2026-03-17	采购专用发票	CG03131	锦江公司	人民币	1,401.20	1,401.20	1,401.20
合计					1,401.20	1,401.20	

单据日期	单据类型	单据编号	供应商	币种	原币金额	原币余额	对冲金额
2026-03-15	采购专用发票	CG03091	锦江公司	人民币	91,078.00	91,078.00	1,401.20
2026-01-20	采购专用发票	Z312	锦江公司	人民币	198,654.00	198,654.00	
合计					289,732.00	289,732.00	

图 11-25 手工对冲

第二步，付款申请单输入、审核、自动核销（应付款管理）。

依次执行"业务导航"→"经典树形"→"业务工作"→"财务会计"→"应付款管理"
→"付款申请"→"付款申请单录入"命令，打开"付款申请单录入"界面，依次单击"增
加"→"采购发票"按钮，弹出"查询条件-采购发票列表过滤"页面，单击"确定"按钮，
弹出"拷贝并执行"页面，在"本次申请金额总计"栏中填入申请金额，然后在"采购发票
表头列表"中选中需要生成付款申请单的发票，如图 11-26 所示。

本次申请金额总计 89676.80

采购发票表头列表

	发票号	发票类型	开票日期	发票日期	代垫单位	代垫单位编码	币种	汇率
☐	YF03061	专用发票	2026-03-08		金牛公司	002	人民币	1.00000000
☑	CG03091	专用发票	2026-03-15		锦江公司	001	人民币	1.00000000

共 2 条记录 已选择行数:1

	存货编码	存货名称	规格型号	主计量	数量	原币单价	原币含税单价	原币金额	原币税额	原币价税合计	可申请金额	本次申请金额	税率	发票号	累计有效申请金额
☑	002	硬盘		盒	130.00	620.00	700.60	80,600.00	10,478.00	91,078.00	89,676.80	89,676.80	13.00	CG03091	0.00
合计					130.00		700.60	80,600.00	10,478.00	91,078.00	89,676.80	89,676.80			

共 1 条记录 已选择行数:1

图 11-26 采购发票表头列表

依次单击"分摊"→"确定"按钮，返回"付款申请单录入"界面，按项目资料输入结
算方式，单击"保存"按钮完成付款申请单的制作，如图 11-27 所示。

图 11-27　付款申请单

单击"审核"按钮，弹出"是否继续进行自动核销？"对话框，单击"是"按钮，打开"自动核销报告"界面，单击"明细"按钮可查看"已核销单据"或"未核销单据"，单击"确定"按钮完成核销。

第三步，生成凭证（应付款管理）。

依次执行"业务导航"→"经典树形"→"业务工作"→"财务会计"→"应付款管理"→"凭证处理"→"生成凭证"命令，弹出"制单查询"页面，同时选中"收付款单"和"红票对冲"，选择需要生成凭证的供应商"锦江公司"，单击"确定"按钮，在打开的"生成凭证"界面，在"凭证类别"下拉列表中选择"付款凭证"，依次单击"合并"→"制单"按钮，在打开"填制凭证"界面，完善"100201 银行存款/工行存款"辅助项票号信息，单击"保存"按钮完成凭证制作，如图 11-28 所示。

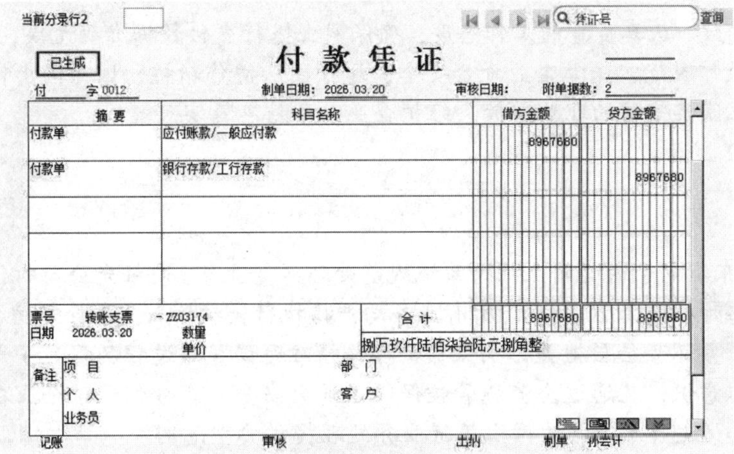

图 11-28　填制凭证

项目拓展　应收、应付款管理

TZ11

项目十二　网上银行系统业务信息化处理

学习目标

知识目标

了解网上银行系统在企业资金管理中的作用与业务流程；熟悉普通支付、对私支付等业务的操作规范；掌握网上银行单据填制、复核、审批、支付及状态确认的要点；理解网上银行与其他财务系统的数据交互关系。

能力目标

能够熟练运用财务软件完成网上银行各类业务操作，准确输入支付单据；以不同角色（会计、出纳、账套主管）完成单据复核、审批等流程；正确进行支付状态确认和凭证生成；运用系统功能查询和管理网上银行支付记录。

素养目标

培养严谨细致、认真负责的工作态度，确保网上银行支付数据准确无误；强化风险意识，遵守网上银行操作规范，保障企业资金安全；增强团队协作精神，因为网上银行业务涉及多角色协同；树立诚实守信的职业道德，维护企业财务信息真实可靠。

案例导入

3月，成都东华电子通过网上银行系统规范处理两笔业务：向红光公司拆借资金10万元，支付员工张健临时补助金2000元。所有业务均严格执行出纳输入、会计复核、主管审批的标准化内控流程，各环节层层把关，确保资金操作精准无误。该过程既彰显了严谨细致的工作作风与合规操作意识，又通过全流程管控保障了资金安全，充分体现了企业在资金管理领域的规范化、信息化运作水平，为网上银行业务处理提供典型范例。

项目准备及要求

（1）设置系统日期为当年3月31日，引入"项目十一　应收应付款管理系统业务信息化处理"备份账套。

（2）以会计人员、出纳人员的身份进行网上银行业务操作。

（3）账套输出。

ZT12

项目资料

当年3月网银日常业务如下。

任务一　普通支付业务处理

3月5日，红光公司由于经营需要向我公司临时申请拆借资金100 000.00元。经公司董事会研究决定，同意拆借，并立即通知财务部通过网银转账（回单号：0000000001）方式支付给红光公司。

任务二　对私支付业务处理

3月7日，网银转账（回单号：0000000002）方式支付销售部员工张健临时补助金2000.00元。

项目操作指导

网上银行日常业务操作主要有以下几个方面。

（1）单据录入——完成付款单的输入。

（2）单据复核——由专人对付款单的合规性、正确性等进行审核。

（3）单据审批——由专人对付款单的合规 性、正确性等进行再次审核。

（4）单据支付——通过网络向银行提交付款单，并与银行在线实时查询单据的支付状态。

（5）支付状态确认、支付变更——对于在网上银行中输入的而未导出到应收款管理系统或应付款管理系统的付款单，可由网上银行系统直接生成凭证到总账系统。

网上银行日常业务处理操作流程如图12-1所示。

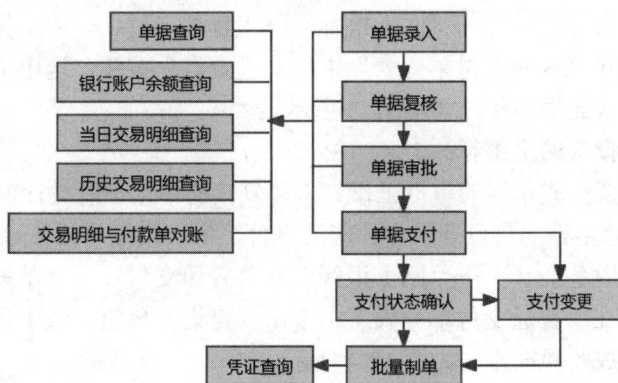

图12-1　网上银行操作流程图

任务一　普通支付业务处理

普通支付单是指由本公司账号直接向其他公司拨款的付款单。只有具备制单权限的操作员才可进行单据的填制操作，并且只能对具有制单权限的账号进行操作。

普通支付业务处理

第一步，单据输入（网上银行）。

3月5日，以出纳人员的身份登录企业应用平台，依次执行"业务导航"→"经典树形"→"业务工作"→"财务会计"→"网上银行"→"普通支付"→"单据录入"命令，打开"单据录入"界面，单击"增加"按钮，打开"普通支付单"界面，按项目资料输入数据，单击"保存"按钮完成普通支付单的制作，如图12-2所示。

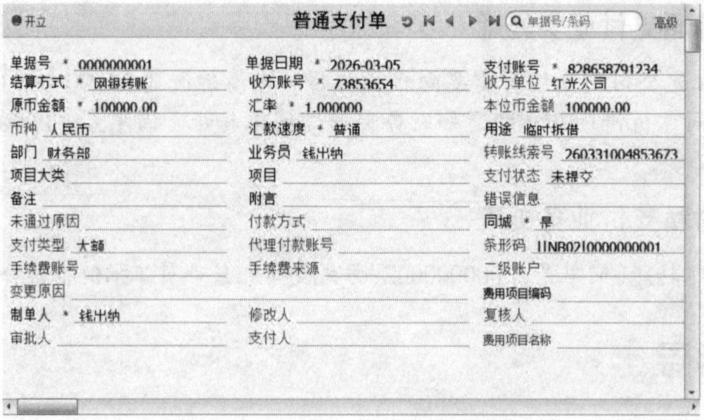

图 12-2　普通支付单

🔔 **注意**：在输入普通支付单"原币金额"时，会弹出"余额不足，继续吗？"提示框。这是由于该软件是教学演示版，未设置银行服务器的 IP 地址和端口号，因此不能真正与银行进行数据连接。此时，可以直接单击"是"按钮。

第二步，单据复核（网上银行）。

单据复核功能主要完成单据的复核工作。

3 月 5 日，以会计人员的身份登录企业应用平台，依次执行"业务导航"→"经典树形"→"业务工作"→"财务会计"→"网上银行"→"普通支付"→"单据复核"命令，打开"单据复核"界面，在"普通支付单列表"中单击"查询"按钮，选中需要复核的支付单，单击"复核"按钮完成此项操作，如图 12-3 所示。

第三步，单据审批（网上银行）。

单据审批功能主要完成单据的审批工作。未经复核的单据不能进行审批。

3 月 5 日，以账套主管的身份登录企业应用平台，依次执行"业务导航"→"经典树形"→"业务工作"→"财务会计"→"网上银行"→"普通支付"→"单据审批"命令，打开"单据审批"界面，在"普通支付单列表"中单击"查询"按钮，选中需要审批的支付单，单击"审批"按钮完成此项操作，如图 12-4 所示。

图 12-3　单据复核

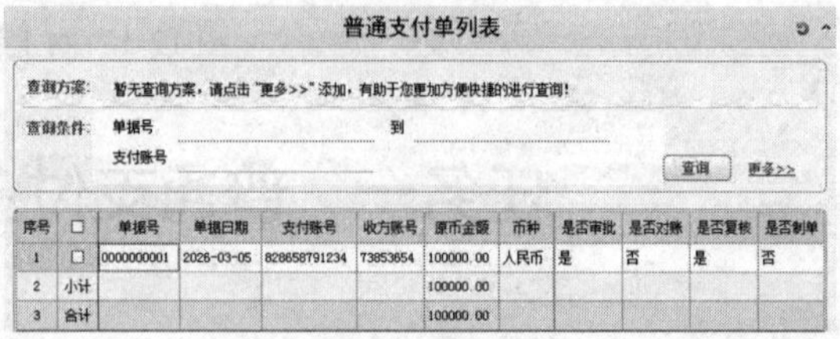

图 12-4　单据审批

第四步，单据支付（网上银行）。

单据支付功能主要完成款项的支付工作。通过用友 ERP-U8⁺网银系统进行支付时，首先需要向银行提交支付申请，银行确认受理后才会处理该笔支付申请的转账。在这里进行单据支付后，银行会立即返回该单据的提交状态，而单据实际的支付结果则需要在"支付状态确认"中与银行进行在线实时查询。未经审批的单据不能进行支付。

3 月 5 日，以出纳人员的身份登录企业应用平台，依次执行"业务导航"→"经典树形"

→"业务工作"→"财务会计"→"网上银行"→"普通支付"→"单据支付"命令，打开"单据支付"界面，在"普通支付单列表"中单击"查询"按钮，选中需要支付的支付单，单击"支付"按钮完成此项操作，如图12-5所示。

第五步，支付状态确认、生成凭证（网上银行）。

支付状态确认功能提供与银行在线实时查询单据的实际支付结果。由于银行受理支付申请和处理支付申请的转账之间存在时间间隔，在向银行提交支付申请后，还需要与银行进行实时查询，以确认单据的实际支付状态。未经提交支付的单据不能进行支付状态确认。

3月5日，以会计人员的身份登录企业应用平台，依次执行"业务导航"→"经典树形"→"业务工作"→"财务会计"→"网上银行"→"普通支付"→"支付状态确认"命令，打开"支付状态确认"界面，在"支付状态查询"中单击"查询"按钮，选中需要确认的支付单，单击"确认"按钮完成此项操作，如图12-6所示。

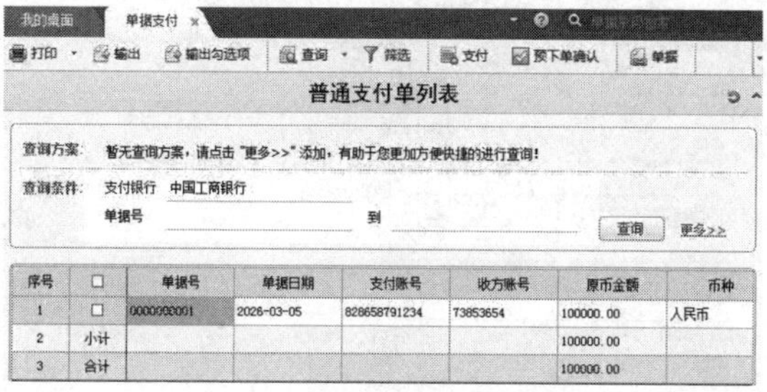

图 12-5　单据支付

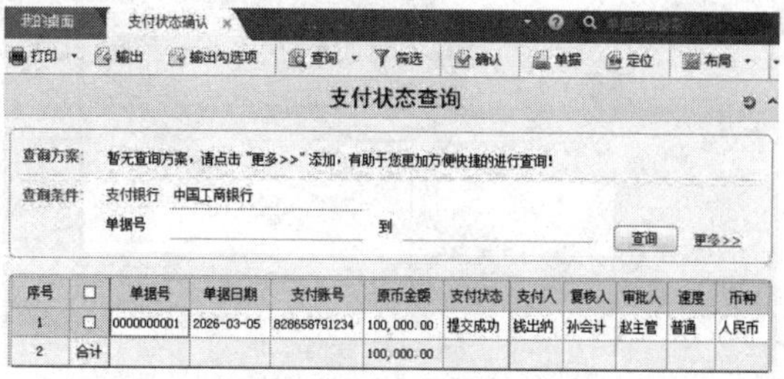

图 12-6　支付状态确认

依次执行"网上银行"→"凭证处理"→"生成凭证"命令，弹出"查询条件-批量制单"对话框，单击"确定"按钮，打开"生成凭证"界面，在"凭证类别"下拉列表中选择"付款凭证"，修改"制单日期"，双击"选择标志"栏，单击"制单"按钮，打开"填制凭证"界面，完善凭证要素，单击"保存"按钮完成凭证制作，如图12-7所示。

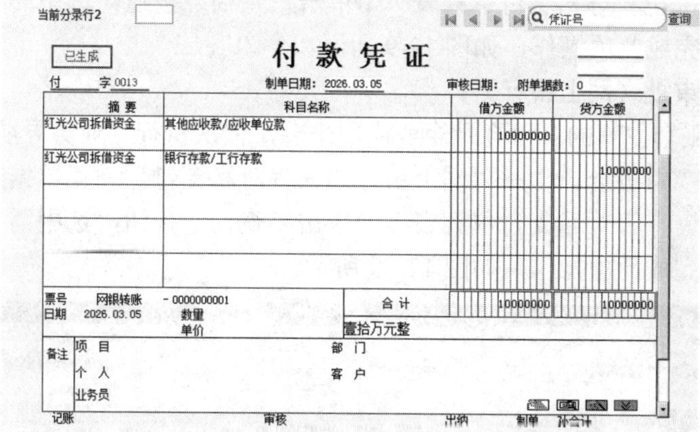

图 12-7　填制凭证

任务二　对私支付业务处理

对私支付单是指由本公司账号直接向本公司员工或其他个人拨款的付款单。

对私支付业务处理

第一步，单据输入（网上银行）。

3 月 7 日，以出纳人员的身份登录企业应用平台，依次执行"业务导航"→"经典树形"→"业务工作"→"财务会计"→"网上银行"→"对私支付"→"单据录入"命令，打开"单据录入"界面，单击"增加"按钮，打开"对私支付单"界面，按项目资料输入数据，单击"保存"按钮完成对私支付单的制作，如图 12-8 所示。

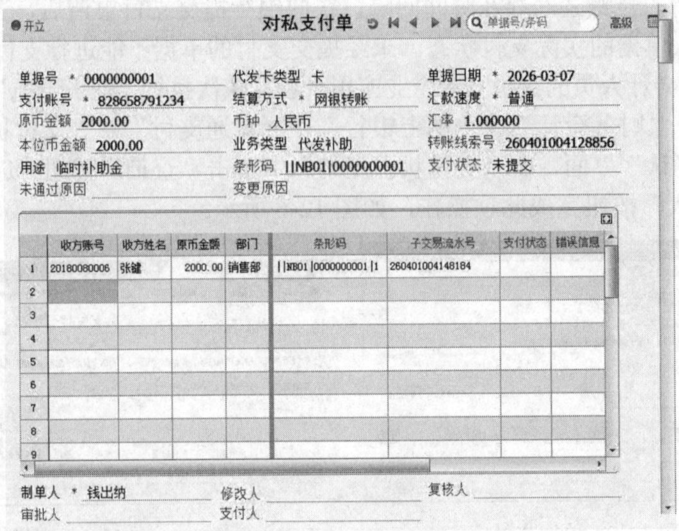

图 12-8　对私支付单

第二步，单据复核（网上银行）。

3 月 7 日，以会计人员的身份登录企业应用平台，依次执行"业务导航"→"经典树形"→"业务工作"→"财务会计"→"网上银行"→"对私支付"→"单据复核"命令，打开"单据复核"界面，在"对私支付单列表"中单击"查询"按钮，选中需要复核的支付单，单击"复核"按钮完成此项操作，如图 12-9 所示。

第三步，单据审批（网上银行）。

3 月 7 日，以账套主管的身份登录企业应用平台，依次执行"业务导航"→"经典树形"→"业务工作"→"财务会计"→"网上银行"→"对私支付"→"单据审批"命令，打开"单据审批"界面，在"对私支付单列表"中单击"查询"按钮，选中需要审批的支付单，单击"审批"按钮完成此项操作，如图 12-10 所示。

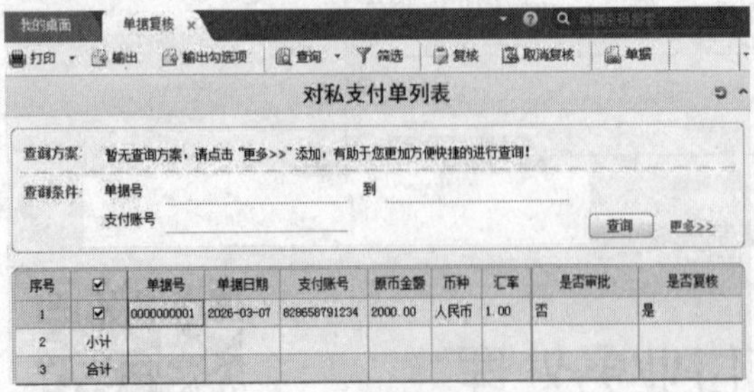

图 12-9　单据复核

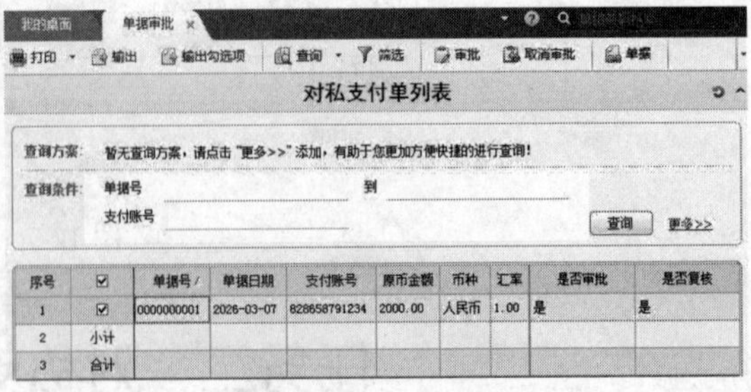

图 12-10　单据审批

第四步，单据支付（网上银行）。

3 月 7 日，以出纳人员的身份登录企业应用平台，依次执行"业务导航"→"经典树形"

→"业务工作"→"财务会计"→"网上银行"→"对私支付"→"单据支付"命令，打开"单据支付"界面，在"对私支付单列表"中单击"查询"按钮，选中需要支付的支付单，单击"支付"按钮完成此项操作，如图 12-11 所示。

第五步，支付状态确认、生成凭证（网上银行）。

3 月 7 日，以会计人员的身份登录企业应用平台，依次执行"业务导航"→"经典树形"→"业务工作"→"财务会计"→"网上银行"→"对私支付"→"支付状态确认"命令，打开"支付状态确认"界面，在"支付状态查询"中单击"查询"按钮，选中需要确认的支付单，单击"确认"按钮完成此项操作，如图 12-12 所示。

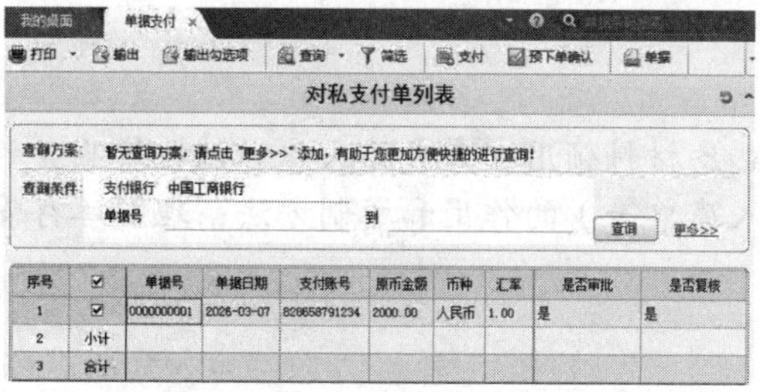

图 12-11　单据支付 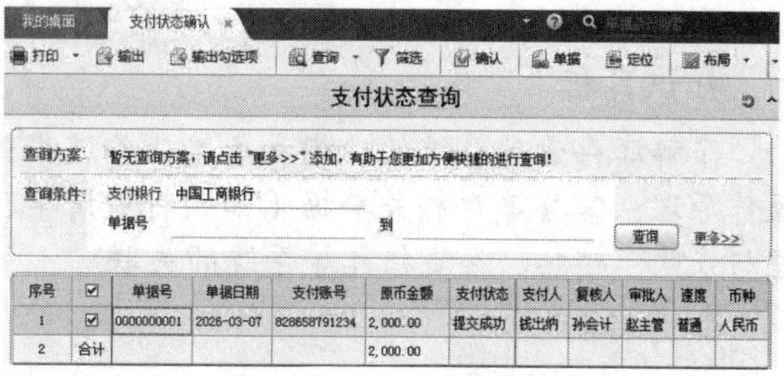　　　　　　　　　图 12-12　支付状态确认

在企业应用平台中，依次执行"网上银行"→"凭证处理"→"生成凭证"命令，弹出"查询条件-批量制单"页面，"单据类型"选择"对私支付单"，单击"确定"按钮，打开"生成凭证"界面，在"凭证类别"下拉列表中选择"付款凭证"，修改"制单日期"，双击"选择标志"栏，单击"制单"按钮，打开"填制凭证"界面，完善凭证要素，单击"保存"按钮完成凭证制作，如图 12-13 所示。

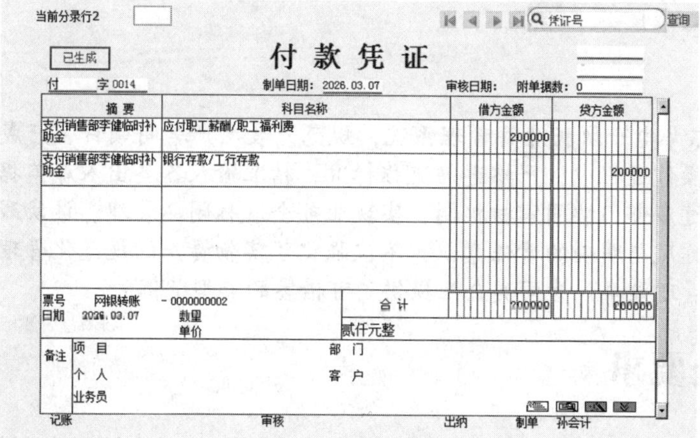

图 12-13　填制凭证

项目拓展　网上银行

TZ12

项目十三　库存管理系统业务信息化处理

学习目标

知识目标

了解库存管理系统的功能和各类业务流程；熟悉材料领用、产成品入库、调拨等业务的操作原理；掌握库存相关单据（如领料申请单、入库单等）的作用和填制方法；理解库存管理与采购、销售、存货核算等系统的关联。

能力目标

熟练运用财务软件进行库存管理系统的日常操作，准确输入和审核各类库存单据；能依据业务流程完成库存业务处理，如盘点、组装拆卸等；运用系统功能进行库存数据查询和分析，为企业库存管理提供数据支持。

素养目标

培养严谨细致的工作态度，确保库存数据准确无误；增强责任意识，重视库存管理工作对企业生产经营的重要性；提升团队协作精神，因为库存业务涉及多部门协同；树立成本控制和资源合理利用的意识，优化企业库存管理。

案例导入

3月，成都东华电子依托库存管理系统，规范开展生产车间领料、产成品入库、库存调拨等多项业务。操作过程中，严格遵循流程标准，精准输入各类出入库单据，确保数据真实可靠。同时，通过多部门协同审核机制，实现业务全流程闭环管理。该实践充分体现了企业严谨细致的工作作风与明确的责任意识，不仅强化了实物资产的规范化管理，更通过信息化手段提升了库存管理效率，为同类企业提供了可借鉴的典型范例。

项目准备及要求

（1）设置系统日期为当年3月31日，引入"项目十二　网上银行系统业务信息化处理"备份账套。

（2）以仓库管理员的身份，在指定的业务日期进入库存管理系统进行日常业务处理。

（3）账套输出。

ZT13

项目资料

当年3月库存业务如下。

任务一　材料领用业务处理

3月1日，生产车间向原料库申请领用 CPU 100盒、硬盘100盒、主板100个、内存条100根、电源100个、液晶显示器100台、键盘100个、鼠标100个、机箱100个，用于组装加工计算机。

任务二　产成品入库业务处理

（1）3月15日，成品库入库10台本月生产车间组装完成的计算机。

（2）3月16日，成品库入库20台本月生产车间组装完成的计算机。

（3）收到财务部门提供的本月完工产品直接材料总成本为144 000.00元。

任务三　调拨业务处理

3月20日，将原料库中的50盒CPU调拨到配套用品库[提示：需增加会计科目"140504库存商品/CPU"，账页格式："数量金额式"，辅助账类型："数量核算（盒）"]。

任务四　借出（入）业务处理

3月20日，红光公司从配套用品库借出50盒CPU，预计于25日归还。

任务五　借出（入）归还业务处理

3月21日，红光公司向配套用品库归还了30盒CPU。

任务六　借出（入）转销售（采购）业务处理

3月22日，将借给红光公司但尚未归还的20盒CPU转为销售处理，含税单价为900.00元。销售部根据发货单开具专用发票一张，票号为ZHXS03220。

任务七　盘点业务处理

3月25日，对各仓库存货进行盘点。盘点后，发现原料库的内存条多出两根。经确认，该内存条的成本为400.00元/根。假设该盘盈的内存条经领导批准，用于冲抵财务部管理费用。

任务八　组装业务处理

3月26日，应客户天平公司急需，生产车间当日组装了30台计算机（入库参考成本4800元/台）。（提示：需要增加收发类别"105—组装入库""306—组装出库"）。

项目操作指导

任务一　材料领用业务处理

材料领用业务处理

第一步，领料申请单（库存管理）。

对于工业企业，生产用原辅料、包装材料的出库；研发用试剂耗材、原料的出库及设备维修所用的备品备件的出库，可以先由使用部门填制领料申请单，经相关部门批准之后，由仓库根据领料申请单发料。

3 月 1 日，以仓库管理员的身份登录企业应用平台，依次执行“业务导航”→“经典树形”→“业务工作”→“供应链”→“库存管理”→“材料出库”→“领料申请”命令，打开“领料申请单”界面，依次单击“增加”→“空白单据”按钮，按项目资料输入数据，依次单击“保存”→“审核”按钮完成增加领料申请单的制作，如图 13-1 所示。

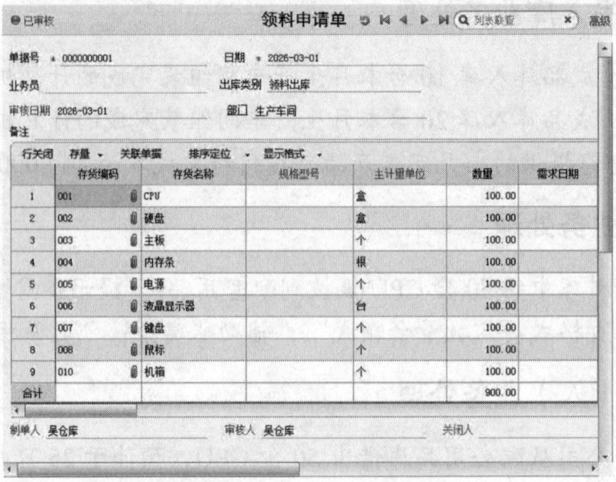

已审核　领料申请单

单据号 * 0000000001　日期 * 2026-03-01
业务员　出库类别 领料出库
审核日期 2026-03-01　部门 生产车间
备注

	存货编码	存货名称	规格型号	主计量单位	数量	需求日期
1	001	CPU		盒	100.00	
2	002	硬盘		盒	100.00	
3	003	主板		个	100.00	
4	004	内存条		根	100.00	
5	005	电源		个	100.00	
6	006	液晶显示器		台	100.00	
7	007	键盘		个	100.00	
8	008	鼠标		个	100.00	
9	010	机箱		个	100.00	
合计					900.00	

制单人 吴仓库　审核人 吴仓库　关闭人

图 13-1　领料申请单

第二步，材料出库单（库存管理）。

对于工业企业，材料出库单是领用材料时填制的出库单据。当从仓库中领用材料用于生产或委外加工时，就需要填制材料出库单。只有工业企业才有材料出库单，商业企业没有此单据。

依次执行“业务导航”→“经典树形”→“业务工作”→“供应链”→“库存管理”→“材料出库”→“材料出库单”命令，打开“材料出库单”界面，依次单击“增加”→“申请”→“领料申请”按钮，弹出“查询条件-领料申请单过滤条件”页面，单击“确定”按钮，弹出“领料申请单生单列表”页面，在“领料申请单生单表头”列表中选中需要生成出库单的申请单，单击“确定”按钮返回“材料出库单”界面，按项目资料修改材料出库单仓库数据后，单击“保存”→“审核”按钮完成增加材料出库单的制作，如图 13-2 所示。

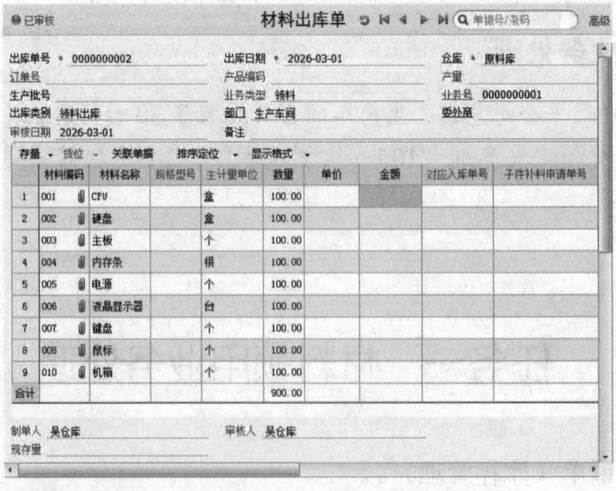

已审核　材料出库单

出库单号 * 0000000002　出库日期 * 2026-03-01　仓库 * 原料库
订单号　产品编码　产量
生产批号　业务类型 领料　业务号 0000000001
出库类别 领料出库　部门 生产车间　委外商
审核日期 2026-03-01　备注

	材料编码	材料名称	规格型号	主计量单位	数量	单价	金额	对应入库单号	子件补料申请单号
1	001	CPU		盒	100.00				
2	002	硬盘		盒	100.00				
3	003	主板		个	100.00				
4	004	内存条		根	100.00				
5	005	电源		个	100.00				
6	006	液晶显示器		台	100.00				
7	007	键盘		个	100.00				
8	008	鼠标		个	100.00				
9	010	机箱		个	100.00				
合计					900.00				

制单人 吴仓库　审核人 吴仓库
现存量

图 13-2　材料出库单

第三步，正常单据记账（存货核算）。

3 月 31 日，以会计人员的身份登录企业应用平台，依次执行“业务导航”→“经典树形”

→"业务工作"→"供应链"→"存货核算"→"记账"→"正常单据记账"命令，打开"未记账单据一览表"界面，在"正常单据记账列表"中单击"查询"按钮，在列表中选中需要记账的记录，单击"记账"按钮完成记账操作，如图 13-3 所示。

正常单据记账列表

查询方案：　暂无查询方案，请点击"更多>>"添加，有助于您更加方便快捷的进行查询！

查询条件：　仓库

　　　　　　仓库所属部门　　　　　　　　　　到　　　　　　　　　　　查询　更多>>

✔	日期	单据号	存货编码	存货名称	单据类型	仓库名称	收发类别	数量
✔	2026-03-01	0000000002	001	CPU	材料出库单	原料库	领料出库	100.00
✔	2026-03-01	0000000002	002	硬盘	材料出库单	原料库	领料出库	100.00
✔	2026-03-01	0000000002	003	主板	材料出库单	原料库	领料出库	100.00
✔	2026-03-01	0000000002	004	内存条	材料出库单	原料库	领料出库	100.00
✔	2026-03-01	0000000002	005	电源	材料出库单	原料库	领料出库	100.00
✔	2026-03-01	0000000002	006	液晶显示器	材料出库单	原料库	领料出库	100.00
✔	2026-03-01	0000000002	007	键盘	材料出库单	原料库	领料出库	100.00
✔	2026-03-01	0000000002	008	鼠标	材料出库单	原料库	领料出库	100.00
✔	2026-03-01	0000000002	010	机箱	材料出库单	原料库	领料出库	100.00
小计								900.00

图 13-3　未记账单据一览表

第四步，生成凭证（存货核算）。

依次执行"业务导航"→"经典树形"→"业务工作"→"供应链"→"存货核算"→"凭证处理"→"生成凭证"命令，打开"生成凭证"界面，单击"选单"按钮，弹出"查询条件-生成凭证查询条件"页面，单击"确定"按钮，弹出"选择单据"页面，双击需要生成凭证的记录"选择"栏，单击"确定"按钮，返回"生成凭证"界面，在"凭证类别"下拉列表中选择"转账凭证"，单击"合并制单"按钮，打开"填制凭证"界面，完善凭证要素，单击"保存"按钮完成凭证制作，如图 13-4 所示。

转 账 凭 证

当前分录行 1　　　　　　　　　　　　　　　　　凭证号　　　查询

已生成　　　转　字 0039　0001/0002　　制单日期：2026.03.01　　审核日期：　附单据数：1

摘要	科目名称	借方金额	贷方金额
材料出库单	生产成本/直接材料	37580900	
材料出库单	原材料/CPU		6000000
材料出库单	原材料/硬盘		6103200
材料出库单	原材料/主板		4000000
材料出库单	原材料/内存条		4000000
票号 日期	合计	37580900	37580900
数量 单价	叁拾柒万伍仟捌佰零玖元整		

备注　项　目　计算机组装　　　部　门
　　　个　人　　　　　　　　　客　户
　　　业务员

记账　　　　　审核　　　　　出纳　　　　　制单 补会计

图 13-4　填制凭证

任务二　产成品入库业务处理

产成品入库业务处理

第一步，产成品入库单（库存管理）。

对于工业企业，产成品入库单一般指产成品验收入库时填制的入库单据。产成品入库单是工业企业入库单据的主要部分。只有工业企业才有产成品入库单，商业企业没有此单据。

产成品一般在入库时无法确定产品的总成本和单位成本，所以在填制产成品入库单时，一般只有数量，没有单价和金额。

3 月 15 日，以仓库管理员的身份登录企业应用平台，依次执行"业务导航"→"经典树形"→"业务工作"→"供应链"→"库存管理"→"生产入库"→"产成品入库单"命令，打开"产成品入库单"界面，依次单击"增加"→"空白单据"按钮，按项目资料输入数据，依次单击"保存"→"审核"按钮完成产成品入库单的制作，如图 13-5 所示。

图 13-5　产成品入库单 1

3 月 16 日，以仓库管理员的身份登录企业应用平台，以同样的方法完成产成品入库单的制作，如图 13-6 所示。

图 13-6　产成品入库单 2

第二步，产成品成本分配、正常单据记账（存货核算）。

产成品成本分配表用于对已入库但未记明细账的产成品进行成本分配。当存货核算未与成本管理和生产订单集成使用时，可手动输入产成品成本，并将其分配到产成品入库单。

3 月 31 日，以会计人员的身份登录企业应用平台，依次执行"业务导航"→"经典树形"→"业务工作"→"供应链"→"存货核算"→"记账"→"产成品成本分配"命令，打开"产成品成本分配表"界面，单击"查询"按钮，弹出"产成品成本分配表查询"页面，在"请选择仓库条件"中选中"成品库"，单击"确定"按钮，返回"产成品成本分配"界面，在产成品对应的"金额"栏中输入完工产品的直接材料总成本，单击"分配"按钮完成产成品成本分配操作，如图 13-7 所示。

图 13-7　产成品成本分配表

关闭"产成品成本分配"界面，继续依次执行"存货核算"→"记账"→"正常单据记账"命令,打开"未记账单据一览表"界面,在"正常单据记账列表"中单击"查询"按钮,在列表中选中需要记账的记录,单击"记账"按钮完成记账操作,如图13-8所示。

☑	日期	单据号	存货编码	存货名称	单据类型	仓库名称	收发类别	数量	单价	金额	计量单位
☑	2026-03-15	0000000001	021	计算机	产成品入库单	成品库	产成品入库	10.00	4,800.00	48,000.00	台
☑	2026-03-16	0000000002	021	计算机	产成品入库单	成品库	产成品入库	20.00	4,800.00	96,000.00	台
小计								30.00		144,000.00	

图13-8 未记账单据一览表

第三步,生成凭证(存货核算)。

依次执行"业务导航"→"经典树形"→"业务工作"→"供应链"→"存货核算"→"凭证处理"→"生成凭证"命令,打开"生成凭证"界面,单击"选单"按钮,弹出"查询条件-生成凭证查询条件"页面,单击"确定"按钮,弹出"选择单据"页面,双击需要生成凭证的记录"选择"栏,单击"确定"按钮,返回"生成凭证"界面,在"凭证类别"下拉列表中选择"转账凭证",单击"合并制单"按钮,打开"填制凭证"界面,完善凭证要素,单击"保存"按钮完成凭证制作,如图13-9所示。

图13-9 填制凭证

🔔 **注意:** 由于本案例未启用成本管理系统,因此此处产成品成本仅结转了直接材料成本,其他成本项目并未结转,所以本案例产成品成本是不完整的。

任务三 调拨业务处理

调拨业务处理

第一步,调拨单、其他出(入)库单(库存管理)。

调拨单是指用于仓库之间存货的转库业务或部门之间存货调拨业务的单据。同一张调拨单上,如果转出部门和转入部门不同,则表示部门之间的调拨业务;如果转出部门和转入部门相同,但转出仓库和转入仓库不同,则表示仓库之间的转库业务。调拨单审核后,会生成其他出库单、其他入库单。

3 月 20 日，以仓库管理员的身份登录企业应用平台，依次执行“业务导航”→“经典树形”→“业务工作”→“供应链”→“库存管理”→“调拨业务”→“调拨单”命令，打开“调拨单”界面，依次单击“增加”→“空白单据”按钮，按项目资料输入数据，依次单击“保存”→“审核”按钮完成调拨单的制作，如图 13-10 所示。

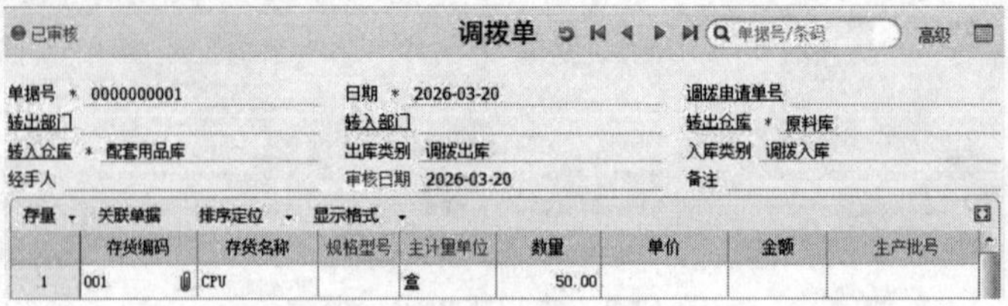
已审核
调拨单
单据号/条码
高级
单据号 * 0000000001
日期 * 2026-03-20
调拨申请单号
转出部门
转入部门
转出仓库 * 原料库
转入仓库 * 配套用品库
出库类别 调拨出库
入库类别 调拨入库
经手人
审核日期 2026-03-20
备注
存量 关联单据 排序定位 显示格式
存货编码 存货名称 规格型号 主计量单位 数量 单价 金额 生产批号
1 001 CPU 盒 50.00

图 13-10　调拨单

关闭“调拨单”界面，依次执行“库存管理”→“其他出库”→“其他出库单”命令，单击 ⏮ ◀ ▶ ⏭ 按钮，选择本笔业务对应的“其他出库单”，单击“审核”按钮完成此项操作，如图 13-11 所示。

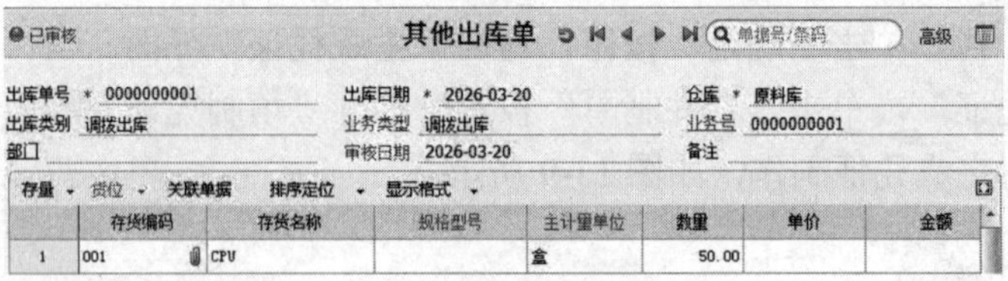
已审核
其他出库单
单据号/条码
高级
出库单号 * 0000000001
出库日期 * 2026-03-20
仓库 * 原料库
出库类别 调拨出库
业务类型 调拨出库
业务号 0000000001
部门
审核日期 2026-03-20
备注
存量 货位 关联单据 排序定位 显示格式
存货编码 存货名称 规格型号 主计量单位 数量 单价 金额
1 001 CPU 盒 50.00

图 13-11　其他出库单

以同样的方式审核“其他入库单”，如图 13-12 所示。

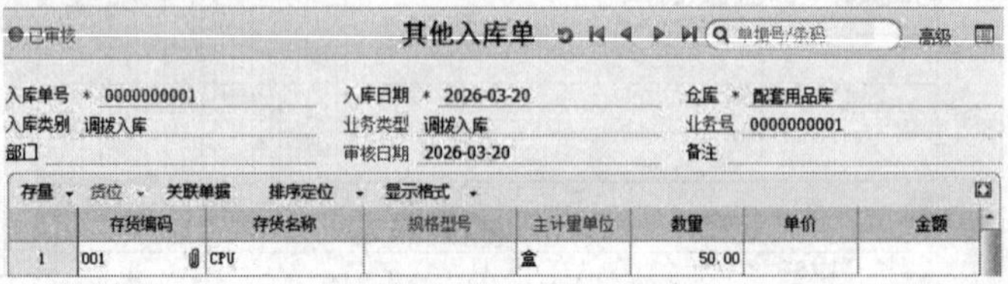
已审核
其他入库单
单据号/条码
高级
入库单号 * 0000000001
入库日期 * 2026-03-20
仓库 * 配套用品库
入库类别 调拨入库
业务类型 调拨入库
业务号 0000000001
部门
审核日期 2026-03-20
备注
存量 货位 关联单据 排序定位 显示格式
存货编码 存货名称 规格型号 主计量单位 数量 单价 金额
1 001 CPU 盒 50.00

图 13-12　其他入库单

第二步，特殊单据记账（存货核算）。

3 月 31 日，以会计人员的身份登录企业应用平台，依次执行“业务导航”→“经典树形”→“业务工作”→“供应链”→“存货核算”→“记账”→“特殊单据记账”命令，弹出“特殊单据记账条件”页面，单击“确定”按钮，在“特殊单据记账”列表中选中需要记账的记录，单击“记账”按钮完成记账操作，如图 13-13 所示。

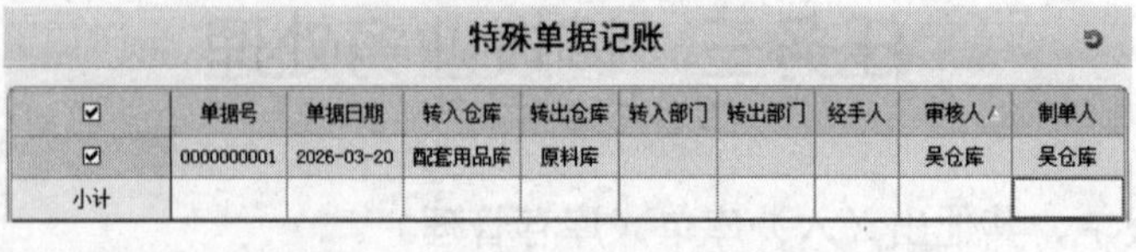
特殊单据记账
单据号 单据日期 转入仓库 转出仓库 转入部门 转出部门 经手人 审核人 制单人
0000000001 2026-03-20 配套用品库 原料库 吴仓库 吴仓库
小计

图 13-13　未记账单据一览表

第三步，生成凭证（存货核算）。

依次执行“业务导航”→“经典树形”→“业务工作”→“供应链”→“存货核算”→“凭证处理”→“生成凭证”命令，打开“生成凭证”界面，单击“选单”按钮，弹出“查询条件-生成凭证查询条件"页面，在"单据类型"下拉列表中选择"调拨单"，单击"确定"按钮，弹出"选择单据"页面，依次单击"全选"→"确定"按钮，返回"生成凭证"界面，在"凭证类别"下拉列表中选择"转账凭证"，补齐科目，然后单击"合并制单"按钮，打开"填制凭证"界面，完善凭证要素，单击"保存"按钮完成凭证制作，如图 13-14 所示。

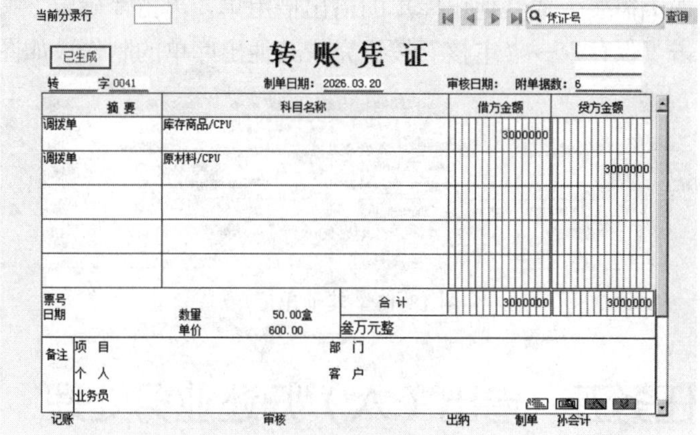

图 13-14　填制凭证

任务四　借出（入）业务处理

借出业务：企业与客户、供应商或内部部门之间可能存在存货借用关系。当客户借走存货后，预期会在一定时间后归还。若客户未归还，则企业可以通过生成转换单进行处理，将其转换为销售出库、赠品出库，或记录为内部耗用等。此外，存货也可以从一位客户转借给另一位客户。

借入业务：企业与客户或供应商之间可能存在存货借用关系。当企业从外部借入存货后，预期会在一定时间后归还。若对方要求归还而企业未能履行，则可以通过转入采购模块，生成采购入库单，从而从供应商处购买该存货。

第一步，借出（入）借用单（库存管理）。

借出借用单是借出业务的主要源头单据，记录企业与客户、供应商或内部部门之间存在存货借用关系。借出借用单一旦审核，就不可以弃审。

3 月 20 日，以仓库管理员的身份登录企业应用平台，依次执行"业务导航"→"经典树形"→"业务工作"→"供应链"→"库存管理"→"借出业务"→"借出借用单"命令，打开"借出借用单"界面，依次单击"增加"→"空白单据"按钮，按项目资料输入数据，依次单击"保存"→"审核"按钮完成借出借用单的制作，如图 13-15 所示。

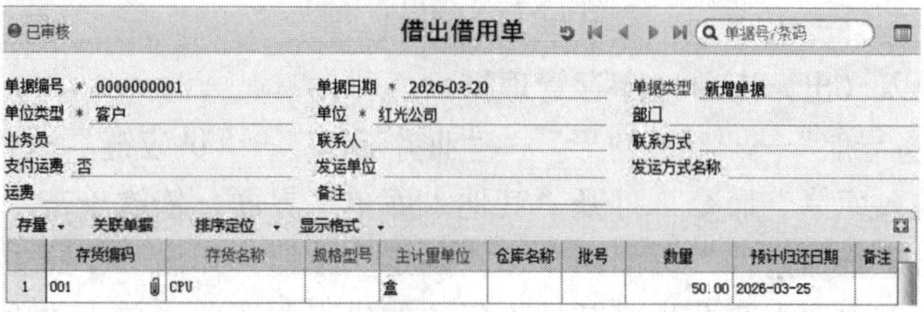

图 13-15　借出借用单

第二步，其他出（入）库单（库存管理）。

依次执行"业务导航"→"经典树形"→"业务工作"→"供应链"→"库存管理"→"其他出库"→"其他出库单"命令，打开"其他出库单"界面，依次单击"增加"→"借出借用单"按钮，弹出"查询条件"页面，单击"确定"按钮，弹出"参照生单"页面，在"借出借用单生单列表"中选中需要生成其他出库单的借出借用单，单击"确定"按钮返回"其他出库单"界面，依次单击"保存"→"审核"按钮完成其他出库单的制作，如图 13-16 所示。

	存货编码	存货名称	规格型号	主计量单位	数量	单价	金额
1	001	CPU		盒	50.00		

图 13-16　其他出库单

任务五　借出（入）归还业务处理

借出（入）归还业务处理

企业与客户、供应商或内部部门之间可能存在存货借用关系。当客户借走存货后，需在一定时间后归还。借出归还单支持不同存货的替代归还（即借 A 还 B）。

第一步，借出（入）归还单（库存管理）。

借出归还单主要用于记录本单位向客户、供应商、部门借出存货后，对方归还存货的业务。该单据同时记录与归还相关的信息，如是否支付运费、发运方式及发运单位等。

3 月 21 日，以仓库管理员的身份登录企业应用平台，依次执行"业务导航"→"经典树形"→"业务工作"→"供应链"→"库存管理"→"借出业务"→"借出归还单"命令，打开"借出归还单"界面，单击"增加"按钮，弹出"查询条件"页面，单击"确定"按钮，弹出"参照生单"页面，在"借出借用单生单列表"中选中需要生成借出归还单的借出借用单，单击"确定"按钮返回"借出归还单"界面，修改"本次归还数量"，依次单击"保存"→"审核"按钮完成借出归还单的制作，如图 13-17 所示。

	异种归还	存货编码	存货名称	规格型号	主计量单位	仓库名称	批号	本次归还数量	备注
1	否	001	CPU		盒	配套用品库		30.00	

图 13-17　借出归还单

第二步，其他入（出）库单（库存管理）。

依次执行"业务导航"→"经典树形"→"业务工作"→"供应链"→"库存管理"→"其他入库"→"其他入库单"命令，打开"其他入库单"界面，依次单击"增加"→"借出归还单"按钮，弹出"查询条件"页面，单击"确定"按钮，弹出"参照生单"页面，在"借出归还单生单列表"中选中需要生成其他入库单的借出归还单，单击"确定"按钮返回"其他入库单"界面，依次单击"保存"→"审核"按钮完成其他入库单的制作，如图 13-18 所示。

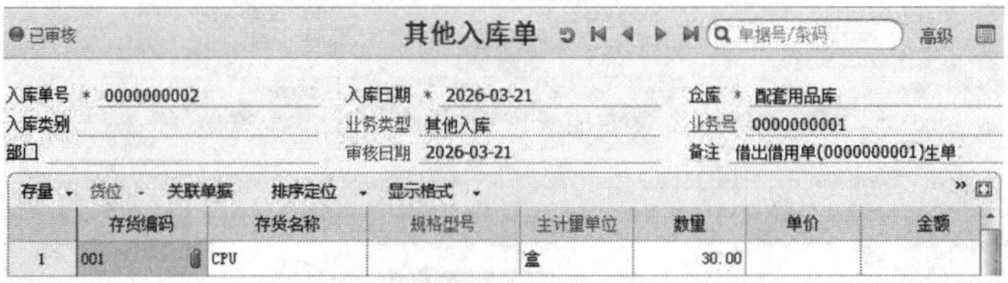

图 13-18　其他入库单

任务六　借出（入）转销售（采购）业务处理

借出（入）转销售（采购）业务处理

企业与客户、供应商、部门之间可能存在存货借用关系。当客户借走存货一定时间后，如果未能归还，可以通过以下方式处理：转借给其他客户、供应商或内部部门；转为销售，生成发货单和销售出库单；也可转为赠品；或转为内部耗用，生成耗用类型的出库单。这些方式旨在解决存货借用转换的复杂业务。

第一步，借出（入）转换单（库存管理）。

3 月 22 日，以仓库管理员的身份登录企业应用平台，依次执行"业务导航"→"经典树形"→"业务工作"→"供应链"→"库存管理"→"借出业务"→"借出转换单"命令，打开"借出转换单"界面，依次单击"增加"→"借出转销售"按钮，弹出"查询条件"页面，单击"确定"按钮，弹出"参照生单"页面，在"借出借用单生单列表"中选中需要生成借出转换单的借出借用单，单击"确定"按钮返回"借出转换单"界面，修改"部门""业务员""销售类型""本次转换数量""原币含税单价"，单击"保存"→"审核"按钮，弹出"提示"框，最后单击"确定"按钮完成借出转换单的制作，如图 13-19 所示。

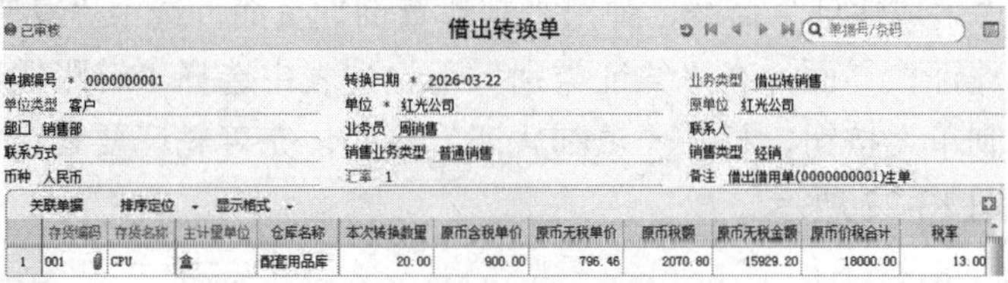

图 13-19　借出转换单

🔔 **注意**：在审核借出转换单时，系统会自动生成"其他入库单""发货单""销售出库单"，并自动完成这些单据的审核操作。

第二步，销售专用发票（销售管理）。

3 月 22 日，以销售人员的身份登录企业应用平台，依次执行"业务导航"→"经典树形"→"业务工作"→"供应链"→"销售管理"→"销售开票"→"销售专用发票"命令，打开"销售专用发票"界面，依次单击"增加"→"发货单"按钮，弹出"查询条件-发票参照发货单"页面，单击"确定"按钮，弹出"参照生单"页面，在"发票参照发货单表头"列表中选中需要生成发票的发货单，单击"确定"按钮返回"销售专用发票"界面，输入发票号，依次单击"保存"→"复核"按钮完成销售专用发票的制作，如图 13-20 所示。

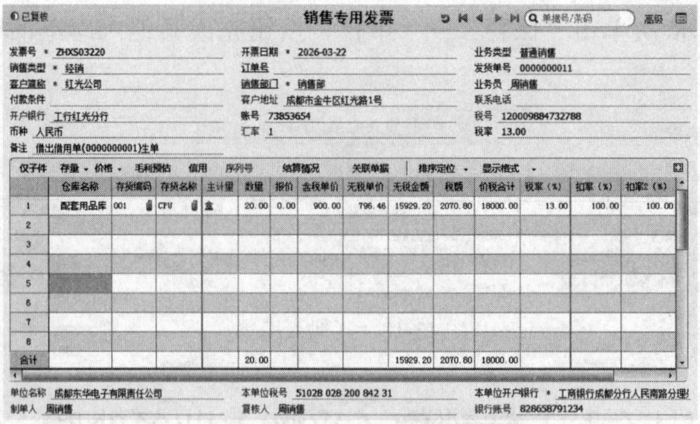

图 13-20　销售专用发票

第三步，销售发票审核（应收款管理）。

3 月 22 日，以会计人员的身份登录企业应用平台，依次执行"业务导航"→"经典树形"→"业务工作"→"财务会计"→"应收款管理"→"应收处理"→"销售发票"→"销售发票审核"命令，打开"销售发票审核"界面，在"销售发票列表"中单击"查询"按钮，选中需要审核的销售发票，单击"审核"按钮完成此项操作，如图 13-21 所示。

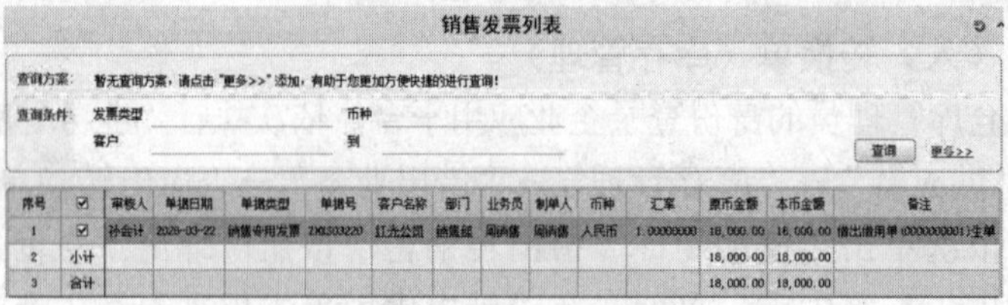

图 13-21　销售发票审核

第四步，生成凭证（应收款管理）。

依次执行"业务导航"→"经典树形"→"业务工作"→"财务会计"→"应收款管理"→"凭证处理"→"生成凭证"命令，弹出"制单查询"页面，选中"发票"后单击"确定"按钮，打开"生成凭证"界面，在"凭证类别"下拉列表中选择"转账凭证"，双击"选择标志"栏，单击"制单"按钮，打开"填制凭证"界面，完善凭证要素，单击"保存"按钮完成凭证制作，如图 13-22 所示。

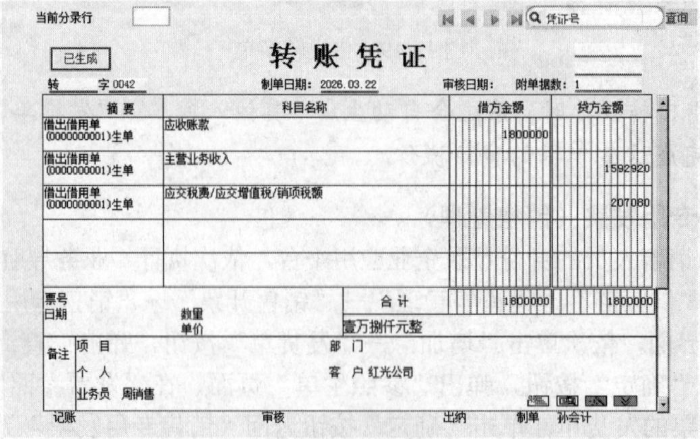

图 13-22　填制凭证

第五步，正常单据记账（存货核算）。

3 月 31 日，以会计人员的身份登录企业应用平台，依次执行"业务导航"→"经典树形"→"业务工作"→"供应链"→"存货核算"→"记账"→"正常单据记账"命令，弹出"未记账单据一览表"页面，在"正常单据记账列表"中单击"查询"按钮，在列表中选中需要记账的记录，单击"记账"按钮完成记账操作，如图 13-23 所示。

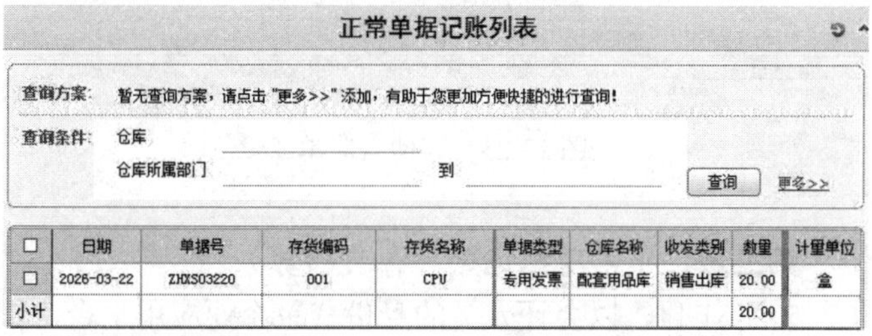

图 13-23　未记账单据一览表

任务七　盘点业务处理

盘点业务处理

为保证企业库存资产的安全与完整，做到账实相符，企业必须对存货进行定期或不定期的清查。清查内容包括：查明存货盘盈、盘亏、损毁的数量及其原因，并据此编制存货盘点报告表。此报告表应按规定程序，报有关部门审批。经有关部门批准后，企业应进行相应的账务处理，调整存货账的实存数，使存货的账面记录与库存实物核对相符。盘点时，系统提供多种盘点方式，如按仓库盘点、按批次盘点、按类别盘点，以及对保质期临近多少天的存货进行盘点等。此外，系统还支持对各仓库或批次中的全部或部分存货进行盘点。

第一步，盘点单（库存管理）。

盘点单是用来进行仓库存货的实物数量和账面数量核对工作的单据，可使用空盘点单进行实盘，然后将实盘数量输入系统，与账面数量进行比较。普通仓库盘点审核后，盈亏数自动生成其他出入库单。

3 月 25 日，以仓库管理员的身份登录企业应用平台，依次执行"业务导航"→"经典树形"→"业务工作"→"供应链"→"库存管理"→"盘点业务"→"盘点单"命令，打开"盘点单"界面，依次单击"增加"→"普通仓库盘点"按钮，按项目资料输入"盘点仓库"为"原料库"，单击"盘库"按钮，弹出提示框，单击"是"按钮，打开"盘点处理"页面，在"盘点方式"中选中"按仓库盘点"，在"盘点选项"中选中"账面为零时是否盘点"，单击"确认"按钮返回"盘点单"界面，按项目资料修改"单价"和"盘点数量"，依次单击"保存"→"审核"按钮，弹出提示框，单击"确定"按钮完成盘点单的制作，如图 13-24 所示。

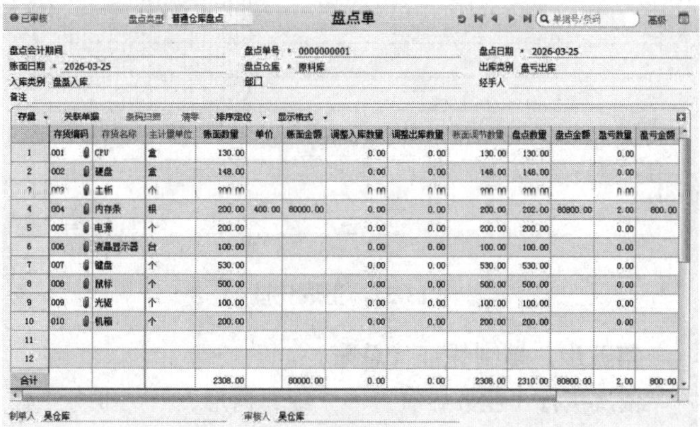

图 13-24　盘点单

第二步，其他入库单（库存管理）。

依次执行"业务导航"→"经典树形"→"业务工作"→"供应

图 13-25　其他入库单

链"→"库存管理"→"其他入
库"→"其他入库单"命令，打
开"其他入库单"界面，单击
◀◀ ◀ ▶ ▶▶ 按钮，选择本笔业务对应
的"其他入库单"，单击"审核"
按钮完成此项操作，如图 13-25
所示。

第三步，正常单据记账（存货核算）。

3 月 31 日，以会计人员的身份登录企业应用平台，依次执行"业务导航"→"经典树形"
→"业务工作"→"供应链"→"存货核算"→"记账"→"正常单据记账"命令，弹出"未
记账单据一览表"页面，在"正常单据记账列表"中单击"查询"按钮，在列表中选中需要
记账的记录，单击"记账"按钮完成记账操作，如图 13-26 所示。

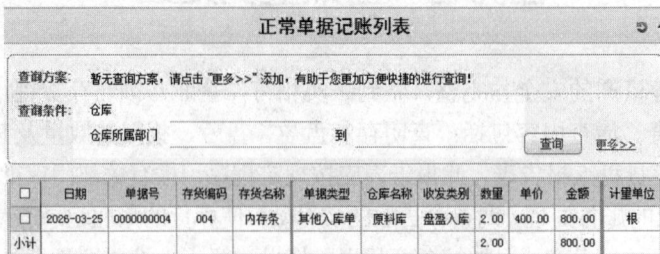

图 13-26　未记账单据一览表

第四步，生成凭证（存货核算）。

3 月 25 日，以会计人员的身份登录企业应用平台，依次执行"业务导航"→"经典树
形"→"业务工作"→"供应链"→"存货核算"→"凭证处理"→"生成凭证"命令，
打开"生成凭证"界面，单击"选单"按钮，弹出"查询条件-生成凭证查询条件"页面，

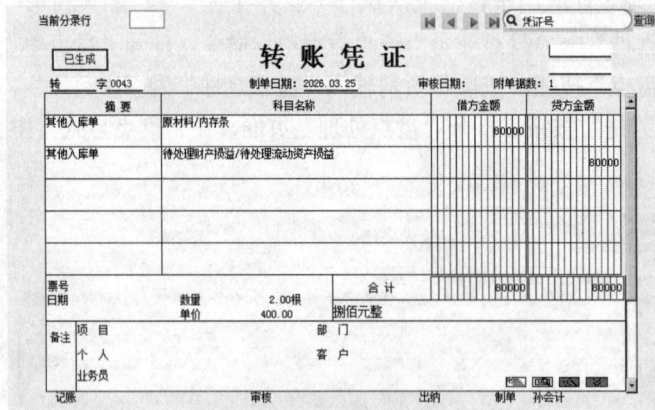

图 13-27　生成凭证

在"业务类型"下拉列表中选择
"盘盈入库"，单击"确定"按
钮，弹出"选择单据"页面，依
次单击"全选"→"确定"按钮，
返回"生成凭证"界面，在"凭
证类别"下拉列表中选择"转账
凭证"，补齐科目"190101 待处
理财产损溢/待处理流动资产损
益"，单击"合并制单"按钮，
打开"填制凭证"界面，完善凭
证要素，单击"保存"按钮完成
凭证制作，如图 13-27 所示。

第五步，填制凭证（总账）。

依次执行"业务导航"→"经典树形"→"业务工作"→"财务会计"→"总账"→"凭
证"→"填制凭证"命令，打开"填制凭证"界面，单击"增加"按钮（或按 F5 键），完善
凭证要素，单击"保存"按钮完成凭证制作，如图 13-28 所示。

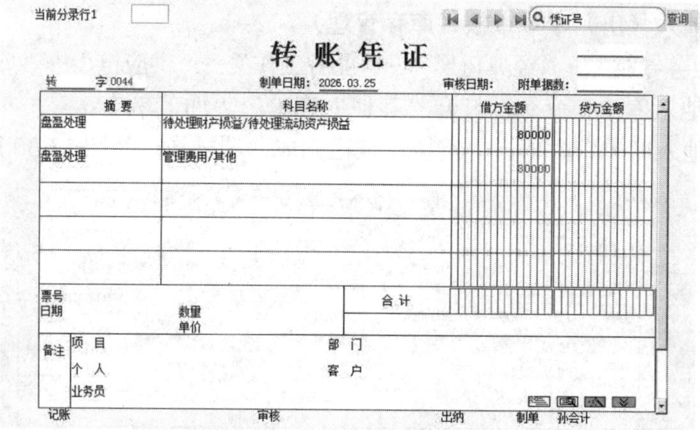

图 13-28　填制凭证

任务八　组装业务处理

组装是指将多个散件组装为一个配套件的过程，拆卸是指将一个配套件拆卸为多个散件的过程。

配套件是由多个存货组成的，但又可以拆开或销售的存货。配套件和散件之间是一对多的关系，需在物料清单中设置它们之间的关系。在组装、拆卸之前应先进行物料清单的定义，否则无法进行组装。

配套件与成套件不同，配套件可以组装、拆卸，而成套件不能单独使用或销售。在库存管理系统中，可以对成套件进行统计，也可对成套件展开后的单件进行统计。

第一步，组装单（库存管理）。

组装单相当于两种单据：一种是散件出库单，另一种是配套件入库单。组装单审核后会生成其他出库单和其他入库单。

3月26日，以仓库管理员的身份登录企业应用平台，依次执行"业务导航"→"经典树形"→"业务工作"→"供应链"→"库存管理"→"组装拆卸"→"组装单"命令，打开"组装单"界面，依次单击"增加"→"空白单据"按钮，按项目资料输入表头，单击"展开"按钮，在弹出的"提示"框中单击"是"按钮，输入"仓库""数量"和参考成本"单价"，依次单击"保存"→"审核"按钮，弹出"提示"框，单击"确定"按钮完成组装单的制作，如图 13-29 所示。

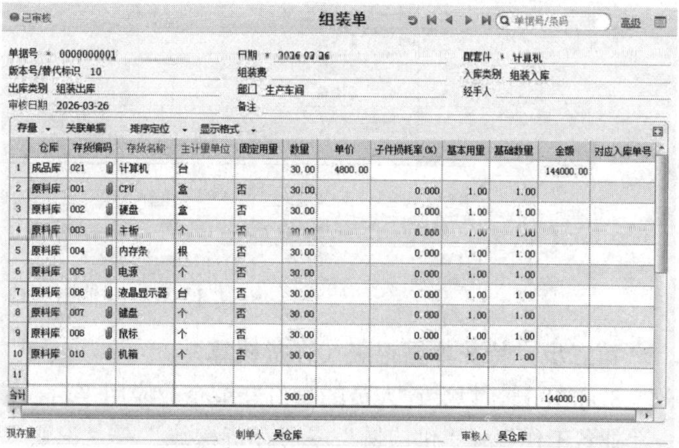

图 13-29　组装单

第二步，其他入（出）库单审核（库存管理）。

依次执行"业务导航"→"经典树形"→"业务工作"→"供应链"→"库存管理"→"其他入库"→"其他入库单"命令，打开"其他入库单"界面，单击 ◄◄ ◄ ► ►► 按钮，选择本笔业务对应的"其他入库单"，单击"审核"按钮完成此项操作，如图 13-30 所示。

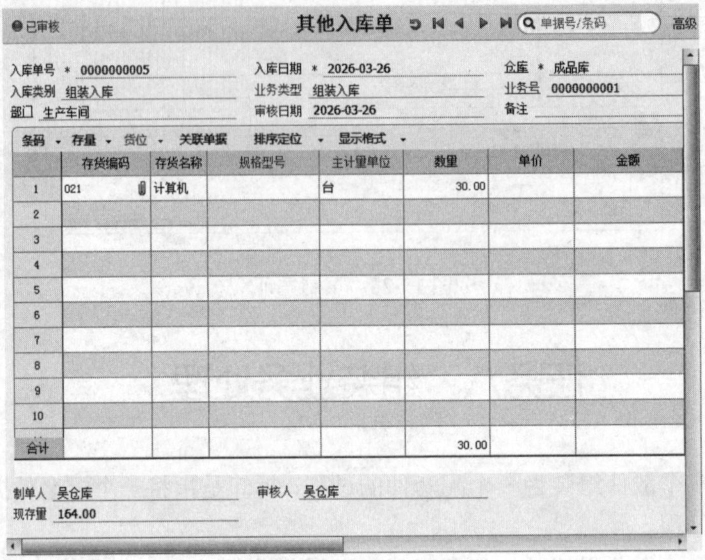

图 13-30　其他入库单

以同样的方法完成对"其他出库单"的审核，如图 13-31 所示。

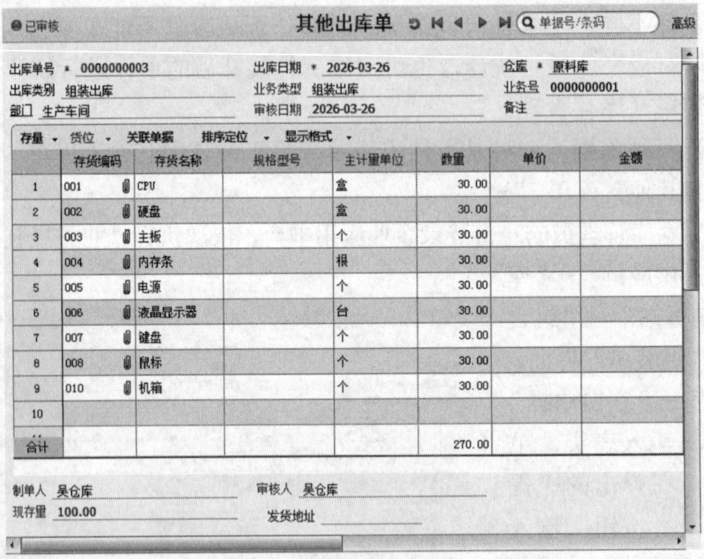

图 13-31　其他出库单

第三步，特殊单据记账（存货核算）。

3 月 31 日，以会计人员的身份登录企业应用平台，依次执行"业务导航"→"经典树形"→"业务工作"→"供应链"→"存货核算"→"记账"→"特殊单据记账"命令，弹出"特殊单据记账条件"页面，在"单据类型"下拉列表中选择"组装单"，单击"确定"按钮，在列表中选中需要记账的记录，单击"记账"按钮完成记账操作，如图 13-32 所示。

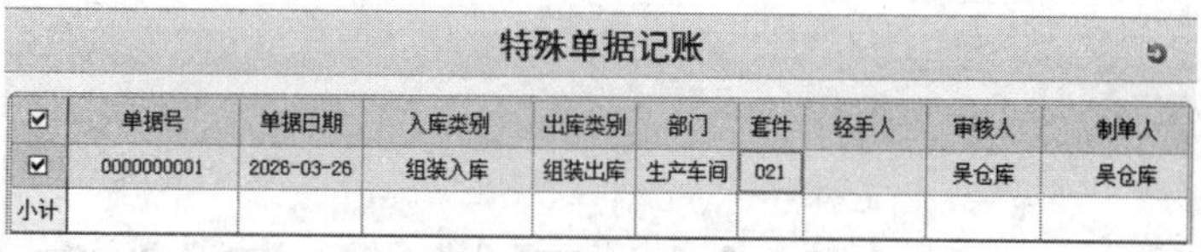

图 13-32　未记账单据一览表

第四步，生成凭证（存货核算）。

3 月 26 日，以会计人员的身份登录企业应用平台，依次执行"业务导航"→"经典树形"→"业务工作"→"供应链"→"存货核算"→"凭证处理"→"生成凭证"命令，打开"生成凭证"界面，单击"选单"按钮，弹出"查询条件-生成凭证查询条件"页面，在"业务类型"下拉列表中选择"组装入库"和"组装出库"，单击"确定"按钮，弹出"选择单据"页面，依次单击"全选"→"确定"按钮，返回"生成凭证"界面，在"凭证类别"下拉列表中选择"转账凭证"，单击"合并制单"按钮，打开"填制凭证"界面，完善凭证要素，单击"保存"按钮完成凭证制作，如图 13-33 所示。

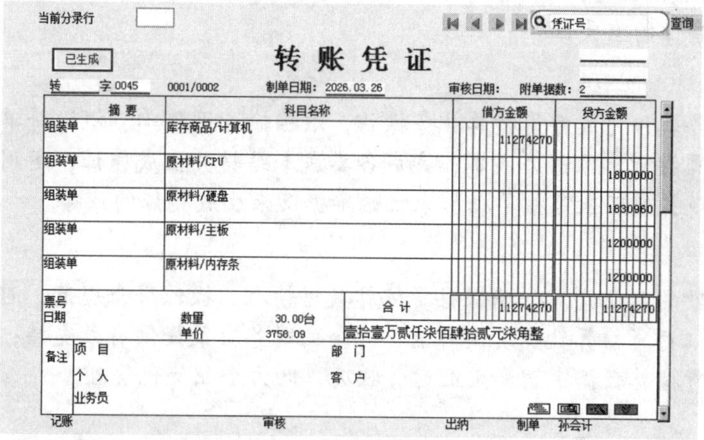

图 13-33　生成凭证

项目拓展　库存管理

项目十四　存货核算系统业务信息化处理

学习目标

知识目标

了解存货核算系统业务，掌握入库、出库调整单及假退料单等的作用与原理；理解全月平均法等计价方式下的存货成本计算原理，明晰期末处理流程及意义；熟悉销售出库成本、分期收款与委托代销发出商品成本结转的相关知识；掌握检查未生成凭证业务的方法，明确其对财务数据完整性的重要性。

能力目标

熟练运用财务软件完成存货核算业务操作，准确输入调整单、假退料单数据；能正确进行期末处理，计算存货单位出库成本，完成各类成本结转并生成凭证；运用系统功能检查业务数据，及时发现并处理未审核单据、未记账单据及未生成凭证的业务。

素养目标

培养严谨细致的职业素养，确保存货核算数据精准，操作符合规范，避免财务风险；树立诚信意识，保证存货核算数据真实可靠，为企业财务决策提供有效支持；提升数据处理与分析能力，从存货核算数据中洞察企业运营状况，助力企业优化管理。

案例导入

3月，成都东华电子有限公司（以下简称"东华电子"）依托存货核算系统，规范开展多项业务，包括键盘采购入库的成本调整、计算机出库的成本核算及月末假退料处理等。所有操作均严格遵循公司财务制度，确保每笔出入库单据均经过审核、记账，并采用规定的计价方式精准计算出库成本，同时及时结转销售成本。通过精细化成本管理和标准化流程执行，东华电子不仅体现财务工作的严谨性，还强化各部门的成本管控意识，有效保障存货数据的准确性和完整性，为企业的成本核算和财务决策提供可靠依据，充分展现财务人员的专业能力和职业素养。

项目准备及要求

（1）设置系统日期为当年3月31日，引入"项目十三 库存管理系统业务信息化处理"备份账套。

（2）以会计人员的身份进入存货核算系统进行操作。

（3）账套输出。

ZT14

项目资料

当年 3 月存货日常业务及期末存货出库成本处理业务如下。

任务一　入库调整业务处理

3 月 31 日，由于管理不善，将 3 月 3 日从金牛公司采购的键盘入库成本增加 600 元。

任务二　出库调整业务处理

3 月 31 日，将 3 月 4 日出售给华苑公司的计算机出库成本调整为 200 元。

任务三　假退料业务处理

3 月 31 日，根据生产车间的统计，有 8 盒 CPU 当月未用完。先做假退料处理，下个月再继续使用。

任务四　期末存货单位出库成本计算

（1）检查所有出（入）库单是否均已审核。
（2）检查有无未记账的单据。
（3）对采用全月平均法计价的存货，计算确定其发出价格。

任务五　普通销售出库成本结转处理

对采用全月一次加权平均计价方式的普通销售存货出库成本进行结转处理。

任务六　分期收款发出商品成本结转处理

对采用全月一次加权平均计价方式的分期收款销售发出的商品成本进行结转处理。

任务七　委托代销发出商品成本结转处理

对采用全月一次加权平均计价方式的委托代销发出的商品成本进行结转处理。

任务八　凭证核查处理

检查是否还有未生成凭证的业务单据。

项目操作指导

在企业中，存货成本直接影响利润水平。尤其在市场经济条件下，存货品种日益更新，存货价格变化较快，企业领导层更为关心存货的资金占用及周转情况，因而使得存货会计人员的核算工作量越来越大。随着先进的计算机技术不断发展，利用其来加强对存货的核算和管理，不仅能提高核算的精度，更重要的是能提高及时性、可靠性和准确性。

针对上述情况，用友软件股份有限公司根据手工存货核算系统的数据处理流程，并考虑到存货核算数据量大、数据处理频率高的特点，开发了存货核算系统，以减轻财务人员繁重的手工劳动。该软件是通用的存货核算系统，适用于各类工商企业的各种存货核算形式。

任务一　入库调整业务处理

第一步，入库调整单（存货核算）。

入库调整单是对存货的入库成本进行调整的单据。它只调整存货的金额，不调整存货的数量；它用于调整当月的入库金额，并相应地调整存货的结存金额；它可针对单据进行调整，也可针对存货进行调整。

（入库调整业务处理）

3 月 31 日，以会计人员的身份登录企业应用平台，依次执行"业务导航"→"经典树形"→"业务工作"→"供应链"→"存货核算"→"调整单"→"入库调整单"命令，打开"入库调整单"界面，单击"增加"按钮，按项目资料输入数据，依次单击"保存"→"记账"按钮完成入库调整单的制作和记账操作，如图 14-1 所示。

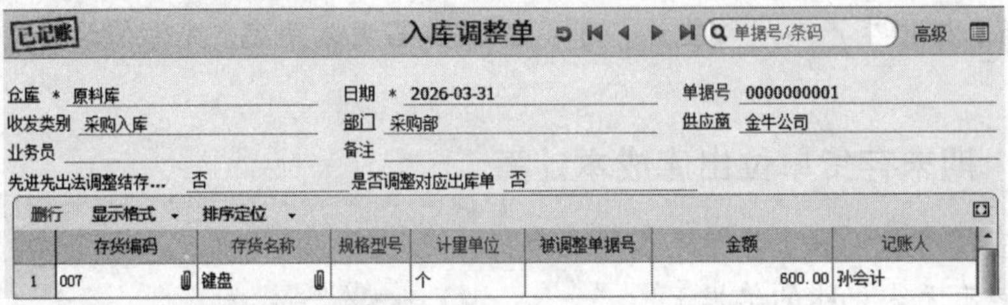

图 14-1　入库调整单

第二步，生成凭证（存货核算）。

依次执行"业务导航"→"经典树形"→"业务工作"→"供应链"→"存货核算"→"凭证处理"→"生成凭证"命令，打开"生成凭证"界面，单击"选单"按钮，弹出"查询条件–生成凭证查询条件"页面，在"单据类型"下拉列表中选择"入库调整单"，单击"确定"按钮，弹出"选择单据"页面，依次单击"全选"→"确定"按钮，返回"生成凭证"界面，在"凭证类别"下拉列表中选择"转账凭证"，将对方科目修改为"500101 生产成本/直接材料"，单击"制单"按钮，打开"填制凭证"界面，完善凭证要素，单击"保存"按钮完成凭证制作，如图 14-2 所示。

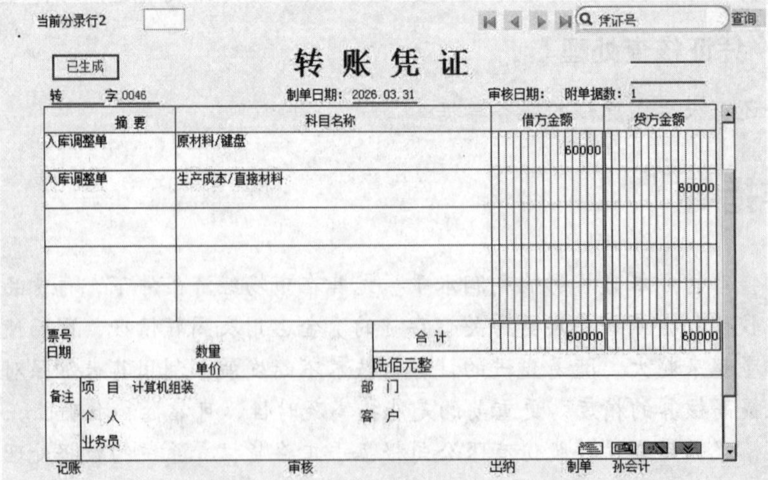

图 14-2　填制凭证

任务二　出库调整业务处理

第一步，出库调整单（存货核算）。

出库调整单是对存货出库成本进行调整的单据。它只调整存货的金额，不调整存货的数量；它用于调整当月的出库金额，并相应地调整存货的结存金额；它只能针对存货进行调整，不能针对单据进行调整。

3月31日，以会计人员的身份登录企业应用平台，依次执行"业务导航"→"经典树形"→"业务工作"→"供应链"→"存货核算"→"调整单"→"出库调整单"命令，打开"出库调整单"界面，单击"增加"按钮，按项目资料输入数据，依次单击"保存"→"记账"按钮完成出库调整单的制作和记账操作，如图14-3所示。

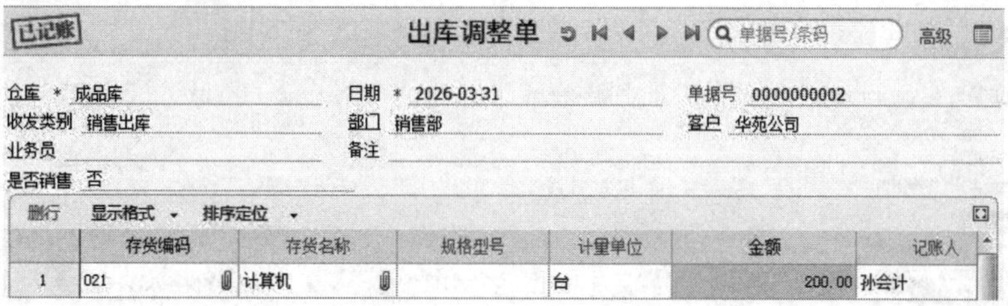

图14-3　出库调整单

第二步，生成凭证（存货核算）。

依次执行"业务导航"→"经典树形"→"业务工作"→"供应链"→"存货核算"→"凭证处理"→"生成凭证"命令，打开"生成凭证"界面，单击"选单"按钮，弹出"查询条件-生成凭证查询条件"页面，"单据类型"选择"出库调整单"，单击"确定"按钮，弹出"选择单据"页面，依次单击"全选"→"确定"按钮，返回"生成凭证"界面，"凭证类别"选择"转账凭证"，单击"制单"按钮，打开"填制凭证"界面，完善凭证要素，将对方科目改为"6401 主营业务成本"，单击"保存"按钮完成凭证制作，如图14-4所示。

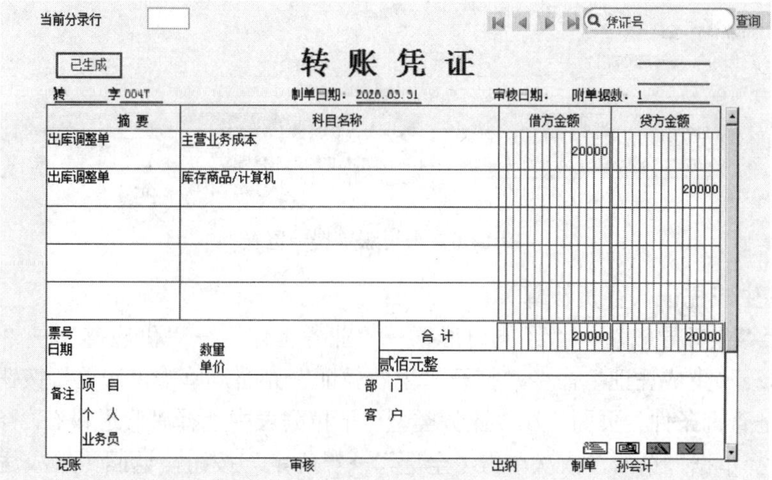

图14-4　填制凭证

任务三　假退料业务处理

假退料业务适用于车间已领用但月末尚未消耗完、下月需要继续耗用的材料。在这种情况下，可不必办理退料业务，而是制作假退料单来进行成本核算。该功能仅见于工业版存货核算系统。

第一步，假退料单（存货核算）。

3 月 31 日，以会计人员的身份登录企业应用平台，依次执行"业务导航"→"经典树形"→"业务工作"→"供应链"→"存货核算"→"出库单"→"假退料单"命令，打开"假退料单"界面，依次单击"增加"→"空白单据"按钮，按项目资料输入数据，单击"保存"按钮完成假退料单的制作，如图 14-5 所示。

出库单号 * 0000000003	出库日期 * 2026-03-31	仓库 * 原料库
订单号	产品编码	产量 0.00
生产批号	业务类型 假退料	业务号
出库类别 领料出库	部门 生产车间	委外商
审核日期	备注	

	材料编码	材料名称	规格型号	主计量单位	数量	单价	金额
1	001	CPU		盒	-8.00		

图 14-5　假退料单

第二步，正常单据记账（存货核算）。

依次执行"业务导航"→"经典树形"→"业务工作"→"供应链"→"存货核算"→"记账"→"正常单据记账"命令，弹出"未记账单据一览表"页面，在"正常单据记账列表"中单击"查询"按钮，在列表中选中需要记账的记录，单击"记账"按钮完成记账操作，如图 14-6 所示。

正常单据记账列表

查询方案：　暂无查询方案，请点击"更多>>"添加，有助于您更加方便快捷的进行查询！

查询条件：　仓库

仓库所属部门　　　　　到　　　　　　　　查询　　更多>>

☑	日期	单据号	存货编码	存货名称	单据类型	仓库名称	收发类别	数量 /	计量单位
☑	2026-03-31	0000000003	001	CPU	材料出库单	原料库	领料出库	-8.00	盒
小计								-8.00	

图 14-6　未记账单据一览表

第三步，生成凭证（存货核算）。

依次执行"业务导航"→"经典树形"→"业务工作"→"供应链"→"存货核算"→"凭证处理"→"生成凭证"命令，打开"生成凭证"界面，单击"选单"按钮，弹出"查询条件-生成凭证查询条件"页面，在"业务类型"下拉列表中选择"假退料"，单击"确定"按钮，弹出"选择单据"页面，依次单击"全选"→"确定"按钮，返回"生成凭证"界面，在"凭证类别"下拉列表中选择"转账凭证"，单击"合并制单"按钮，打开"填制凭证"界面，完善凭证要素，单击"保存"按钮完成红字凭证的制作，如图 14-7 所示。

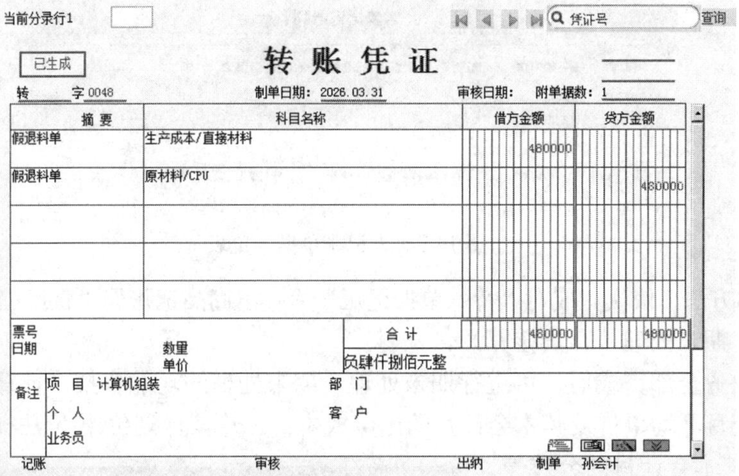

图 14-7 填制凭证

任务四 期末存货单位出库成本计算

期末存货单位出库成本计算

第一步，出（入）库单检查（库存管理）。

3 月 31 日，以仓库管理员的身份登录企业应用平台，依次执行"业务导航"→"经典树形"→"业务工作"→"供应链"→"库存管理"→"采购入库"→"采购入库单列表"命令，打开"采购入库单列表"界面，在"采购入库单列表"中单击"查询"按钮，查看"审核人"栏中有没有未审核的采购入库单，如果有未审核的采购入库单，则选中该记录后，单击"审核"按钮完成审核操作，如图 14-8 所示。

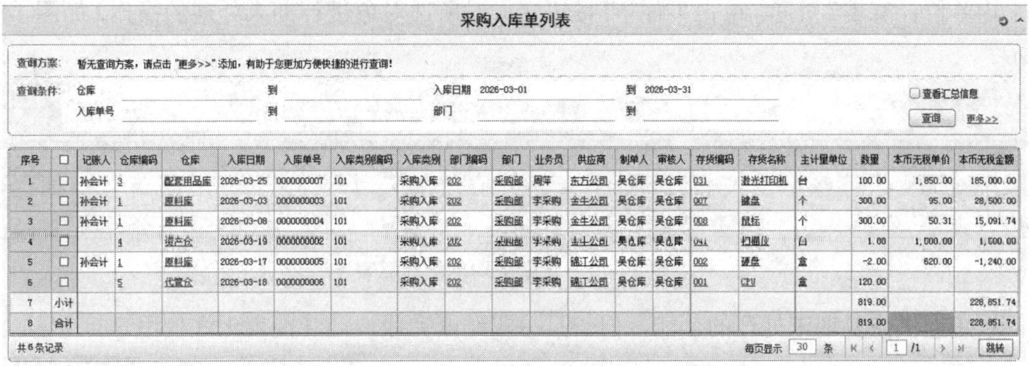

图 14-8 采购入库单列表

以同样的方法，依次完成对"产成品入库单""其他入库单""材料出库单""销售出库单""其他出库单"的检查。

第二步，记账单据检查（存货核算）。

3 月 31 日，以会计人员的身份登录企业应用平台，依次执行"业务导航"→"经典树形"→"业务工作"→"供应链"→"存货核算"→"记账"→"正常单据记账"命令，弹出"未记账单据一览表"页面，在"正常单据记账列表"中单击"查询"按钮检查是否有记录，如果有记录，则在列表中选中记录，单击"记账"按钮完成记账操作，如图 14-9 所示。

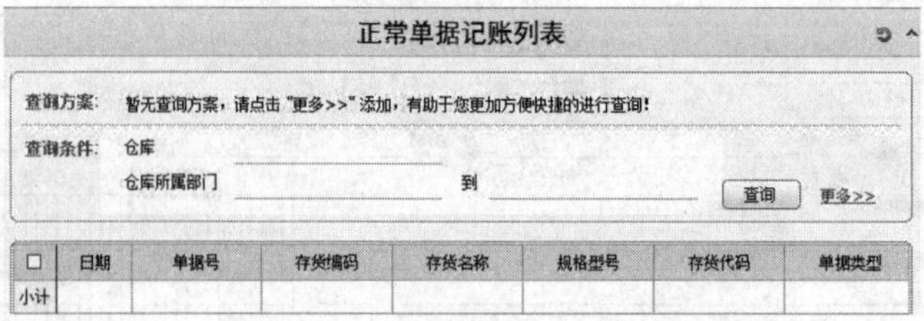

图 14-9　未记账单据一览表

以同样的方法，依次完成对"特殊单据记账""发出商品记账""直运销售记账"的检查。

第三步，期末处理（存货核算）。

当日常业务全部完成后，可进行期末处理。期末处理的功能包括：计算按全月平均法核算的存货的全月平均单价及其本会计月的出库成本；计算按计划价/售价法核算的存货的差异率/差价率及其本会计月的分摊差异/差价；对已完成日常业务的仓库/部门/存货进行处理标志。

依次执行"业务导航"→"经典树形"→"业务工作"→"供应链"→"存货核算"→"记账"→"期末处理"命令，弹出"期末处理-3 月"页面，选中所有仓库和"结存数量为零金额不为零生成出库调整单"复选框，如图 14-10所示。

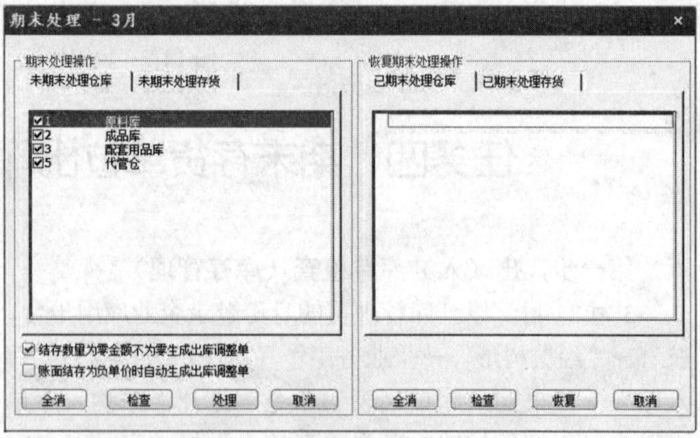

图 14-10　期末处理-3 月

单击"处理"按钮，弹出"仓库平均单价计算表"页面，单击"确定"按钮完成对所选对象进行期末处理的操作，如图 14-11所示。

部门编码	仓库编码	仓库名称	存货编码	存货名称	存货单位	期初数量	期初金额	入库数量	入库金额	有金额出库数量	有金额出库成本	平均单价	原单价	无金额出库数量	无金额出库成本	出库合计数量	出库合计成本
	3	配套用品库	001	CPU	盒			50.00	30,000.00	0.00	0.00	600.00	600.00	20.00	12,000.00	20.00	12,000.00
	3	配套用品库	031	激光打印机	台	400.00	720,000.00	100.00	185,000.00	0.00	0.00	1,810.00	1,810.00	10.00	18,100.00	10.00	18,100.00
	2	成品库	021	计算机	台	380.00	1,824,000.00	60.00	256,742.70	0.00	200.00	4,728.51	4,728.51	286.00	1,352,352.75	286.00	1,352,552.75
小计						780.00	2,544,000.00	210.00	471,742.70		200.00		316.00		1,382,452.75	316.00	1,382,652.75

图 14-11　仓库平均单价计算表

系统提供恢复期末处理的功能，但一旦总账结账完成，此功能就无法使用。

任务五　普通销售出库成本结转处理

3 月 31 日，以会计人员的身份登录企业应用平台，依次执行"业务导航"→"经典树形"→"业务工作"→"供应链"→"存货核算"→"凭证处理"→"生成凭证"命令，打开"生成凭证"界面，单击"选单"按钮，弹出"查询条件-生成凭证查询条件"页面，在"业务类型"下拉列表中选择"普通销售"，如图 14-12 所示。

普通销售出库成本
结转处理

图 14-12 查询条件-生成凭证查询条件

单击"确定"按钮,弹出"选择单据"页面,依次单击"全选"→"确定"按钮,返回"生成凭证"界面,在"凭证类别"下拉列表中选择"转账凭证",补齐单据号"ZHXS03220"的存货科目"140504 库存商品/CPU",单击"合并制单"按钮,打开"填制凭证"界面,完善凭证要素,单击"保存"按钮完成凭证制作,如图 14-13 所示。

图 14-13 填制凭证

任务六 分期收款发出商品成本结转处理

3 月 31 日,以会计人员的身份登录企业应用平台,依次执行"业务导航"→"经典树形"→"业务工作"→"供应链"→"存货核算"→"凭证处理"→"生成凭证"命令,打开"生成凭证"界面,单击"选单"按钮,弹出"查询条件-生成凭证查询条件"页面,在"单据类型"下拉列表中选择"发货单",在"业务类型"下拉列表中选择"分期收款",单击"确定"按钮,弹出"选择单据"页面,依次单击"全选"→"确定"按钮,返回"生成凭证"界面,在"凭证类别"下拉列表中选

分期收款发出商品
成本结转处理

择"转账凭证"，单击"制单"按钮，打开"填制凭证"界面，完善凭证要素，单击"保存"按钮完成凭证制作，如图 14-14 所示。

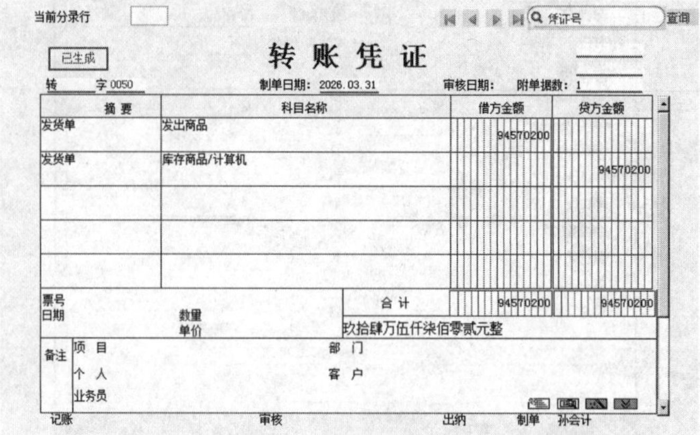

图 14-14　填制凭证

依次执行"业务导航"→"经典树形"→"业务工作"→"供应链"→"存货核算"→"凭证处理"→"生成凭证"命令，打开"生成凭证"界面，单击"选单"按钮，弹出"查询条件-生成凭证查询条件"页面，在"单据类型"下拉列表中选择"专用发票"，在"业务类型"下拉列表中选择"分期收款"，单击"确定"按钮，弹出"选择单据"页面，依次单击"全选"→"确定"按钮，返回"生成凭证"界面，在"凭证类别"下拉列表中选择"转账凭证"，单击"制单"按钮，打开"填制凭证"界面，完善凭证要素，单击"保存"按钮完成凭证制作，如图 14-15 所示。

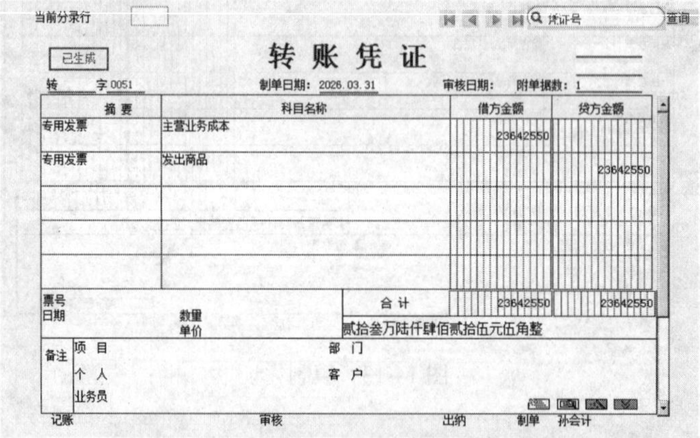

图 14-15　填制凭证

任务七　委托代销发出商品成本结转处理

委托代销发出商品成本结转处理

3 月 31 日，以会计人员的身份登录企业应用平台，依次执行"业务导航"→"经典树形"→"业务工作"→"供应链"→"存货核算"→"凭证处理"→"生成凭证"命令，打开"生成凭证"界面，单击"选单"按钮，弹出"查询条件-生成凭证查询条件"页面，在"单据类型"下拉列表中选择"发货单"，在

"业务类型"下拉列表中选择"委托代销",单击"确定"按钮,弹出"选择单据"页面,依次单击"全选"→"确定"按钮,返回"生成凭证"界面,在"凭证类别"下拉列表中选择"转账凭证",单击"合并制单"按钮,打开"填制凭证"界面,完善凭证要素,单击"保存"按钮完成凭证制作,如图 14-16 所示。

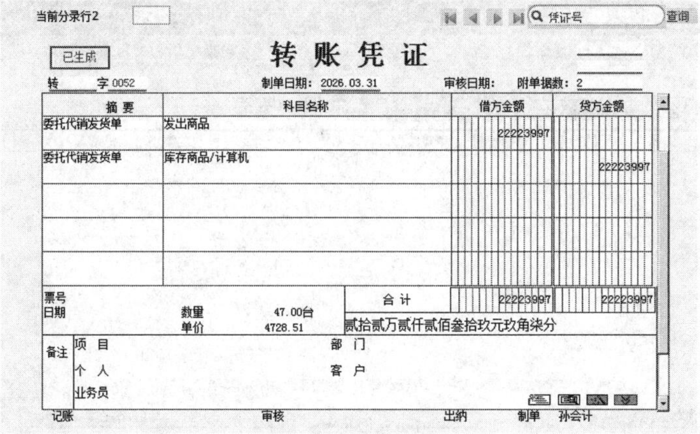

图 14-16 填制凭证

依次执行"业务导航"→"经典树形"→"业务工作"→"供应链"→"存货核算"→"凭证处理"→"生成凭证"命令,打开"生成凭证"界面,单击"选单"按钮,弹出"查询条件-生成凭证查询条件"页面,在"单据类型"下拉列表中选择"专用发票",在"业务类型"下拉列表中选择"委托代销",单击"确定"按钮,弹出"选择单据"页面,依次单击"全选"→"确定"按钮,返回"生成凭证"界面,在"凭证类别"下拉列表中选择"转账凭证",单击"合并制单"按钮,打开"填制凭证"界面,完善凭证要素,单击"保存"按钮完成凭证制作,如图 14-17 所示。

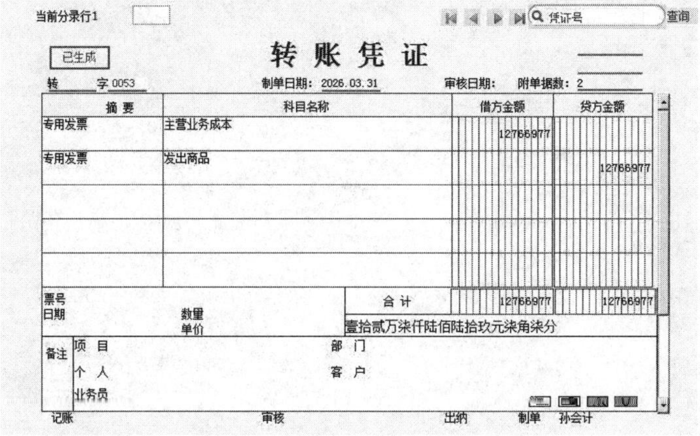

图 14-17 填制凭证

任务八 凭证核查处理

3 月 31 日,以会计人员的身份登录企业应用平台,依次执行"业务导航"

凭证核查处理

→"经典树形"→"业务工作"→"供应链"→"存货核算"→"凭证处理"→"生成凭证"
命令，打开"生成凭证"界面，单击"选单"按钮，弹出"查询条件-生成凭证查询条件"页
面，不选择"单据类型"和"业务类型"，单击"确定"按钮，弹出"选择单据"页面，查
看是否还有未生成凭证的单据，如图 14-18 所示。

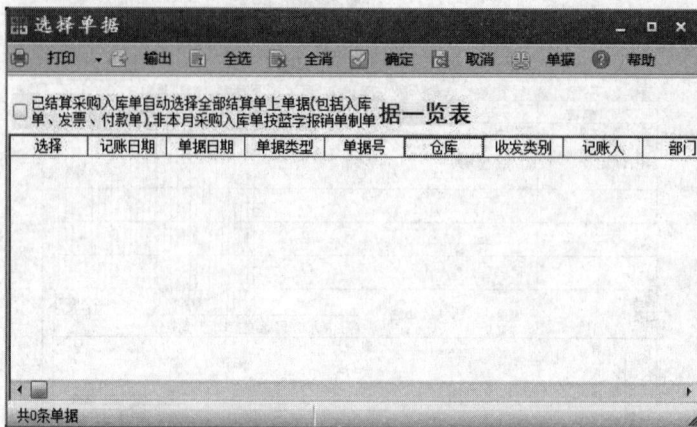

图 14-18　选择单据

项目拓展　存货核算

TZ14

项目十五　网上报销系统业务信息化处理

学习目标

知识目标

了解网上报销系统的功能架构与业务流程；熟悉借款、报销、收付款等业务在系统中的操作逻辑；掌握网上报销科目设置规则及其对财务核算的影响；理解网上报销与总账、应收应付等系统的数据交互原理。

能力目标

熟练运用网上报销系统完成各类费用申请、借款、报销及收付款操作；准确进行网上报销科目的设置和凭证的生成；能够利用系统查询和分析报销数据，及时发现并解决问题；掌握系统维护，保障网上报销系统的稳定运行。

素养目标

培养严谨细致的工作态度，确保网上报销数据准确、流程规范；强化廉洁自律意识，杜绝虚假报销等违规行为；提升诚信意识，做到如实申报费用；增强团队协作能力，以保障网上报销涉及的多部门沟通协作顺畅，共同维护企业财务秩序。

案例导入

3月，成都东华电子依托网上报销系统，系统性地开展支付未付报销款、员工还款等多项业务。操作全程严格遵循制度，完成科目设置、单据审核及记账凭证生成等环节，确保报销流程的闭环管理。这种规范化操作与精细化管控，既彰显严谨细致的工作态度与诚信原则，又强化资金流动的合规性审查，有效保障报销数据真实可靠，为企业提升财务管理水平提供可借鉴的信息化范例。

项目准备及要求

（1）设置系统日期为当年3月31日，引入"项目十四　存货核算系统业务信息化处理"备份账套。

（2）以会计人员的身份进入网上报销系统进行操作。

（3）账套输出。

ZT15

项目资料

任务一　网上报销科目设置

网上报销科目基础设置信息如表 15-1 所示。

表 15-1　网上报销科目基础设置信息

收支科目				应付科目		
业务类型	费用项目	科目编码	科目	业务类型	科目编码	科目
办公报销	费用报销	660203	管理费用/办公费	办公报销	2241	其他应付款
出差报销	费用报销	660204	管理费用/差旅费	出差报销	122102	应收个人款
应收科目						
业务类型	科目编码		科目			
借款	122102		应收个人款			
现金银行科目						
收付方向	开户银行		银行账号	结算方式	科目编码	科目
收款	工行成都分行人民南路分理处		828658791234	网银转账	100201	工行存款
付款	工行成都分行人民南路分理处		828658791234	网银转账	100201	工行存款

当年 3 月网上报销日常业务如下：

任务二　收付款业务处理

3 月 1 日，支付总经理办公室艾中国 2 月 28 日未付报销款 2100.00 元，通过网银转账（回单号：0130）完成支付。

收付款业务处理

任务三　还款业务处理

3 月 1 日，销售部张健因故取消出差计划，归还 2 月 27 日的出差借款 1800.00 元，通过网银转账（回单号：9649）完成支付。

还款业务处理

任务四　费用申请业务处理

3 月 1 日，总经理办公室艾中国申请办公费 848.00 元，经过审批同意。

费用申请业务处理

任务五　借款业务处理

3 月 12 日，李采购出差借款 1500.00 元，通过网银转账（回单号：5739）完成支付。

借款业务处理

任务六　办公费报销业务处理

3 月 16 日，总经理办公室艾中国使用已申请的办公费 848.00 元报销业务招待费，通过网银转账（回单号：0029）完成支付。

办公费报销业务处理

任务七 差旅费报销业务处理

3月18日，总经理办公室艾中国出差归来，报销差旅费1800元（3月5日至3月8日，乘坐高铁从西南地区到西北地区，其中长途交通费842.00元、市内交通费58.00元、住宿及出差补助900元），通过网银转账（回单号：5711）交回人民币200.00元。

差旅费报销业务处理

项目操作指导

本教材所使用的用友 ERP-U8⁺ 系统为教学演示版本，其网上报销模块采用虚拟网页形式，容易出现闪退问题。该模块的操作指导详见二维码 XM15。若使用过程中发生闪退导致无法正常完成操作，为保障业务数据完整性，该部分业务可参考项目五，在总账模块直接填制凭证。

XM15

按照业务发生时间，以会计人员的身份登录企业应用平台，依次执行"业务导航"→"经典树形"→"业务工作"→"财务会计"→"总账"→"凭证"→"填制凭证"命令，打开"填制凭证"界面，单击"增加"按钮，根据项目资料完成各任务的凭证填制，分别如图15-1、图15-2、图15-3、图15-4、图15-5所示。

图 15-1 凭证-任务二

图 15-2 凭证-任务三

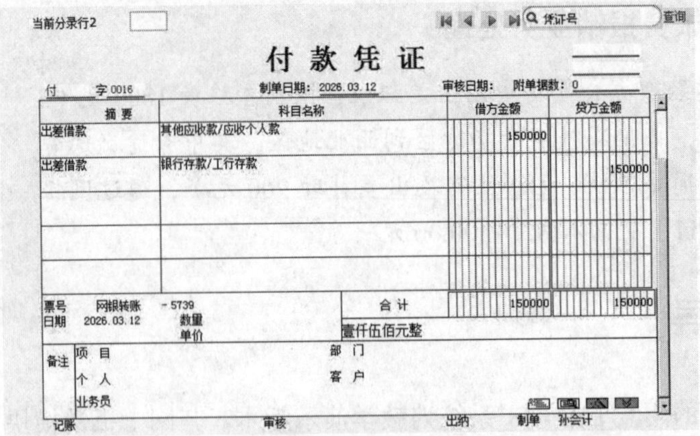

图 15-3 凭证-任务五

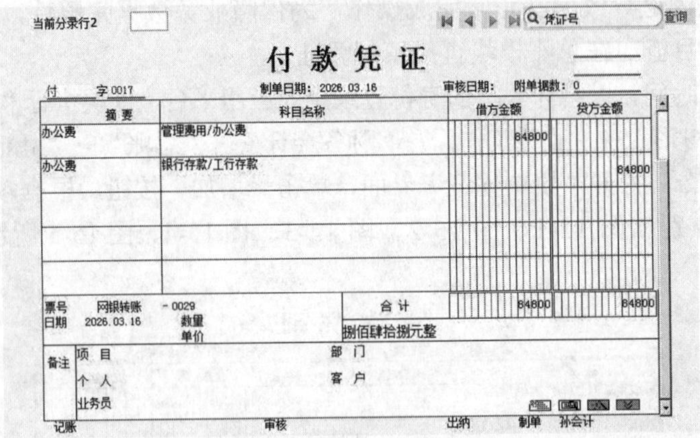

图 15-4 凭证-任务六

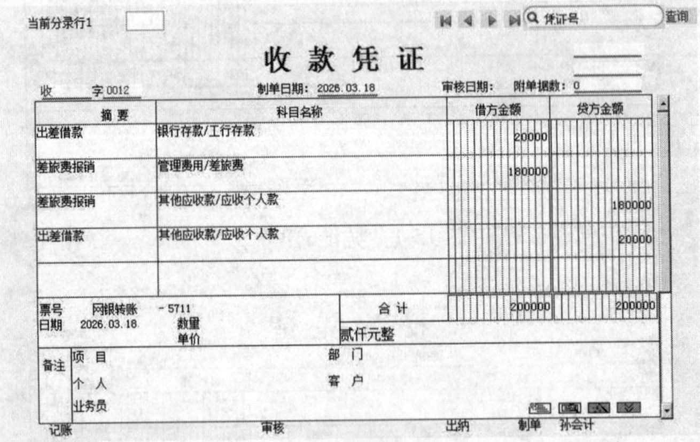

图 15-5 凭证-任务七

项目拓展 网上报销

TZ15

项目十六　期末数据信息化处理

学习目标

知识目标

理解期末处理工作在企业财务流程中的关键地位与作用；掌握银行对账、自动转账、结账等业务的原理与方法；熟悉各类账表（如余额表、明细账）的结构与数据含义；了解各子系统期末处理的要点及相互关系。

能力目标

熟练运用财务软件完成银行对账、自动转账的设置与生成；准确进行各子系统的期末对账与结账操作；能运用系统功能查询和分析各类账表数据，获取关键财务信息；根据期末处理结果进行财务分析，为决策提供数据支持。

素养目标

培养严谨细致、一丝不苟的工作态度，确保期末处理数据准确无误；强化责任意识，重视期末处理对企业财务核算的重要性；提升团队协作能力，因为期末处理涉及多部门协同；树立合规意识，严格遵守财务制度和会计准则。

案例导入

3月，成都东华电子系统化开展期末数据处理工作，涵盖银行对账、财产清查账务处理、自动转账及多业务系统期末结账等核心业务。操作全程严格遵循财务规范，通过细致核对银行账目、规范处理资产盘盈盘亏、精准执行转账结账流程，确保各环节数据准确无误。该过程充分彰显严谨细致的工作作风与责任意识，依托信息化手段实现财务数据的全面校验与闭环管理，为企业期末数据处理提供标准化范例。

项目准备及要求

（1）设置系统日期为当年3月31日，引入"项目十五　网上报销系统业务信息化处理"备份账套。

（2）以"钱出纳"的身份进行银行对账操作。

（3）以"孙会计"的身份进行自动转账记账、对账、结账操作。

（4）以账套主管的身份进行审核操作。

（5）账套输出。

ZT16

项目资料

任务一　银行对账业务处理

一、银行对账期初信息

东华电子银行账的启用日期为当年 3 月 1 日，工商银行人民币账户的企业日记账调整前余额为 511 057.16 元，银行对账单调整前余额为 533 829.16 元。存在一笔未达账项，该笔款项为银行已收而企业未收的款项，金额为 22 772.00 元（发生日期为当年 2 月 27 日，结算方式为 202，对应银行对账单贷方）。

二、银行对账单信息（见表 16-1）

表 16-1　3 月银行对账单

日期	结算方式	票号	借方金额	贷方金额
当年-03-01	3	9649		1800.00
当年-03-01	3	0130	2100.00	
当年-03-02	202	ZZ3032	1249.00	
当年-03-02	202	ZZ03202		57 500.00
当年-03-03	201	XJ3021	10 000.00	
当年-03-05	202	ZZ03171		132 210.00
当年-03-05	3	0000000001	100 000.00	
当年-03-07	3	0000000002	2000.00	
当年-03-08	202	ZZ03051	16 950.00	
当年-03-12	202	ZZ03591		2260.00
当年-03-16	3	0029	848.00	
当年-03-18	3	5711		200
当年-03-19	202	ZZ03661		199 680.00
当年-03-20	202	ZZ03174	89 676.80	
当年-03-27	202	ZZ03441		20 340.00

三、银行对账信息

完成银行存款日记账与银行对账单的对账工作，并查询银行存款余额调节表。

任务二　财产清查结果审批后的账务处理

经核查，盘亏的计算机设备因使用人员孟强保管不当导致失窃；盘盈的传真机符合入账标准。3 月 31 日，企业管理层对盘点结果作出审批：盘亏损失由责任人孟强赔偿，盘盈资产按规定调整账务并结转留存收益（按税率 25%调整应交所得税、按净利润的 10%计提盈余公积）。

任务三　自动转账业务处理

一、自定义结转信息

按年利率 6%计提本月短期借款利息。

二、制造费用结转信息

将本月发生的制造费用全部予以结转。

三、汇兑损益结转信息

3 月末，进行期末汇率调整，期末汇率为：1 美元= 6.850 元人民币。

四、期间损益结转信息

采用收入、支出分开的方式结转本月期间损益。

五、应交所得税信息

按本月利润总额的 25%计算并结转应交所得税费用。

任务四　期末对账、结账处理

完成各子系统期末对账与结账工作。

项目操作指导

期末处理是指在将本期所发生的经济业务全部登记入账后需要进行的工作，主要包括计提、分摊、结转、对账和结账等环节。

首先参照“项目五总账管理系统日常业务信息化处理”对所有未记账凭证完成出纳签字（出纳）、审核（账套主管）和记账（总账会计）的操作。完成后，查询凭证列表（共 82 张），如图 16-1 所示。

查询凭证列表

制单日期	凭证编号	摘要	借方金额合计	贷方金额合计	制单人	审核人	审核日期	记账人	出纳签字人	系统名	年度
2026-03-14	收 - 0001	接受投资	67,250.00	67,250.00	孙会计	赵主管	2026-03-17	孙会计	钱出纳		2026
2026-03-07	收 - 0002	收款单	132,210.00	132,210.00	孙会计	赵主管	2026-03-31	孙会计	钱出纳	应收系统	2026
2026-03-08	收 - 0003	现结	73,450.00	73,450.00	孙会计	赵主管	2026-03-31	孙会计	钱出纳	应收系统	2026
2026-03-12	收 - 0004	收款单	2,260.00	2,260.00	孙会计	赵主管	2026-03-31	孙会计	钱出纳	应收系统	2026
2026-03-14	收 - 0005	现结	7,580.00	7,580.00	孙会计	赵主管	2026-03-31	孙会计	钱出纳	应收系统	2026
2026-03-19	收 - 0006	收款单	199,680.00	199,680.00	孙会计	赵主管	2026-03-31	孙会计	钱出纳	应收系统	2026
2026-03-25	收 - 0007	现结	-14,690.00	-14,690.00	孙会计	赵主管	2026-03-31	孙会计	钱出纳	应收系统	2026
2026-03-02	收 - 0008	收款单	57,500.00	57,500.00	孙会计	赵主管	2026-03-31	孙会计	钱出纳	应收系统	2026
2026-03-20	收 - 0009	票据贴现	50,000.00	50,000.00	孙会计	赵主管	2026-03-31	孙会计	钱出纳	应收系统	2026
2026-03-27	收 - 0010	销售定金转货款	22,600.00	22,600.00	孙会计	赵主管	2026-03-31	孙会计	钱出纳	应收系统	2026
2026-03-01	收 - 0011	退回出差借款	1,800.00	1,800.00	孙会计	赵主管	2026-03-31	孙会计	钱出纳	网上报销系统	2026
2026-03-18	收 - 0012	出差借款	2,000.00	2,000.00	孙会计	赵主管	2026-03-31	孙会计	钱出纳	网上报销系统	2026
2026-03-02	付 - 0001	缴纳上月税费	1,249.00	1,249.00	孙会计	赵主管	2026-03-17	孙会计	钱出纳		2026
2026-03-09	付 - 0002	提现	10,000.00	10,000.00	孙会计	赵主管	2026-03-09	孙会计	钱出纳		2026
2026-03-17	付 - 0003	支付职工培训费	1,800.00	1,800.00	孙会计	赵主管	2026-03-17	孙会计	钱出纳		2026
2026-03-17	付 - 0004	原值增加	10,000.00	10,000.00	孙会计	赵主管	2026-03-31	孙会计	钱出纳	固定资产系统	2026
2026-03-19	付 - 0005	现结	1,695.00	1,695.00	孙会计	赵主管	2026-03-31	孙会计	钱出纳	应付系统	2026
2026-03-31	付 - 0006	银行代发工资	86,411.85	86,411.85	孙会计	赵主管	2026-03-31	孙会计	钱出纳		2026
2026-03-31	付 - 0007	代发临时人员工资	12,496.80	12,496.80	孙会计	赵主管	2026-03-31	孙会计	钱出纳		2026
2026-03-05	付 - 0008	付款单	10,600.00	10,600.00	孙会计	赵主管	2026-03-31	孙会计	钱出纳	应付系统	2026
2026-03-06	付 - 0009	核销	31,600.00	31,600.00	孙会计	赵主管	2026-03-31	孙会计	钱出纳	应付系统	2026
2026-03-08	付 - 0010	现结	17,050.00	17,050.00	孙会计	赵主管	2026-03-31	孙会计	钱出纳	应付系统	2026
2026-03-10	付 - 0011	销售专用发票	72,420.00	72,420.00	孙会计	赵主管	2026-03-31	孙会计	钱出纳	应收系统	2026
2026-03-20	付 - 0012	付款单	89,676.80	89,676.80	孙会计	赵主管	2026-03-31	孙会计	钱出纳	应付系统	2026
2026-03-05	付 - 0013	凭证摘要没有设置	100,000.00	100,000.00	孙会计	赵主管	2026-03-31	孙会计	钱出纳	网上银行系统	2026
2026-03-07	付 - 0014	支付销售部李健临时补助金	2,000.00	2,000.00	孙会计	赵主管	2026-03-31	孙会计	钱出纳	网上银行系统	2026
2026-03-01	付 - 0015	支付艾中国未付报销款	2,100.00	2,100.00	孙会计	赵主管	2026-03-31	孙会计	钱出纳		2026
2026-03-12	付 - 0016	出差借款	1,500.00	1,500.00	孙会计	赵主管	2026-03-31	孙会计	钱出纳	网上报销系统	2026
2026-03-16	付 - 0017	办公费	848.00	848.00	孙会计	赵主管	2026-03-31	孙会计	钱出纳	网上报销系统	2026
2026-03-05	转 - 0001	投资	11,000.00	11,000.00	孙会计	赵主管	2026-03-17	孙会计			2026
2026-03-23	转 - 0002	计提减值准备	1,000.00	1,000.00	孙会计	赵主管	2026-03-31	孙会计		固定资产系统	2026
2026-03-31	转 - 0003	盘盈资产.	3,000.00	3,000.00	孙会计	赵主管	2026-03-31	孙会计		固定资产系统	2026
2026-03-31	转 - 0004	计提第[3]期间折旧	3,591.99	3,591.99	孙会计	赵主管	2026-03-31	孙会计		固定资产系统	2026
2026-03-31	转 - 0005	资产减少	6,490.00	6,490.00	孙会计	赵主管	2026-03-31	孙会计		固定资产系统	2026
2026-03-31	转 - 0006	应付工资	91,350.00	91,350.00	孙会计	赵主管	2026-03-31	孙会计		薪资管理系统	2026
2026-03-31	转 - 0007	应付福利费	12,789.00	12,789.00	孙会计	赵主管	2026-03-31	孙会计		薪资管理系统	2026
2026-03-31	转 - 0008	应付工资	13,200.00	13,200.00	孙会计	赵主管	2026-03-31	孙会计		薪资管理系统	2026
2026-03-31	转 - 0009	应付福利费	1,848.00	1,848.00	孙会计	赵主管	2026-03-31	孙会计		薪资管理系统	2026
2026-03-03	转 - 0010	普通结算单	10,600.00	10,600.00	孙会计	赵主管	2026-03-31	孙会计		应付系统	2026
2026-03-03	转 - 0011	采购专用发票	32,205.00	32,205.00	孙会计	赵主管	2026-03-31	孙会计		应付系统	2026
2026-03-03	转 - 0012	采购入库单	28,500.00	28,500.00	孙会计	赵主管	2026-03-31	孙会计		存货核算系统	2026
2026-03-08	转 - 0013	采购入库单	15,091.74	15,091.74	孙会计	赵主管	2026-03-31	孙会计		存货核算系统	2026
2026-03-15	转 - 0014	采购专用发票	91,078.00	91,078.00	孙会计	赵主管	2026-03-31	孙会计		应付系统	2026
2026-03-15	转 - 0015	红字回冲单	-78,000.00	-78,000.00	孙会计	赵主管	2026-03-31	孙会计		存货核算系统	2026
2026-03-15	转 - 0016	蓝字回冲单	80,600.00	80,600.00	孙会计	赵主管	2026-03-31	孙会计		存货核算系统	2026
2026-03-17	转 - 0017	采购专用发票	-1,401.20	-1,401.20	孙会计	赵主管	2026-03-31	孙会计		应付系统	2026
2026-03-17	转 - 0018	采购入库单	-1,240.00	-1,240.00	孙会计	赵主管	2026-03-31	孙会计		存货核算系统	2026
2026-03-23	转 - 0019	采购专用发票	67,800.00	67,800.00	孙会计	赵主管	2026-03-31	孙会计		应付系统	2026
2026-03-23	转 - 0020	材料出库单	60,000.00	60,000.00	孙会计	赵主管	2026-03-31	孙会计		存货核算系统	2026
2026-03-23	转 - 0021	采购代管挂账确认单	60,000.00	60,000.00	孙会计	赵主管	2026-03-31	孙会计		存货核算系统	2026
2026-03-31	转 - 0022	采购入库单	185,000.00	185,000.00	孙会计	赵主管	2026-03-31	孙会计		存货核算系统	2026
2026-03-04	转 - 0023	销售专用发票	132,210.00	132,210.00	孙会计	赵主管	2026-03-31	孙会计		应收系统	2026
2026-03-12	转 - 0024	销售专用发票	22,600.00	22,600.00	孙会计	赵主管	2026-03-31	孙会计		应收系统	2026
2026-03-12	转 - 0025	专用发票	12,000.00	12,000.00	孙会计	赵主管	2026-03-31	孙会计		存货核算系统	2026
2026-03-13	转 - 0026	销售专用发票	25,990.00	25,990.00	孙会计	赵主管	2026-03-31	孙会计		应收系统	2026
2026-03-15	转 - 0027	销售专用发票	367,250.00	367,250.00	孙会计	赵主管	2026-03-31	孙会计		应收系统	2026
2026-03-18	转 - 0028	销售专用发票	220,350.00	220,350.00	孙会计	赵主管	2026-03-31	孙会计		应收系统	2026
2026-03-18	转 - 0029	采购专用发票	20,670.00	20,670.00	孙会计	赵主管	2026-03-31	孙会计		应付系统	2026
2026-03-19	转 - 0030	采购专用发票	20,670.00	20,670.00	孙会计	赵主管	2026-03-31	孙会计		应收系统	2026
2026-03-23	转 - 0031	销售专用发票	113,000.00	113,000.00	孙会计	赵主管	2026-03-31	孙会计		应收系统	2026
2026-03-23	转 - 0032	采购发票	101,700.00	101,700.00	孙会计	赵主管	2026-03-31	孙会计		存货核算系统	2026
2026-03-23	转 - 0033	专用发票	90,000.00	90,000.00	孙会计	赵主管	2026-03-31	孙会计		存货核算系统	2026
2026-03-27	转 - 0034	销售专用发票	-22,035.00	-22,035.00	孙会计	赵主管	2026-03-31	孙会计		应收系统	2026
2026-03-05	转 - 0035	收款单	99,600.00	99,600.00	孙会计	赵主管	2026-03-31	孙会计		应收系统	2026
2026-03-25	转 - 0036	背书冲应付	49,600.00	49,600.00	孙会计	赵主管	2026-03-31	孙会计		应收系统	2026
2026-03-31	转 - 0037	坏账发生	100.00	100.00	孙会计	赵主管	2026-03-31	孙会计		应收系统	2026
2026-03-31	转 - 0038	计提坏账准备	-7,117.38	-7,117.38	孙会计	赵主管	2026-03-31	孙会计		应收系统	2026
2026-03-01	转 - 0039	材料出库单	375,809.00	375,809.00	孙会计	赵主管	2026-03-31	孙会计		存货核算系统	2026
2026-03-16	转 - 0040	产成品入库单	144,000.00	144,000.00	孙会计	赵主管	2026-03-31	孙会计		存货核算系统	2026
2026-03-20	转 - 0041	调拨单	30,000.00	30,000.00	孙会计	赵主管	2026-03-31	孙会计		存货核算系统	2026
2026-03-22	转 - 0042	借出借用单(0000000001)生单	18,000.00	18,000.00	孙会计	赵主管	2026-03-31	孙会计		应收系统	2026
2026-03-25	转 - 0043	其他入库单	800.00	800.00	孙会计	赵主管	2026-03-31	孙会计		存货核算系统	2026
2026-03-25	转 - 0044	盘盈处理	0.00	0.00	孙会计	赵主管	2026-03-31	孙会计			2026
2026-03-26	转 - 0045	组装单	112,742.70	112,742.70	孙会计	赵主管	2026-03-31	孙会计		存货核算系统	2026
2026-03-31	转 - 0046	入库调整单	600.00	600.00	孙会计	赵主管	2026-03-31	孙会计		存货核算系统	2026
2026-03-31	转 - 0047	出库调整单	200.00	200.00	孙会计	赵主管	2026-03-31	孙会计		存货核算系统	2026
2026-03-31	转 - 0048	假退料单	-4,800.00	-4,800.00	孙会计	赵主管	2026-03-31	孙会计		存货核算系统	2026
2026-03-31	转 - 0049	专用发票	214,511.89	214,511.89	孙会计	赵主管	2026-03-31	孙会计		存货核算系统	2026
2026-03-31	转 - 0050	发货单	945,702.00	945,702.00	孙会计	赵主管	2026-03-31	孙会计		存货核算系统	2026
2026-03-31	转 - 0051	专用发票	236,425.50	236,425.50	孙会计	赵主管	2026-03-31	孙会计		存货核算系统	2026
2026-03-31	转 - 0052	委托代销发货单	222,239.97	222,239.97	孙会计	赵主管	2026-03-31	孙会计		存货核算系统	2026
2026-03-31	转 - 0053	专用发票	127,669.77	127,669.77	孙会计	赵主管	2026-03-31	孙会计		存货核算系统	2026
合　计			5,418,078.43	5,418,078.43							

图 16-1　查询凭证列表

任务一 银行对账业务处理

一、银行对账期初处理

为了保证银行对账的正确性，在使用"银行对账"功能进行对账之前，必须在开始对账的月初将日记账、银行对账单的未达项输入系统中。

3月1日，以账套主管的身份登录企业应用平台，依次执行"业务导航"→"经典树形"→"业务工作"→"财务会计"→"总账"→"出纳"→"银行对账"→"银行对账期初录入"命令，弹出"银行科目选择"页面，按项目资料选择需要进行对账的银行科目，单击"确定"按钮，弹出"银行对账期初"页面，按项目资料输入"调整前数据"，如图 16-2 所示。

单击"方向"按钮，将银行对账单余额方向调整为贷方，然后单击"对账单期初未达项"按钮，弹出"银行方期初"页面，单击"增行"按钮，按项目资料输入银行方期初数据，如图 16-3 所示。

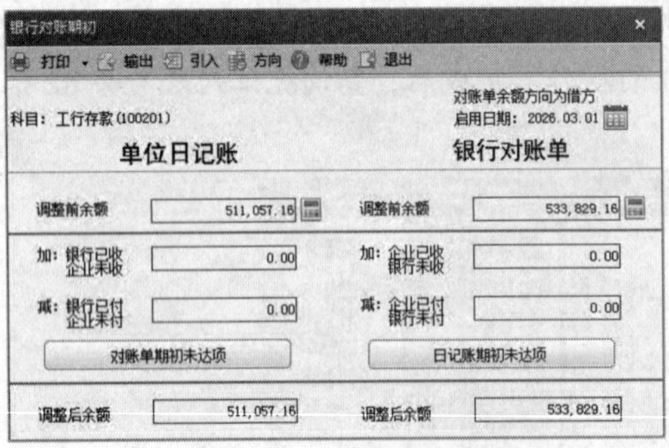

图 16-2   银行对账期初–调整前

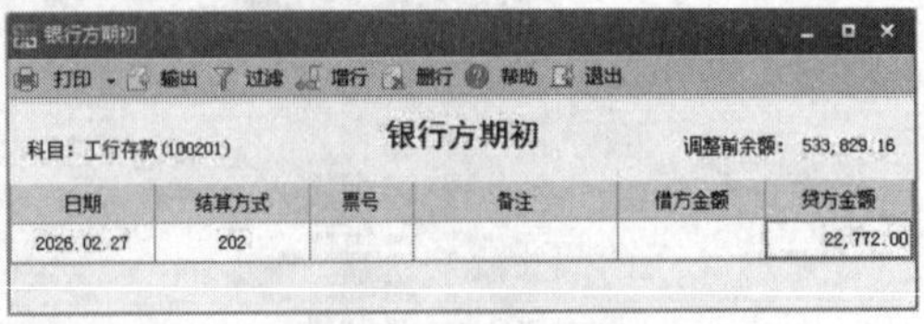

图 16-3   银行方期初

单击"退出"按钮，返回"银行对账期初"页面，如图 16-4 所示。

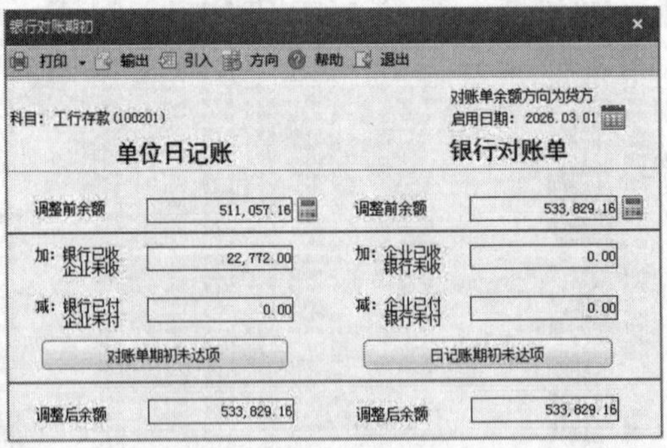

图 16-4   银行对账期初–调整后

二、银行对账单输入

银行对账单输入功能用于日常输入、查询和引入银行对账单。在此功能中显示的银行对账单为启用日期之后的对账单。

3月31日，以出纳人员的身份登录企业应用平台，依次执行"业务导航"

图 16-5　银行对账单

→ "经典树形" → "业务工作" → "财务会计" → "总账" → "出纳" → "银行对账" → "银行对账单" 命令，弹出 "银行科目选择" 页面，按项目资料选择需要进行对账的银行科目，单击 "确定" 按钮，弹出 "银行对账单" 页面，按项目资料输入银行对账单的数据，如图 16-5 所示。

银行对账处理

三、银行对账处理

第一步，银行对账（总账）。

银行对账采用自动对账与手工对账相结合的方式。自动对账是指系统根据预设的对账依据（如结算号、金额等）自动进行核对与勾销。对于成功匹配的银行业务，系统将自动在银行存款日记账和银行对账单双方写上 "两清" 标志、对账序号，并将其视为已达账项；对于在 "两清" 栏未写上 "两清" 符号的记录，系统则将其视为未达账项。手工对账是对自动对账的补充，在使用完自动对账后，可能存在特殊已达账项因对账失败而被系统视为未达账项。为确保对账的彻底性和准确性，还需要用手工对账进行调整。在银行对账界面，分别选中银行日记账及相应对账单中需要对账的记录，在 "两清" 栏双击鼠标进行勾对。

依次执行 "业务导航" → "经典树形" → "业务工作" → "财务会计" → "总账" → "出纳" → "银行对账" → "银行对账" 命令，弹出 "银行科目选择" 页面。按项目资料选择需要进行对账的银行科目，单击 "确定" 按钮，打开 "银行对账" 界面。该界面左边显示单位日记账，右边显示银行对账单。单击 "对账" 按钮，系统将进行自动银行对账。如果已进行过自动对账，可直接进行手工调整。单击 "检查" 按钮以检查对账结果是否存在错误，如果发现错误，应及时进行调整。对账结果如图 16-6 所示，单击 "保存" 按钮完成对账操作。

图 16-6　银行对账单

第二步，银行余额调节表（总账）。

在对银行账进行两清勾对后，便可调用此功能查询打印"银行存款余额调节表"，以检查对账是否正确。

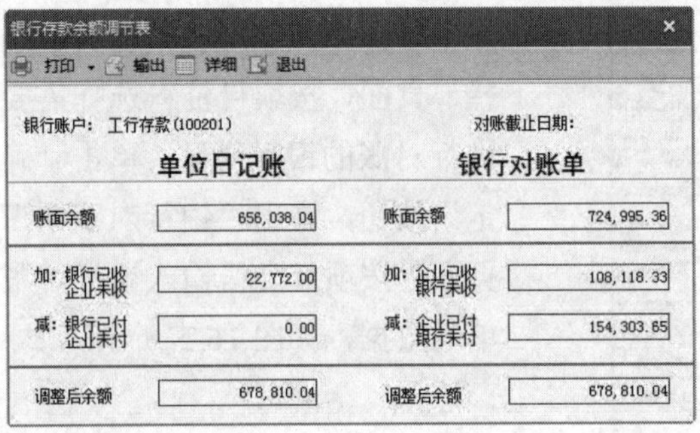

图 16-7　银行存款余额调节表

依次执行"业务导航"→"经典树形"→"业务工作"→"财务会计"→"总账"→"出纳"→"银行对账"→"余额调节表查询"命令，打开"银行存款余额调节表"界面。该界面显示所有银行科目的账面余额及调整余额。若要查看某科目的调节表，则将光标移到该科目行，然后双击该行，即可查看该银行账户的银行存款余额调节表，如图 16-7 所示。单击"详细"按钮还可查看余额调节表的详细内容。

任务二　财产清查结果审批后的账务处理

财产清查结果审批后的账务处理

为保障企业资产信息的真实可靠，并为其决策提供依据，企业通常会定期或不定期地进行财产清查，以核实账实是否相符，防止资产流失。财产清查的处理流程一般包括：制定清查计划、实地盘点、编制清查报告、分析差异原因以及提交审批处理。在审批环节，企业需依据其内控制度，经相关部门和领导审核，对盘盈、盘亏等异常情况进行账务调整或责任追究等处理。

3 月 31 日，以会计人员的身份登录企业应用平台，依次执行"业务导航"→"经典树形"→"业务工作"→"财务会计"→"总账"→"凭证"→"填制凭证"命令，打开"填制凭证"界面，单击"增加"按钮（或按 F5 键），增加一张转账凭证，依据《企业会计准则第 4 号——固定资产》及财产清查账务处理规则，针对固定资产盘亏（计算机盘亏 5 140.08 元，责任人孟强）审批后的账务处理，完成凭证输入操作，如图 16-8 所示。

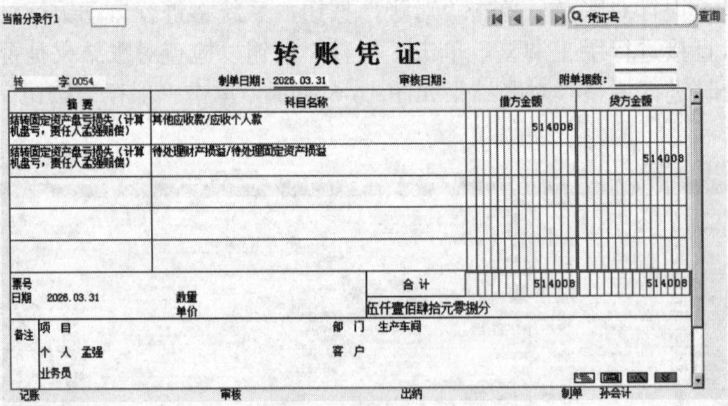

图 16-8　盘亏处理凭证

在"填制凭证"界面，继续单击"增加"按钮（或按 F5 键），增加一张转账凭证，针对固定资产盘盈（传真机盘盈 3 000.00 元）审批后的账务处理，完成凭证输入操作，如图 16-9 所示。

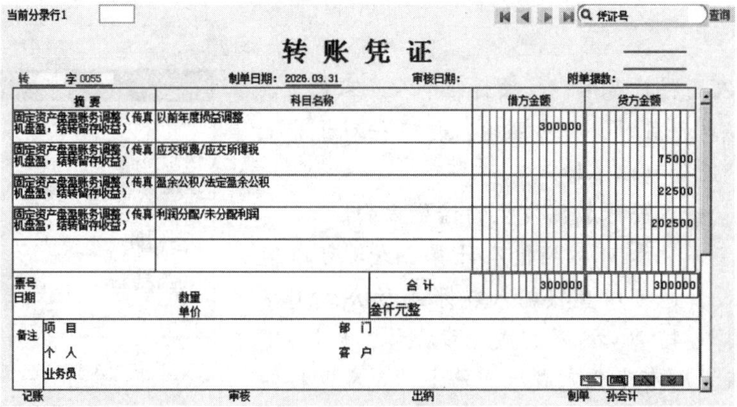

图 16-9 盘盈处理凭证

任务三 自动转账业务处理

首次使用总账系统时，在进入系统后，应先执行"转账定义"命令。定义完转账凭证后，在以后的各会计期间只需调用"转账生成"命令即可。但是，当某转账凭证的转账公式有变化时，需先在"转账定义"命令中修改该转账凭证的内容，然后执行"转账生成"命令。

"转账定义"功能提供八种转账功能的定义：自定义转账、对应结转、销售成本结转、售价（计划价）销售成本结转、汇兑损益、期间损益、自定义比例转账、费用摊销和预提。

🔔 **提示**：为保证凭证数据的准确性，在转账生成每一张凭证之前，均需对已有凭证全部进行记账。

一、自定义结转处理

第一步，转账定义（总账）。

3 月 31 日，以会计人员的身份登录企业应用平台，依次执行"业务导航"→"经典树形"→"业务工作"→"财务会计"→"总账"→"期末"→"转账定义"→"自定义转账"命令，打开"自定义转账设置"界面，单击"增加"按钮（或按 F5 键），弹出"转账目录"页面，按项目资料输入凭证信息，如图 16-10 所示。

单击"确定"按钮，弹出"自定义转账设置"页面，单击"增行"按钮开始定义转账凭证分录信息，单击"保存"按钮完成自定义转账设置，如图 16-11 所示。

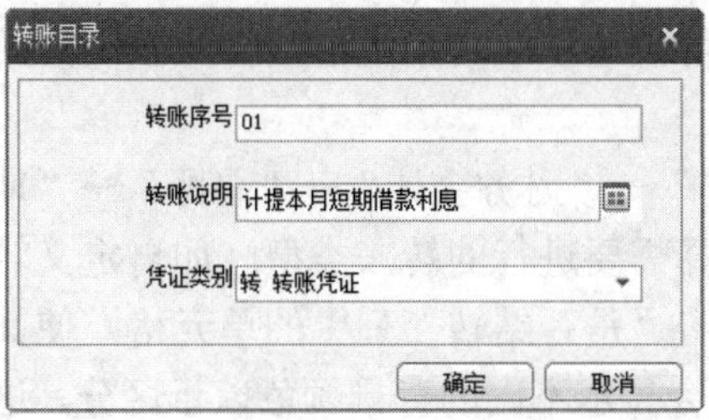

图 16-10 转账目录

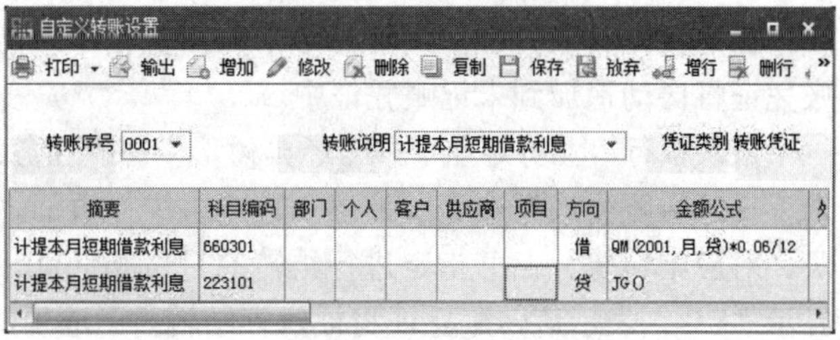

图 16-11 自定义转账设置

◉ **说明：**

（1）当输入的科目是部门、项目、个人、客户、供
应商和自定义核算科目时，可参照输入信息；对于非上
述类型的科目，此处可以不输入。

（2）方向：输入转账数据发生的借贷方向。

（3）公式：单击▦可参照输入计算公式（可以通
过参照输入公式，也可以直接输入转账函数公式），
如图 16-12 和图 16-13 所示。每完成一步操作，单击"下
一步"按钮，直至所有步骤完成后，单击"完成"按钮
返回"自定义转账设置"界面。

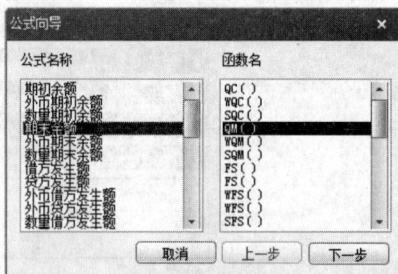

图 16-12　公式向导-函数

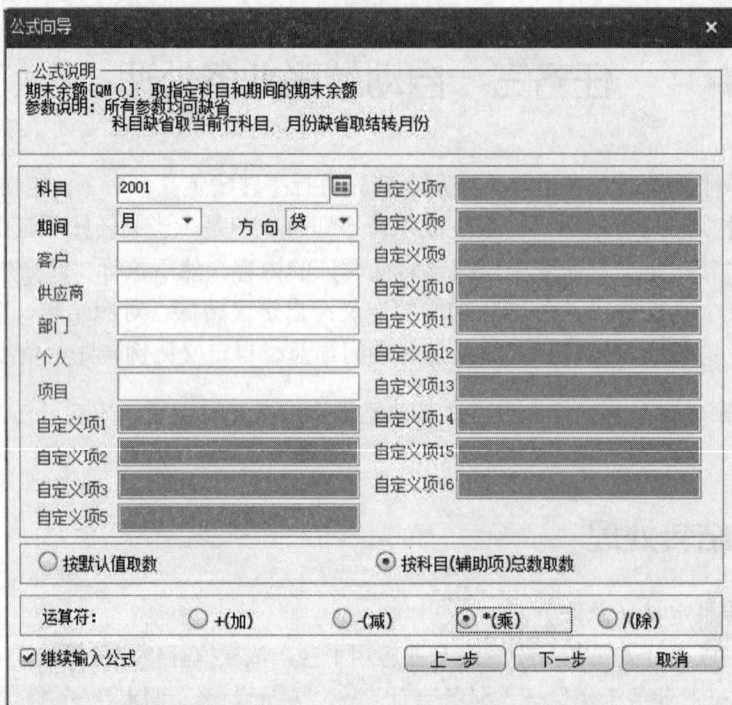

图 16-13　公式向导-科目信息

第二步，生成转账凭证（总账）。

期末转账凭证数据主要来源于账簿，因此在生成转账凭证之前，必须保证所有凭证均已
记账，以免造成数据失真。

在定义完转账凭证后，每月月末只需执行本功能即可快速生成转账凭证，在此生成的转
账凭证将自动追加到未记账凭证中。

依次执行"业务导航"→"经典树形"→"业务工作"→"财务会计"→"总账"→"期
末"→"转账生成"命令，弹出"转账生成"页面，选择需要进行的转账类型（如自定义转
账、对应结转等），并指定进行结转的月份和凭证。双击"是否结转"列中的单元格，使其
显示"Y"，表示该转账凭证将被执行结转；已选中的行会显示不同的背景颜色以示区分。这
里的转账凭证是指在"转账定义"功能中预先设置好的凭证，如图 16-14 所示。

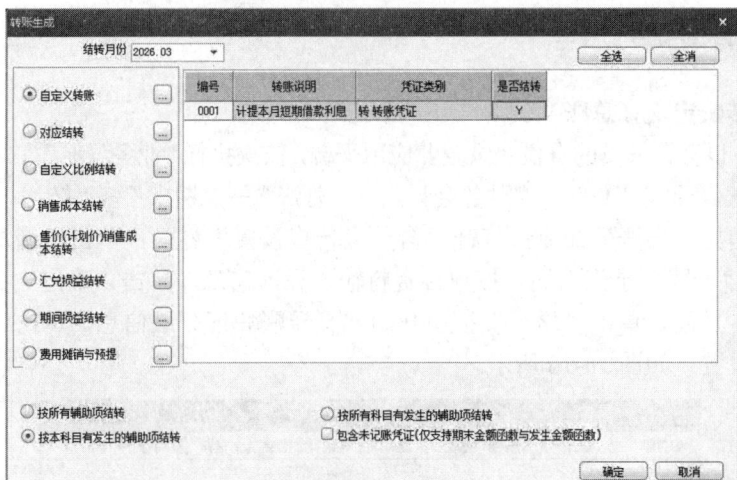

图 16-14　转账生成

⦿ **说明：** 若转账科目有辅助核算，但未定义具体的转账辅助项，则应选择按所有辅助项结转，还是按有发生的辅助项结转。

选择完毕后，单击"确定"按钮，屏幕显示将要生成的转账凭证。完善凭证要素，单击"保存"按钮完成凭证生成，如图 16-15 所示。

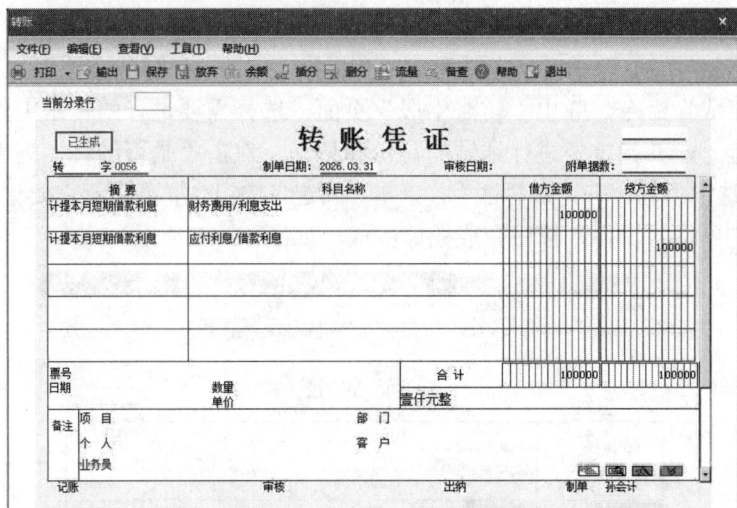

图 16-15　转账-计提短期借款利息

按所有辅助项结转：转账科目的每一个辅助项生成一笔分录。例如，有 10 个部门，则生成 10 笔分录，每个部门生成一笔转账分录。

按有发生的辅助项结转：按转账科目下每一个有发生的辅助项生成一笔分录。例如，如果有 10 个部门，其中转账科目下有 5 个部门有余额，则生成 5 笔分录，每个有余额的部门生成一笔转账分录。

按所有科目有发生的辅助项结转：按所有科目下有发生的辅助项生成分录。例如，如果有 10 个部门，其中所有科目下有发生的 5 个部门有余额，则生成 5 笔分录，每个有发生且有余额的部门生成一笔分录。

二、制造费用结转处理

第一步，转账定义（总账）。

3 月 31 日，以会计人员的身份登录企业应用平台，依次执行"业务导航"→"经典树形"→"业务工作"→"财务会计"→"总账"→"期末"→"转账定义"→"自定义转账"命令，打开"自定义转账设置"界面，单击"增加"按钮（或按 F5 键），弹出"转账目录"页面，按项目资料输入凭证信息，单击"确定"按钮，返回"自定义转账设置"页面，单击"增行"按钮开始定义转账凭证分录信息，单击"保存"按钮完成自定义转账设置，如图 16-16 所示。

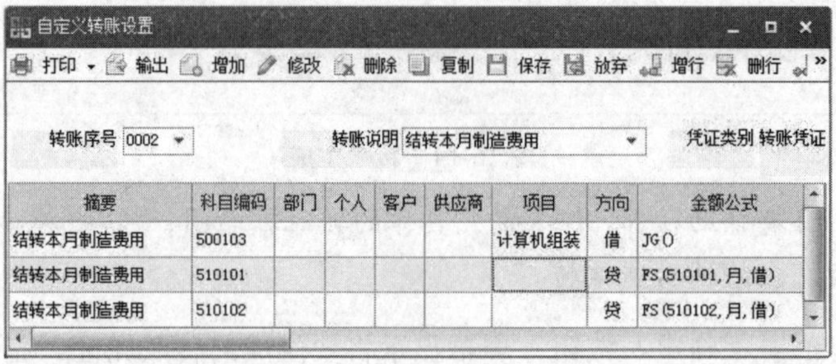

图 16-16　自定义转账设置

第二步，生成转账凭证（总账）。

依次执行"业务导航"→"经典树形"→"业务工作"→"财务会计"→"总账"→"期末"→"转账生成"命令，弹出"转账生成"页面，选择需要进行的转账工作（如自定义转账、对应结转等），并指定要进行结转的月份和凭证。双击"是否结转"列中的单元格，使其显示"Y"，选中"包含未记账凭证"，单击"确定"按钮，屏幕显示将要生成的转账凭证，完善凭证要素，单击"保存"按钮完成凭证生成，如图 16-17 所示。

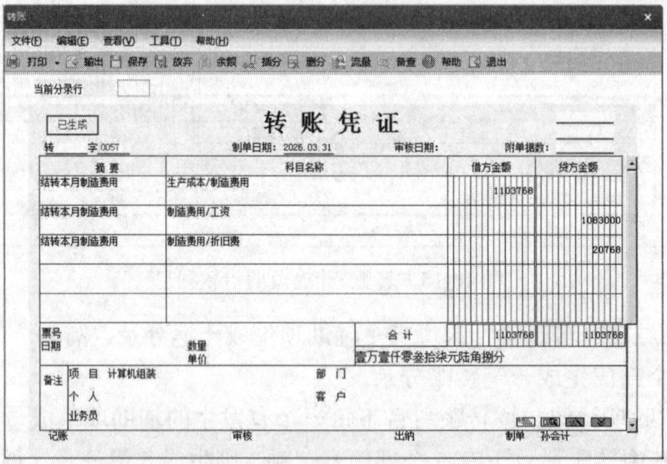

图 16-17　转账–结转制造费用

三、汇兑损益结转处理

汇兑损益结转处理用于期末自动计算外币账户的汇总损益，并在"转账生成"页面中自动生成汇总损益转账凭证。汇兑损益只处理以下外币账户：外汇存款户、外币现金、以外币结算的各项债权和债务，但不包括所有者权益类账户、成本类账户和损益类账户。

第一步，调整外币汇率（基础档案）。

3 月 31 日，以会计人员的身份登录企业应用平台，依次执行"业务导航"→"经典树形"→"基础设置"→"基础档案"→"财务"→"外币设置"命令，打开"外币设置"页面，按项目资料输入调整汇率，如图 16-18 所示。单击"退出"按钮退出"外币设置"页面。

第二步，转账定义（总账）。

依次执行"业务导航"→"经典树形"→"业务工作"→"财务会计"→"总账"→"期末"→"转账定义"→"汇兑损益"命令，弹出"汇兑损益结转设置"页面，在"凭证类别"下拉列表中选择"收款凭证"，在"汇兑损益入账科目"下拉列表中选择"660302 财务费用/汇兑损益"，双击"是否计算汇兑损益"列中的单元格，使其显示"Y"，单击"确定"按钮完成汇兑损益结转设置，如图 16-19 所示。

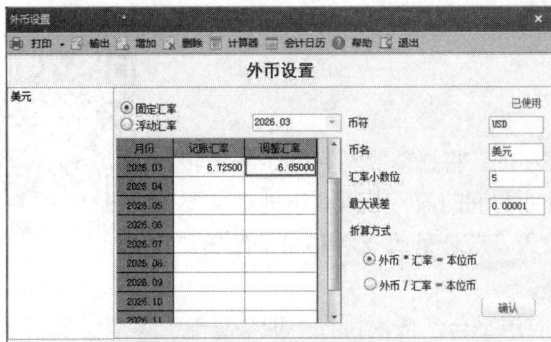

图 16-18 外币设置

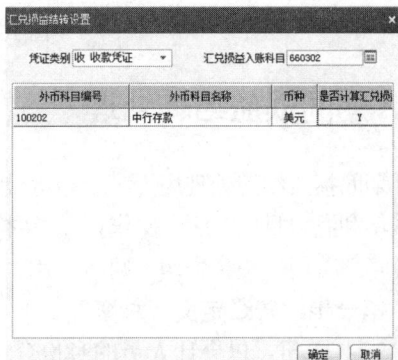

图 16-19 汇兑损益结转设置

第三步，生成转账凭证（总账）。

继续依次执行"业务导航"→"经典树形"→"业务工作"→"财务会计"→"总账"→"期末"→"转账生成"命令，弹出"转账生成"页面，直接选择"汇兑损益结转"，选择要进行结转的月份，双击"是否结转"列中的单元格，使其显示"Y"，单击"确定"按钮，弹出"汇兑损益试算表"页面，屏幕显示汇兑损益计算结果，如图 16-20 所示。

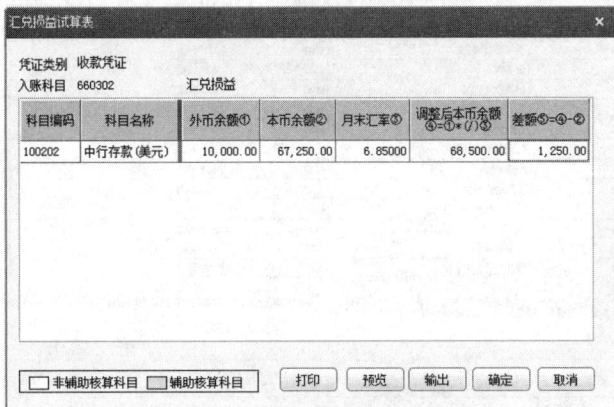

图 16-20 汇兑损益试算表

单击"确定"按钮，屏幕显示将要生成的转账凭证，完善凭证要素，单击"保存"按钮完成凭证生成，如图 16-21 所示。

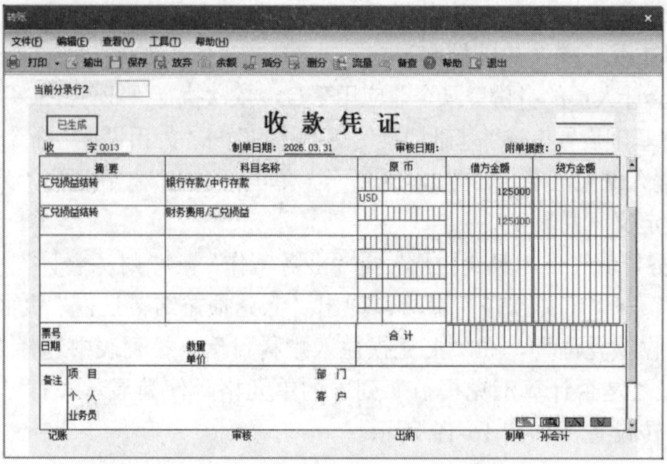

图 16-21　转账-汇兑损益结转

四、期间损益结转处理

期间损益结转处理用于在一个会计期间终了时，将损益类科目的余额结转到本年利润科目中。这一操作旨在及时反映企业利润的盈亏状况。该处理主要涉及管理费用、销售费用、财务费用、销售收入、营业外收支等科目的结转。

期间损益结转处理

第一步，转账定义（总账）。

3 月 31 日，以会计人员的身份登录企业应用平台，依次执行"业务导航"→"经典树形"→"业务工作"→"财务会计"→"总账"→"期末"→"转账定义"→"期间损益"命令，弹出"期间损益结转设置"页面，在"凭证类别"下拉列表中选择"转账凭证"，在"本年利润科目"下拉列表中选择"4103 本年利润"，单击"确定"按钮完成期间损益转账设置，如图 16-22 所示。

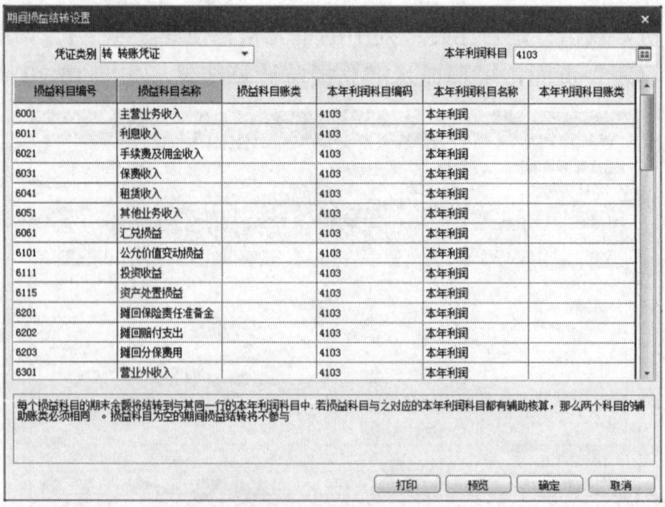

图 16-22　期间损益结转设置

图 16-23　转账生成

第二步，生成转账凭证（总账）。

依次执行"业务导航"→"经典树形"→"业务工作"→"财务会计"→"总账"→"期末"→"转账生成"命令，弹出"转账生成"页面，直接选中"期间损益结转"单选按钮，选择要进行结转的月份，在"类型"下拉列表中选择"收入"，单击"全选"按钮，选中"包含未记账凭证"复选框，如图 16-23 所示。

单击"确定"按钮，屏幕显示将要生成的转账凭证，完善凭证要素，

单击"保存"按钮完成凭证生成，如图 16-24 所示。单击"退出"按钮，返回"转账生成"页面，在"类型"下拉列表中选择"支出"，单击"全选"按钮，选中"包含未记账凭证"复选框，单击"确定"按钮，屏幕显示将要生成的转账凭证，完善凭证要素，单击"保存"按钮完成凭证生成，如图 16-25 所示。

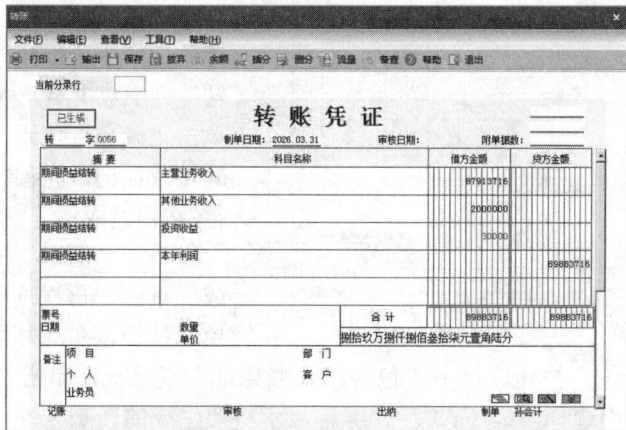

图 16-24　转账-结转收入凭证

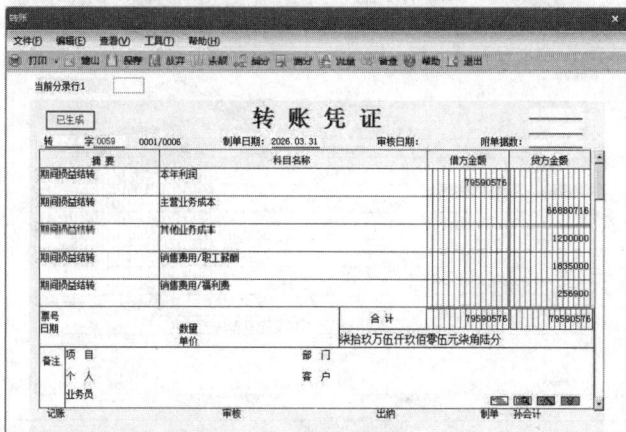

图 16-25　转账-结转支出凭证

五、应交所得税处理

第一步，转账定义（总账）。

3 月 31 日，完成所有凭证记账后，以会计人员的身份登录企业应用平台，依次执行"业务导航"→"经典树形"→"业务工作"→"财务会计"→"总

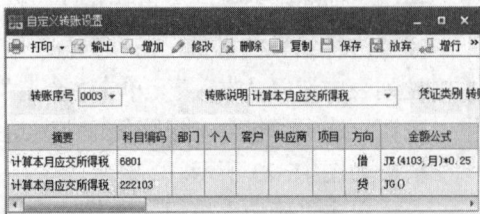

图 16-26　自定义转账设置

账"→"期末"→"转账定义"→"自定义转账"命令，打开"自定义转账设置"界面，单击"增加"按钮（或按 F5 键），弹出"转账目录"页面，按项目资料输入凭证信息，单击"确定"按钮，弹出"自定义转账设置"页面，单击"增行"按钮开始定义转账凭证分录信息，单击"保存"按钮完成自定义转账设置，如图 16-26 所示。

第二步，生成转账凭证（总账）。

依次执行"业务导航"→"经典树形"→"业务工作"→"财务会计"→"总账"→"期末"→"转账生成"命令，弹出"转账生成"页面，在"0003 计算本月应交所得税"栏对应的"是否结转"列中双击单元格，使其显示"Y"，单击"确定"按钮，屏幕显示将要生成的转账凭证，完善凭证要素，单击"保存"按钮完成凭证生成，如图 16-27 所示。

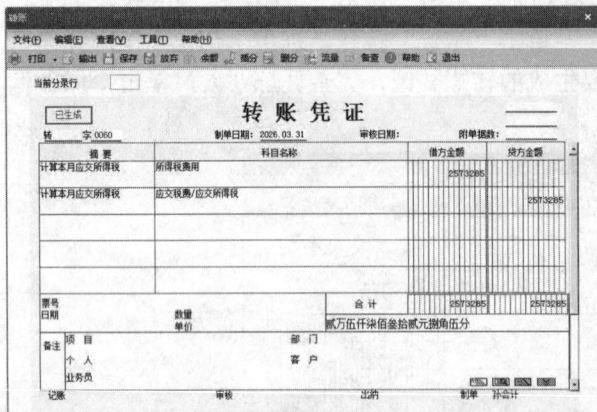

图 16-27　转账-计算所得税

单击"退出"按钮，返回"转账生成"页面，再次选中"期间损益结转"单选按钮，在"类型"下拉列表中选择"支出"，单击"全选"按钮，选中"包含未记账凭证"复选框，单击"确定"按钮，在弹出的"总账"提示框中选择"是（Y）"，屏幕显示将要生成的转账凭证，单击"保存"按钮完成凭证生成，如图 16-28 所示。

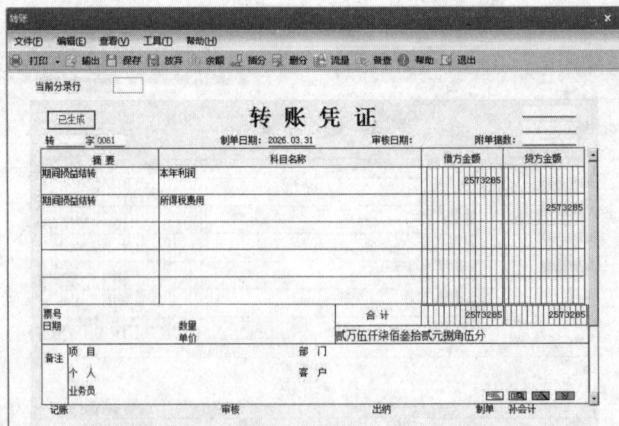

图 16-28　转账-结转所得税费用凭证

将所有凭证记账。

任务四　期末对账、结账处理

期末对账、结账处理

根据《会计信息化工作规范》及主流会计流程（见图16-29），月末结账前需完成以下步骤。

在月末报表编制前，必须进行试算平衡表的编制（或至少完成账户余额试算平衡的校验），这是由会计核算的基本原理和报表编制的规范性要求决定的。

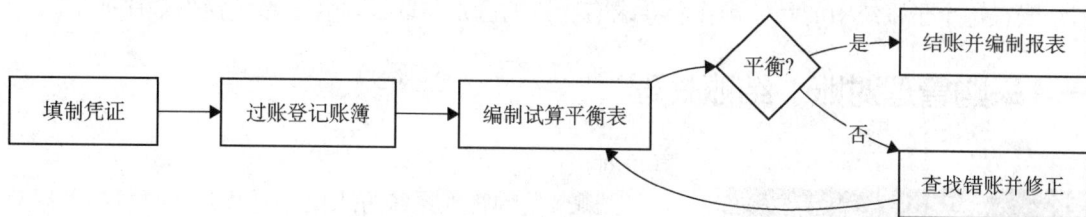

图 16-29　主流会计流程

3月31日，以会计人员的身份登录企业应用平台，依次执行"业务导航"→"经典树形"→"业务工作"→"财务会计"→"总账"→"账表"→"科目账"→"余额表"命令，弹出"发生额及余额表"页面，按需要设置好"过滤条件"，选择"对账的月份"，单击"确定"按钮，稍后显示"发生额及余额表"（试算平衡表），如图16-30所示。

发生额及余额表

会计期间：2026.03-2026.03

科目编码	科目名称	期初余额借方	期初余额贷方	本期发生借方	本期发生贷方	期末余额借方	期末余额贷方
1001	库存现金	7,179.70		17,580.00	1,900.00	22,859.70	
1002	银行存款	511,057.16		590,608.33	377,127.45	724,538.04	
1012	其他货币资金			11,300.00		11,300.00	
1101	交易性金融资产			11,000.00		11,000.00	
1121	应收票据			99,600.00	99,600.00		
1122	应收账款	157,100.00		949,785.00	532,360.00	574,525.00	
1221	其他应收款	3,800.00		106,640.08	3,800.00	106,640.08	
1231	坏账准备		10,000.00	100.00	-7,117.38		2,782.62
1402	在途物资			182,951.74	182,951.74		
1403	原材料	1,004,000.00		106,351.74	585,751.70	524,600.04	
1404	材料成本差异	1,642.00				1,642.00	
1405	库存商品	2,544,000.00		561,742.70	1,472,653.86	1,633,088.84	
1406	发出商品			1,167,941.97	364,095.27	803,846.70	
1601	固定资产	260,860.00		14,500.00	6,490.00	268,870.00	
1602	累计折旧		47,120.91	1,349.92	3,591.99		49,362.98
1603	固定资产减值准备				1,000.00		1,000.00
1632	累计折耗		80,149.00				80,149.00
1701	无形资产	157,898.00				157,898.00	
1901	待处理财产损溢			5,940.08	5,940.08		
资产小计		4,647,536.86	137,269.91	3,816,091.56	3,641,444.71	4,829,508.40	144,594.60
2001	短期借款		200,000.00				200,000.00
2202	应付账款		276,654.00	202,751.80	429,751.80		503,654.00
2203	预收账款			2,260.00	2,260.00		
2211	应付职工薪酬		8,200.00	102,708.65	119,187.00		24,678.35
2221	应交税费		72,449.00	38,694.06	143,370.69		177,125.63
2231	应付利息				1,000.00		1,000.00
2241	其他应付款		2,100.00	2,100.00			
负债小计			559,403.00	348,514.51	695,569.49		906,457.98
4001	实收资本		2,609,052.00		67,250.00		2,676,302.00
4101	盈余公积				225.00		225.00
4103	本年利润		1,478,000.00	821,638.61	898,837.16		1,555,198.55
4104	利润分配	119,022.31			2,025.00	116,997.31	
权益小计		119,022.31	4,087,052.00	821,638.61	968,337.16	116,997.31	4,231,725.55
5001	生产成本	17,165.74		463,706.68	144,600.00	336,272.42	
5101	制造费用			11,037.68	11,037.68		
成本小计		17,165.74		474,744.36	155,637.68	336,272.42	
6001	主营业务收入			879,137.16	879,137.16		
6011	利息收入						
6021	手续费及佣金收入						
6031	保费收入						
6041	租赁收入						
6051	其他业务收入			20,000.00	20,000.00		
6111	投资收益			-300.00	-300.00		
6401	主营业务成本			668,807.16	668,807.16		
6402	其他业务成本			12,000.00	12,000.00		
6403	营业税金及附加						
6601	销售费用			50,419.00	50,419.00		
6602	管理费用			71,010.31	71,010.31		
6603	财务费用			-213.33	-213.33		
6701	资产减值损失			1,000.00	1,000.00		
6702	信用减值损失			-7,117.38	-7,117.38		
6801	所得税费用			25,732.85	25,732.85		
6901	以前年度损益调整			3,000.00	3,000.00		
损益小计				1,723,475.77	1,723,475.77		
合计		4,783,724.91	4,783,724.91	7,184,464.81	7,184,464.81	5,282,778.13	5,282,778.13

图 16-30　发生额及余额表

对账是对账簿数据进行核对，以检查数据、记账是否正确，以及账簿是否平衡。它主要通过核对总账与明细账、总账与辅助账的数据，以及各子系统与总账相关账簿来完成账账核对。为了保证账证相符、账账相符，应经常使用本功能进行对账，至少每月一次，一般可在月末结账前进行。

每月月底都需要进行结账处理。在电算化状态下，结账是一种成批数据处理过程，每月只进行一次，结账的主要目的是对当月日常业务处理进行限制，并对下月账簿进行初始化。

在进行期末对账和对账之前，需要在总账系统中完成对所有凭证的记账工作。期末对账和结账在每个子系统中的具体操作和要求有一定的区别与联系，各子系统操作顺序如下。

一、采购管理对账、结账处理

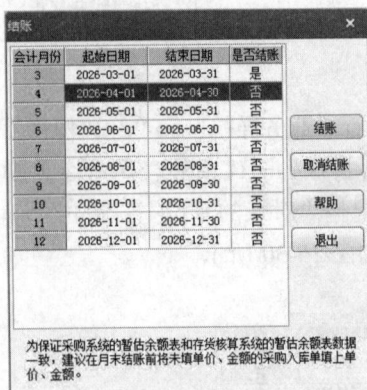

对账：无。

结账：采购管理系统月末结账是逐月将每月的单据数据进行封存，并将当月的采购数据记入有关账表中。

3 月 31 日，以采购人员的身份登录企业应用平台，依次执行"业务导航"→"经典树形"→"业务工作"→"供应链"→"采购管理"→"月末结账"→"月末结账"命令，弹出"结账"页面，单击"结账"按钮，弹出"是否关闭订单"对话框，单击"否"按钮，系统自动进行月末结账，将所选各月采购单据按会计期间分月记入有关报表中（如果单击"是"按钮，将弹出采购订单列表的过滤条件，输入条件，关闭符合条件的订单；如果单击"取消"按钮，将返回"结账"页面），完成结账，如图 16-31 所示。

图 16-31　结账-采购管理

二、销售管理对账、结账处理

对账：无。

结账：销售管理系统月末结账是逐月将每月的单据数据进行封存，并将当月的销售数据记入有关报表中。

3 月 31 日，以销售人员的身份登录企业应用平台，依次执行"业务导航"→"经典树形"→"业务工作"→"供应链"→"销售管理"→"月末结账"→"月末结账"命令，弹出"结账"页面，单击"结账"按钮，弹出"是否关闭订单"对话框，单击"否"按钮，系统自动进行月末结账，将所选各月销售单据按会计期间分月记入有关报表中（如果单击"是"按钮，将弹出销售订单列表的过滤条件，输入条件，关闭符合条件的订单；如果单击"取消"按钮，将返回"结账"页面），完成结账，如图 16-32 所示。

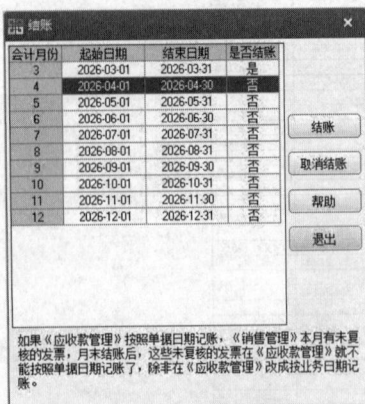

图 16-32　结账-销售管理

● 说明：月末结账后，可逐月取消结账，选中已结账最后一个月份，单击"取消结账"按钮，即可取消该月的月末结账。

三、库存管理对账、结账处理

对账："库存账与货位账对账"功能（本案例无）；"库存与存货对账"功能的内容为某月份各仓库各存货的收发存数量。若对账不平，例如因销售业务三（补开票，代垫运费）在本月未生成对应的出库单所致，则需要查找具体原因。

结账：库存管理系统月末结账是将每月的出入库单据逐月进行封存，并将当月的出入库数据记入有关账表中。

3月31日，以仓库管理员的身份登录企业应用平台，依次执行"业务导航"→"经典树形"→"业务工作"→"供应链"→"库存管理"→"月末处理"→"月末结账"命令，弹出"结账"页面，单击"结账"按钮，弹出"库存启用月份结账后将不能修改期初数据，是否继续结账？"对话框，单击"是"按钮，完成结账，如图16-33所示。

图16-33　结账-库存管理

四、存货核算对账、结账处理

对账："存货与总账对账"功能用于存货核算系统与总账系统核对存货科目和差异科目在各会计月份借方、贷方发生金额、数量以及期末结存的金额、数量信息；"发出商品科目与总账对账"功能用于将存货核算系统的发出商品科目与总账的发出商品科目进行对账；"暂估科目与总账对账"功能用于将存货核算系统的暂估科目与总账的暂估科目进行对账。若上述三项对账均平衡，则表明相关数据一致。

结账：存货核算系统的月末结账操作，主要用于为当月账簿添加结账标志。如果该系统与采购系统集成使用，并且暂估处理方式选择了"月初回冲"，则在月末结账时，系统会同时生成下月的红字回冲单等单据。一旦完成月末结账，用户就无法再对当前会计期间进行业务操作，只能处理下个会计期间的日常工作。

3月31日，以会计人员的身份登录企业应用平台，依次执行"业务导航"→"经典树形"→"业务工作"→"供应链"→"存货核算"→"记账"→"月末结账"命令，弹出"结账"页面，单击"月结检查"按钮，弹出"检测成功！"提示框，单击"确定"按钮返回"结账"页面，再单击"结账"按钮，弹出"月末结账完成！"提示框，单击"确定"按钮完成结账，如图16-34所示。

图16-34　结账-存货核算

◉ **说明**：如果发现某月的结账操作有误，通常需要等到下一个月登录系统后，再使用"取消结账"按钮来取消该月的结账状态，之后才能对该月进行业务处理。

五、应付款管理对账、结账处理

对账：对账单可以获得一定期间内各供应商、供应商分类、供应商总公司、部门、主管部门、业务员、主管业务员的对账单。应付对账单不仅可以完整查询既是客户又是供应商的业务单据信息，还可以包含未审核单据、不进行账期管理的应收货款的分析方式、只显示未到立账日单据、发货单未到立账日已开票审核、暂估采购入库单的数据内容。另外，对账单数据的明细程度可以自己设定，对账单打印的表头格式可以设置。

与总账对账，提供应付系统生成的业务账与总账系统中的科目账核对的功能，检查两个系统中的往来账是否相等，若不相等，查看造成不等的原因（对账无差额）。

结账：当应付款管理系统与采购管理系统集成使用时，必须等到采购管理系统完成结账后，才能对应付款系统进行结账处理。

3 月 31 日，以会计人员的身份登录企业应用平台，依次执行"业务导航"→"经典树形"→"业务工作"→"财务会计"→"应付款管理"→"期末处理"→"月末结账"命令，弹出"月末处理"页面，双击需要结账月份的"结账标志"栏，如图 16-35 所示。单击"下一步"按钮，检测各种业务"处理情况"均为"是"，单击"完成"按钮完成结账，如图 16-36 所示。

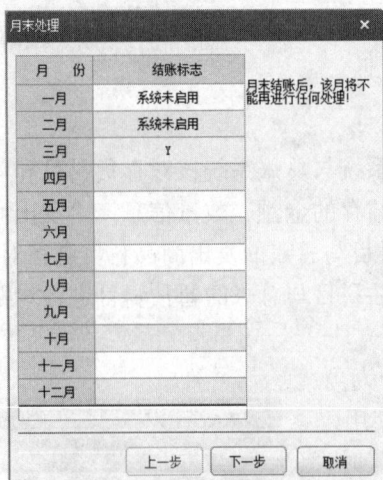

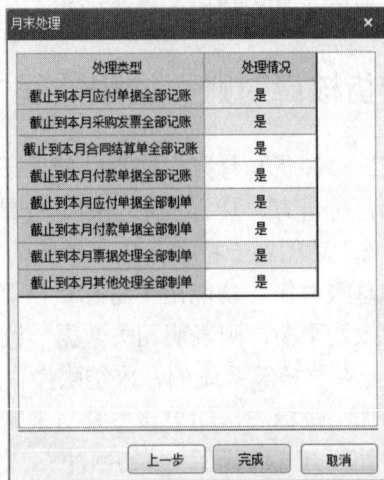

图 16-35　月末处理-应付款管理　　　　　图 16-36　结账-应付款管理

⊙ 说明：如果处理类型为"截止到本月其他处理全部制单"且其处理情况为"否"，则需要检查应付款管理参数设置中"核销生成凭证"选项是否被选中。如果该选项已被选中，则应取消选中。

六、应收款管理对账、结账处理

对账：对账单可以获得一定期间内各客户、客户分类、客户总公司、地区分类、部门、业务员、主管部门、主管业务员的对账单并生成相应的催款单。应收对账单不仅可以完整查询既是客户又是供应商的业务单据信息，还可包含未审核单据、未开票但已出库的发货单（含期初发货单）、暂估的采购入库单的数据。此外，用户可自定义对账单数据的明细级别，并设置对账单打印的表头格式。

与总账对账，提供应收系统生成的业务账与总账系统中的科目账核对的功能，检查两个系统中的往来账是否相等，若不相等，查看造成不等的原因（对账无差额）。

结账：当应收款管理系统与销售管理系统集成使用时，必须等到在销售管理系统完成结账后，才能对应收系统进行结账处理。

3月31日，以会计人员的身份登录企业应用平台，依次执行"业务导航"→"经典树形"→"业务工作"→"财务会计"→"应收款管理"→"期末处理"→"月末结账"命令，弹出"月末处理"页面，双击需要结账月份的"结账标志"栏，如图 16-37 所示。单击"下一步"按钮，检测各种业务"处理情况"均为"是"，单击"完成"按钮完成结账，如图 16-38 所示。

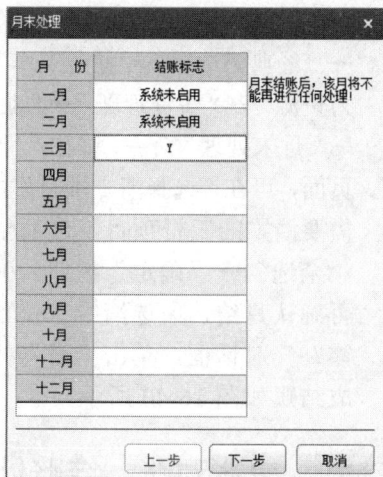

图 16-37　月末处理-应收款管理

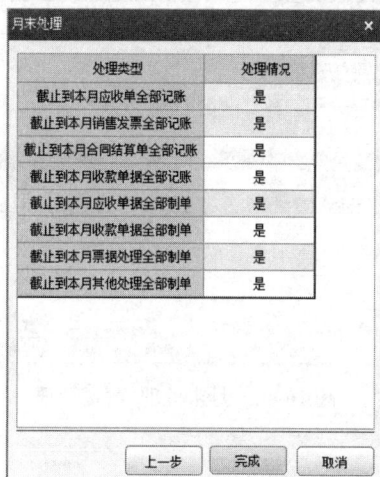

图 16-38　结账-应收款管理

七、固定资产对账、结账处理

对账：系统在运行过程中，应保证本系统管理的固定资产的价值和账务系统中固定资产科目的价值相等。了解两个系统的资产价值是否相等，可通过执行本系统提供的对账功能实现。对账操作不限制执行时间，任何时候均可进行。系统在执行月末结账时会自动对账一次，并给出对账结果，同时根据初始化或选项中的判断，确定在资产价值不平的情况下是否允许结账。

只有系统初始化在选项中选择了与账务对账，本功能才可操作（无对账差异）。

结账：3 月 31 日，以会计人员的身份登录企业应用平台，依次执行"业务导航"→"经典树形"→"业务工作"→"财务会计"→"固定资产"→"期末处理"→"月末结账"命令，弹出"月末处理"页面，单击"开始结账"按钮，稍后弹出"与总账对账结果"对话框（说明：文中的"总账"与图中的"总帐"为同一内容，后文不再赘述），单击"确定"按钮完成结账，如图 16-39 所示。

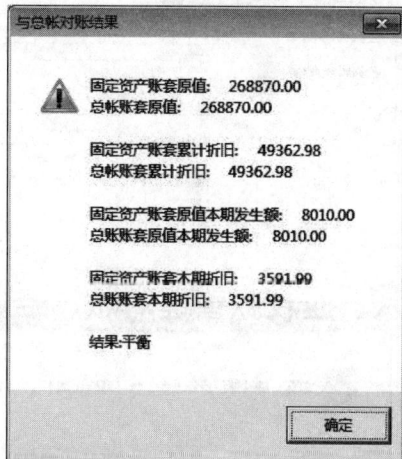

图 16-39　结账-固定资产

八、薪资管理对账、结账处理

对账：无。

结账：月末处理，即月末结转，是将当月数据经过处理后结转至下月。每月工资数据处理完毕后均可进行月末结转。由于在工资项目中，有的项目是变动的，即每月的数据均不相同，在每月工资处理时，均需将其数据清为 0，而后输入当月的数据，此类项目即为清零项目。

处理多个工资类别时：若未打开工资类别，则进入月结批量处理；若已打开具体工资类别，则对当前工资类别（发放次数）进行月末结算。

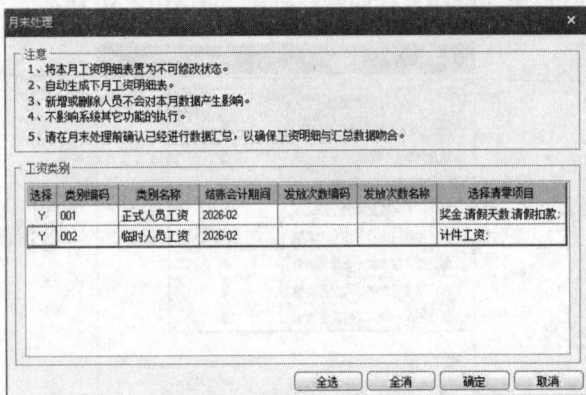

图 16-40　月末处理-薪资管理

3 月 31 日，以会计人员的身份登录企业应用平台，依次执行"业务导航"→"经典树形"→"业务工作"→"人力资源"→"薪资管理"→"业务处理"→"月末处理"命令，弹出"月末处理"页面，可在"选择清零项目"栏中选择需要清零的工资项目，然后依次单击"全选"→"确定"按钮，弹出"是否确认月结，所选清零工资项目将清零？"对话框，单击"是"按钮，完成结账如图 16-40 所示。

九、总账对账、结账处理

对账：3 月 31 日，以会计人员的身份登录企业应用平台，依次执行"业务导航"→"经典树形"→"业务工作"→"财务会计"→"总账"→"期末"→"对账"命令，打开"对账"页面，选中需要对账的月份，依次单击"选择"→"对账"按钮，稍后显示对账结果，如图 16-41 所示。

分别单击"检查"按钮和"试算"按钮，其结果分别如图 16-42 和图 16-43 所示。

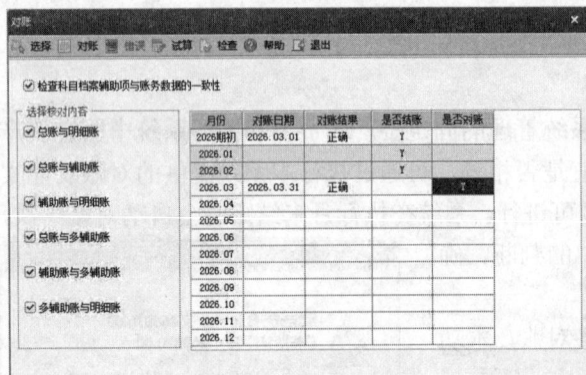

图 16-41　对账-总账

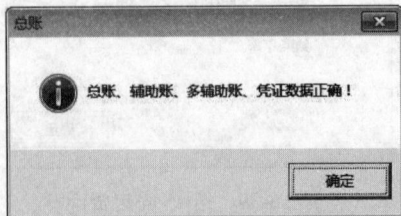

图 16-42　提示框

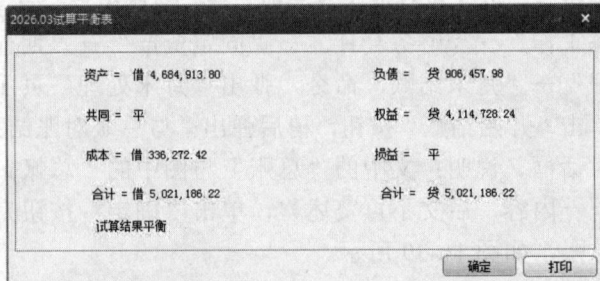

图 16-43　试算平衡表-期末

结账：依次执行"业务导航"→"经典树形"→"业务工作"→"财务会计"→"总账"→"期末"→"结账"命令，弹出"结账"页面，在"1. 开始结账"选项中选中需要结账的月份，如图 16-44 所示。

单击"下一步"按钮，在"2.核对账簿"选项中单击"对账"按钮完成对账，如图16-45所示。

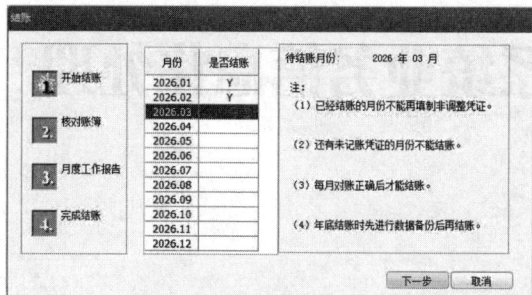

图16-44　结账-开始结账

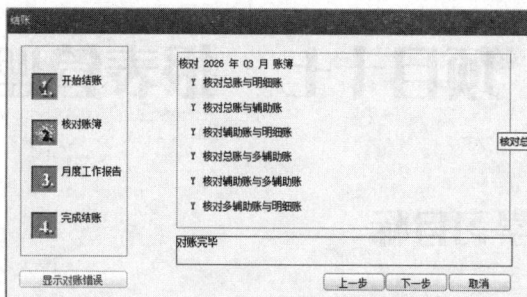

图16-45　结账-核对账簿

单击"下一步"按钮，在"3.月度工作报告"选项中查看所有工作是否满足结账要求，如图16-46所示。

单击"下一步"按钮，在"4.完成结账"选项中，如果提示可以结账，则单击"结账"按钮完成结账，如图16-47所示。

图16-46　结账-月度工作报告

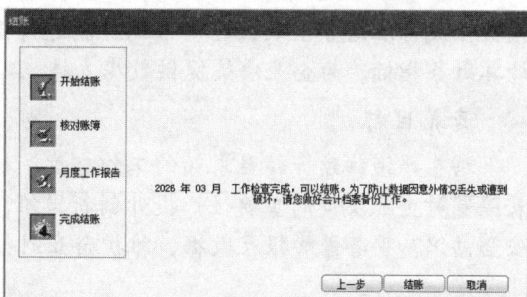

图16-47　结账-完成结账

⦿ **说明：** 反结账，在"结账向导一"中，选择要取消结账的月份，按Shift+Ctrl+F6快捷键即可进行反结账。

项目拓展　期末处理

TZ16

项目十七 报表管理系统业务信息化处理

学习目标

知识目标

了解 UFO 报表系统在企业财务分析中的地位与作用；掌握自定义报表和利用模板生成报表的方法；理解报表公式（单元公式、审核公式等）的含义与设置规则；熟悉各类财务报表（如资产负债表、利润表）的结构和数据来源。

能力目标

熟练运用 UFO 报表系统完成自定义报表的设计、公式设置与数据处理；能准确利用报表模板生成标准财务报表；运用系统功能进行报表数据查询、分析和图形制作；根据报表数据计算财务指标，为企业决策提供数据支持。

素养目标

培养严谨细致、精益求精的工作态度，确保报表数据准确可靠；强化责任意识，重视报表编制对企业决策的重要性；提升创新思维，在自定义报表时灵活运用所学知识；增强数据安全意识，妥善保管报表数据，维护企业财务信息安全。

案例导入

3 月，成都东华电子有限公司运用 UFO 报表系统深化财务管理。该公司通过自定义编制管理费用结构分析表，利用预设模板生成资产负债表和利润表，并开展财务指标分析。操作中严格遵循编制规范，精准定义公式、处理数据，确保报表数据准确完整。该实践展现企业严谨的工作态度与责任意识，依托信息化实现报表全流程管控，为企业报表管理信息化提供典型范例。

项目准备及要求

（1）设置系统日期为当年 3 月 31 日，引入"项目十六 期末数据信息化处理"备份账套。

（2）以总账会计人员的身份登录系统完成 UFO 报表管理工作。

（3）保存报表结果。

BB

项目资料

当年 3 月的报表业务如下。

任务一 自定义报表

按表 17-1 格式自定义一张管理费用结构分析表，并进行单元公式、审核公式、舍位公式（万位）定义。

表 17-1 管理费用结构分析表

单位名称：成都东华电子有限公司　　　　　　当年 3 月

项目	金额	占比
职工薪酬	FS("660201",月,"借",,,"",,)	B4/B11
福利费	FS("660202",月,"借",,,"",,)	B5/B11
办公费	FS("660203",月,"借",,,"",,)	B6/B11
差旅费	FS("660204",月,"借",,,"",,)	B7/B11
招待费	FS("660205",月,"借",,,"",,)	B8/B11
折旧费	FS("660206",月,"借",,,"",,)	B9/B11
其他	FS("660209",月,"借",,,"",,)	B10/B11
合计	PTOTAL(B4:B10)	B11/B11

任务二 利用模板生成报表

利用报表模板生成成都东华电子有限公司当年 3 月 31 日资产负债表和 3 月利润表。

任务三 报表综合应用

利用相关报表数据进行财务指标分析，制作出当年 3 月的财务比较分析模型，如表 17-2 所示。

表 17-2 财务比较分析模型

单位名称：成都东华电子有限公司　　　　　　当年 3 月

比率指标名称	标准财务比率	指标值
流动比率	流动资产/流动负债	
速动比率	（流动资产−存货）/流动负债	
资产负债率	负债总额/资产总额	
资产净利率	净利润/[（总资产期末余额+总资产年初余额）/2]	

项目操作指导

UFO 报表是用友软件股份有限公司开发的电子表格软件。作为用友 ERP-U8$^+$的重要子系统，UFO 报表具备表格制作、数据运算、图形生成、打印等功能。与账务系统协同运行时，UFO 报表可作为通用财务报表系统，广泛适用于财务、会计、人事等多部门。

UFO 报表将报表处理分为格式设计与数据处理两部分。用户可通过"编辑"菜单的"格式/数据状态"命令，或单击窗口左下角的"格式"/"数据"按钮实现状态切换，如图 17-1 所示。

在格式状态下，可设计表尺寸、行高、列宽等报表格式，定义单元公式、审核公式和舍位平衡公式，操作

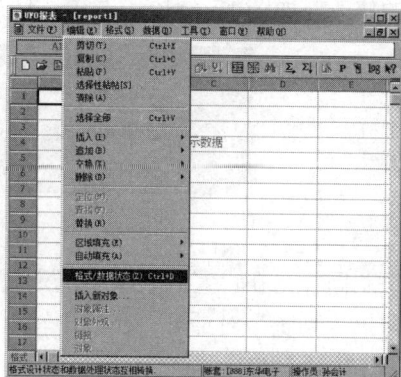

图 17-1 状态切换

将作用于所有表页，但无法进行数据输入与计算；而在数据状态下，主要负责数据管理，如数据录入、表页增减、报表审核等，不过不能修改报表格式。两种状态相互配合，保障报表制作与数据处理的高效完成。

任务一　自定义报表（报表制作流程）

自定义报表

在以下步骤中，第一、二、四、七步是必需的，因为要完成一般的报表处理，一定要有启动系统、建立报表、设计格式、数据处理、退出系统这些基本步骤。实际应用时，具体的操作步骤应视情况而定。

第一步，启动 UFO 报表，建立报表。

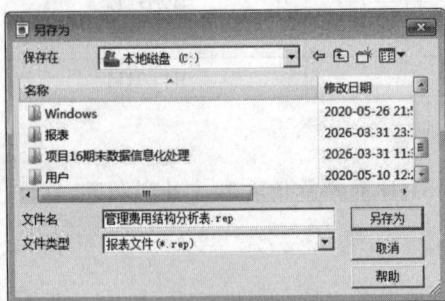

3 月 31 日，以会计人员的身份登录企业应用平台，依次执行"业务导航"→"经典树形"→"业务工作"→"财务会计"→"UFO 报表"命令，启动 UFO报表子系统，然后执行"文件"→"新建"命令，将自动创建一个文件名为"report1"的空报表文件，如图 17-1 所示。接着，执行"文件"→"另存为"命令，选择要保存的路径，并在"文件名"文本框中输入"管理费用结构分析表"以代替"report1.rep"，如图 17-2 所示。单击"另存为"按钮后，可以看到标题栏的文件名变为"管理费用结构分析表"。

图 17-2　保存报表

第二步，设计报表的格式。

报表的格式应在格式状态下设计，其设置对整个报表都有效，包括以下操作。

（1）表尺寸。设置表尺寸，即设定报表的行数和列数。

在报表页面，选择"格式"→"表尺寸"命令，弹出"表尺寸"对话框，在"行数"框中输入"11"，在"列数"框中输入"3"，单击"确认"按钮完成表尺寸的设置，如图 17-3 所示。

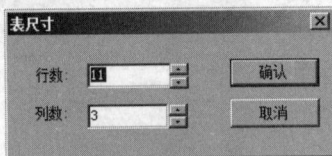

（2）行高和列宽。在设置的表格中选定要调整行高的 1 行或多行，选择"格式"→"行高"命令，弹出"行高"对话框，在其中输入需要的行高尺寸，单击"确认"按钮完成行高的修改，如图 17-4 所示。

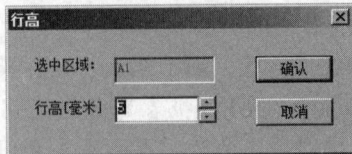

图 17-3　表尺寸　　　　　　　　　　图 17-4　行高

同样，在设置的表格中选定要调整列宽的 1 列或多列，选择"格式"→"列宽"命令，弹出"列宽"对话框，在其中输入需要的列宽尺寸，单击"确认"按钮完成列宽的修改，如图 17-5 所示。

▶ **提示：** 可参照 Excel 电子表格利用鼠标拖动的方式调整行高和列宽。

（3）画表格线。选中 A3:C11 单元格区域，选择"格式"→"区域画线"命令，弹出"区域画线"对话框，选中"网线"单选按钮，单击"确认"按钮完成此项操作，如图 17-6 所示。

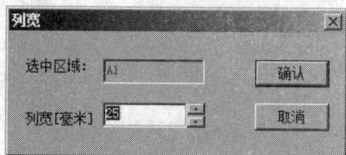

图 17-5　列宽

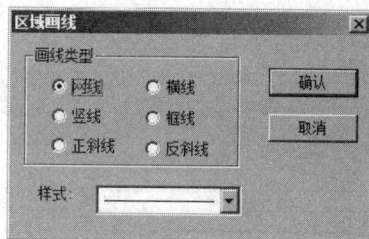

图 17-6　区域画线

（4）单元属性。设置单元属性，即：将固定内容的单元如"项目""行次""期初数""期末数"等定义为表样单元；将需要输入数字的单元定义为数值单元；将需要输入字符的单元定义为字符单元；设置单元的字形、字体、字号、颜色、图案、折行显示等。

选取要设置单元属性的区域，选择"格式"→"单元属性"命令，弹出"单元格属性"对话框，在其中设置单元的单元类型、数字格式和边框样式，如图 17-7 所示。

▶ 提示：将 A1:C3 单元格区域和 A4:A11 单元格区域的"单元类型"设置为"表样"；将 B4:C11 单元格区域的"单元类型"设置为"数值"，并将其"格式"设置为"逗号"。

（5）组合单元。定义组合单元，即将几个相邻单元合并为一个单元格使用。

选取要设置为组合单元的区域，选择"格式"→"组合单元"命令，弹出"组合单元"对话框，单击"整体组合"按钮设置组合单元，如图 17-8 所示。

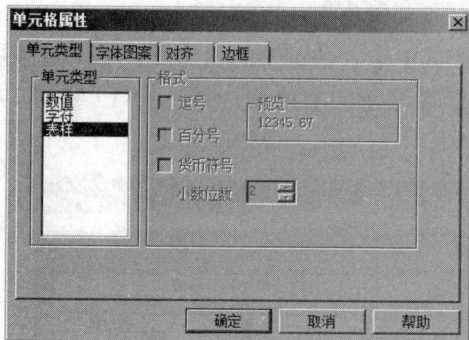

图 17-7　单元格属性

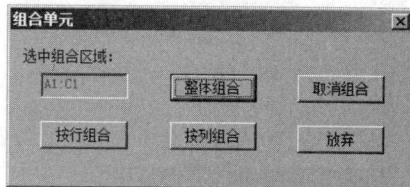

图 17-8　组合单元

▶ 提示：将 A1:C1 和 A2:C2 单元格区域分别进行组合。

（6）表样文字。设计好报表格式之后，根据项目资料输入表样单元的内容，并按要求设置字体、大小，如图 17-9 所示。

▶ 提示：选择"工具"→"常用工具栏"/"格式工具栏"命令，将显示常用工具栏/格式工具栏。

（7）关键字。

设置关键字：确定关键字在表页上的位置，如单位名称、年、月、日等。

选取要设置关键字的组合单元 A2:C2，选择"数据"→"关键字"→"设置"命令，弹出"设置关键字"对话框。在该对话框的关键字名称中选择一个名称，确认后，选定单元中显示的关键字名称将呈现为红色，如图 17-10 所示。

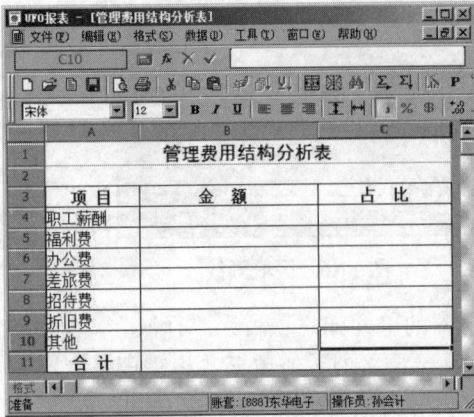

图 17-9　表样文字

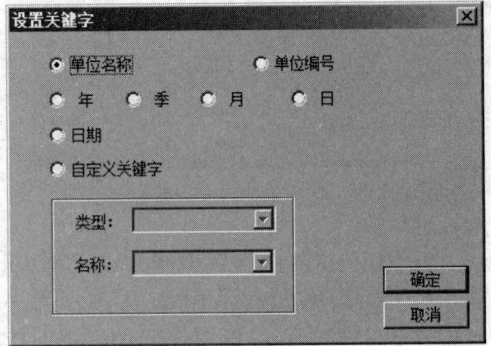

图 17-10　设置关键字

注意：每个关键字只能定义一次，第二次定义一个已经定义的关键字时，系统自动取消第一次的定义；每个单元中可以设置多个关键字，其显示位置由单元偏移量控制。

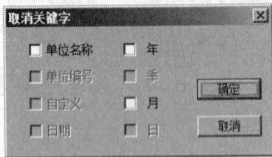

图 17-11　取消关键字

取消关键字：选择"数据"→"关键字"→"取消"命令，弹出"取消关键字"对话框，选取要取消的关键字，则该关键字被取消，如图 17-11 所示。

关键字偏移：关键字设置之后，可以改变关键字在单元中的左右位置。选择"数据"→"关键字"→"偏移"命令，弹出"定义关键字偏移"对话框，在其中输入关键字的偏移量。单元偏移量的范围是[−300，300]像素点，负数表示向左偏移，正数表示向右偏移，如图 17-12 和图 17-13 所示。

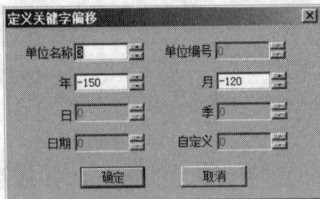

图 17-12　定义关键字偏移

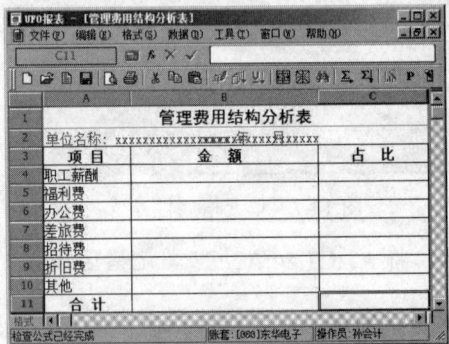

图 17-13　设置关键字及偏移量效果图

第三步，定义各类公式。

UFO 报表有三类公式：单元公式（计算公式）、审核公式、舍位平衡公式。这些公式的定义需要在格式状态下进行。

（1）单元公式：该公式定义了报表数据之间的运算关系。在报表的数值单元中输入"="，即可直接定义计算公式，因此它被称为单元公式。

选中 B4 单元格，选择"数据"→"编辑公式"→"单元公式"命令，或者单击工具栏中的"fx"按钮，弹出"定义公式"对话框，进行公式定义，如图 17-14 所示。

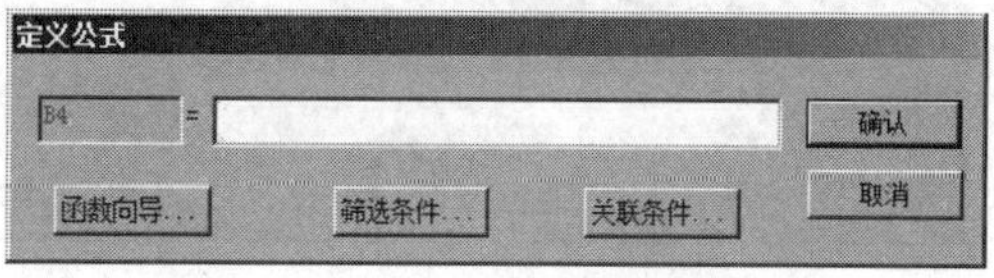

图 17-14 定义公式

在"定义公式"对话框中单击"函数向导"按钮，弹出"函数向导"对话框，在左侧的"函数分类"列表框中选择"用友账务函数"，在右侧的"函数名"列表框中选择"发生（FS）"函数，如图 17-15 所示。

单击"下一步"按钮，弹出"用友账务函数"对话框，如图 17-16 所示。

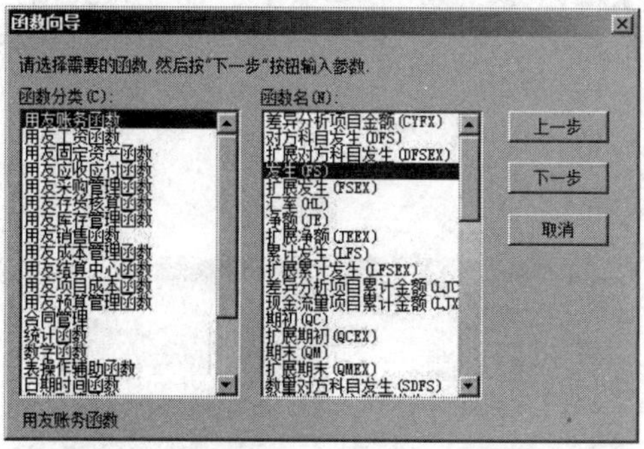

图 17-15 函数向导

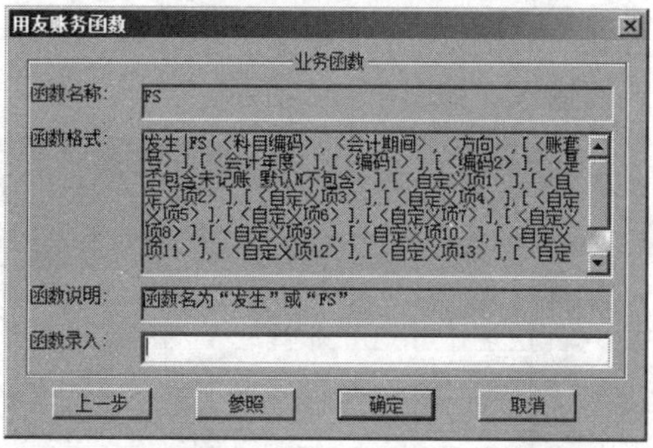

图 17-16 用友账务函数

单击"参照"按钮，弹出"账务函数"对话框。在该对话框中，将"科目"设置为"660201"，将"期间"设置为"月"，将"方向"设置为"借"，如图 17-17 所示。

单击"确定"按钮，返回"用友账务函数"对话框。单击"确定"按钮，即可返回"定义公式"对话框。单击"确认"按钮，完成 B4 单元格计算公式的设置操作，如图 17-18 所示。

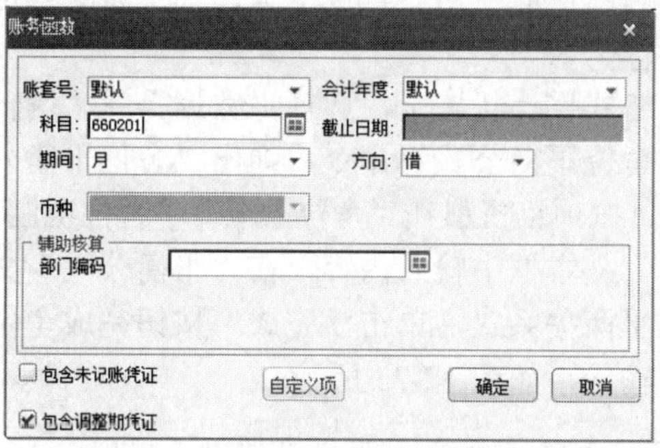

图 17-17 账务函数

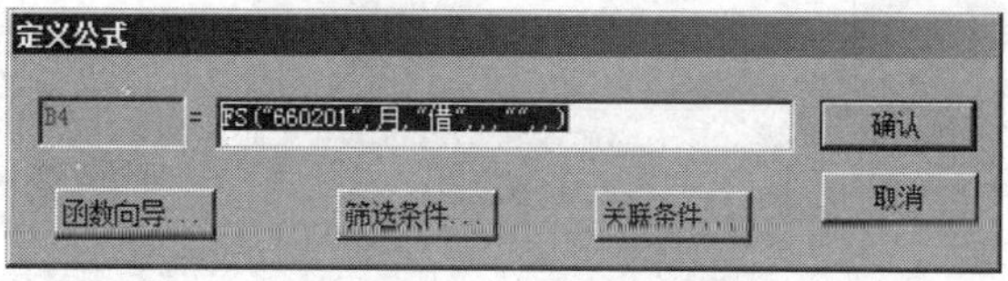

图 17-18 定义公式

参照上述方法，设置 B5 至 B10 单元格的计算公式；也可以参照 Excel 电子表格用鼠标拖动的方式复制公式，再进行修改完成。

B11 单元格可以直接输入计算公式 B4+B5+B6+B7+B8+B9+B10，也可以参照上述方法选择统计函数 PTOTAL，在"固定区区域"文本框输入"B4:B10"，完成计算公式的设置，如图 17-19 所示。

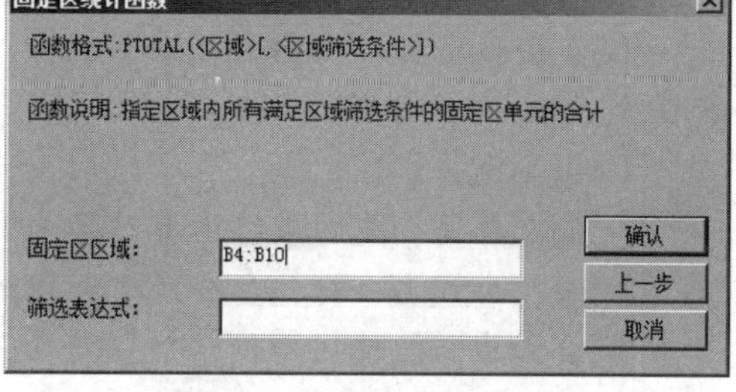

图 17-19 固定区统计函数

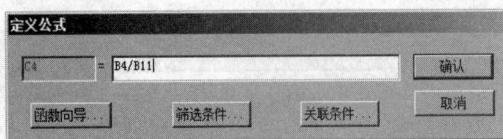

图 17-20 定义公式

C4 至 C10 单元格采取直接输入计算公式的方式，如图 17-20 所示。

C11 单元格可以参照 B11 单元格的输入方法进行设置，或者根据 B11 单元格用鼠标拖动的方式来复制公式。

全部单元公式设置完成后，如图 17-21 所示。

（2）审核公式：该公式用于审核报表内或报表之间的数据钩稽关系是否正确。用户需要用"审核公式"命令来定义该公式。

在报表格式设计状态下，选择"数据"→"编辑公式"→"审核公式"命令，弹出"审核公式"对话框，在"审核关系"文本框中输入审核关系语句，单击"确定"按钮完成审核公式的输入，如图 17-22 所示。

图 17-21 UFO 报表–管理费用结构分析表

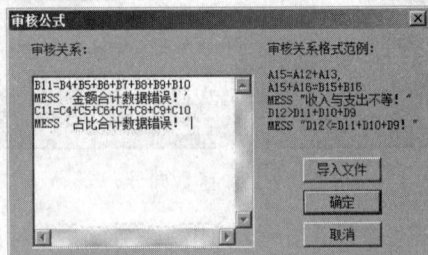

图 17-22 审核公式

（3）舍位平衡公式：该公式用于报表数据进行进位或小数位取整时调整数据，避免破坏原数据平衡。用户需要用"舍位平衡公式"命令来定义该公式。

图 17-23 舍位平衡公式

在报表格式设计状态下，选择"数据"→"编辑公式"→"舍位平衡公式"命令，弹出"舍位平衡公式"对话框，按项目资料在"舍位表名""舍位范围""舍位位数"文本框中输入内容，在"平衡公式"文本框中输入平衡关系式，单击"完成"按钮完成舍位平衡公式的输入，如图 17-23 所示。

▶提示：定义舍位平衡公式必须遵循以下规则。

（1）舍位表名：与当前文件名不能相同，默认在当前目录下。

（2）舍位范围：舍位数据的范围，要将所有要舍位的数据包括在内。

（3）舍位位数：1～8 位。舍位位数为 1，区域中的数据除 10；舍位位数为 2，区域中的数据除 100；以此类推。

（4）平衡公式。

① 倒顺序写，先写最终运算结果，然后逐步向前推导。

② 每个公式占一行，各公式之间用逗号","隔开，最后一条公式后不写逗号。

③ 公式中只能使用"+""−"符号，不能使用其他运算符及函数。

④ 等号左边只能为一个单元（不带页号和表名）。

⑤ 一个单元只允许在等号右边出现一次。

第四步，报表数据处理。

报表格式和报表中各类公式定义好之后，就可以输入数据并进行处理了。报表数据处理在数据状态下进行，主要包括以下操作。

（1）追加（或插入）表页：因为新建报表只有一张表页，需要追加（或插入）多个表页。

追加表页就是在最后一张表页后面追加若干张空的表页。在该报表数据状态下，选择"编辑"→"追加"（或"插入"）→"表页"命令，弹出"追加表页"对话框，在其中输入要追加的表页数，单击"确认"按钮即可成功追加（或插入）表页，如图 17-24 所示。

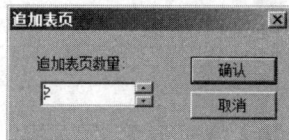

图 17-24　追加表页

（2）关键字输入：如果报表中定义了关键字，则需要在数据状态下输入每张表页上关键字的值，且每张表页上的关键字的值最好不要完全相同。

在该报表数据状态下，单击要输入关键字的值的表页"第 3 页"的页标，使它成为当前表页，执行"数据"→"关键字"→"录入"命令，弹出"录入关键字"对话框，在已定义的关键字编辑框中输入关键字的值，如图 17-25 所示。

单击"确认"按钮后，弹出"是否重算第 3 页"对话框。单击"是"按钮，系统开始对当前页进行计算。计算完毕后，公式单元将完成取数，且关键字的值也会显示在相应的关键字所在单元中，如图 17-26 所示。

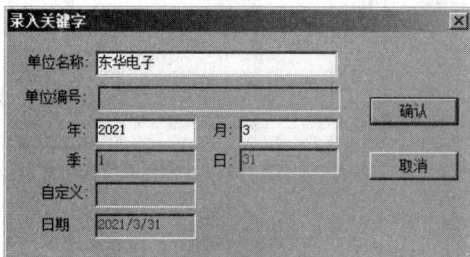

图 17-25　输入关键字

图 17-26　表页计算

随着数据的输入，当前表页的单元公式将自动运算并显示结果。如果报表有审核公式和舍位平衡公式，则系统会执行审核和舍位平衡操作。

（3）审核报表：在该报表数据状态下，选择"数据"→"审核"命令，开始按已经定义的审核公式对钩稽关系进行审核，如有问题将按已定义的 MESS 信息进行提示，如没有问题则在状态栏左侧显示"完成正确！"，如图 17-27 所示。

（4）舍位平衡：在该报表的数据状态下，选择"数据"→"舍位平衡"命令，系统将按照所定义的舍位关系对指定区域的数据进行舍位，并按照平衡公式对舍位后的数据进行平衡调整。舍位平衡后的数据将被存入指定的新表或其他表

图 17-27　审核报表

图 17-28　舍位平衡表

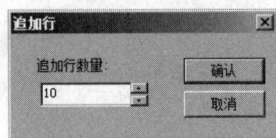

图 17-29　追加行

中，且存储位置与原表位置相同。打开由舍位平衡公式指定的舍位表，即可看到调整后的报表，如图 17-28 所示。

第五步，报表图形处理。

选取报表数据后可以制作各种图形，如直方图、圆饼图、折线图、面积图、立体图。图形可随意移动；图形的标题、数据组可以按照要求设置，并可以打印输出。

在该报表格式状态下，选择"编辑"→"追加"→"行"命令，在弹出的"追加行"对话框中输入"追加行数量"，单击"确认"按钮完成追加行，如图 17-29 所示。切换到数据状态下，拖动鼠标选择单元格区域 A3:B10，选择"工具"→"插入图表对象"命令，弹出"区域作图"对话框，根据需要进行图形要素设置，如图 17-30 所示。单击"确认"按钮完成图形插入，可对图形位置进行适当调整，如图 17-31 所示。

图 17-30　区域作图

图 17-31　报表图形

第六步，打印报表。

可控制打印方向，横向或纵向打印；可控制行列打印顺序；不仅可以设置页眉和页脚，还可以设置财务报表的页首和页尾；可缩放打印；利用打印预览可观看打印效果。

第七步，退出 UFO 报表。

所有操作完成后，不要忘记保存报表文件。保存后，可以退出 UFO 报表系统。如果忘记保存文件，UFO 报表在退出前将提醒保存文件。

选择"文件"→"退出"命令，弹出"确认退出 UFO 系统？"对话框，单击"确定"按钮完成此项操作，如图 17-32 所示。之后，会弹出保存当前报表的提示对话框，单击"是"按钮保存当前报表并退出 UFO 报表系统，如图 17-33 所示。

图 17-32 确认退出

图 17-33 保存报表提示对话框

任务二 利用模板生成报表

利用模板生成报表

UFO 提供的报表模板涵盖 33 个行业的 200 多张标准财务报表（包括现金流量表），也可以包含自定义的模板。用户可以根据所在行业挑选相应的报表模板，并套用其格式及计算公式。

一、利用模板生成资产负债表

打开 UFO 报表，新建一个空白报表并将其另存为"资产负债表.rep"。在格式状态下，选择"格式"→"报表模板"命令，弹出"报表模板"对话框，在"您所在的行业"下拉列表框中选择所在行业"2007 年新会计制度科目"，在"财务报表"下拉列表框中选择"资产负债表（已执行新金融准则）"，如图 17-34 所示。

单击"确认"按钮，弹出"模板格式将覆盖本表格式！是否继续？"的提示对话框，单击"确定"按钮，弹出资产负债表模板界面，切换到报表格式状态下，双击 C15 单元格，在弹出的"定义公式"对话框的公式最后面输入"+QM("5001",月,,,年,,)"，单击"确认"按钮完成单元公式的修改操作，如图 17-35 所示。

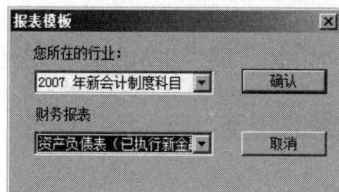

图 17-34 报表模板

图 17-35 存货期末余额定义公式

以同样的方法，修改 D15 公式=原公式+QC("5001",全年,,,年,,)，如图 17-36 所示。

在"编制单位"输入"东华电子"后切换到数据状态下，选择"数据"→"关键字"→"录入"命令，弹出"录入关键字"对话框，按项目资料输入数据，如图 17-37 所示。

图 17-36 存货期初余额定义公式

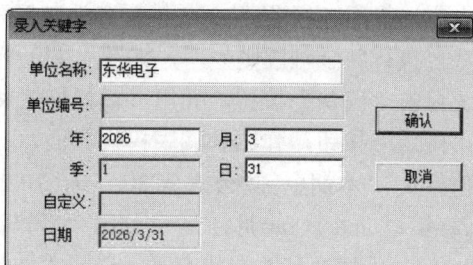

图 17-37 录入关键字

　　单击"确认"按钮，弹出"是否重算第 1 页？"的提示对话框，单击"是"按钮，生成资产负债表并保存，如图 17-38 所示。

资产负债表

单位名称：东华电子　　　　　　　　　　2026 年 3 月 31 日　　　　　　　　　　　　　会企01表
单位:元

资　产	行次	期末余额	年初余额	负债和所有者权益（或股东权益）	行次	期末余额	年初余额
流动资产:				流动负债:			
货币资金	1	736,097.74	399,615.56	短期借款	35	200,000.00	
交易性金融资产	2	11,000.00		交易性金融负债	36		
衍生金融资产	3			衍生金融负债	37		
应收票据	4			应付票据	38		
应收账款	5	571,742.38	290,100.00	应付账款	39	503,654.00	367,211.26
应收款项融资	6			预收款项	40		
预付款项	7			合同负债	41		
其他应收款	8	106,640.08	2,100.00	应付职工薪酬	42	24,678.35	4,800.00
存货	9	3,299,450.00	3,492,465.24	应交税费	43	177,125.63	93,648.64
合同资产	10			其他应付款	44	1,000.00	
持有待售资产	11			持有待售负债	45		
一年内到期的非流动资产	12			一年内到期的非流动负债	46		
其他流动资产	13			其他流动负债	47		
流动资产合计	14	4,724,930.20	4,184,280.80	流动负债合计	48	906,457.98	465,659.90
非流动资产:				非流动负债:			
债权投资	15			长期借款	49		
其他债权投资	16			应付债券	50		
长期应收款	17			其中：优先股	51		
长期股权投资	18			永续债	52		
其他权益工具投资	19			租赁负债	53		
其他非流动金融资产	20			长期应付款	54		
投资性房地产	21			预计负债	55		
固定资产	22	218,507.02	253,250.98	递延收益	56		
在建工程	23			递延所得税负债	57		
生产性生物资产	24			其他非流动负债	58		
油气资产	25	-80,149.00		非流动负债合计	59		
使用权资产	26			负债合计	60	906,457.98	465,659.90
无形资产	27	157,898.00		所有者权益（或股东权益）:	61		
开发支出	28			实收资本（或股本）	62	2,676,302.00	2,609,052.00
商誉	29			其他权益工具	63		
长期待摊费用	30			其中：优先股	64		
递延所得税资产	31			永续股	65		
其他非流动资产	32			资本公积	66		
非流动资产合计	33	296,256.02	253,250.98	减：库存股	67		
				其他综合收益	68		
				专项储备	69		
				盈余公积	70	225.00	
				未分配利润	71	1,438,201.24	1,362,819.88
				所有者权益（或股东权益）合计	72	4,114,728.24	3,971,871.88
资产总计	34	5,021,186.22	4,437,531.78	负债和所有者权益（或股东权益）总计	73	5,021,186.22	4,437,531.78

图 17-38　资产负债表

二、利用模板生成利润表

　　打开 UFO 报表，新建一个空白报表并将其另存为"利润表.rep"。在该报表格式状态下，选择"格式"→"报表模板"命令，弹出"报表模板"对话框，在"您所在的行业"下拉列表框中选择所在行业"2007 年新会计制度科目"，在"财务报表"下拉列表框中选择"利润表（已执行新金融准则）"，如图 17-39 所示。

　　单击"确认"按钮，弹出"模板格式将覆盖本表格式！是否继续？"的提示对话框，单击"确定"按钮，弹出利润表模板界面，在"编制单位："输入"东华电子"，增加"信用减值损失""本期金额"公式（C20=--fs(6702,月,"借",,年)）和"上期金额"公式（D20=select(?C20,年@=年+1 and 月@=月)），并修改"资产减值损失""本期金额"公式（C21=--fs(6701,月,"借",,年)）后切换到数据状态下，选择"数据"→"关键字"→"录入"命令，弹出"录入关键字"对话框，按项目资料输入数据，如图 17-40 所示。

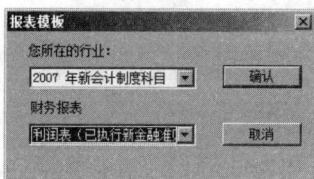

图 17-39 报表模板

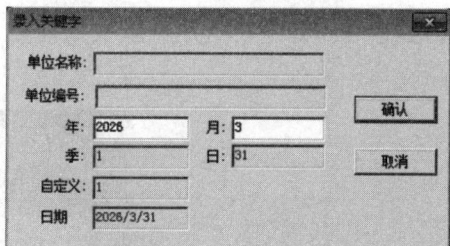

图 17-40 录入关键字

单击"确认"按钮，弹出"是否重算第 1 页？"提示对话框，单击"是"按钮，生成利润表，并保存，如图 17-41 所示。

利润表

会企02表

单位:元

编制单位:东华电子   2026 年 3 月

项　　　目	行数	本期金额	上期金额
一、营业收入	1	899,137.16	
减：营业成本	2	680,807.16	
税金及附加	3		
销售费用	4	50,419.00	
管理费用	5	71,010.31	
研发费用	6		
财务费用	7	-213.33	
其中：利息费用	8		
利息收入	9		
加：其他收益	10		
投资收益（损失以"-"号填列）	11	-300.00	
其中：对联营企业和合营企业的投资收益	12		
以摊余成本计量的金融资产终止确认收益（损失以"-"号填列）	13		
净敞口套期收益（损失以"-"号填列）	14		
公允价值变动收益（损失以"-"号填列）	15		
信用减值损失（损失以"-"号填列）	16	7,117.38	
资产减值损失（损失以"-"号填列）	17	-1,000.00	
资产处置收益（损失以"-"号填列）	18		
二、营业利润（亏损以"-"号填列）	19	102,931.40	
加：营业外收入	20		
减：营业外支出	21		
三、利润总额（亏损总额以"-"号填列）	22	102,931.40	
减：所得税费用	23	25,732.85	
四、净利润（净亏损以"-"号填列）	24	77,198.55	
（一）持续经营净利润（净亏损以"-"号填列）	25		
（二）终止经营净利润（净亏损以"-"号填列）	26		

图 17-41 利润表

任务三 报表综合应用

报表综合应用

第一步，建立新报表。

3 月 31 日，以会计人员的身份登录企业应用平台，依次执行"业务导航"→"经典树形"→"业务工作"→"财务会计"→"UFO 报表"命令，启动 UFO 报表子系统，然后选择"文件"→"新建"命令，创建一个空报表文件，再选择"文件"→"另存为"命令，选择要保存的路径，在"文件名"文本框中输入"财务比较分析表"，单击"另存为"按钮完成操作。

第二步，报表格式设计。

（1）设置表尺寸。在报表的页面格式状态下，选择"格式"→"表尺寸"命令，系统弹出"表尺寸"对话框，在"行数"框中输入"7"，在"列数"框中输入"3"，单击"确认"按钮完成表尺寸的设置，如图 17-42 所示。

（2）调整行高和列宽。用户可以根据需要，使用鼠标拖动的方式调整行高和列宽，如图 17-43 所示。

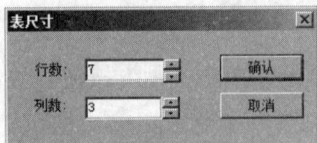

图 17-42　表尺寸

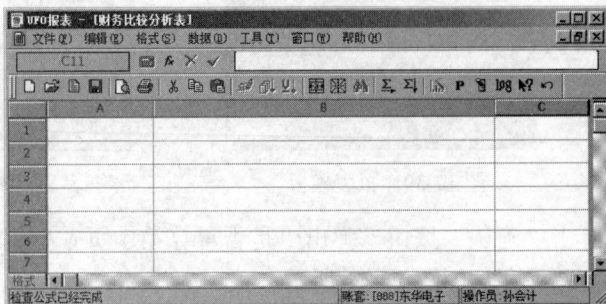

图 17-43　调整行高和列宽

（3）画表格线。选中 A3:C7 单元格区域，选择"格式"→"区域画线"命令，弹出"区域画线"对话框，选中"网线"单选按钮，单击"确认"按钮进行表格区域画线设置，如图 17-44 所示。

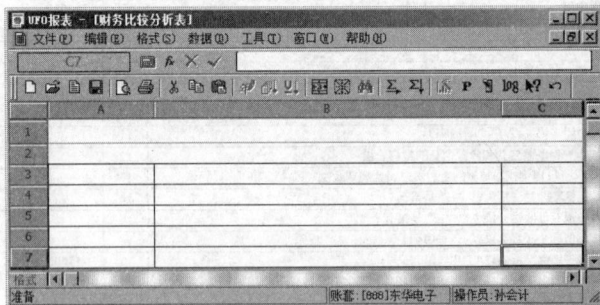

图 17-44　区域画线设置

（4）单元格属性。选取 A1:C3 单元格区域，选择"格式"→"单元属性"命令，弹出"单元格属性"对话框，在"单元类型"列表框中选择"表样"，单击"确定"按钮完成该区域单元格属性的设置，如图 17-45 所示。

以同样方法，将 A4:B7 单元格区域设置为"表样"属性，将 C4:C7 单元格区域设置为"数值"属性，并在其"格式"选项中选择"逗号"，将"小数位数"设置为"4"。

（5）组合单元。选取 A1:C1 单元格区域，选择"格式"→"组合单元"命令，弹出"组合单元"对话框，单击"整体组合"按钮设置组合单元，如图 17-46 所示。

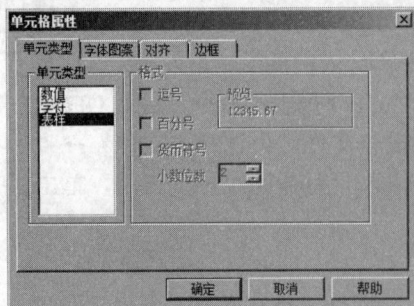

图 17-45　单元格属性

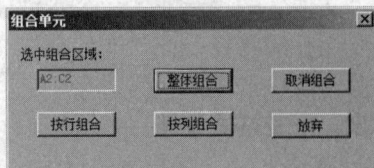

图 17-46　组合单元

以同样的方法对 A2:C2 单元格区域进行整体组合。

（6）表样文字。根据项目资料输入表样单元的内容，并按需要设置字体、大小，如图 17-47 所示。

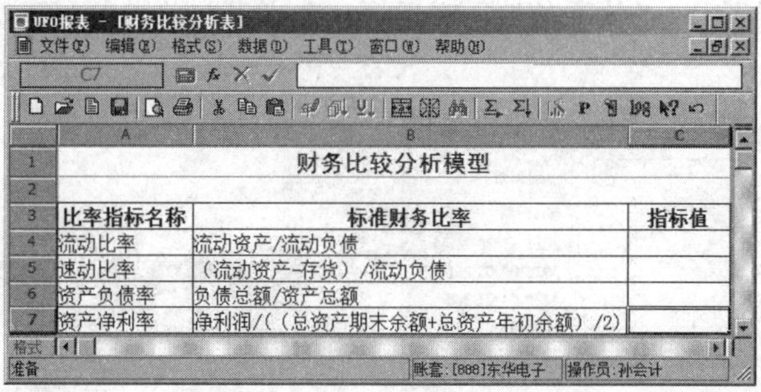

图 17-47 表样文字

（7）关键字。

关键字设置：选取 A2:C2 单元格区域，选择"数据"→"关键字"→"设置"命令，弹出"设置关键字"对话框。在该对话框中选择关键字"单位名称"，单击"确定"按钮完成一个关键字的设置。重复此操作，分别完成关键字"年""月"的设置，如图 17-48 所示。

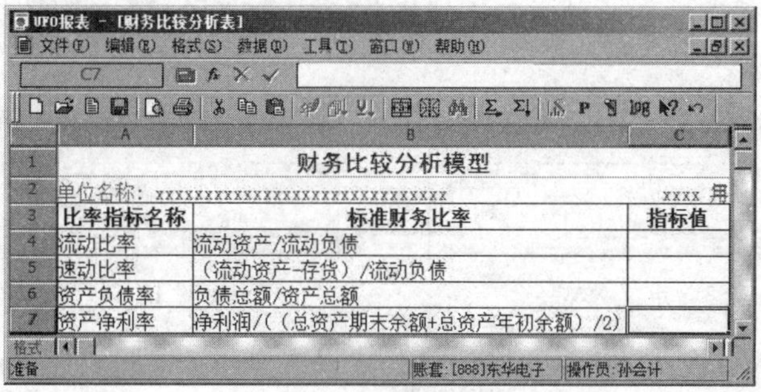

图 17-48 设置关键字

关键字偏移：选择"数据"→"关键字"→"偏移"命令，弹出"定义关键字偏移"对话框。在该对话框中输入关键字的偏移量，单击"确定"按钮完成关键字偏移的设置，如图 17-49 和图 17-50 所示。

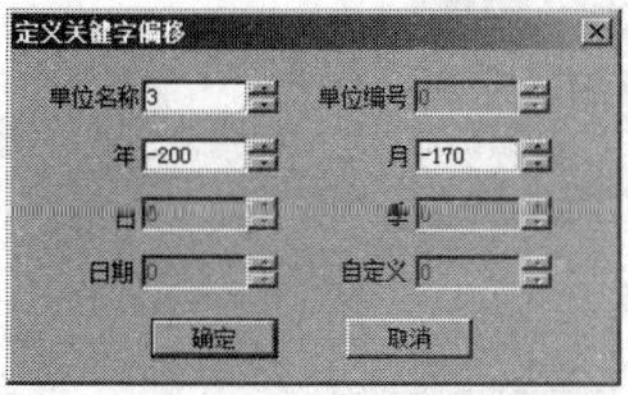

图 17-49 定义关键字偏移

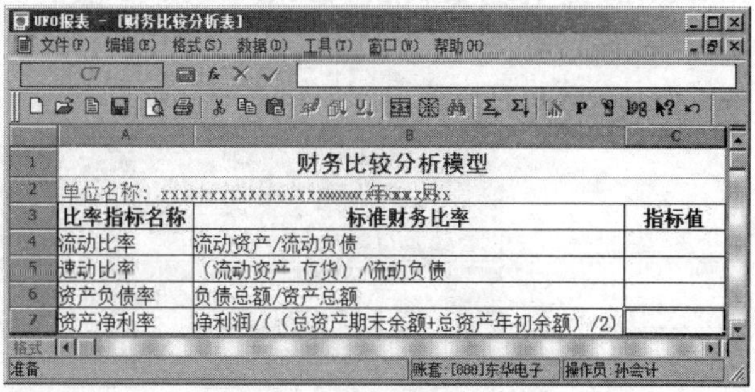

图 17-50 关键字偏移效果图

第三步，定义单元公式。

在格式状态下，选中 C4 单元格，选择"数据"→"编辑公式"→"单元公式"命令，或者单击工具栏中的"**fx**"按钮，弹出"定义公式"对话框，单击"关联条件"按钮，弹出"关联条件"对话框，在"当前关键值"中选择"月"，再单击"关联表名"输入框右侧的▇按钮，弹出"打开"对话框，选择指定位置的"资产负债表"，如图 17-51 所示。

单击"打开"按钮返回"关联条件"对话框，在"当前关键值"下拉列表中选择"月"，如图 17-52 所示。

图 17-51　打开页面 　　　　　　　　　　　　图 17-52　关联条件

单击"确认"按钮返回"定义公式"对话框，删除公式输入框中的"Relation 月 with"以及输入框末尾的"月"，然后在公式输入框的末尾输入"C20/"，如图 17-53 所示。

再单击"关联条件"按钮，并重复上述操作，完成""C:\资产负债表.rep"->G20"公式的定义，如图 17-54 所示。

图 17-53　定义公式 　　　　　　　　　　　　图 17-54　定义公式

单击"确认"按钮，完成 C4 单元格计算公式设置操作；参照上述方法，设置 C5 至 C7 单元格计算公式：

C5=("C:\报表\资产负债表.rep"->C20-"C:\报表\资产负债表.rep"->C15)/"C:\报表\资产负债表.rep"->G20。

C6="C:\报表\资产负债表.rep"->G46/"C:\报表\资产负债表.rep"->C46。

C7="C:\报表\利润表.rep"->C28/(("C:\报表\资产负债表.rep"->C46+"C:\报表\资产负债表.rep"->D46)/2)。

全部单元公式设置完成后，如图 17-55 所示。

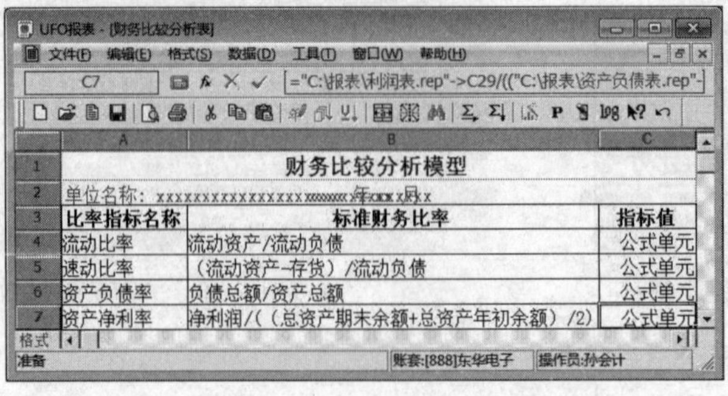

图 17-55　UFO 报表-财务比较分析模型

第四步，表页重算。

关键字输入：在该报表的数据状态下，选择"数据"→"关键字"→"录入"命令，弹出"录入关键字"对话框，在该对话框中输入关键字值，如图 17-56 所示。

单击"确认"按钮后，弹出"是否重算第 1 页"对话框，单击"是"按钮，计算结果如图 17-57 所示。

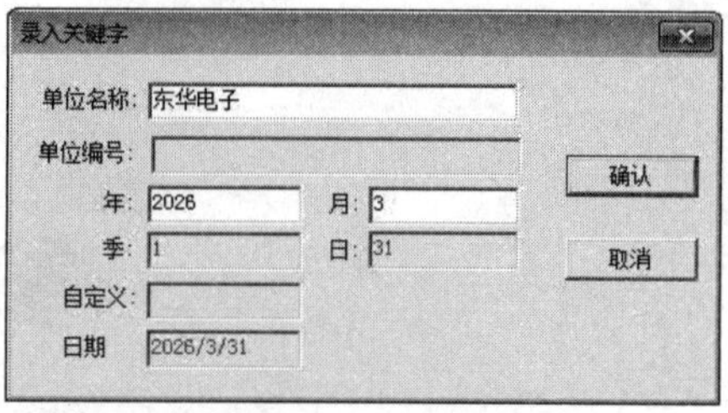

图 17-56　录入关键字

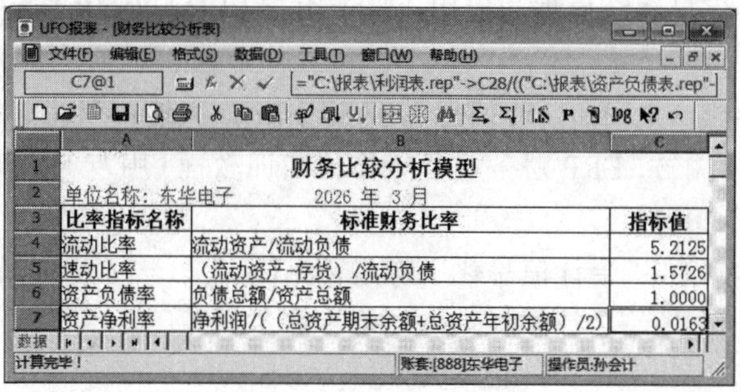

图 17-57　表页计算结果

第五步，退出 UFO 报表。

选择"文件"→"退出"命令，弹出"确认退出 UFO 系统？"对话框，单击"确定"按钮，弹出保存当前报表的提示对话框，单击"是"按钮保存当前报表并退出 UFO 报表系统，如图 17-58 所示。

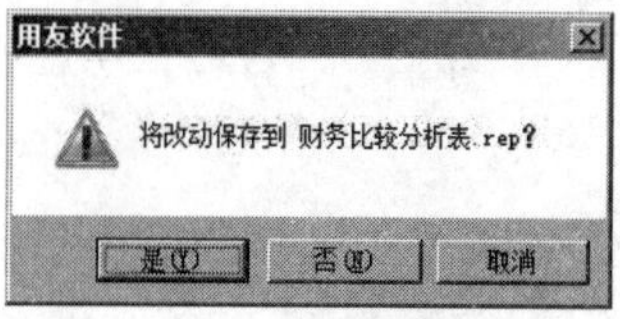

图 17-58　保存报表提示框

项目拓展　UFO 报表管理

TZ17

配套资源

参 考 文 献

[1] 毛华扬. 会计信息系统原理与应用：基于用友 ERP-U8V10.1 版[M]. 北京：中国人民大学出版社，2018.

[2] 叶剑明，江春燕，张莉. 会计信息系统应用[M]. 大连：东北财经大学出版社，2020.

[3] 牛永芹，杨琴，喻竹. ERP 财务业务一体化实训教程（用友 U8V10.1 版）[M]. 2 版. 北京：高等教育出版社，2017.

[4] 财会〔2024〕11 号. 会计信息化工作规范[S].

[5] 财会〔2024〕12 号. 会计软件基本功能和服务规范[S].